자유주의자와
식인종

Liberals and Cannibals
The Implications of Diversity

First published by Verso 2003
© Steven Lukes 2003
All rights reserved

Korean translation copyright © 2006 by Kaemagowon Publishing Co.
Korean translation published by arrangement with Verso through Pubhub Literary Agency, Seoul, Korea

이 책의 한국어판 저작권은 Pubhub 에이전시를 통한
저작권자와의 독점 계약으로 도서출판 개마고원에 있습니다.
저작권법에 의해 한국 내에서 보호를 받는 저작물이므로 무단전재와 무단복제를 금합니다.

자유주의자와 식인종

스티븐 룩스 지음 | 홍윤기 외 옮김

다원주의 시대에 자유주의란 무엇인가

개마고원

학술문고 ⑥

자유주의자와 식인종

다원주의 시대에 자유주의란 무엇인가

2006년 3월 25일 초판 1쇄 찍음
2006년 3월 30일 초판 1쇄 펴냄

지은이 | 스티븐 룩스
옮긴이 | 홍윤기 외
편 집 | 이근영, 이준호
영 업 | 신성모
관 리 | 이영하

펴낸이 | 장의덕
펴낸곳 | 도서출판 개마고원
등 록 | 1989년 9월 4일 제2-877호
주 소 | 서울시 마포구 합정동 385-3 2층
전 화 | (02) 326-1012
팩 스 | (02) 326-0232
이메일 | webmaster@kaema.co.kr

ISBN 89-5769-043-3 03100

* 책값은 뒤표지에 표기되어 있습니다.
* 파본은 구입하신 서점에서 교환해 드립니다.

www.kaema.co.kr

국립중앙도서관 출판시도서목록(CIP)

자유주의자와 식인종: 다원주의 시대에 자유주의란 무엇인가/
스티븐 룩스 지음;홍윤기 외 옮김 -- 서울 : 개마고원, 2006
p. ; cm -- (학술문고; 6)

원서명: Liberals and Cannibals
원저자명 : Lukes, Steven
색인수록
ISBN 89-5769-043-3 03100 : ₩18000

301.29-KDC4
320.51-DDC21   CIP2006000639

차례

이 시대에 자유주의자란 무엇을 뜻하는가?

1. 스티븐 룩스, 누구인가?

스티븐 마이클 룩스(Steven Michael Lukes, 1941~)는 한국에서 유명인은 아니지만 한국 독서계에 전혀 낯선 학자가 아니다. 그의 책은 국내에 이미 두 권이 번역되었다. 그리고 특히 영미권에서 룩스는 사회철학과 정치 이론에 있어서 일류급 연구자로 인정받으면서 시에나대학, 런던경제학교(LSE)의 교수를 거쳐 현재는 뉴욕대학교(NYU) 사회학과에서 사회이론과 사회철학을 맡고 있다. 네티즌들이 자유롭게, 그러나 엄정한 검토를 거쳐가며 온라인상에서 만드는 전자백과사전 웹사이트인 〈위키피디아〉는 생존하는 현직 대학 교수로서 그에 대해 상당히 자세한 소개문을 올려놓고 있다.[1]

---

1) http://en.wikipedia.org/wiki/Steven_Lukes

본래 영국 출신인 그는 1962년 옥스퍼드의 밸리올 칼리지를 졸업하고 1968년에 에밀 뒤르켕에 관한 연구로 박사학위를 받았다, 1966~1988년에 룩스는 모교인 밸리올 칼리지의 연구원 및 사강사를 하였고, 영국학술원 연구원, 파리대학교, 뉴욕대학교, 그리고 예루살렘대학교의 객원 교수를 역임하기도 하였다. 1995년에서 1996년까지는 유럽대학교위원회 유럽시민성포럼의 공동의장을 지냈으며, 『유럽사회학지 *European Journal of Sociology*』의 편집위원이기도 하다. 정치 및 사회 철학과 이론에서 그의 주관심사는 뒤르켕 학파의 사회학 이론, 개인주의, 합리성, 마르크스주의와 윤리, 도덕성의 철학과 새로운 형태의 자유주의, 권력 및 '좋은 사회'에 대한 이론 등으로 알려져 있다. 그의 대표작으로는 다음과 같은 저서와 편저들이 있다.

Emile Durkheim: his life and work (1972),

Individualism (Blackwell, 1973)

Emile Durkheim: His Life and Work. A Historical and Critical Study (Penguin Press, 1973)

Power: a Radical View (Macmillan, 1974)[2]

Essays in Social Theory (Columbia University Press, 1977)

Rationality and Relativism, ed. with Martin Hollis (Blackwell, 1982)

Durkheim and the Law, ed. with Andrew Scull, Martin Robertson, (1983)

Marxism and Morality (Clarendon Press, 1985)[3]

The Category of the Person: Anthropology, Philosophy, History, co-

---

2) 『3차원적 권력론』, 서규환 역(서울: 나남, 1992)

3) 『마르크스주의와 도덕』, 황경식 · 강대진 역(서울: 서광사, 1995)

edited with M. Carrithers and S. Collins (Cambridge University Press, 1986)

Power (Blackwell, 1986)

Moral Conflict and Politics (Oxford: Clarendon Press, 1991)

The Curious Enlightenment of Professor Caritat (Verso, 1995)

Multicultural Questions (eds. 1999)

그리고 그의 정치적 방향성을 짐작하는 데 많은 시사점을 주는 것은 그가 개방적이고 비판적인 정치웹사이트인 〈Open Society〉의 네티즌 기고가라는 점이다. 여기에서 그는 최근까지 현 부시 정부의 자기모순과 보수주의 우파 정책의 문제점을 날카롭게 비판해왔다.[4] 『자유주의자와 식인종: 다원주의 시대에 자유주의란 무엇인가』는 2003년도에 버소(Verso) 출판사에서 나온 것인데 멀리는 1992년(11장)에서 가까이는 2001년(2장 및 8장)에 이르기까지 기고하거나 강연한 원고들을 모아 출간한 것이다.[5]

2. 『자유주의자와 식인종』을 출간하는 의의

도전으로서의 다원주의와 무력한 상대주의 사이에서 자유주의적 정체성

자유주의자와 식인종을 나란히 놓은 이 책의 제목은 관심 있는 독자들에게 많은 궁금증을 안길 것이다. 이 두 별종 사이에 어떤 연관이 있기에

---

4) http://www.opendemocracy.net/author/Steven_Lukes.jsp를 보면 그의 최근 논설을 그대로 만끽할 수 있다.

5) Steven Lukes, Liberals & Cannibals. The implications of diversity (London/New York: Verso, 2003). 따라서 원래의 부제는 "다양성이 함축하는 것들" 이다.

이런 제목을 썼을까? 만약 번역자 서론에서 그런 궁금증을 모두 해소시
킨다면 원저자에게 큰 실례가 될 것이다. 하지만 여러 가지 상상은 해볼
수 있을 것이다. 자유주의자가 바로 식인종 같이 잔인하다는 얘기인가?
최근의 신자유주의 논란을 연상해보면 비판적 지식인으로서 룩스가 그
런 연관을 설정한 것처럼 생각되기도 할 것이다. 그런데 너무 직설적인
연관 설정이 아닌가? 그렇다면 자유주의자와 식인종이 같은 자리에 놓일
일에 무엇이 있을 것인가? 이 두 단어를 결합시킨 제목만 놓고 보면 온갖
연상이 떠올라도 저자가 설정한 사태의 구도를 제대로 종잡을 수 없
다.(당연히 이 책의 제목에 대한 명쾌한 해명은 동일제목을 단 이 책 3장
에 나오고, 그 말 자체도 룩스가 붙인 것이 아니다.) 어쨌든 독자의 이해
를 위해 이 책의 문제의식을 분명히 집어주는 정도는 번역자로서 응당 해
야 할 봉사인 것 같다. 저자 서문에서 룩스는 여러 각도에서 자신의 문제
의식을 적어놓고 있다. 그러나 핵심은 세 가지로 요약된다.

2.1. 도전으로서의 다원주의

문제의식1: 도전으로서의 다원주의
우리가 사는 현시대는 도덕적 다양성 또는 가치 다원주의의 도전 앞에 직면하
고 있다. 문제는 다양한 도덕 또는 다수의 독립적인 가치들 사이에 단순한 인
지적 차이, 대립, 모순뿐만 아니라 실천적 갈등, 충돌, 경우에 따라서는 전면적
전쟁까지도 벌어질 수 있다는 것이다.

룩스는 이사야 벌린의 독해에 따라 다원주의, 특히 가치의 다원주의를

이렇게 규정한다. 즉, 가치의 다원주의란, "일상적 경험의 세계 안에서 우리는 동등한 궁극성을 가진 목적들과 동등한 절대성을 가진 주장들 사이의 선택에 직면하는데 그런 가치들 가운데 몇 가지를 실현하려면 불가피하게 다른 가치의 희생을 수반할 수밖에 없다는 믿음, 인간의 목적은 다수이며 그것들 모두가 원칙적으로는 양립가능할 수 없기 때문에 개인적 삶이든 사회적 삶이든 인간의 삶에서 갈등, 나아가 비극의 가능성을 완전히 제거하는 것은 불가능하고 절대적 요구들 사이에서 선택한다는 필연성은 인간 조건의 피할 수 없는 특성이라는 믿음, 따라서 인간적 목적들 모두가 통약가능한 것이 아니며 서로 영원히 지속될 경쟁 관계에 놓여있다는 믿음"이다.[6] 다시 말해서 가치의 다원주의란, 그 위상이나 값어치에 있어서 다른 가치와 절대 맞바꿀 수 없는 그런 가치가 하나 아닌 여러 개가 있으며, 가치를 추구하는 사람들마다 그렇게 서로 맞바꿀 수 없는 자기 가치 역시 여러 개가 존재하게 된 것이 현대 사회의 일상생활이라는 것이다. 즉 자유는 그 자체 정의나 평등과 맞바꾸거나 그런 가치들에 종속된 것이 아니며 다른 가치들도 서로 마찬가지이다. 그리고 생활하는 인간들의 단위체마다, 즉 가족이면 가족, 지역이면 지역, 계급이면 계급 등과 같이 생활영역에 따라 그 안에서 추구되는 가치나 활동목적들이 각기 '다를'(差異) 뿐만 아니라 그 수 역시 '여럿'(多數)이라는 것이다.

이렇게 양도하거나 서로 바꿔치기 하거나 아니면 다른 것으로 환원시켜 포기할 수 없는 궁극적 가치들이 어떻게 해서 나타났는가를 묻는 것은 일단 어리석은 질문에 속한다. 왜냐하면, 참으로 의미심장하게도, 예전

---

6) 『자유주의자와 식인종』(번역원고), 6장.

같았으면 각각의 생활권이나 문화권 안에서 서로 접촉 없이 자족적으로 작동했을 여러 가치들이 다름 아닌 바로 '지구화' 의 급속한 진전으로 인해 보다 넓어진 동일한 생활권과 사회적 맥락 안에 입장하면서 병존하게 되기 때문이다. 따라서 다원주의 또는 다양성의 현상 자체는 일단 (롤스의 얘기대로) '단지 사실' (simply a fact)일 뿐이다.[7]

2.2. 상대주의적 대응의 철학적, 현실적 무력성

그런데 문제는 이렇게 같은 사회적 맥락 안에 위치하게 된 다양한 가치들끼리 조화를 이루게 되면 별 문제 없겠지만 각기 다른 문화적 배경과 정신태도를 배후에 둔 그 가치들이 인지적 차이, 대립, 모순뿐만 아니라 실천적 차원에서의 갈등, 충돌, 경우에 따라서는 전면적 전쟁으로까지 발전할 우려가 항상 잠재하고 있다는 것이다. 그렇다면 이런 도덕적 또는 문화적 다원주의 앞에서 일차적으로 나올 수 있는 대응은 궁극적인 것으로 여겨지는 이런 가치나 목적들의 독자성과 값어치를 서로 인정하는 가운데 각기 그 나름의 진리값을 인정하고 공존하는 것이다. 이른바 '상대주의적 대응' 이 그것이다. 하지만 룩스의 두번째 문제의식은 이런 상대주의적 대응은 최종적으로는 부적절하고, 부당하고, 무엇보다 효력이 없다는 것이다.

문제의식2: 상대주의적 대응의 부적절성, 부당성, 무효력성

다원주의 도전 앞에서 상대주의는 유혹적인 해결책으로 비치지만 적절하고도 정당한 대안은 아니며, 궁극적인 해결책은 더더구나 아니다.

---

7) 앞의 원고, 1장.

이 이유에 대해서는 룩스가 아주 압축적으로 제시하고 있다. 그에 따르면 상대주의란 각 가치가 박혀 있는(貫入) 문화권 그 자체가 '하나의 독립된 전체'(cultural whole)라는 것을 전제로 하여 각 가치의 궁극적 절대성을 서로 인정하는 것이다.[8] 다시 말해서 특정 가치를 절대시하는 문화적 배경 자체는 절대 섞일 가능성이 없다는 것을 전제로 각 문화권의 가치 모두를 그 나름대로 정당한 것으로 인정한다는 것이다. 하지만 룩스가 상대주의적 대안을 부당하다고 보는 결정적 근거가 문화상대주의의 전제를 이루는 바로 이 문화관이다. 즉 역사상 어떤 문화도 다른 문화와의 접촉과 교류, 나아가 영향교환 없이 성립된 것은 없다는 것이다. 즉 '문화적 전체'라는 것은 사실상 허구적 관념이라는 것이다.

그러면서 룩스는 각 문화권 안에서는 항상 그 문화권에 설정된 경계선을 넘어서는 자체 비판이나 반성이 제기되어 왔다. 그런데 그런 자기비판은 상대주의적 발상에 따라 그 문화권 고유의 것으로 비정해 주는 진리값과 맞지 않는 방향으로 진행하면서 각 문화권 내부에서의 도덕적 계몽을 이끌었다.

그러나 상대주의가 현대의 상황에서 가장 부적절한 것은 지구화의 압력 앞에서 각기 다른 문화권의 각기 다른 가치들이 불가피하게 동일한 생활맥락 안에 편입되면서 조화보다는 갈등을 일으킬 확률이 훨씬 높아졌다는 것이다. 이럴 경우에는 문제되는 해당 가치들 사이의 타협이나 조정 또는 하다못해 격리는 전혀 불가능하고 결국 사생결단의 위험까지 잠재하는 투쟁의 국면이 도래할 수밖에 없다는 것이다.[9]

---

8) 앞의 원고, 1장.
9) 앞의 원고, 1장.

상대주의는 다원주의가 내포하는 각종 갈등의 상황을 사실상 도외시하고 발상되기 때문에 결국 다원주의의 도전에 대한 대응으로는 부적절하다. 하지만 그렇다고 룩스가 보기에 다원적 갈등과의 충돌 가능성 앞에서 그것을 해결할 확정적이고도 결정적인 대답이 우리 사회의 역량 안에 준비되어 있는 것도 아니다. 위협적인 재앙의 불씨를 안고 있는 다원주의는 지구화의 추세를 타고 현실로 박두하고, 상대주의는 잘못된 전제 위에서 결국 효력이 없는 갈등 회피책에 지나지 않는다고 보이는 딜레마 상황 앞에서 룩스는 자유주의의 전망과 그 유효성을 새삼 조심스럽게 꺼내 든다.

2.3. 자유주의의 문화적 구속성과 탈경계적 특성

우선 자유주의라고 했을 때 그것의 일차적 의미는 서구 현대에서 각 생활 영역, 특히 정치와 경제의 각종 활동을 통해 법적으로 축적해 각 시민에게 직접적으로 주어진 '권리 인증의 문화' 및 그것에 대한 "일차적 믿음들"(first-order beliefs)을 가리킨다. 거기에는 "헌법, 권력분립, 시민성, 관용, 자유로운 언론, 집회 및 결사의 자유, 적당한 절차, 사적 소유 등등과 같은 습관과 제도들의 집합"이 해당된다. "이 층위에서 우리는 행위규범들, 특히 국가에 의해 강화될 수 있는 행위규범들을 토론하고 있다. 즉, 어떤 자유가 보장되고 보호되어야 하는가? 언론의 자유, 결사의 자유, 종교의 자유, 재산 소유의 자유 등인가 아닌가? 혜택과 부담, 자유, 자원, 의무 등은 어떻게 분배되어야 하는가? 좀더 특정적으로 말해보자. 낙태 문제 같은 것은 어떻게 결정되어야 하는가? 이민자 정책은 어떠해야 하는가? 전형적으로 말하자면 자유주의 테두리 안에서 그런 질문들에 대한 대답은, "그것이 인간적인 것이거나 시민적인 것이거나 사회적인 것이거나 경제적인 것이건 문화적인 것이건 간에, 그리고 그것이 개인들에 귀속되거나 집단에 귀속되든지 간에 권리의 언어로 대답된다. (…) 그런 권리들은 권리장전과 헌법들에 신성하게 안치되어 있지만, 자유주의 정치학의 언어는 점차 더 많이 권리 담론들에 의해 널리 확산되고 있다. 그리고 이런 방식으로 틀지어진 이 답변들은 다른 것과 판명하게 구별되어 자유주의적 특성으로 뚜렷하게 드러나는 배경 가정들인데, 그것들 가운데 주된 것으로는, 휴머니즘, 개인주의, 그리고 평등이 있다."[10]

분명한 것은 이런 권리 축적의 과정을 활성화시키는 권리 인증의 문화는 일단은 현대 서유럽이라는 특수한 문화에 특정적으로 나타난 것으로 볼 수 있다는 것이다. 이것은 곧 자유주의가 (적어도 그 실체적 내용에 있어서는) 결코 보편성을 주장할 수 있는 문화적 내용물을 그대로 담지하지는 않는다는 뜻이다. 그런데 다른 문화권에 대해 자유주의 문화권의 보편성을 결코 주장할 수 없을 것으로 단정짓게 되는 바로 이 지점에서 룩스는 자유주의적 문화의 경계선을 넘는 바로 그 방식을 자유주의 그 자체의 전망과 연결시킨다. 즉 그것은 자유주의의 실체적 내용의 정당성을 묻는 것 그 자체, 경우에 따라서는 자유주의가 문화권에 따라 부당한 것으로 인지될 수도 있는 가능성 그 자체를 근거로 자유주의를 비판하는 담화 행위 그 자체, 요약하자면, "자신의 정치적 도덕성을 논증하고 정당화하는 방식에 대한 믿음"(beliefs about how to argue and how to justify your political morality) 그 자체, 즉 "이차적 믿음 또는 메타믿음"(second-order beliefs or

---

10) 앞의 원고, 3장.

meta-beliefs)이야말로 "자유주의적 사고태도"(the liberal outlook)의 특성이라는 것이다. "이 점에 관해 자유주의자들이 전형적으로 진술하는 것들로는 다음과 같은 것이 있다. 즉, 대안적 원칙들, 다시 말해 행위와 정책의 지시적 규범들은 보편주의적 형태로 진술되어야 한다, 또는 그것들은 '공적 이성'에 접근 가능해야 한다, 아니면 그것들은 그것들이 시행된 결과에 의해 영향받는 그 모든 이들이나 평등한 조건 위에 자유롭고 강제되지 않은 토론에 참여한 그 모든 이들에게 수긍 가능할 수 있어야 한다는 것 등등이 자유주의자들이 요구하는 전형적인 정당화 방식이다. 따라서 자유주의는 정치적 도덕성의 사고태도로 간주될 경우, (내용적으로 ─ 옮긴이) 자유주의적 결론을 지향하든 하지 않든, 적절한 추론으로 간주될 것이 무엇인가를 특징적으로 규정하는 상위(메타)원칙들을 보유한다."[11]

하버마스라면 당연히, 그리고 하버마스 식의 논변이론적 발상이 농후하게 배어 있는, 하지만 논변이론보다 더 적실하게 자유주의 딜레마 상황에서 사고태도로서의 자유주의를 소생시켜 내는 룩스의 일류 이론가로서의 면모가 단연 빛나는 이 반전의 고비에서, 유감스럽게도 그는 바로 이 논변의 요건이 '보편주의적'이라고 규정하지는 않는다. 그는 다만 이 지점에서 자유주의적 사고태도가 상정하는 이성의 모습을 특정 공동체의 구성원을 "확신시키기에 적격인 (인류학적 작동의) 이성"(a reason apt to convince)이 아니라 참여자의 입장에서 상대방을 "확신시키기에 적합한 이성"(a reason fit to convince)으로 적시해 보임으로써 하버마스의 의사소통적 이성과 근접하는 면모를 보이는 것에 그치고 있다. 따라서 그의

---

11) 위의 원고, 3장.

세번째 문제의식은 전적으로 이 시대 자유주의의 탈문화적, 경계관통적 논변능력과 그 용의에 입각한 '자유주의적 이성'(liberal reason)을 부각시키고 있다.

문제의식3: 자유주의의 현재적 유효성의 담보로서 자유주의적 이성

자유주의는 다른 문화의 사상과 똑같이 문화에 박혀 있는 그런 측면이 있으며, 권리인증의 문화와 그로 인해 축적된 여러 가지 권리들에 대한 (일차적) 믿음은 분명히 현대적 · 서구적 문화의 면모라고 할 수 있다. 그러나 자유주의는 그 어떤 신념이나 도덕이라도 이성에 의한 논변과 정당화를 거쳐야 한다는 (이차적) 믿음은 자유주의에 특징적인 것임에 동시에 자유주의를 넘어설 수도 있는 자유주의의 미덕이다.

그러나 이 책에서 룩스가 몇 번이나 인용하고 있는 이사야 벌린의 말은 자기 소리 대신 그가 자유주의의 보편주의적 전망으로 제시한 것으로 이해해도 무방할 것이다. "나는 흔히 가치다원주의의 원조라고 생각되었던 이사야 벌린 경과의 인터뷰를 마칠 때 그가 다음과 같이 진술하는 것을 듣고 놀란 적이 있다. 즉 그는 '시간이 더 많이 흘러갈수록 더 많은 나라에 사는 더 많은 사람들이 지금 생각되는 것보다 더 많이 공통적인 가치를 받아들일 것이 틀림없다'고[12] 내게 말했던 것이다."

---

12) Berlin, "Isaiah Berlin in conversation with Steven Lukes", *Salmagundi*, 120 (1998년 가을호), 119쪽에서 인용.

3. 룩스의 문제의식에 함축된 자유주의 패러다임의 새 국면
신자유주의와 다문화주의의 양면 도전에서의 자유주의 정체성 확립하기

자유주의를 다원주의와 연결시켜 그 유효성을 재정립하는 룩스의 시도의 적절성은 차치하고 자유주의 사상사에서 이런 시도가 어떤 의의를 갖는지를 반추해볼 필요가 있다.

서구 현대사에서 발출한 자유주의가 대체로 두 번의 패러다임 변화를 거치면서 정치 및 경제 사상의 기본 토양으로 체화되었다는 것은 대체로 인정된 정설이다. 우선 고대와 중세에 걸친 여러 군데의 원류나 징후를 거쳐 18세기 서유럽 계몽주의에서 폭발한 일련의 사상적 발상들, 즉 인간 삶에 있어서 자유의 필요불가결성, 모든 정치적 구속으로부터의 해방, 개인으로서의 인간의 존엄성, 이성을 통한 계몽 등과 그것에 기반한 법치주의, 권력분립, 시민으로서의 개인의 기본권 및 인권, 그리고 사적 노동과 소유의 신성함 및 그에 기반한 시장경제 등이 '고전적 자유주의' 의 기본 패러다임을 이루었다. 이 고전적 자유주의 패러다임은 한마디로 외적 억압과 강제에 대한 저항과 그 타파를 중심으로 작동되었다.

이에 반해 19세기 후반기에서 20세기 초반기에 자유주의는 사회주의 노동운동과 혁명운동의 도전에 직면하여 이미 보장된 개인의 자유를 '보호' 하는 차원에서 개인주의적 전제에 일정 정도 수정을 가하고, 정치와 경제에 대한 국가의 정책적·법적 개입을 일정 정도 혀용하는 방향에서 자유주의의 효력을 사회적으로 연장시키는 '사회적 자유주의' 를 다각도로 정립하려고 하였다.[13] 그러나 J. S. 밀, Th. 그린, 홉하우스 등을 중심으로 이루어진 자유주의의 사회성 강화는 정치이념으로서의 자유주의의 매력을 체화하던 자본가 계급의 이탈을 촉진하고 때마침 몰려온 두 차례의 세계 대전과 사회주의 운동의 득세로 자유주의의 정치적 공동화(空洞化)를 초래하는 데 기여했다. 더구나 전지구적 차원으로 이루어진 형식적 민주주의의 세계화는 고전적 자유주의의 특징이었던 정치적 해방과 경제 활성화 계급의 자유화를 선취하게 함으로써 자유주의의 역사적 사명은 끝난 것처럼 보였다. 다시 말해 자유주의 및 그 정치문화는 지구적 공론장에서 배제되지 않으려는 거의 모든 나라에서 (실질적으로든 아니면 형식적으로든) 수용되는 엄청난 성공을 거둠으로써 그 사상적 잠재력 또는 신선함은 거의 완전히 소진되었다고 여겨졌다.

그러나 1971년 출판된 존 롤스의 『정의론』은 경제적 이익의 추구를 경제적으로 촉진하는 것뿐만 아니라 경제를 포함한 현실 사회관계에서 발생하는 이익갈등의 문제를 '정의'의 관점에서 풀고자 할 때 당사자들에 대한 자유주의적 전제와 자유주의적 게임방식이 대단히 효과적이라는 것을 입증했다. 즉 자유주의의 사회성은 자유주의의 이름으로 사회적 활동에 단지 실체적 권리를 확보해주는 것뿐만 아니라 자본주의적 생산관계가 고도로 발달하면서 드러나는 각종 사회적 갈등을 해결하는 절차적 원리로서 가동될 때 상당히 많은 시사점을 던진다는 것이 밝혀진 것이다. 따라서 롤스 저작이 출간된 이래 근 20년 동안 자유주의는 "이론화에 있어서 르네상스"(renaissance of liberal theorising)를[14] 겪을 정도로 중흥기를 맞았다. 즉 이 시기에 있어서 자유주의는 그 어떤 저항이나 방어의 이념

---

13) 이상의 서술은 J. 샤피로, 「자유주의」, 김택현 역; 노명식 편, 『자유주의』(서울: 종로서적, 1983), 33~62쪽에 의거했다.

14) John Horton, "Liberalism, Multiculturalism and Toleration", in: J. Horton (ed.), *Liberalism, Multiculturalism and Toleration* (Hondmills/London: Macmillan Press Ltd., 1993), 1쪽.

이 아니라 사회와 국가 운용의 적극적 원칙으로서 정당성과 효력성을 입증하여 사실상 규범문명의 긍정적 기축으로 그 위상을 재정립했다.

그런데 이런 규범문명의 긍정적 기축으로서의 자유주의는 1990년대 들어오면서 사실상 두 방면의 도전을 받게 된다. 하나는 사회 영역 전반을 경제순환영역으로 전면적으로 교체하려는 자유주의 내부에서의 '신자유주의적 변형판'이고, 다른 하나는 자유주의 문화와는 다른 문화권에서 제기하는 이른바 '다문화주의'의 도전이었다. 1990년대 후반기에 한국이나 중남미, 또는 동남아시아 국가들을 휩쓴 환란 위기가 전자의 도전의 구체적 사례라면, 1989년 루시디의 『악마의 시』가 이슬람 성인을 모독했다는 이유로 그에 대해 전 이슬람권에 살인명령을 내린 호메이니의 조처는 후자 도전의 구체적 사례였다. 전자가 자유주의의 경제적 절제선을 무너뜨리는 것이라면, 후자는 관용을 핵심으로 하는 자유주의의 인내의 한계선을 시험대 위해 올려놓은 것이었다.

룩스의 『자유주의자와 식인종』은 이런 도전에 대한 쟁점적실한 대응과 분투이다. 앞에서 보았듯이, 그는 자유주의의 자기한계까지도 인정할 줄 아는 자유주의적 이성이야말로 자유주의의 가장 고차적인 상위(메타)믿음이라고 역설한다. 그리고 이런 점이 없으면 자유주의자로성의 그 어떤 정체성도 가질 수 없을 것으로 암시한다. 자유주의의 보편성에 대한 종족중심주의적 회의가 자유주의의 역사적 성과물을 모두 상대화시키는 바로 그 맥락 안에서도 바로 그것을 투시하면서 그것을 수긍할 수 있는 자기계몽의 용기와 용의야말로 자유주의적 이성의 진면모라고 주장하는 그의 자세는 문득 한국에서 자유주의를 자처하는 사람들의 비자유주의적이거나 심지어 반자유주의적인 작태와 겹쳐지면서 많은 소회를 자아내게 한다. 그것은 제대로 된 이성적 계몽을 거치지 않은 한국 자유주의의 의식과 실천의 불운한 역사를 돌아보면 더 깊어지는 감정이기도 하다.

4. '한국 자유주의'의 의식과 실천의 불운한 역사

한국교육학술정보원(KERIS)의 홈페이지에 들어가 '자유주의'를 검색하면 1929년 『조선사상통신』에 일본어로 「산업에 있어 자유주의의 해독. 조선인 산업의 위축」이라는 한 쪽짜리 글이 쓰인 이래[15] 2005년에 이르기까지 자유주의에 관해 총 1014건의 국내학술지 논문이 작성된 것으로 나와 있다.[16] 일본어로 쓰인 이 글은 한일합방 이래 조선에서의 산업총생산액이 5배 이상 증가했음에도 불구하고 그 가운데서 조선인이 차지하는 비율은 갈수록 위축되어 산업자유주의의 미명 아래 이루어지는 식민지 산업의 발전은 사실상 일본인 산업의 발전에 지나지 않는다는 것을 비판하고 있다. 그리고 같은 발행지의 같은 연도에 호를 달리하여 역시 일본어로 「사회발전의 역사에 있어서 자유주의의 지위」라는 글이 나오는데, 이 글은 당시 『동아일보』 사설을 옮겨 실은 것으로 되어 있다.[17] 이 글은 당시 상황에서 "현대 사회를 움직이는 2대 조류는 사회주의와 자유주의

---

15) 「産業上の自由主義の害毒. 朝鮮人産業の委縮」, 『朝鮮思想通信』, Vol.42 No.1073 (朝鮮思想通信社, 1929), 43 쪽.(http://www.riss4u.net/), [6511085504].pdf. KERIS 회원이면 이 글은 사이트에서 다운받을 수 있다. 그런데 KERIS상에서 자유주의에 대한 글이 1929년에 처음 나온 것으로 되어 있다고 해서 그것이 곧 한국에서 '자유주의'가 그 이름으로 글이 쓰여진 최초의 사례라고 단정하기는 아직 이르다. 왜냐하면 KERIS가 포괄하지 못한 미발굴 자료가 있을 가능성은 얼마든지 남아 있기 때문이다.

16) 위의 웹사이트 접근일 2006. 3. 20. (본문 제목 번역에서 강조는 필자)

17) 「社會發展史上の自由主義の地位」, 『朝鮮思想通信』, Vol.42 No.1045 (朝鮮思想通信社, 1929), 11 쪽.(http://www.riss4u.net/) [6511067103].pdf. (본문 제목 번역에서 강조는 필자)

이다"라는 시대 진단을 전제해놓고, 조선 사회에는 자유주의가 뿌리 내릴 현실적 근거가 거의 없으며, 자유주의에 저항하는 봉건 잔재는 여전히 청산되지 못한 반면, 1차 세계대전의 여파로 러시아, 독일, 헝가리 등지에서 발발한 사회주의 혁명의 여파는 일본과 조선에도 미치고 있음을 대비시키고 있다. 그런데 이 글의 취지는 사회주의 혁명의 기운이 아직은 일부 지식인 그룹을 움직이는 정도로 제한되어 있으나 조선 식민지의 불평등 구조상 확산될 잠재력은 충분히 있다고 보고 그 대안으로 자유주의적 사회운동을 조장해야 한다는 것을 역설하는 것이다. 그리고 자유주의를 거의 받아들일 것 같지 않은 식민지 조선의 "봉건제도"가 오히려 사회운동의 방향을 사회주의에서 자유주의로 돌릴 현실적 근거를 제공한다고 주장하고 있다.

잡지 차원에서 자유주의에 대한 식민지 당시의 언급은 이 정도에서 멈추고 그 다음 자유주의에 관해 한글논문이 작성된 시기는 1958년으로 튀고 있다. 참으로 기묘하게도 KERIS상에 결집한 자료로만 보면 자유주의에 관한 최초의 한글 논문은 김찬국 선생이 쓴 신학 논문이다.[18] 그리고 진정 세속적 이념인 자유주의에 관한 논문이나 학위논문들이 제대로 쓰이기 시작한 것은 1970년대부터였다. 자유주의에 관한 단행본은 식민지 시기에는 그 전부가 일본 학자들의 저작이 차지하다가 해방 이후 비로소 철학자인 최재희 선생에 의해 1948년 『발전적 자유주의의 사상체계』라는 책이 집필되었고,[19] 해방 공간에서 해럴드 라스키의 『서구자유주의의 발달』이 번역, 출간되었다.[20] 어쨌든 KERIS 검색에 따르면 2006년까지 자

---

18) 김찬국, 「구약성경에 나타난 자유주의」, 『신학논단』, Vol.4 (연세대학교 신과대학, 1958), 51~66쪽.

19) 崔載熙, 『發展的 自由主義의 思想體系』(서울: 教文社, 1947), 총 140쪽.

유주의에 관해 학위논문은 871건이 작성되었고, 전국 대학의 단행본 소장건은 3459건으로 집계되어 있다.

필자가 글의 서두에 자유주의에 대한 검색건을 이렇게 잡다하게 열거하는 이유는 그것에 의해 한국에서 '자유주의'에 대한 학문적 의식의 존립 조건을 어느 정도 소묘할 수 있다고 보았기 때문이다. 이미 식민지 시기에 '산업에 있어 무제한의 자유주의'는 열등한 쪽에 무한한 패퇴와 위축을 가져온다는 사실이 인지되어 있었다. 그럼에도 불구하고 자유주의는 현상의 급진적 전복과 타파를 추진하는 '사회주의에 대해' 일정 정도 완충제 내지 경우에 따라서는 그 대안적 사회발전을 추구할 사상적 잠재력을 가진 것으로 추천되었다. 그러면서도 '해방 이후 한국'에서 자유주의는 본래 본토의 자유주의가 경쟁했던 기독교의 품 안에서, 한 진보적 신학자에 의해 성경에서, 그것도 구약성격에서 그 전거를 구하는 기묘한 존립 양상을 보이면서 본격적으로 한국 사회 안으로 유입되기 시작했다. 한마디로 현대 한국에서 자유주의에 관한 학문적 의식은 그것이 타파하거나 옹호해야 할 한국 현실과의 직접적인 접점 없이 한국 현실 안으로 주입되는 형태로 나타났다. 다시 말해 한국 자유주의는 그것을 추진할 진정한 세력이나 자기 쟁점 없이 오직 외부의 사상으로 소개되었다.

한국 자유주의의 불운은 그 이름으로 행해진 각종 정치적 실천에서 더욱 극명하게 드러난다. 한국에서 '자유'라는 이름을 처음으로 정치적 상징으로 삼은 것은 1951년 8월 15일 당시 대통령 이승만의 신당조직 의사 표명을 계기로 그 해 12월 창당되었다가 1960년 4·19혁명으로 붕괴한

---

20) Harold J. Laski, 『西歐自由主義의 發達』(서울: 大成出版社, 1947), 총 189쪽.

'자유당'이었지만, 전혀 그 이름과 걸맞지 않게 자유당은 왕권을 능가하는 독재권력을 추구하였으며, 그 결과 4·19 이래 이 명칭은 한국 정당사에서는 금기목록에 올려졌다. 1990년 1월 6공 하에서 여소야대 정국을 타파하기 위해 급조되었다가 1995년 12월 자기 당 및 그 원조당 출신의 전두환, 노태우 두 전직 대통령의 구속을 계기로 신한국당으로 당명을 갈아버린 '민주자유당'(민자당)도 자유주의 이미지와는 한참 거리가 먼 것으로 여겨졌다. 민자당 내분에서 밀린 분파가 김종필의 주도 아래 1995년 3월 창당했다가 2006년 2월 단 하나 남은 의원의 한나라당 투항으로 종지부를 찍은 '자유민주연합'(자민련)의 이미지나 운명도 마찬가지였다. 그리고 자유라는 단어를 단체명으로 사용하는 거의 모든 단체는 바로 우리가 사는 이 대한민국의 현실 맥락에서 구체적 자유를 공급해주는 생동성 있는 내용물과는 거리가 먼 반공냉전성 극우단체들이다.

5. 또 하나의 자유주의 명칭, 자유주의 연대

한국 자유주의의 가장 큰 역설은 자유주의의 핵심인 그 '자유'의 이미지나 실질적 개념과는 정반대의 인물이나 정파들이 바로 그 명칭으로 대한민국의 사회적 발전 맥락을 배경으로 정치적 실천을 추진해 왔다는 것이다. 따라서 한국에서 자유주의는 그 어느 나라에서도 볼 수 없는 극심한 실행모순을 자초하면서 움직였다. 그러면서 이런 자유주의에 걸맞은 이미지나 정책을 추구할 것 같은 대부분의 진보 세력들이나 인사들은 자유주의자로 규정되거나 호칭되는 것을 극력 피하면서 '민주'라는 말 안에다 모든 것을 담으려고 노력했다. 다시 말해 한국 자유주의는 '한국 현실에서 실시간대로 생동하는 자유주의적 정체성'을 그 누구도 체현하지 못하는 상황을 장기적으로 지속해 왔다. 이런 정치적 상황에서 자유주의를 전면으로 표방하는 단체가 거대수구언론의 엄청난 지원 아래 반(半)자발적으로 떠오르려고 한다. 2004년 11월에 창립된 '자유주의연대'는 그 명칭에서 한국 정치사에서 처음으로 자유주의를 '자유'라고 생략하지 않은 채 그 이름 그대로 불렀다는 점 말고도 사상사 연구가들에게 약간의 흥미를 유발하는 몇 가지 면모를 보여주었다.

우선 자유주의연대는 자신들의 면모에 자유주의적 정체성의 구체적 내용을 부여하려고 애쓴다. 이 조직의 웹사이트에 게재된 〈자유주의자의 길〉에서[21] 제시된 각 조항들은 그들의 그런 노력을 그대로 반영한다.

자유주의자의 길

01. 자유주의자는 세상을 선악의 이분법으로 보지 않는다.

02. 자유주의자는 남이 나보다 옳을 수 있다고 생각한다.

03. 자유주의자는 자기책임 원칙에 충실하다.

04. 자유주의자는 人治가 아닌 法治를 추구한다.

05. 자유주의자는 타인에게 해를 끼치는 것을 혐오한다.

06. 자유주의자는 개인의 자유와 창의성을 가장 중시한다.

07. 자유주의자는 전체주의와는 타협하지 않는다.

08. 자유주의자는 청부(淸富)를 사랑한다.

---

21) http://www.486.or.kr/ 〉자유주의연대소개〉자유주의자의 길 (2006. 3. 21. 접근)

09. 자유주의자는 세상에 완벽한 것은 존재하지 않는다고 말한다.

10. 자유주의자는 역사에 미리 정해진 길이 있다고 믿는다.

11. 자유주의자는 시장은 커야 하고 정부는 작아야 한다고 생각한다.

12. 자유주의자는 인위적 평준화는 더 큰 불행을 자초한다고 생각한다.

그리고 이들은 창립선언문에서 〈한국사회의 자유주의 개혁방향〉이라고 하여 다음 열 가지를 제시했다.[22]

01. 과거청산보다 미래건설에 초점을 맞춘 개혁을 추구한다.

02. 국가주도형 방식에서 시장주도형 방식(작은 정부, 큰 시장)으로의 경제 시스템 전환을 통해 선진 경제를 개척한다.

03. 자유무역협상(FTA)의 능동적 추진을 통해 '열린 통상대국'을 건설한다.

04. 모든 특권을 철폐하고 만인에게 기회의 평등을 보장하되 결과에 대해서는 승복하는 합리적 사회문화를 창출한다.

05. 법치주의의 확고한 기초 위에서 다원주의에 기초한 관용의 정치문화를 실현하고 사회구성원의 정신적 성숙에 기초해 사회적 공동선을 찾아나가는 성찰적 민주주의를 개화시킨다.

06. 학생에게 학교선택권을, 학교에게 학생선발권을 부여하는 교육혁신을 추구한다.

07. 대북정책의 최우선과제로 북한 대량살상무기 문제의 근원적 해결을 통한 전쟁 가능성 제거 및 공고한 평화체제 구축을 추구한다.

---

22) 위의 사이트〉자유주의연대소개〉창립선언문(2004. 11. 23.)

08. 한반도 전역의 민주주의 실현을 위해 북한 인권개선 및 민주화를 추구
한다. 아울러 세계 민주화에 기여한다.

09. 기존의 한미동맹을 21세기 상황에 걸맞게 발전시키며 주변국과의 우호
관계를 강화한다.

10. 문화, 학술 등 연성권력(soft power)을 신장시켜 매력국가를 건설한다.

문제는 이러한 신조표명이나 강령이 앞에서 논구한 자유주의의 역사나
이념적 정체성 어느 부분에서 '자유주의적인 것'과 일치하는지 분명치
않다는 것이다. 이들이 제기하는 권력이나 권위의 부당한 간섭이나 억압
에 대한 대응은 지극히 편의적이다. 이들은 가까운 억압이나 기득권 또는
인권침해에 대해서는 눈을 감고 휴전선 넘어 우리 생활권과 일차적으로
는 소원한 곳의 인권 문제를 집중적으로 부각시킨다. 시장주의를 얘기하
면서도 관치경제만 거론하지 독점가능성과 공정한 시장질서에 대해서는
일체 언급이 없다. 무엇보다 자유주의자를 자유주의자답게 만드는 개인
으로서의 인간의 기본 권리에 대해서는 구체적으로 명시하지 않음으로
써 이들이 권리인증의 문화에 얼마나 둔감한지 한 눈에 알 수 있게 해준
다. 그러면서 이미 사회적 자유주의 단계에서 얘기되었던 사회적 취약계
층에 대한 자유주의적 온정주의조차 사실상 배제하고 있다.

그러나 가장 큰 문제는 이들이 그 어떤 극단적 자유주의자라도 자신이
진정 자유주의자라면 절대 거부할 수 없는 행태, 즉 자기 이성의 계몽, 그
리고 타인과의 대화를 통해 최적점을 찾아가는 논변적 이성의 행위에 대
해서는 일언반구의 언급도 하지 않는다는 것이다. 만약 이 시대에 스스로
를 진정 자유주의자라고 자처하고 싶다면, 그리고 가장 성숙하게 발달한

선진적 차원의 자유주의를 구현하고 싶다면, 모든 문제를 자유주의 이성에 입각한 논변을 통해 성실하게 합의를 추구하겠다는 바로 그 '자유주의자로서의 정체성' 에 충실해야 하지 않겠는가? 이성에 대한 믿음과 능력 없이 자유주의자임을 자처한다는 것은 그 어떤 경우에도 사상적 사기에 지나지 않는 것이다.

2006년 3월
홍 윤 기

여기에 모아놓은 글들은 모두 지난 10년간 출판된 것이거나 강연한 것들이다. 따라서 이 글들은 문체, 기조, 길이 및 형태에 있어 다양하기 짝이 없는데다가 각기 다른 방식이긴 하지만, 1990년대 들어 점차 크게 부상하기 시작한 일련의 상호 연관된 쟁점들, 즉 흔히, 그리고 두드러질 정도로 부정확하게 다문화주의라고 불리는 것과 정체성 정치에 의해 제기된 쟁점들을 거론하고 있다. 즉,

· 우리는 도덕들의 다양성을 어떻게 해석해야 할 것인가?
· 그런 다양성은 문화들 '사이'에서, 그리고 문화들 '안'에서 어느 정도 표출되고 있는가?
· 그런 다양성은 얼마나 확산되어 있으며 얼마나 심화된 상태인가?
· 그리고 거기에 대한 적절한 대응은 무엇인가?
· 자유주의란 바로 또 다른 도덕적 관점이자 문화적 관점인가?

· 로버트 프로스트가 언명한 대로, 자유주의자란 과연 논증할 때 자기가 누구 편
  을 들 수 있는지를 알지 못하는 자에 지나지 않는가?
· 도덕적 가치나 정치적 가치와 관련된 사안들에 있어서 다원주의란 과연 적절
  한 대응인가? 또한 다원주의란 정확히 무엇을 의미하는가?
· 다원주의가 만약 상대주의와 다르다고 한다면 어떻게 다른가?
· 상대주의에 대한 찬성점과 반대점으로 이야기되어야 하는 것은 무엇인가?
· 상대주의는 인권 옹호에 대해 어떤 도전을 제기하며, 그런 도전은 어떻게 처리
  될 수 있는가?

이런 것들이 여기에 실린 글들의 입장과 관련된 중심 문제들이다. 그리고 이 글 가운데 세 편은 고(故) 이사야 벌린의 사상에 초점을 맞추고 있는데, 그의 사상과의 비판적 대결은 이 입장들을 적합하게 구성하고 방어하는 데 아주 전도유망한 자극을 가한다. 다른 글들은 1990년대부터 국내뿐만 아니라 이 지구 전체를 가로질러 아직도 우리의 많은 부분을 사로잡는 주제들, 즉 사회정의라는 이념에 대한 신자유주의의 맹공, 미심쩍긴 하지만 발랄한 공동체주의의 호소, 그리고 '제3의 길'과 관련되어 있다. 이 글에 실린 글들의 출처는 다음과 같다.

1장 : 「도덕적 다양성과 상대주의 Moral Diversity and Relativism」, Journal
     of Philosophy of Education, vol. 29, no. 2 (1995)
2장 : 「보편주의는 종족중심적인가? Is Universalism Ethnocentric?」, Louis
     Henkin Lecture. 1st. (New York: Columbia University, 1998. 2.)
3장 : 「자유주의자에게는 자유주의를, 식인종에게는 식인주의를 Liberalism
     for the Liberals, Cannibalism for Cannibals」, Martin Hollis Memorial

Lecture. 2nd. (University of East Anglia, 2001. 6.); Critical Reviews of Social and Practical Philosophy, vol. 4, no. 4 (2001, 겨울)에 재수록.

4장 :「다른 문화, 다른 합리성? Different Cultures, Different Rationalities?」, History of the Human Sciences, vol. 13, no. 1 (2000. 2.)

5장 :「비교할 수 없는 것들을 비교하는 것에 관하여: 상쇄거래와 희생 On Comparing the Incomparable: Trade-offs and Sacrifices」, Ruth Chang, ed., Incommensurability, Incomparability and Practical Reason (Cambridge, Mass./London: Harvard University Press, 1997)

6장 :「단수적인 것과 복수적인 것 The Singular and the Plural」, Social Research, vol. 61, no. 3 (1994. 가을)

7장 :「다원주의자는 반드시 상대주의자인가? Must Pluralists be Relativists?」, Times Literary Supplement (1998. 3. 27.)

8장 :「유행에 맞지 않는 여우 An Unfashionable Fox」, Robert Dworkin/Mark Lilla/Robert B. Silvers, eds., The Legacy of Isaia Berlin (New York, New York Review of Books, 2001)

9장 :「사회정의: 하이에크의 도전 Social Justice: The Hayekian Challenge」, Critical Review, vol. 11, no. 1 (1997. 겨울)

10장 :「치욕, 그리고 정체성의 정치 Humiliation and the Politics of Identity」, Social Research, vol. 64, no. 1 (1997. 봄)

11장 :「공동체주의자의 목소리 The Communitarian Voice」, (i) Dissent (1998. 봄); (ii) Contemporary Sociology, vol. 21, no. 4 (1992)

12장 :「인권에 대한 다섯 우화 Five Fables About Human Rights」, Stephen Shute/Susan Hurley, eds., On Human Rights. The Oxford Amnesty Lectures 1993 (New York: Basic Books, 1993)

13장 :「제3의 길에 관한 마지막 한마디 The Last Word on the Third Way」, Social Market Foundation Review (1999. 3.)

1

도덕적 다양성과 상대주의

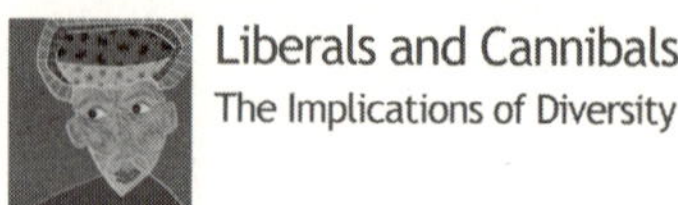

도덕적 다양성에 우리는 어떻게

반응해야 하는가? 여러 생활방식들 사이의 대조점들이 점점 더 뚜렷하게 눈에 띄어 가는데 우리는 거기에서 이론적으로나 실천적으로 어떤 결론을 도출해야 할 것인가? 여기에서 생활방식들 사이의 대조점이라고 한다면, 서로 다른 습관이나 풍습들 사이의 대조점, 삶에 대한 다기한 관점들이나 무엇이 삶을 가치 있게 만드는 것인가에 관한 여러 판단들 사이의 대조점, 서로 공통으로 안고 있긴 하지만 또 서로 무수한 오해를 자아내는 문제들 또는 전쟁으로 끝장날 수도 있는 갈등들에 대한 다기한 반응 방식들 사이의 대조점들을 말한다.

이런 문제가 항상 수수께끼 같은 혼란을 자아낸 것 같지는 않다. 뒤에 보여주겠지만, 이미 고대에도 도덕적 다양성에 대한 지각은 있었다. 그런데 그것에 어떻게 반응하는가 하는 문제에 대한 본격적 고민은 현대에 와서야 전개되었다. 예를 들어 존 로크는 "거명되는 도덕성의 원칙이나 진지하게 숙고된 덕의 규칙들 가운데 그 어디에서든 사람들이 사는 전체 사회의 일반적 유행에 의해 무시되거나 비난받지 않는 것은 거의 없다(단 한 사회를 묶어내는 데 절대적으로 필요한 것들은 예외지만, 이런 것들도 서로 판연히 구별되는 사회들 사이에서 문제되면 경시되기 일쑤다)"는 사실을 관찰해냈다.[1] 그러나 결론에 이르러서 로크는 "올바른 행위나 좋은 정부의 진리에 관한 확실성을 발견하기 위해 추리와 논변, 그리고 몇 가지 정신능력을 구사하면 그런 것이 어떤 것인지를 고스란히 가르쳐주는 도덕적 원칙들을 발견할 수 있다"는 것을 의심하지 않았다.[2] 그리고 파스칼이 "피레네 산맥 한쪽에서 진리인 것이 다른 쪽에서는 오류다"라는 점을 통찰했을 때에도 그는 단 한 순간도 이런 통찰로 인해 기독교가 전달한 진리를 의문시해야 한다는 생각을 한 적이 없었다.[3] "마호메트는 예언을 하지 않는다. 그러나 예수는 예언을 행한다"고 하면서 파스칼은 "우리 종교 이외의 어떤 종교도 인간이 태어날 때부터 죄인이라고 가르치지 않는다. 어떤 분파의 철학자들도 그것을 말해준 적이 없었다. 그러므로 (기독교를 제외하고는) 이제껏 진리를 말한 종교는 전혀 없었다"고 단언했다.[4]

종교적 신앙은 진정 분명한 토대가 된다. 종교적 신앙을 토대로 내가 했던 질문에 대답하고자 하면 수수께끼 같은 당황스러움에 빠지거나 난관에 처하기는커녕 아주 명백한 답을 할 수 있을 것이다. 명백하다는 점에 있어서 종교적 신앙에 못지않은 또 다른 토대가 있다면 로크 같은 이가 그 선구자 중의 하나였던 계몽주의적 합리주의가 있다. 계몽주의적 합리주의에 따르면, 인간성이 독단의 암흑에서 벗어나 미신의 그림자를 제거하면 이성의 빛에 의해 도덕성의 원칙들을 분별해낼 수 있다는 것이다. 그러나 종교적 확실성과 합리주의적 확실성 모두를 의문시하는 우리 시대는 세계 전반에 걸쳐, 그리고 점점 더 '다원주의적으로 되어가는' 바로 우리 사회 안에서, 도덕적 다양성이라는 '바로 이 사실'이 점차 혼란을 야기하는 요인이 되고 있는 시대다. 문화적 경계선들을 관통하는 도덕적 판단을 행할 수 있는가? 다기한 생활방식을 관통하면서까지 적용될 수 있는 도덕적 원칙들이라는 것이 있는가? '우리'의 원칙들이 '그들'에게

도 적용되는가? 어떤 하나의 생활방식 안에는 늘 도덕적 비판이라는 것
이 내재되어 있을 수밖에 없지 않은가? 보편적 도덕성이라는 바로 그 생
각은 탈현대 이전 시대의 환상에 지나지 않는 것이 아닌가?

　나는 헤로도토스에서 나온 잘 알려진 인용문으로 이런 탐구를 시작하
려고 하는데, 이 인용문은 이런 쟁점 집합에 관한 토론에서 아주 유익한
준거점이 된다. 헤로도토스에 따르면 페르시아 왕 다리우스는 지혜로운
관용으로 신민을 대했다고 한다.

> 　다리우스가 페르시아 왕이었을 때, 그는 우연히 자기 궁에 알현하러 왔던
> 그리스인들을 불러 그들이 죽은 아버지의 시체를 먹게 되면 어떻겠느냐고 질
> 문했다. 그리스인들은 세상에서 아무리 많은 돈을 줘도 절대 그런 짓은 할 수
> 없다고 응답했다. 조금 뒤 왕은 그리스인들을 면전에 세워놓고 (그들이 오가
> 는 말을 이해할 수 있도록) 통역자를 통해 죽은 아버지의 시체를 실제로 먹는
> 칼라티애라는 인도 종족에게 죽은 아버지의 시체를 태우면 어떻겠냐고 물었
> 다. 칼라티애인들은 공포에 가득 찬 울음을 터뜨리면서 왕에게 그런 무서운
> 일일랑 제발 입에 올리게 하지 말아달라고 빌었다. 이 이야기로 우리는 풍습
> (風習)의 위력이 어느 정도인지 알 수 있는데, 내 생각에 핀다로스가 풍습은
> ‘만인의 왕’ 이라고 한 것은 옳았다.[5]

　이 친숙한 이야기에서 몇 개의 도덕을 도출할 수 있다. 그 가운데 하나
는 이미 내가 지적했다. 즉 도덕적 다양성이라는 ‘사실’ 은 매우 오래된
이야기라는 것이다. 그런데 이제 이 오래된 이야기가 다른 모양으로, 그
것도 모순된 방식으로 나타나고 있는 것이다. 한편으로 도덕적 다양성이

란 현상은 점점 더 많이 지각되고 있으며, 정말로 사방에 편재하고 있다. 대량 교통, 그리고 현대의 매스컴은 세계를 가로질러 문화들의 다채로운 차이점들이나 그 충돌을 우리에게 일상적으로 깨우치고 있다. 텔레비전 다큐멘터리, 연극이나 영화, 그리고 단순한 뉴스 보도들이 그런 일상적 매체들이다. 국경선을 가로지르는 대량 이민, 무역이나 직업적 이동 등은 우리 사회를 더욱 이질적인 다(多)언어 사용처로 만들고 있다. 우리 사회는 점점 다양한 언어들, 요리법들, 그리고 풍습들로 이루어진 바벨탑이 되어간다. 하지만 종종 우리는 사회적이고 정치적인 과정들에 의해 모양 지어진 렌즈를 통해 이런 발전들을 들여다본다. 이때 민족이나 종족이나 인종으로 규정된 공동체들 사이에는 다수의 차이들이 있다고 보는 시각이 일반적이다. 그리고 이런 시각에는 그 문화들이 각기 내적 정합성을 갖춘, 서로 판명하게 구별되는 '전체'라는 생각이 내포되어 있다. 이런 지각의 모양새를 새겨가는 데는 많은 파당들이 합작하게 마련이다. 제국 주의적 권력들, 접대국의 정치가와 공직자들, 민족주의 운동들, 대중 영합적 지도층과 지식인들, 그리고 통일되고 오염되지 않은 연구 대상을 필요로 하는 사회인류학자들도 이런 부류에 반드시 더해져야 할 것이다. 문화란 다변적 기원을 가진 이질적 요소들의 군집체 혹은 조립체라기보다 하나의 전체라는 생각은 신비적 사고에 토대를 두고 아주 체계적으로 복잡성을 감소시키는 조작술일 뿐이다. 물론 문화들은 진짜 다르다. 하지만 메리 미즐리가 아주 잘 말했듯, "문화들 사이의 차이란 국민국가들 사이에 펜으로 그은 국경선 같은 차이라기보다는 기후권이나 생태계들 사이의 차이에 가깝다."[6]

　헤로도토스의 이야기에서 이끌어낸 두번째 도덕은 이 이야기에 개입된

다양한 당사자들 즉, 그리스인, 통역, 칼라티애인, 다리우스, 헤로도토스, 그리고 독자들 모두가 그 이야기가 언급하는 풍습상의 차이에 접근하고 있다는 점이다. 모든 사람은 자기 자신의 관점에 서서 이러한 것들이 죽은 이를 경배하는 각기 다른 방법들이라는 사실을 이해할 수 있다. 그리스인과 칼라티애인들은 자기들이 각기 이렇게 하는 것은 성스럽다고 여기면서도 다른 사람들이 그렇게 하는 것은 충격적인 짓으로 간주한다. 겉으로 보면 다리우스는 고고한 위치에 서서 아주 초연한 태도로 그들 사이의 충돌을 정교하게 조망하는 관점을 취하는 것처럼 보인다. 하지만 미즐리가 지적하듯이 이것은 단지 겉모양새일 뿐이다. 왜냐하면 페르시아인들은 "자신들이야말로 사체 처분 문제를 해결하는 단 하나의 '올바른' 방식을 알고 있다고 확신했기 때문이다. 그것은 사체를 높은 탑 위에 놓아두고 독수리가 먹게끔 하는 것이었다."[7] 마찬가지로 독자의 견해 역시 자신들이 의식하든 의식하지 않든 죽은 사람이 어떻게 경배되어야 하는가에 관한 자신들의 가정, 또는 적어도, 자신들이 거기에 전적으로 동의하지 않는 경우가 있더라도, 자기 사회에서 그런 문제에 관해 보통 통용되고 있는 가정에 묶여 있는 것 같다. 추정컨대 그 문제에 관해 헤로도토스는 당시 그리스인들의 관점을 취한 것 같다. 하지만 안타깝게도 당시 통역이 어떤 견해를 취했는지에 관해 우리가 짐작할 도리는 없다.

세번째로 나는 이 이야기가 위에서 언급된 모든 당사자들이 각기 다른 방식으로 종족중심적이었음을 보여준다고 믿는다. 모든 사람들은 그들 자신의 국지적 관점에서 문제되는 습관의 의미를 파악하고 있다. 일단 보기에 그리스인과 칼라티애인은 무반성적으로 그렇게 하고 있는 것 같다. 그들은 각기 자기들의 방식이야말로 단 하나의 올바른 방식이고, 따라서 다른 사람들이 그렇게 하는 것은 마음 깊숙이 충격받을 정도로 잘못되었다고 간단하게 단정한다. 그 모든 지혜로운 제국주의자들이 그런 것처럼, 다리우스는 상도를 벗어난 것처럼 보이는 이 모든 기묘한 풍습들을 관용하면서도 페르시아 사람들이라면 제대로 하는 방법을 알았을 그런 일들을 이들 외국인들은 머리를 잘못 써 이상한 방식으로 처리하려고 든다는 식으로 이해하고 있다. 현대의 독자는 자기 부모의 죽은 신체를 먹는 것이나 태우는 것을 현대식 매장 습관에 해당되는 유사한 장례풍습으로 이해하면서도 그 자체는 엽기적이고도 이국적인 것으로 치부할 것이다. 만일 독자가 인류학자라면, 그(녀)는 이런 습관들을 '의식'(儀式)의 범주에 분류해 다른 장례 의식들과 비교해 이해할 수 있게 만들 것이다. 이 모든 경우들에 있어서 친숙한 것(the familiar)은 친숙하지 않은 것(the unfamiliar)에 다가가는 우리들의 접근점이다. 즉, 먹는 것 혹은 태우는 것은 죽은 자에 대한 존경을 표하는 '그들의' 방식이라는 식이다.

　네번째 도덕은 이런 습관들의 의미를 파악한다는 것은 그것들의 '합리적' 의미를 파악한다는 것이다. 다시 말해 어떤 습관들을 이해한다는 것은 그것들이 모종의 이유들 때문에 습관적으로 행해진다고 이해하는 것이다. 헤로도토스는 핀다로스를 따라 풍습은 모든 것의 왕이라고 말한다. 그가 무엇을 말하려고 했는지는 이 말만으로는 분명하게 알 수 없다. 몽테뉴는 「풍습에 관하여」라는 유명한 에세이에서 그와 비슷한 내용을 말하고 있다.

　　풍습의 효과는 우리를 너무나 꽉 움켜쥐고 놓아주지 않을 정도로 확고하기 때문에 우리가 그 손아귀에서 벗어난다든지 그것이 명령하는 바를 토론하거나 추론하기에 충분할 정도로 우리로 하여금 제정신을 되찾게 만드는 일은 거의 있을 수 없다. 사실 우리는 어머니의 젖을 먹으면서부터 그런 습관을 체득했고 우리의 유아기 때 눈에 세상은 습관이 가르쳐주는 것과 똑같은 얼굴로 나타났기 때문에 태어나면서부터 이와 똑같은 길을 따라가도록 정해진 것처럼 살아왔다. 우리 주변에 사방에 널려 있고 아버지의 씨와 더불어 우리 영혼 안에 주입된 그 공통된 생각들은 그 자체가 일반적이면서도 당연한 것으로 나타난다. 그러므로 우리는 풍습에 딱 맞지 않은 것이 나타나면 그것이 이성과 맞지 않는 것으로 믿어버린다. 오직 하느님만이 그 대부분의 것들이 얼마나 불합리하게 이루어지는지를 알 따름이다.[8]

거의 같은 논조로 최근 존 엘스터는 명백하게 비합리적인 풍습이나 사회적 규범이 "상당할 정도로 맹목적이고 강압적이며 기계적이고 심지어는 무의식적인 것"이라는 해명을 제시한 바 있다.[9] 만약 헤로도토스가 이와 같은 것을 뜻했다면, 몽테뉴나 엘스터가 틀린 바로 그 이유 때문에 헤로도토스도 잘못되었다고 할 수밖에 없다.[10] 물론 사람들은 종종 맹목적으로, 심지어는 강압적으로, 그리고 그들이 하는 행위에 관해 별 다른 이유도 생각하지 않고 풍습(규범)을 따른다. 하지만 그들이 이유를 추론하지 않는다는 것이 그들에게 이유가 없다는 것을 뜻하지는 않는다. 헤로도토스가 풍습을 왕으로 비유한 것은 아마 결과적으로는 적절한 것일지도 모른다. 우리가 풍습에 복종할 때, 풍습은 왕처럼 우리 위에 군림하는 권위를 가진다. 다시 말해 우리는 규범이 우리에게 그렇게 습관적으로 행하도록 요구하고 또 그렇게 하는 데는 그럴 만한 이유가 있다고 믿으면서도, 우리가 그것을 (의식적으로 – 옮긴이) 판단하거나 의문시하지 않기 때문에 거기에 따르는 것이다.

　그리스인들과 칼라티애인들의 의식습관이 지닌 뜻을 파악한다는 것은 그들이 왜 그러한 행위를 하는지를 이해하는 것이다. 거기에는 죽음의 의미, 조상들의 권력, 즉 살아 있는 자에 대한 죽은 자의 권력 및 동일한 조상을 가진 동족들과 관련된 다른 많은 문제들에 대한 그들의 믿음을 파악하는 일도 포함될 수밖에 없다. 무슨 일이 벌어지고 있는지를 진정 이해하려고 한다면 참으로 그들의 세계관이나 우주론을 포괄적으로 이해해야 한다. 여기서 내가 도출하고자 하는 도덕은, 그들이 하는 것을 이해하는 일이란 그들이 어떤 행위를 하는 이유를 판단하는 것, 다시 말해 그들이 하는 일의 합리성을 판단하는 것을 포함한다. 그러나 여기에는 다양한 가능성들이 있다. 우리는 '그들이 믿는 것을 당연시하는 가운데' 거기에 비추어 그들 행위의 합리성 여부를 판단할 수 있다. 아니면 그들이 믿는 것을 당연한 것으로 상정하면서 동시에, 그들이 반성하고자 하기만 한다면, 그들이 인정하고자 하는 목적이나 관심이나 필요에 비추어 그들 행위를 판단할 수도 있다. 아니면 우리는 우리 관점에서 그들의 믿음이 좋은 이유들을 가졌음을 보여주는 방식으로 그들의 믿음을 해석하고 그것들에 대해 '부호해독작업' 을 실시할 수도 있다. 바로 이런 부호해독식 접근법의 사례로는 아프리카 전통 의술에 관한 로빈 호튼의 해석이 있는데, 그는 정신적 매개념들을 끌어들여 그것을 개입변수들에 호소하는 원초과학적† 설명의 일종으로 해석했다.[11] 혹은 우리는 그런 행위들이 몇 가지 객관적 기준의 관점, 말하자면 위생의 요구와 같은 것에 합치된다는 견지에서 그들이 믿는 것이 합리적이라고 상정해놓고 그들의 행위를 판단할 수도 있겠다.

하지만, 그리고 이것이 다섯번째 도덕인데, 도덕적 안건들은 위생 안건 같은 것이 아니다. 죽은 이를 명예롭게 대하는 방식이 무엇인지, 아니면 죽은 사람이라면 과연 명예롭게 대할 가치가 있기나 한 것인지, 또는 조상들을 존중하는 것이 얼마나 중요한지, 혹은 존중이나 경배 또는 의분이나 격노에 적합한 대상이란 무엇인가 등에 관해 (모든 문화적 배경을 감안해) 이성적인 사람이라면 누구나 동의할 수 있는 종류의 객관적 관점이나 '그 어느 곳도 아닌 곳에서 보는 시각'[††] 같은 것은 존재하지 않는다. 이런 의미에서 우리의 죽은 부모를 명예롭게 대하는 올바른 방식이란 것은 문화와 맥락에 상대적이다.

나는 이제 이 글 서두에서 물었던 물음에 답하는 방식에 세 종류가 있다고 제시함으로써 그 문제를 보다 일반적으로 언명하고자 한다. 즉 도덕적 다양성에 대한 반응에는 종족중심적 반응, 합리주의적 반응, 그리고 상대주의적 반응이 있다. 나의 견해로는, 이 각각의 반응방식에는 합당하고도 설득력 있는 나름대로의 판본이 있으며, 이것들을 결합하면 우리가 토론하고 있는 문제에 대해 납득할 만한 하나의 단일한 대답을 창출할 수 있다. 나는 종교적 신앙에 호소하는 네번째의 가능한 대답에 관해서는 언

명하지 않겠다. 부분적으로는 내가 그것에 관해 말할 거리가 없기 때문이고, 또 한편으로는 이런 식의 종교적 반응방식은 첫번째 반응방식과 일부 겹치기 때문이다.

도덕적 다양성에 대한 종족중심적 반응은 여러 가지 형태를 취할 수 있다. 헤로도토스의 이야기에 나오는 그리스인과 칼라티애인들은 직설적이고 단순하며 무반성적인 판을 보여준다. 즉 '우리'의 신념과 습관은 성스러운 것이며, 기타 세계는 저주받거나 아니면 구원받아야 한다는 것이다. 현대 세계에서 각종 종교 분파들은 분쟁의 소지가 다분한 이런 견해에 기울어지는 경향이 있다. 나는 그것이 '근본주의'라고 부르는 것의 특징이기도 하다고 생각한다. 아마 다리우스도 이런 반응방식의 제국주의적 변형을 보여주는데, 야만인들이란 자기들 자리에 박아두는 것이 제격이라는 발상이 바로 그렇게 보이는 이유이다.

보다 반성적으로 보이는 다른 많은 변형판도 있다. 예를 들어 사회인류학의 역사는 현대 서구 사회와 비현대 비서구 사회들 사이를 어떻게 가를 것이며, 과연 그렇게 갈라서 볼 수 있는 분할선이 있기는 한가를 두고 전개된 각종 논증들로 넘쳐난다. 이런 토론들에서 하나 또는 그 이외의 영역을 들어, 즉 인지적 영역·기술적 영역·도덕적 영역 등에서 현대 서구 사회의 우월성을 상정하고 들어가는 작가들에게 종족중심적이라는 패찰을 붙이는 것은 표준적 습관이다. 진화론과 주지주의(主知主義)를 취하는 19세기 인류학자들은 '우리'의 기준에 의거해 '미개인', 나중에 가면, '원시' 사회를 실패한 종족, 실패한 사회로 상정했다. 뒤르켕의 생각처럼, 그들의 마술은 실패했거나 아니면 기껏해야 원초과학에 지나지 않았으며, 자연 그 자체거나 정령주의적 신화거나 아니면 원초사회학이었다.

그러나 인류학자들이나 여타 다른 분야에는 이 주제와 밀접하게 관련해 18세기에 기원을 둔 또 다른 논쟁이 있었다. 여러 도덕성 혹은 다른 사회나 문화의 '풍습들' 사이의 각종 차이들은 그 뿌리가 근본에까지 박혀 있는 것인가, 아니면 단지 불변하는 인간적 능력과 인간적 성향의 집합을 살짝 가리는 피상적 차이일 뿐인가? "모든 시공간에서 인간들에게는 똑같은 것이 많다"는 흄의 생각은 과연 옳았던가? 이것은 문화의 다양성을 관통하는 '인간 본성' 의 동일성을 어떻게 확인할 수 있는가 하는 심오한 질문으로 여전히 유효하다. 루소의 다음 관찰은 이런 문제의 정곡을 아주 정확하게 찔렀다.

> 유럽 주민들이 세계의 다른 부분들로 넘쳐 들어가 새로운 항해 기록과 새로운 관계에 대한 이야기들을 쉴 새 없이 찍어대던 지난 3,4백 년 동안, 우리는 다른 인간들을 배우고 있다고 생각했지만 실제로 우리들은 우리 유럽인들 자신을 배우고 있었다.[12]

그는 "민족적 편견들의 질곡을 벗어던지고, 유사점과 차이점에 따라 인간들을 이해하는 법을 배우며, 오직 한 세기나 한 나라의 것으로 그치지 않는 보편적 지식을 획득하는 법을 배우는 것" 이 당시의 과제라고 생각했다. 인간을 공부하려면 우리는 "바로 곁에서 보기"를 행하면서도 "멀리서 보는 시각도 채택할 줄 알아야 하며, (그의) 특징들을 발견하기 위해 가장 먼저 차이들을 관찰해야 한다."[13]

'민족적 편견들의 질곡' 이라는 말은 종족중심주의를 훌륭하게 묘사한 말이다. 그리고 도덕성이 걸린 사안에서, 특히 우리가 우리 자신의 것과는 다른 도덕성에 의거해 살아가는 사람들과 함께 살려고 할 때는 가능한 한 민족적 편견 따위는 던져버려야 마땅하다. 하지만 내 생각으로는, 내가 헤로도토스의 이야기를 논할 때 이미 넌지시 암시했지만, 종족중심주의를 피할 수 없는 의미가 한 가지 있다. 즉 궁극적으로 우리는 오직 우리에게 친숙한 것에 유추해 우리에게 친숙하지 않은 것을 이해할 수 있다는 것이다. 중요한 것은 친숙한 것의 범위를 연장해 엄격하고도 상관성 있는 비교법을 사용함으로써 이해의 과정을 통제해 나가는 것이다.

도덕적 다양성에 대한 '합리주의적' 반응이란 본질적으로 계측(計測)을[†] 통해 추론이나 논변 같은 정신의 몇 가지 능력을 발휘함으로써, 적절한 반성에 따라 모든 인류에 적용할 수 있고 모든 이성적 개인들에게 받아들여질 수 있는 보편적으로 타당한 '옳은 것'(the right)과 '좋은 것'(the good)에 관해 확고한 결론에 도달할 수 있다는 발상이다. 많은 이들이 논증하기를, 이런 합리주의적 반응이란 실질적으로 수많은 현실적 악몽에 부딪힌 바 있는 구태의연한 꿈이다. 현 시대에 이런 꿈은 도덕 이론에서 칸트적 전통과 공리주의적 전통으로 예시되어 있다. 방금 말한 바와 같은 아주 강력하고도 순수한 합리주의 판본은 오늘날 받아들이기 매우 힘들다.

[†] 계측(計測, ratiocination)은 일반적으로 주어진 사태를 근거로 결론을 도출해내는 인간적 사고능력 전반을 의미한다. 현대 초기인 16,17세기 때는 대수적 계산에서부터 논리적 연역이나 귀납, 가설의 추정 및 상상력의 발동 등이 모두 포함된 포괄적 의미를 가졌다. 이때 계측이라는 용어로 가장 광범위한 철학적 사고를 가동시킨 것이 1655년에 출간된 홉스의 제1철학 3부작 중 제2부에 해당하는 『물체론: 제일철학의 요소들 *De Corpore: elementorum philosophiae sectio prima*』이다. 그 뒤 사고의 기능이 하나씩 분절적으로 이해되면서 계측은 추리력이나 논증력으로 그 의미가 축소되고, 그것도 현재에는 이론적·의식적으로는 거의 쓰이지 않는 용어가 되었다. 홉스의 이 개념을 중심으로 그의 기계론적 형이상학을 체계적으로 다룬 연구로 국내에서 접근할 수 있는 유일한 성과물로는 「홉스의 기계론적 자연관에 대한 연구: 그의 물체론을 중심으로」(강병우, 동국대학교 대학원 철학과 2005년 석사학위논문)가 있다.

비록 아주 빈번하게 합리주의적 반응의 상당수가 종족중심주의적 성격을 띠는 것이 현실이긴 하지만 그것이 필연적으로 종족중심적이 된다는 근거는 어디에도 없다. 도덕적 삶과 정치적 삶의 합리적 원칙들이 과거 몇몇 사회나 멀리 떨어진 현재의 몇몇 사회 아니면 상상의 산물인 미래의 몇몇 사회에서 또렷하게 체화되어 왔다고 주장하는 것은 전적으로 있을 수 있는 일이다. 이런 생각은 18세기와 19세기에 콩도르세나 생시몽 또는 콩트, 벤담 그리고 밀의 사상에서 볼 수 있듯이 진화론적 형태를 띠는 경향이 있었다. 후진적 우회로를 취하긴 하지만 결국에는 완벽한 사회적·도덕적 질서에 도달한다는 확신을 담고 있는 "이성의 간지(奸智)"와[†] 같은 몇몇 관념에 이런 진화론적 진보관이 여전히 체화되어 있기는 하지만 그런 도덕적 진보의 이론은 더 이상 믿기 어렵다.

현 시대의 합리주의는 회의적이어야 할 필요가 있다. 줄잡아 말하더라도 콩도르세에 기대어 "확실하고, 절대적이며, 보편적이고, 시간과 공간으로부터 일체 독립된 원칙들을 근본으로 그 본성이 아주 훌륭한 정부 형태"를[14] 모색한다고 천명하고 다니는 것은 더 이상 우리 시대의 유행이 될 수 없다. 정초론(定礎論)[††], 절대적인 것, 그리고 도덕적 보편성에 대한 요구 등은 사실상 이 시대 문화의 거의 모든 분과에서 의심받기에 이르

[†] 헤겔이 그의 역사철학에서 피력한 생각이다. 이성은 가장 반이성적인 반동 속에서도 그 자체를 관철하는 계기를 찾아 그 반동에 대한 반응을 준비한다는 것으로서 이성의 무한 진보를 역설하는 대표적인 개념장치 중의 하나이다.

[††] 그 어떤 믿음 또는 지식이 보통 정초적 믿음들(foundational beliefs)이라고 불리는 기초적 믿음들(basic beliefs)에 의해 정당화된다는 것을 고수하는 인식론의 한 입장을 가리킨다. 이때 기초적 믿음들이란 다른 믿음들에 정당화를 통한 지원을 제공하지만 그 자체를 정당화하기 위한 다른 근거는 전혀 필요로 하지 않는 믿음들을 가리킨다. 따라서 기초적 믿음들은 자기정당화하는(self-justifying), 자명한(self-evident) 성격을 가졌다고 말한다. 역사적으로 고전적인 정초론은 인간의 경험에 가장 기초적인 믿음을 두었던 영국 경험론과 생각하는 자아를 모든 인식의 근거로 삼았던 대륙 합리론을 들 수 있는데, 20세기 후반부터 전개된 각종 논증이론들은 언어의 화용론적 규칙체계에 가장 기초적인 지위를 인정하는 정초론의 새로운 양상을 보여주었다.

렀다.

그럼에도 불구하고 그 어떤 혐의들이 정당화되는 수준을 넘어 도덕적 허무주의로 넘어가게 방치하는 것은 쉬운 일도 아니고 지혜로운 일도 아니다. 도덕적 허무주의란 쉬운 일이 아니다. 도덕적 사고는 상당 부분 도덕적 추론이며, 추론이라는 것은 이유를 제기하고 제공하는 일을 포함한다는 점을 한 번 상기해보면 도덕적 허무주의에 몸을 맡기기가 쉽지 않다는 것을 알 수 있을 것이다. 이유라는 것들은, 추론할 능력을 갖고 있으며 특수한 생활방식이나 문화 안에 완전히 함몰될 수 없는 사람이라면 누구나 손에 넣을 수 있는 것이다. 위에서 제시했던 바와 같이 그 어떤 경우에도 문화들이란 꿰맨 자국 하나 남지 않는 온전한 전체는 아니며 바로 그 안에 수없이 행해진 비판과 추론의 행적이 체화되어 있다. 그리고 도덕성이란 그것 자체가 추론의 한 방식으로서, 그것을 통해 풍습들이 유지되고, 발전되고, 때로는 거부되며, 포기되기도 하는 것이다. 또 도덕적 허무주의란 지혜롭지 못한 일이기도 하다. 왜냐하면 도덕적 추론이 이성적인 사람을 확신시킬 수 있는 결론에 도달할 수 있다는 생각을 포기한다는 것은 우리 자신의 도덕적 전통에 내재하는 특징적 면모인 도덕적 비판의 실천 그 자체를 포기하는 것이기 때문이다. 따라서 그것은 우리 자신의 도덕성을 진지하게 취급하는 것을 중단하는 것이다. 합리주의적 반응에서 살아남는 것이 있다면 그것은 그저 당연하게 받아들이는 것을 가능한 한 거의 남기지 않고, 또 특수한 생활방식의 가치 또는 사회적 · 정치적 편제들의 특수한 집합이 내세우는 정의를 미리 인정하지 않는 도덕적이고 정치적인 논증에 의해 (존 롤스가 '다원주의라는 사실' 이라고 부른) 도덕적 다양성에 반응한다는 (도덕적 비판주의의 ─ 옮긴이) 기획이다.

그런 합리주의적 반응에 대한 현 시대의 표준적 반박은 이제 막 언급하고자 하는 도덕적 다양성의 세번째 반응양식인 상대주의적 반응의 근저에 놓여 있다. 상대주의적 반응이란, 도덕적 원칙들과 판단들은 오직 특수한 문화 안에서의 내재적 타당성만 가진다는 견해이다.[†] 다시 한번 이런 상대주의적 반응들에서도 여러 가지 판본을 확인할 수 있다. 이른바 '문화적 상대주의' 라고 불리는 사상의 학파가 좋아하는 신조에 따르면, 각 문화는 나름대로의 타당성을 갖고 있으며, 그 규범과 원칙들은 오직 그 내부에서만 적용 가능하고, 그런 것들을 이해한다는 것이 곧 그런 것들을 비판한다는 것을 의미하지는 않는다는 것이다. 그에 대안적으로 맞서는 것으로는 진정 그렇게 불리는 상대주의와 흔히 혼동을 일으키는 회의주의적 견해가 있다. 그에 따르면, 인식론적이거나 그 밖의 다른 이유들 때문에 문화적 경계선들을 관통하는 판단들은 이루질 수 없으며, '그들' 을 '우리' 의 기준으로 판단할 수도 없다는 것이다. 오늘날 그런 견해들은 매우 대중적으로 통용되고 있으며, 동기상 많은 원천이 있다. 우선 종족중심주의, 특히 제국주의적 변형의 종족중심주의에 대한 적대감 또는 죄책감, 다문화사회에서 잘못된 사고방식으로 해석된 평등한 인정이

[†] 특수한 문화 안에서의 내재적 타당성(internal validity within particular cultures): 하나의 도덕이 가지는 타당성은 (범위의 측면에서 보면) 오직 그 도덕을 인정하는 문화 안에서, (준거점의 측면에서 보면) 그 문화가 정립한 그 문화 특유의 생활방식과 긍정적 관계를 맺는 한에서만 인정된다는 도덕적 상대주의의 전형적 지도개념이다. 따라서 이런 입장에 서면 어떤 문화에서는 도덕적인 것으로 인정되는 행위나 삶의 방식이 다른 문화권에서는 그렇지 않은 경우도 얼마든지 있을 수 있으며, 그 역도 마찬가지이다. 문제는 어떤 개별적이거나 집단적인 도덕현상을 경험적으로 파악하고 설명할 때는 적절할 수도 있는 이 개념이 구체적인 행위 맥락에서 '도덕적' 판단을 할 경우에는 별다른 근거능력을 발휘하지 못한다는 것이다. 따라서 학문적 연구 차원에서 다양한 도덕현상을 역사적 변화나 사회적 상황에 따라 기술할 때 이 개념을 한정적으로 적용하는 사상가는 많아도(마르크스 같은 사람이 대표적이다) 자기 철학의 궁극적 지표로서 도덕적 상대주의를 체계적으로 발전시킨 철학자는 거의 없다. 사상사적으로 프로타고라스나 히피아스 같은 고대 희랍의 소피스트들, 관습주의를 내세운 흄 정도가 도덕적 '상대주의자' 로 꼽히고, 개인적 주관주의에 입각한 사르트르의 실존주의 모럴이 일부 여기에 포함된다고 여겨지기도 한다.

나 존중의 원칙, 추상적 합리주의로 보이는 것에 대한 낭만적 적대감, 그리고 의심의 여지없이 저항할 만한 그 밖의 다른 기질들 등이 그런 상대주의를 유포시키는 원천을 이룬다.

그런 견해들의 어떤 점이 잘못인가 하는 것은 대부분 이미 앞에서 언급한 것들을 통해 분명해진다.

첫째, 상대주의적 견해를 뒷받침하는 개념들 가운데 우선 '문화적 전체'라는 것은 아주 신비적으로 설정된 것이다. 도덕적 원칙들과 판단들을 상대적인 것으로 만드는 전거인 이 문화적 전체라는 것은 과연 어느 정도나 정합적 통일성을 가졌다고 추정되는지 분명하지도 분명할 수도 없다. 또는 그 문화적 전체 안에 있는 자(인사이더)와 그 밖에 있는 자(아웃사이더)를 구별하는 것 역시 명백하지도 않고 명백할 수도 없다.

둘째, 이런 견해들은 각 문화들 내부에서, 그리고 각 문화들을 관통하며 행해지는 도덕적 비판의 실천을 해명할 수 없다. 단지 다른 문화에서 습관으로 삼고 있다는 이유 때문에 잔인하고도 부정의한 습관들을 비판할 수 없다는 것인가? 그리고 이탈자나 반란자나 지식인들이 자기 자신들의 사회에서 행해지는 습관을 비판하면 어떻게 되는가? 그들은 국지적 (비판의) 습관을 따르고 있을 뿐인가, 아니면 허용될 수 없는 판단을 행하고 있는가? 그리고 다른 문화의 다른 사람들이 우리를 비판하면 안 된다는 것인가?

셋째, 다른 이들의 습관에 대한 비판을 절제함으로써 그들을 비판 저너머 또는 비판 그 이하의 존재로 간주하는 것이 진실로 존중의 한 형태인가?

넷째, 이러한 상대주의적 견해들 그 자체의 위상은 무엇인가? 즉, 상대주의는 모든 문화를 관통하는 타당성을 가졌는가 아니면 그 어떤 것에만 상대적인가?

다섯째, 도덕성들의 다양성에 대한 상대주의적 반응은 바로 그 다양성을 잘못 파악하고 있다. 왜냐하면 그것은 갈등을 제쳐놓고 생각하기 때문이다. 각기 다른 생활 형태들은 서로 갈등하는 도덕적 질문들에 대해 각각 다른 대답을 제공하기 때문에 우리가 시작한 문제는 상당 부분 우리 자신과 관련된 문제이다. 그때 상대주의와 곤란한 일이 벌어지는 것은 상대주의가 갈등 상황을 사실상 배제하고 문제에 임하려고 하기 때문이다. 만약 각각의 대답이 모두 옳다면 그 어떤 것도 충돌을 일으킬 걱정은 없을 것이다.

그러나 이런 점들뿐만 아니라 상대주의에 대한 잘 알려진 그 밖의 반론들에도 불구하고 몽테뉴의 정신에 따라 온건하게 재구성하면 도덕적 상대주의에도 살아남는 진리가 하나 있다. 즉 도덕적 상대주의는, 도덕적 판단을 행할 뿐만 아니라 무엇보다 그것을 적용하려고 하고, 특히 그것을 강력하게 내세우며, 그것도 자신들에게 생소한 도덕적 · 문화적 맥락 안에서 그렇게 하고자 하는 이들에 대한 주의 환기의 요구로서 가치가 있다. 이런 방식으로 이해하면 도덕적 다양성에 대한 상대주의적 반응은 조급하고도 과다한 종족중심주의와 추상적인 합리주의적 추론의 위험들에 대한 해독제로 유용할 수 있다. 이런 특정한 의미에서 나는 종족중심주의가 방법론적으로 불가피하지만 행위자들이 행위하는 세계의 합리성을 그 내부로부터 드러낸다는 상대주의자의 야심에 복무하는 중이라고 논증했던 바 있다.

1) J. Locke, *An Essay Concerning Human Understanding*, 1, iii, 10.

2) 위의 책, 1, iii, 1.

3) B. Pascal, *Pensees*, 294.

4) 위의 책, 599, 606.

5) Herodotus, *Histories*, Book III, Ch. 38.

6) M. Midgley, *Can't We Make Moral Judgements?* (Bristol: Bristol Press, 1991), 84쪽.

7) 위의 책, 78쪽.

8) Montaigne, *The Essays of Montaigne*, tr. by E. Trechmann (London: Oxford University, 1927, 2.vols), Essay no. 23, 'Of Custom', vol.1., 111쪽.

9) Elster, J., *The Cement of Society. A Study of Social Order* (Cambridge: Cambridge Cambridge University Press, 1989), 100쪽.

10) 나의 글 "The Rationality of Norms", *Archives européenes de sociologie*, (1991), 32, 1, 152~159쪽 참조.

11) R. Horton, "African Traditional Thought and Modern Western Science", in Wilson, B. R. (ed.), *Rationality* (Oxford: Blackwell, 1970).

12) Rousseau, J. J., *Discours sur l'orgine de l'inégalité* in *Oeuvres completes* (Paris: Gallimards-Pleiade, 1959~1969), vol.3, 212쪽.

13) 위의 책, 213쪽. 그리고 *Essai sur l'origine des langues* (Bordeaux: Ducros, 1968), 89쪽.

14) M. J. A. N. de Condorcet, *Oeuvres* (Paris, 1847~1849), vol. 4., 275쪽.

2

보편주의는 종족중심적인가?

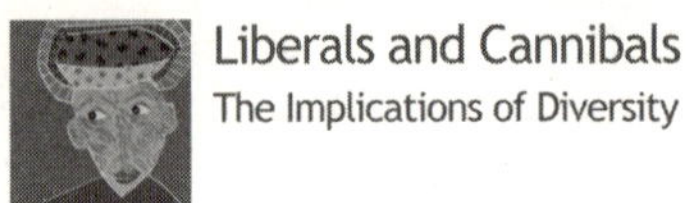

오히려 천재의 위대성이란 어떤 경우에 획일성이 필요하고 어떤 경우에 차이가 필요한지 아는 것에 있지 않은가? 중국에서 중국 사람들은 중국의 의식(儀式)으로 다스려지고, 타타르 사람들은 타타르 의식으로 다스려진다. 바로 이러면서 이 세상 사람들은 평온함을 가장 큰 목적으로 삼는다. 시민들이 법에 복종한다고 했을 때 그들이 다 같이 똑같은 법에 복종할 필요가 무엇인가?[1]

좋은 법을 따른다는 것은 중요한 일이다. 서로 다른 두 개의 법이 똑같이 정의롭고 똑같이 유용하기 힘든 것처럼 더 좋은 법을 가려내는 것 역시 쉬운 일이 아니다. 궁극적으로는 인간들 사이에 가장 많은 평등을 확립시켜주는 매체인 이성에 따라 정해진 법을 따르는 것이 중요하다. 타타르 사람들이나 중국인들이 그런 법과 무슨 상관이 있단 말인가? 그 글을 보면 몽테스키외가 입법 행위를 마치 장난처럼 다루면서 이야기하는 인상이다.[2]

이런 질문을 하면서 내가 노리는 것은 사람들의 신경을 건드리는 것인데, 내가 보기에 똑같이 신경을 건드리더라도 그것이 어떤 이에게는 아픔을 자아내고 어떤 이에게는 흥분을 야기하는 것 같다. 그 질문은, 진술은 간단하지만 정교화시켜야 할 일은 엄청나게 많은 도발적인 생각 하나를 표현하고 있다. 그 생각의 내용은 이렇다. 즉 계몽주의에 연원을 두고 오

늘날 흔히 '계몽주의 기획'이라는 캐치프레이즈로 요약되는 특정한 이
념들은 기실 국지적인 것에 지나지 않으며 역사적으로도 특수한 것일 따
름이라는 것, 그리고 그런 이념들이 보편적 타당성이나 보편적 적용 가능
성을 가진 것처럼 자임하는 것은 환상적이면서도 유해하다는 것이다. 첫
번째 이유는 그 계몽주의 이념들의 속이 아주 좁기 때문이고, 두번째 이
유는 그 이념들이 다른 문화 안에 사는 이들의 품격을 비하할 뿐더러 경
우에 따라서는 위해를 가하기도 하기 때문이라는 것이다.

계몽주의 기획에 대해 노골적 반감을 드러내는 이런 생각은 일종의 가
면벗기기식 사고(思考) 또는 정체폭로식 사고로서, 진리에 대한 요구를
권력 의지와 연관시키는 니체의 우상파괴적 발상과[†] 상당한 근친 관계이
면서도 뚜렷이 구분된다. 또 마르크스의 이데올로기 이론이나[††], 보다 일
반적으로는, 지식사회학에[†††] 친숙한 이라면 이런 생각이 무엇을 말하려고

[†] 서구 문명을 진단하는 니체 철학의 핵심은 서구 문명의 역사에서 최고의 지향가치로 간주되는 것들을 인간의
욕구 차원으로 환원시켜 재해석하는 데 있다. 그는 진리를 위한 죽음, 또는 순교가 인간에게 가장 기본적인
의지라고 하는 '삶에의 의지'를 능가하고 있다는 것에 주목한다. 삶을 포기할 정도로 강한 진리에의 열망이
'죽음에의 의지'(will to death)가 아니라면 그것을 설명할 수 있는 유일한 단서는 삶의 극점을 넘어서는 삶 자
체의 최고 응집점으로서의 '힘' 또는 '권력' 밖에 없다. 따라서 진리에의 열망은 적어도 욕구 차원에서는 '권
력 또는 힘에의 의지'로 판명된다.

[††] 마르크스에서 '이데올로기'(ideology)란 구체적 생활에서 제기되는 여러 가지 문제들을 둘러싸고 타인과의
경제적, 정치적, 사회적 관계 안에서 형성된 (인간과 세계에 대한) 의식의 일정 형태로서, 반성되지 않은 채 고
착되어 생활하는 인간의 여러 행위에 일차적이고도 직접적인 영향력을 행사하는 관념의 자연적 집적체이다.
생활과정에서 자극받는 대로 반성되지 않은 상태에서 고착되었기 때문에 이데올로기는 상당 부분이 자기가
처한 계급의 사회적 편견이나 허구적 환상들을 체화한다. 루카치 같은 이는 이데올로기를 '허위의식'이라고
도 규정하였으나, 실질적으로 이데올로기는 그것의 보유자가 영위하는 삶의 객관적 구조와 사회적 질서와 일
체화되어 있기 때문에 오직 사회적 문제를 극복하기 위한 실천 속에서 삶의 구조가 변화함으로써만 근본적으
로 지양된다고 생각되어진다.

[†††] 지식사회학은 인간 정신 안의 관념들(ideas)의 사회적 원천과 당대에 통용되는 생각들이 사회에 미치는 효과
들에 관해서 중점적으로 연구하는 사회학의 한 분야이다. 그 용어는 1920년대 독일어권 사회연구자들에 의해
처음으로 주조되었는데 그 대표자로는 철학자 막스 셸러와 *Ideologie und Utopie* [1929: 『이데올로기와 유토
피아』, 황성모 옮김 (서울: 삼성출판사, 1986)]를 통해 지식사회학의 진정한 정초를 놓은 부다페스트학파의 칼
만하임(Karl Mannheim, 1893~1947)이 있다.

하는지 금방 알아챌 수 있다. 마르크스에 따르면 인간은 "세계의 바깥에 웅크리고 있는 추상적 존재가 아니라"[3] "현실적이고 가변적인 사회적 관계들 안에 언제나 체화되어 있는 존재이다." 나아가 "가장 일반적인 추상화(抽象化)는 하나가 다수에게, 그리고 모두에게, 공통된 것으로 나타나는 가장 풍부하게 가능하고 또 구체적인 발전의 한가운데서만 출현한다." 따라서 진정 그러한 사태는 부르주아 사회의 가장 현대적인 현존형태, 즉 미국에서 가장 발전된 극점에 도달한다. 왜냐하면

> 심지어 가장 추상적인 범주들일지라도, 바로 그것들의 추상성 때문에 모든 시기에 걸쳐 타당성을 가짐에도 불구하고, 이러한 추상화에 걸맞은 특정 성격 안에서만, 바로 그렇게 추상화된 모양으로 나타난다. 다시 말해 추상적 범주들 자체는 역사적 관계들의 산물에 다름 아니며, 바로 그러한 관계들에 대해서만, 그리고 바로 그러한 관계들 안에서만 온전한 타당성을 소유한다.[4]

그리고 만하임이나 다른 지식사회학자들에게 재미를 주는 상당 부분은 특정 지식인 그룹들이 사물의 현 상태와 그것들이 응당 있어야 하는 상태에 관해 시간의 흐름과 전혀 무관한 진리에 도달했다고 자만하는 망상을 들추어내는 일이다.

그러나 현재 문제가 되는 생각의 이러한 각종 변형판들은 내가 지적한 신경을 아직 건드리지 않고 있다. 니체는 진리의 본성이 허구적이라는 그의 모든 세설에도 불구하고 인간 역사와 심리에 관한 무시간적 진리가 있다는 것에 독자들이 일단 수긍하기를 바랐으며, 모든 과학의 임무는 서열화된 위계 안에다 각종 가치들의 등급을 매기는 것이라고 생각했다. 마르

크스는 "단순체에서 결합체로 나아가는 추상적 사고의 길이 현실적인 역사 과정에 상응할 것"으로 생각했다.[5] 그리고 만하임은 '자유롭게 부유 (浮游)한다고 생각되는 지식인들'이[†] 편파적이지 않고 환상적이지 않은 그런 관점을 취득함으로써 자유롭게 부유하지 못하는 상태에 있는 자들의 실제 모습에 비추어 그들 사이에 일반화되어 있는 환상을 투시할 수 있으리라고 믿었다.

그런데 내가 추적하고 있는 것은 그런 생각들 가운데서도 가장 강력한 것, 아니면 가장 곤란한 것이다. 즉 몇몇이 '종족중심적이다' 거나, 아니면 한 사람만 제외하고 나머지 사람 모두가 '종족중심적이다' 거나, 심지어는 보편주의의 모든 형태들이 '종족중심적이다' 는 얘기가 아니라, 만인이 '종족중심적일 수밖에 없다' 는 생각인 것이다. 그것은 클리포드 기어츠가[††] '지역주의' 라고 부른 것을 들춰내 거기에다 싸움 거는 것과는 차원이 다른 문제이다. 이때 지역주의란 '과잉 학습과 과잉 가치부여를 통해 우리 사회를 편애함으로써 우리의 지각이 혼미해지고 우리의 지성이 무디어지며 우리의 공감력이 편협해질 위험성' 을 가리키는데, 에드워

---

† 만하임 지식사회학의 중심개념은 마르크스가 『독일 이데올로기』의 「포이에르바하」 장에서 제시했던 사고의 존재 피구속성, 즉 모든 사고는 사회적 조건의 구속을 받는다는 생각이었다. 따라서 모든 지식이나 관념은 그것을 가지고 있는 인간들이 처한 구체적 사회관계 특히 계급관계의 영향에서 자유롭지 않기 때문에 결국 계급의 이익에 봉사하는 대단히 편파적이고 비현실적인 오류를 항상 내장한다고 파악되었다. 그러나 만하임은 마르크스의 바로 이런 자기 관념의 계급구속성을 의식화할 줄 아는 지식인 자체는 그 관념을 구속하는 계급적 이해관계에서 자유로운 위치에 있을 수 있다고 상정하였다. 바로 이렇게 계급사회 안에 있으면서도 계급관계에서 자유로운 비당파적이고 탈환상적인 지식을 획득하고 자각할 수 있는 지식인의 특출한 탈계급적 상태를 만하임은 『이데올로기와 유토피아』에서 "자유롭게 떠다닌다(부유한다)"라고 개념화하였다.

†† 미국 상징인류학(symbolic anthropology)의 대가로서 그의 책 『문화해석 *The Interpretation of Cultures*』(1973) 은 사회에서 사상 또는 상징의 역할에 일차적 의의를 부여하고, 문화의 기능이란 세계에 의미를 부여하고 그것을 서로 이해하게 만드는 것이라고 주장하였다. 그는 특히 동남아시아와 북부 아프리카의 종족들과 이슬람 문화에 관해 다량의 현장연구를 실시하였다. 종족적 다양성과 그것이 현대 사회에 미치는 영향에 대해서도 많은 연구가 있다.

드 사이드가 쓴 『오리엔탈리즘』의[†] 양식에 따른다면, 그것은 서구가 기타 지역을 방문하여 헤아릴 수 없이 많은 변형판을 동원해 엎어 씌운 문화적 제국주의를 과시하는 것에 다름 아니다. 하지만 내가 제시하는 주장은 사태가 달리 될 여지가 전혀 '있을 수 없다' 는 것이다.

즉 보편주의는 종족중심적이다. 왜냐하면 종족중심주의가 보편적이기 때문이다. 도덕성이 그러하듯이, 모든 지식은 '국지적' 이다. 기어츠가 아주 익살스럽게 제목을 붙여놓은 자기 강연 '반(反)-반(反)-상대주의' 의 결론을 내리면서 마치 계시를 주는 것처럼 언명했듯이, "도덕성을 문화의 피안에 놓인 것으로 상정하고 지식을 바로 그 도덕성과 문화 모두의 피안에서 생기는 것처럼 생각하는 것은 더 이상 가능한 일이 아니다."[6] 이후의 논의에서 나는 전자의 쟁점, 즉 도덕성들은 각기 문화에 내재적이기 때문에 도덕적 사안들에 관해 보편적인 방식으로 사고한다는 것은 불가능하다는 것, 그리고 도덕성이 문화에 내재적이지 않다고 생각하는 것 자체가 유럽적 성격이 농후한 '계몽주의 기획' 에서 전형적으로 나타나는 종족중심주의를 표출하는 것이라는 생각에 논의의 초점을 맞추겠다. 이것이 우리가 새삼 다루어야 하는 새로운 유형의 신조로서 현 시대의 논쟁에서 계속 몇 가지 입장을 지탱해주고 있으며 대중들 사이에서 좀체 수그러들지 않는 광범한 호소력을 발휘하고 있다는 기어츠의 생각은 옳다고

[†] 팔레스타인 출신의 미국 영문학자 에드워드 사이드(Edward Said, 1936~2003)가 출간한 같은 이름의 저서 [*Orientalism* 1976: 『오리엔탈리즘』, 박홍규 옮김 (서울: 교보문고, 2000. 10)]를 통해 유명해진 현대 서구 문명의 식민주의 비판을 위한 개념이다. 오리엔탈리즘이란 본래 중동과 극동의 사회와 문화에 대한 서구인들의 연구와 서구 작가와 예술가 및 지식인들에 의한 동양 모방 풍조를 다같이 뜻하던 말이었다. 이런 통용어를 출발점으로 하여 사이드는 담론분석이라는 방법을 적용하여 동양의 모습이 18,19세기 서구 제국주의 강점기에 서구인이라는 국외자의 편견에 따라 식민지 지배에 편의적인 방향으로 순치되고 왜곡되는 과정과 내용을 집중적으로 부각시켰다.

보인다. 하지만 내 생각으로 그것은 문화적 다양성의 도전에 대한 반응으로는 좀 빈곤한 방식인 것 같다. 보편주의는 분명 방어할 필요가 있지만, 그것이 종족중심적이라는 비난을 일으키는 동기가 무엇인지에 관해 진지하게 고려하는 방식으로 방어해야 할 것이다.

그러나 나는 맨 먼저 그런 비난이 어느 정도나 되는지부터 분명히 해두고 싶다. '종족중심주의' 라는 용어는 1906년 윌리엄 그레이엄 섬너에[†] 의해 주조된 것인데, "자기 자신이 속한 집단이야말로 만물의 중심으로서 다른 모든 집단은 나의 집단을 준거로 해 그 위상과 등급이 매겨진다는 사물관"을 뜻했다. "각 집단은 이 집단 밖의 국외자에 대해 그 집단 나름의 긍지와 허영심을 배양하고, 우월감을 잔뜩 부풀리며, 스스로의 신성함을 한껏 드높이고, 국외자에 대해서는 경멸감으로 대한다."[7] 순간 촬영 사진처럼 윤곽을 더 뚜렷하게 살려 알프레드 크뢰버는[††] 종족중심주의를 "자기 패거리는 언제나 옳은 반면, 자기 밖의 패거리는 그들이 자기들과 어떤 점이 다르든 언제나 그르다고 보는 경향" 이라고 규정했다.[8] (물론 크뢰버는 그 다른 점들이 어떤 비난이든 빌미가 되고야 마는 상황을 상정하고는 있지만.) 섬너의 정의나 크뢰버의 규정은 모두 '그들' 을 종족이라고 특별히 한정하지 않고 막연하게 '집단' 이라고만 지목한다. 비록 우

[†] 섬너(William Graham Sumner, 1840~1910)는 미국에서 (흔히 사회주의자들이 '자본주의' 라고 부르는) 자유무역 산업사회의 열렬한 변호자로 활약한 예일대학 사회학 교수였다. 사회학자로서 섬너는 이산(離散, diffusion), 민중적 습속(folkways) 및 이 책에서 집중적으로 다루는 종족중심주의 등의 개념을 창안했다. 모든 사회적 습관이 민중적 생활의 맥락에서 자연적으로 형성되기 때문에 일체의 인위적 개혁은 무용하고 유해하다고 본 그는 사회주의와 공산주의에 맞서 자유방임 경제를 열렬히 옹호하였다.

[††] 크뢰버(Alfred Louis Kroeber, 1876~1960)는 이른바 보아스 학파의 일원으로서 20세기 초 미국 인류학에서 가장 큰 영향력을 발휘한 인물 중의 하나였다. 그는 특히 미국 서부의 토착 인디언 부족들 사이에서 소멸해 가는 문화적 데이터를 수집하는 데 큰 공을 세웠다. 그에 의해 개발된 문화인류학의 또 다른 용어로는 '문화구역' (culture area)과 '문화형세' (culture configuration)가 있다.

리가 사물관(事物觀), 즉 '사물에 대한 일반적 견해'를 규정하는 문화라는 말을 쓸 때 그것이 무엇을 뜻하는지에 관해서는 토론의 여지가 있지만, 실제로 종족중심주의라는 용어는 문화적으로 규정되는 집단들, 나아가 부족, 지역, 민족 또는 종교나 성(性)의 자기중심성에 일반적으로 적용되어 왔다. 그러나 그 용어는 그보다 더 넓은 의미로 사용되기도 했다. 예를 들어 리처드 로티와 같은 사람은 내가 이 글의 제목에서 표현한 것보다 더 강력한 형태로 보편주의가 종종중심주의에 지나지 않는다는 생각을 주장하는 다음과 같은 방도를 모색한다.

"(로티에게 있어) 종족중심주의적이라고 하는 것은, 자신의 믿음을 정당화시켜줘야 하는 집단과 그렇지 않아도 되는 다른 집단으로 인류를 가르는 것이다. 첫번째 집단, 즉 자신의 종족은 결실이 풍부한 대화가 가능할 정도로 자신과 믿음을 충분하게 공유하는 사람들을 모두 포함한다. 이런 의미에서 모든 사람은 목전의 언쟁에 몰두할 때는 그(녀)가 아무리 자기 공부에서 그 어떤 현실적인 수사를 동원해 객관성을 내세운다고 해도 종족중심적이다.[9]

하지만 이런 논조는 쟁점의 본말을 전도한 것이다. 왜냐하면 여기에서 로티는 우리가 우리 자신의 믿음을 정당화해야 하는 아주 풍요로운 대화의 가능성을 경계선으로 삼아 '우리'와 '그들'의 분리선을 정의하기 때문이다. 이런 식의 논증에 대해서 보편주의자라면 당연히 원칙적으로 그런 경계선이란 있을 수 없다고 응답할 것이다. 따라서 나는 관습의 개념을 고수하면서 종족중심주의를 (그 뜻이 어떤 내용을 가지든) 문화와 연관시켜 쓰자고 제안한다.

그렇다면 그 다음, 내가 '보편주의' 라고 하는 것은 무엇을 의미하는가? 내 생각으로 이 용어는 너무 많이 남용되었다고 보인다. 토론을 도덕성의 문제로 제한하면서 나는 이 토론의 목적상 이 용어가 세 가지 기본적 생각을 감당하도록 하자고 제안한다.

보편주의와 관련된 첫번째 뜻은 이성과 추론에 관한 견해이다. 즉 보편주의란 이성(理性)과 추론(推論)이 생득적으로 보편적인(inherently universal) 성격을 가졌다는 입장이다. 따라서 추론의 초점과 범위는 보편적이다. 다시 말해 추론의 초점과 범위는 추론한다고 간주될 수 있어야 하는 모든 이에 의해 (그(녀)가 어디 있는 누구든) 추적 가능한 것이다. 어떤 행위에 대해서 무언가를 이유로 취한다는 것은, 그 어떤 행위에 대한 단순한 '선행 태도' (先行態度, pro-attitude)가† 아니라, 특정한 고려사항들이 관련된 유사한 상황 안에서 관련된 유사한 상태에 있는 사람이라면 누구나 똑같은 이유를 가진다는 의견을 견지하도록 그 사람을 구속하는 결론의 충분한 근거로 취하겠다는 '판단' (判斷)이다.[10]†† 그러므로 이유라는 것들은

---

† 어떤 사태를 앞에 두고 정서 및 행태에 있어서 자연발생적으로 나타나는 일정한 반응현상이다. 놀라운 일을 두고 충격을 받는 표정을 짓거나 말을 더듬는다든지, 어려운 사람 앞에서 자연스럽게 예절을 차리는 것 등이 여기에 해당된다. 따라서 선행태도는 의식적으로 정리된 견해나 비판적 논거를 포함하지 않는다.

†† "특정한 고려사항들(certain considerations)이 (관련된 유사한 상황 안에서 관련된 유사한 상태에 있는 사람이라면 누구나 똑같은 이유를 가진다는 의견을 견지하도록 그 사람을 구속하는 결론의 충분한 근거로 취하겠다는 '판단' 이다.": 원문을 그대로 축자적으로 번역한 이 문장은 "어떤 행위에 대해서 무엇인가를 이유로 취한다" (taking something to be a reason for acting)는 것이 인간의 사고와 행위 과정에서 어떤 의미와 위상을 가지는지에 관한 복잡한 규정을 압축적으로 정리하고 있으므로 다음과 같이 분절시켜 이해하는 것이 편리하다.
a1. 어떤 사람(A)이 어떤 의견(O)을 가지게 되었다.
a2. O는 A와 유사한 상황 안에서 유사한 상태에 있는 사람이라면 누구나 갖게 되는 견해이다. (즉, O는 보편적 타당성을 가지는 의견이다. 다시 말해, 내용적으로, O는 관련된 모든 사람들 사이에서 '일반적 수긍가능성' 을 확보한 것이다.)
a3. A가 O라는 의견을 가지게 된 것은 특정한 고려사항들(Cons.)이 그것을 지원해 주어 결론으로 도출되었기 때문이다. (즉, O는 이 특정한 고려사항들을 전제(Premises)로 했을 때 그 전제로부터 도출된 결론(Conclusion)이다. 다시 말해, 형식적으로 Cons.와 O는 '논리적' 도출관계에 있는 것이다.)
a4. 따라서 Cons.는 A가 O를 견지하지 않을 수 없게 만드는 충분한 근거이다.

['Reason-Taking' = 'judging'] 이런 경우, 그리고 오직 이런 경우에 한해서 Cons.를 O의 이유(reasons)라고 하며, 이런 구조의 과정에 의거해 이유를 제시하는 '행위' 를 '판단한다' 고 한다.

한 맥락이나 문화에 상대적인 것이 아니다. 물론 국지적 규범들을 따라야 할 좋은 이유들이 있을 수 있다. 그리고 믿거나 행하는 것이 온당한 어떤 것들 중에는 맥락이나 문화에 의존적인 것이 상당수 있을 수 있다. 그렇 다고 하더라도 이유라는 것들은 그런 국지적 규범들의 단순한 표출이 아 니다.[11] 물론 추론이라는 것은 그것이 국지적 규범들에 대한 순응을 양허 하든 아니면 거부하든 몇 가지 특수한 문화적 관용구의 형태로 생겨날 수 있을 뿐이기는 하다. 그리고 마지막으로 위에서 얘기한 것 가운데 어느 것도 (형식적 연역에서 이야기 구연에 이르기까지) 그 어떤 특수한 추론 형태나 (칸트나 헤어의 것과 같은) 그 어떤 도덕추론에 관한 철학적 이론 도 전범적이라고 간주하지 않았다. 쓸데없는 췌언으로 덧붙이는 것이기 는 하지만, 나는 보편주의에 관한 이런 생각을 '보편이성(普遍理性)의 이 념'이라고 부르겠다.

보편주의에 관한 두번째 생각은 인간 존재를 어떻게 파악해야 할 것인 가에 관한 견해이다. 다시 말해서 그것은 인간 존재들 사이에는 문화의 경계를 가로지르고 역사를 넘어 인간을 비(非)인간인 동물이나 초(超)인 간인 천사와 구별짓게 만드는 공통된 인간 본성이 있다는 것이다. 이 생 각에는 때로 '본질주의'라는 패찰이 달려지기도 하지만, 그렇다고 해서 이 생각을 많은 18세기 사람들이 믿었던 것처럼 모든 인간들에게 똑같은 특색과 감정이 고착되어 있다는 견해와 같은 것으로 간주할 필요까지는 없다. 루소의 생각대로 인간들은 문화적으로 광범한 변수에 의해 다양하 게 규정되는 방식에 따라 실현될 수 있는 각기 구별되는 역량들과 잠재력 들과 취약점들을 공유한다. 실존주의자들이 논증하듯이 인간들은 심지 어 선택을 통한 자기 창조의 역량까지도 공유한다. '모든 시간과 장소에

있어 인간에게는 같은 점이 많다' 는 흄의 이야기와 거의 유사한, 인간이
공유하는 본성이 있다는 이 이념을 나는 '공통된 인간성의 이념' 이라 부
르겠다.

세번째 생각은 인간 존재들이 서로를 어떤 존재로 간주하고 그에 따라
어떤 원칙들에 입각해 그들의 공적 제도들을 통치하도록 해야 하는가에
관한 사고방식, 즉 인간들의 안녕상태 또는 효과적인 인간 행위자 및 이
상적이거나 좋은 사회에 관한 사고방식이다. 그 오래된 연원은 스토아주
의에서 찾아볼 수 있지만 계몽주의에 이르러 그 충만하고도 광범한 표현
에 도달했던 이런 견해 위에서 통(通)문화적 판단을 요구하기도 하는 도
덕적 관심 사안의 유효 범위는 인류 전체로 확대되었다. 즉 모든 인간 존
재는 동등한 도덕적 위상을 가지는 것이다. 물론 이런 보편적 견해가 시
민됨이나 이웃됨과 같은 특수한 관심사들을 얼마나 포용할 수 있을지는
앞으로도 되풀이해서 신경 써야 할 문제로서 여전히 열려 있기는 하지만
플루타르코스가 역설했듯이, "우리는 모든 인간 존재들을 우리의 동료
시민이자 이웃으로 존중해야 한다."

이는 세 가지 이념을 함축한다. 첫째, 그런 생각은 범(汎)인간적 내지는
전지구적 평등주의를 함축하고 있는 바, 정의의 진정한 범위, 그리고 진
짜로는 도덕성 일반의 범위에 관한 견해이기도 하다. 둘째, 그것은 반(反)
특수주의를 함축하며, 개인들은 오직 동질적인 문화 조건 아래서만 번영
을 누릴 수 있다는 헤르더의† 명제를 부정한다. 그리고 셋째, 그것은 칸
트와 콩도르세에 의해 계몽주의에서 가장 강력하게 표현된 사회적·정

---

† 헤르더(Johann Gottfried von Herder, 1744~1803)는 독일의 시인, 비평가였으며 괴테에 큰 영향을 미쳤고 독
   일 낭만주의 운동의 발전에 상당한 역할을 한 신학자 및 철학자였다.

치적 이상의 비전을 함축한다. 자코뱅파의 추격을 피해 도피하는 중에 『인간 정신의 발전에 관한 역사적 소묘』를[†] 탈고했던 콩도르세는 인간 종이 그 억압의 질곡에서 해방되고, 진보의 적들이 우글거리는 운명의 제국에서 방면되어, 확고하고도 확실한 발걸음으로 진리와 덕과 행복의 길을 따라 전진한다는 비전 안에서 커다란 위안을 찾았다. 바로 이 세번째 이념을 나는 '세계시민주의'라고 부르겠다.

이 세 가지 기초 이념들은 각기 다른 몇 가지 이념들의 재배열로 이루어진 것이기도 하며, 더구나 모두 서로 다른 뜻으로 이해되는 수많은 해석들에 노출되어 있다. 그럼에도 불구하고 그 이념들은 명확하게 인지될 수 있으며 또 공격받을 수도 있는 이념들로서, 바로 그 형성 초기부터 때로는 따로따로, 때로는 몰아서 다 함께 공격받았다. '이성이라는 인간의 사유 금고'를 비난하면서 편견이나 규정이나 전통에 담긴 무의식적 지혜를 극찬한 에드먼드 버크를[††] 상기해보는 것만으로도 충분하다. 계몽주의의 추상화들을 폄하한 드 메스트르는[‡‡] 또 어떠한가. 그가 쓴 유명한 글에는 이런 구절이 나온다. "나의 삶의 과정에서 나는 프랑스인, 이탈리아

[†] 이 책은 콩도르세, 『인간 정신의 진보에 관한 역사적 개요』, 장세룡 역 (서울: 책세상, 2002. 10.)이라는 제목으로 그 일부가 번역되어 있다.

[††] 버크(Edmund Burke, 1729~1797)는 아일랜드 출신의 영국 정치가, 작가, 연설가, 그리고 정치철학자로서 다년간 영국 하원에서 휘그당 의원으로 활약하였다. 그는 조지 3세의 폭정에 맞선 미국 식민지의 독립투쟁을 지원했으면서도 프랑스 혁명에 대해서는 단호하게 반대하였다. 『프랑스 혁명에 대한 성찰 *Reflections on the Revolution in France*』(1979)은 휘그당 안의 보수주의 정파를 대변하였으며, 『숭고한 것과 아름다운 것에 대한 우리 관념의 기원에 관한 철학적 에세이 *A Philosophical Enquiry into the Origin of Our Ideas of the Sublime and Beautiful*』(1757)에서는 미학 이론에도 탁월한 통찰력을 보였다.

[‡‡] 드 메스트르(Joseph-Marie, Comte de Maistre, 1753~1821)는 사보이 출신의 프랑스 법률가로서 외교관, 작가, 철학자였다. 그는 프랑스 혁명 직후의 급변기에 혁명에 대한 반동과 권위주의적 보수주의를 대변하면서 신에 의해 양허된 제도로서 왕정의 복고와 정치 및 종교에서의 교황의 최고 권위를 강력하게 옹호하였다. 그의 논변은 기득권위를 위한 가장 체계적인 논증으로 평가된다.

인, 러시아인을 만났다. 몽테스키외 덕택에 심지어 나는 인간이 페르시아인이 될 수 있다는 것도 알았다. 하지만 내가 한 번도 만난 적이 없었던 사람은 바로 '인간(人間)'이었다."

그리고 헤르더가 프랑스 철인(哲人)들의[†] 세계시민주의에 던진 극도의 혐오감을 상기해보라. ("언어와 관습과 성격으로 자연이 갈라놓은 자들을 아무나 나서 화학으로 인공적으로 합치지 말지어다.") 헤르더가 볼 때 각각의 자연적 사회는 그 자체 내부에 "그와 비교되는 다른 모든 사회들과는 전혀 독립적으로 그 자체의 완벽함에 대한 이상"을 내포하고 있다.

하지만 그런 공격의 강도는 현재 시중에서 유통되는 혈기 충만하면서도 비정하기 짝이 없는 태도로 보편주의를 도매금으로 넘기는 반(反)보편주의에 훨씬 미치지 못했다. 결과적으로 보자면, 반성의 눈길이 미치지 못하는 과정에 대한 지혜라든가 (혁명이 준비된 상황 같은 것이 '적시의 개혁'에 의해 반전되는 경우에서 보는 것처럼) 의도하지 않은 효과에 대한 전면적인 자비 등을 설파한 버크의 경우는 대체적으로 공리주의적 전망 안에서 사회적 안정과 변화의 거시평형이론과 경험적 가정들을 체화시킨 사례에 해당되었다. 드 메스트르는 비록 타락했긴 했지만 인간의 공통된 본성이 주어져 있다는 것을 가정해놓고 실행가능성이 있는 모든 설정 아래에서 사회 질서를 기할 수 있는 최소한의 조건들에 관해 문화의 경계를 넘어 일거에 휩쓸 듯한 일반화를 진척시키는 데 주저하지 않았다. 그리고 헤르더 역시 특수주의에 매몰된 속 좁은 파르티잔과는 거리가 멀

[†] 18세기 중엽 프랑스 절대왕정 치하에서 활약했던 귀족 및 부르주아 계층 출신의 프랑스 지식인들이 만사에 박식한 지식을 갖고 논변과 토론, 그리고 집필을 즐긴 것을 고대의 아리스토텔레스와 비교하여 새 시대의 현자라는 의미에서 철인이라고 통칭하였다. 철학을 전문적으로 연구하는 '철학자'(philosopher)라는 지칭보다 한 단계 격이 높은 표현인데 때로는 비꼬는 말로 쓰이기도 했다.

었다. 헤르더에 대해 아주 공평무사한 에세이를 썼던 이사야 벌린은 헤르더가 "한 편에서는, (아마도 앞으로 도래할 세계에서 그렇게 실현되기는 하겠지만) 보편적인 인간 이상으로서 인간성(Humanität)에 대한 계몽주의적 책무감, 그리고 다른 한 편에서는, 그에게서 아주 빈번하게 특징적으로 나타나는 다원주의와 상대주의, 이 둘 사이에서 갈가리 찢기는 고통을 맛봤다"는 엄정한 결론을 내리고 있었다.

(헤르더의 내면에서는) 고대 게르만의 부족 생활에 대한 열렬한 애정과 로마, 더 나아가 기독교 교회에 대한 마지못한 존중감 사이의 주목할 만한 긴장이 있다. 헤르더에게 게르만 부족의 삶의 방식은 현실적이거나 상상적인 것으로 인지되었고, 자발성과 창조성과 자유로 충만한 것이었다. 그에 반해 로마나 기독교 교회는 보편주의, 질서, 합리적 조직의 능력 등을 체화하는 것이었다.

헤르더는 "반쯤 계몽주의를 받아들이고 있었으나 당시 그렇게 수많은 사람들이 견지했던 계몽주의에 대한 신앙의 기초가 대단히 불안정하다는 것을 감지하고 있었다."[12]

하지만 나는 여기에서 더 나아가고자 한다. 이른바 반동계몽주의(反動啓蒙主義)라는† 것은 대체적으로 여전히 보편주의에 얽매여 있었다. 뿐만 아니라 반동계몽주의가 어느 정도 표방했다고 했던 반(反)보편주의도 최

---

† 계몽주의 기획의 취약점을 지적하고 그에 대한 실천적 반대의 역사적 방향이 과거 봉건 시대의 가치와 중세적 지향점들을 재활성화시키는 쪽으로 설정되었던 계몽주의 시대 당시의 반동적 사조들을 가리키지만 역사학에서 일반화된 명칭은 아니다. 정치적으로는 왕정복고나 교회의 교권회복 움직임과 발을 맞추기도 했지만 사상사적으로 보다 중요한 것은 계몽주의에 내재된 도구적이고 경험적인 가치와 산업화에 따른 인간성의 의도하지 않은 피폐함에 대한 공격을 통해 현대성 비판의 단초를 놓았다는 것이다.

근까지는 반신반의 상태였다. 따라서 추론이란 그 자체 '서로 다른 문화들, 공동체들 또는 서로 다른 생활 형태들에 따라 상대적인 이론적 결론이나 실천적 결론을 제공하는 특수주의적 활동'이라는 생각은, 19세기에는 전혀 알려지지 않았으며 20세기에 들어서도 최근에 와서야 비로소 태어난 전적으로 새로운 발상이라는 것이 나의 주장이다. 그리고 우리가 20세기에 등장한 이 사상의 수뇌급 대표자들을 면밀하게 고찰해보면, 그들은 이 반보편주의 사상을 포용하려는 유혹은 느꼈지만 곧바로 그 유혹에 저항한다는 아주 흥미로운 사실을 알아챌 수 있다. 아주 껄끄럽게 보이는 그런 상대주의의 진술들은 전형적으로 전술적 퇴각과 보호막 치기식 성격 규정으로 점철되어 있다.

예를 들어 이런 사실은 벤자민 리 워프,[†] 피터 윈치,[††] 토머스 쿤이나[††] 그 밖의 다른 많은 이들에게서 확인된다. 그런 사실은 포스트모던주의가 개시될 때까지 지속된다. 따라서 우리는 장-프랑수아 리오타르에게서 네

[†] 리 워프(Benjamin Lee Whorf, 1897~1941)는 미국 언어학자로서 본래는 MIT를 졸업한 화학 엔지니어였으나 1931년부터 다시 예일대학에 들어가 에드워드 사피어(Edward Sapir) 문하에서 언어학을 공부하였다. 그는 미국 토착 인디언의 언어에 큰 관심을 기울여 호피족 인디언의 언어 연구로 나중 '사피어-워프 가설'로 알려진 '언어학적 상대성의 원리'(principle of linguistic relativity), 즉 언어의 구조는 인식에 영향을 미친다는 이론을 발전시켰다.

[††] 윈치(Peter Guy Winch, 1926~1997)는 사회과학의 철학과 윤리학 및 비트겐슈타인 연구로 이름을 낸 영국 철학자였다. 그는 초기에 낸 『사회과학의 이념과 철학과의 관계 *The Idea of a Social Science and its Relation to Philosophy*』(1958) [이 책의 국내 번역본은 김기현 역, 『사회과학과 철학』(서울: 서광사, 1988)과 권기돈 역, 『사회과학의 이념』(서울: 현대미학사, 1997)의 두 판본이 있다.]로 유명해졌는데, 이 책에서 콜링우드와 비트겐슈타인 후기 철학에 의거하여 사회과학에서의 실증주의를 공격하였다.

[††] 쿤(Thomas Samuel Kuhn, 1922~1996)은 20세기 사상사와 과학 연구에서 몇 가지 중요한 개념을 창안한 과학사학자이자 과학철학자였다. 그를 유명하게 만든 책은 1962년에 출간한 『과학 혁명의 구조』인데, 이에 따르면 과학은 점진적으로 진화하는 것이 아니라 '패러다임 기축이동'(paradigm shifts)을 통해 주기적 혁명을 거쳐 발전한다. 그는 이 패러다임이라는 용어를 언어학에서 가져와 현재 통용되는 넓은 의미로 쓰기 시작하였는데, 패러다임 안에서 이루어지는 과학자들의 일상적 작업방식과 그것을 규제하는 통상적 이론과 작업가설들로 이루어진 '정상과학'과 장기간에 걸쳐 광범한 분야에서 불연속적으로 일어나는 과학발전의 양태를 그린 '과학혁명' 등의 용어도 그에 의해 과학사 연구에 도입되었다.

오-니체주의적인인(나는 '네오'를 강조하고 싶다) '언어투쟁론'의 그림을 다시 목도하게 되는데, 그에 따르면 "말한다는 것은 싸운다는 것"이며, 여러 서사(敍事, narratives)와[†] 여러 논변(論辯) 또는 담론(談論)[††] 그 각각의 사이에는 환원불가능한 통약불가능성(通約不可能性, incommensurability)이[⧺] 있다는 것이다. 이런 언어투쟁 중의 하나가 "서구에서 정당성의 문제로 알려진 언어게임이다. 아니 차라리 탐구라는 게임의 심판자로서의 정당성에 관한 문제라고 해야 할 것이다." 그러나 "담설들은 문제되는 문화에서 말해지고 행해질 권리가 있는 것을 정의한다. 담설들은 그 자체가 그 문화의 일부이기 때문에 바로 그로 인해 정당성을 가진다."[13]

인간 본성에 관해서도 지금까지의 얘기와 비슷한 것이 말해질 수 있다. 이 쟁점이 안고 있는 심층적이고도 영속적으로 재발하는 문제들에 대해 수없이 다른 대답들이 제공되어왔다. 인간 본성은 문화적 다변성에 어떤 한계를 설정해주는가? 인간 존재들은 사회화와 문화화에 얼마나 탄력성

[†] 그것이 놓여 있는 맥락이 어떤 것인지와는 상관없이 서사는 역사적, 문화적 근거를 가진 세계의 몇 가지 측면에 대한 해석을 담아 인간 개인에 의해 만들어진 이야기(story)를 뜻한다. 사람들은 일상의 경험이 담긴 데이터를 논리적 관계 속에 결합시키기보다는 성격, 동기, 구성 및 행위를 일화적(逸話的)인 틀 안에 담아 이야기로 만드는데, 이 서사로 구성된 텍스트(text)가 의미담지와 전달의 사실상의 기본단위를 이룬다는 기호학 이론에서 그 개념이 정립되었다.

[††] 특정 '쟁점'(topic)을 중심으로 하나 이상의 '문장'으로 구성되어 구체적으로 쓰이거나 말해지는 언어 단위로서, 그 쟁점 주제에 관해 말해질 수 있는 사회적 경계를 정하고 제도화된 사고방식을 틀 지움으로써 '수긍할 수 있는 담화'(acceptable speech)의 또는 가능한 진리(possible truth)의 한계를 설정한다, 푸코는 담론에서 진리를 표출하고 통제하는 사회적 권력의 작동 규칙을 해독하였지만, 하버마스는 의사소통과정에서 발생하는 기본가치상의 이견을 극복하기 위한 의사소통 당사자들의 연속적 논증 계열을 discourse라고 특정화시켰다.

[⧺] 대수 개념으로서 '통약가능성'은 동일한 단위로 측정될 수 있는 양화계수를 의미한다. 예를 들어 주(週) 단위로 측정한 시간과 분(分) 단위로 측정한 시간은 서로 통약가능한 양이다. 왜냐하면 주는 분으로 환원될 수 있기 때문이다. 반면에 마일 단위로 잰 거리와 갤런 단위로 잰 물의 양은 서로 통약불가능하다. 두 양 사이에 공통된 기본단위가 없기 때문이다. 과학이론에서는 두 사고 체계를 공통적으로 해명하여 비교할 수 있게 만드는 공통된 이론언어가 없을 경우에는 두 체계가 통약불가능하다고 한다. 이럴 경우 두 체계를 추종하는 과학자들 사이에서는 의사소통이 불가능하다고 여겨진다.

있게 적응하는가? 생물학적 진화와 문화적 진화는 어떤 방식으로 상호연관되는가? 본성과 양육 사이의 상호작용을 어떻게 파악해야 할 것인가? (우리는 그런 문제들을 정확하게 제기할 능력이라도 있는가?) 사회학이나 인류학 같은 사회과학, 그리고 진화생물학이나 사회생물학 등의 역사는 여전히 사람을 당혹스럽게 만드는 생생한 쟁점집합들에 대해 대안적인 대답들을 제공해왔다. 그러나 로티가 "우리는 '인간 존재'라는 용어가 본래적 특징들의 영원한 집합을 갖춘 불변의 본질, 비역사적인 자연적 부류 등을 부르는 명칭이라고 우기는 보편주의적 주장의 골칫거리에서 벗어나야 한다"고 쓸 수 있게 된 것은 철학적으로 추진된, '본질주의'에 대항하는 시대정신이 계기가 되어서야 비로소 가능하게 된 일이다.[14] 로티에 따르면, "'인간 본성' 같은 것이 있다는 것을 부정하는 역사적 사상가들의 예를 들어 보더라도 인간 삶의 전반에 걸쳐 속속들이 관철되는 것은 사회화라든지 역사적 주변사정일 뿐이며 인간의 성격을 규정할 만한 사회화의 '기저층'이나 역사에 우선하는 것이라고는 전혀 없다." 따라서 로티는 "그 어떤 비역사적인 것, 인간으로서의 모든 인간 존재들에 공통된 그 어떤 것을 들어 종교, 신화 및 전통에 반대할 수 있다는 계몽주의의 가설"을 포기한 사람들과 어깨를 나란히 하게 된다.[15] 간단히 말해 "자기, 인간 주체라는 것은 문화변용이 무엇을 만들어내든 만들어낸 그대로이다."[16]

그리고 반(反)세계시민주의에 대해서도 거의 같은 논조가 적용된다. 여기에서 나는 각자 나름의 관점에서 세계시민주의의 논증과 결론을 거부하는 민족주의의 각종 변형체나 특수주의 이데올로기의 여러 다른 형태들에 대한 논의는 일단 제외하겠다. 이 부분에서 내가 초점을 맞추고자 하는 것은 오히려 보편주의의 이런 형태를 거부하는 데 적용되는 아주 일반화된 사례, 즉 '문화상대주의'이다. 문화상대주의란, 우리는 문화적 경계선을 관통하는 판단을 행할 수 없다는 신조, 따라서 문화적 경계를 관통해서 내리는 판단은 종족중심적일 수밖에 없다고 주장하는 신조이다. 마틴 홀리스는 누구의 머리에서도 잊혀지지 않게 이런 문화상대주의의 신조를 다음과 같은 간단한 정식으로 요약했다. 즉, "자유주의자에게는 자유주의를, 식인종에게는 식인주의를!"(Liberalism for the liberals, cannibalism for the cannibals!)[17] 벌린의 초기 정식화들을 상기해보건대, 그가 문화상대주의란 18세기에는 전혀 알려져 있지 않았던 것이고 그에 따라 반동계몽주의자들도 그것에 관해 알지 못했다고 추정했던 것은 참으로 옳았다고 나는 확신한다. 왜냐하면 "상대주의가 (러브조이가[†] '획일주의'라고 불렀던) 보편주의의 유일한 대안인 것도 아니었고, 통약불가능성이 상대주의를 함축하는 것도 아니기 때문이다." 따라서 비코와[††] 헤르더는 "우리들 자신의 문화나 민족, 다시 말해 몇몇 문화적 상대주의자들이 우리를 꽉 가두어두려고 했던 여타의 창 없는 상자들과 같은 것들의 가치를 초월할 필요와 그 능력을 역설한다."[18]

[†] 러브조이(Arthur Oncken Lovejoy, 1873~1962)는 사상사(history of ideas)라는 분야를 창안한 미국 철학자로서 사상사는 단위사상들(unit ideas)을 설정하여 그 단위사상들이 어떻게 서로 결합하고 재결합하여 역사를 만들어 가는지를 연구하는 데 초점을 맞추어야 한다고 주장했다. 『존재의 위대한 연쇄: 사상사 연구 *The Great Chain of Being: A Study of the History of an Idea*』(Cambridge: Harvard University Press, 1936)가 그의 대표작이다.

[††] 비코(Giambattista Vico, 1668~1744)는 나폴리의 철학자이자 역사가이고 법률가였다. 비코는 인식론에서 '진리는 만들어진 것이라는 원칙'(verum factum principle)으로 유명하다. 그는 데카르트주의의 객관주의 인식론에 대한 비판가였지만 생전에는 전혀 주목을 받지 못하다가 20세가 들어 과학주의와 실증주의에 대한 비판이 일면서 데카르트주의 전통의 대안으로 급격히 주목을 받았다. 진리에 대한 이런 기준은 문명의 형성과 발전 과정에도 적용되어 비코 불후의 명저인 『신과학 *Scienza Nuova*』에서 문명적 삶 자체를 완전한 구성의 산물로 보는 역사관으로 이끌었다.

그렇다면 프란츠 보아스에[†] 연원을 두고 루스 베네딕트,[††] 마거릿 미드[†††] 그리고 멜빌 허스코비츠를[‡‡] 포함한 미국 인류학자들에게 가장 광범위한 영향력을 행사하는 학파인 문화적 상대주의자들 자신은 어떠한가? 이쯤 되면 이야기는 더욱 복잡해지는데, 누구든 짐작할 수 있는 것보다 훨씬 놀라운 사태가 벌어진다. 우선 그 중 하나는 사람들이 쥐 죽은 듯이 숨죽일 만큼 센 이야기인데, 문화상대주의 학파의 비조라고 되어 있는 프

[†] 보아스(Franz Boas, 1858~1942)는 현대 인류학의 개척자며 '미국 인류학의 아버지'라고도 불리운다. 태어나기는 독일인이었지만 생애의 대부분은 미국에서 살았다. 보아스는 환경결정론에 거리를 두면서 '인류의 심리적 통일성'을 옹호한 바스티안과 함께 모든 인간이 동일한 지적 능력을 가졌으며, 모든 문화는 동일한 기초적 정신원칙을 토대로 하고 있고, 풍습과 믿음의 변용은 역사적 우연의 산물이라고 믿었다. 그에 따르면 종족학적 현상(ethnological phenomena)이라는 것은 인간의 신체적, 심리적 성격과 그것이 주변(surroundings)의 영향 아래 이룬 발전의 산물이다. 이때 '주변'이란 국가의 자연적 조건들과 인간에 대한 인간의 관계와 같은 사회학적 현상들, 나아가 인민의 역사, 인간의 이주에 미치는 지역의 영향 및 접촉하는 사람들을 총칭하는 것이다. 보아스의 이 테제는 일종의 맥락으로서의 문화(culture as a context)와 역사의 중요성을 강조하는 것이었다. 바로 이런 것들이 보아스 인류학의 기축명제를 이루면서 나중 마빈 해리스가 '역사적 특수주의'(historical particularism)라고 부른 인류학상의 한 사조를 구성하게 된다.

[††] 베네딕트(Ruth Benedict, 1887~1948)는 보아스의 수제자로서 급진적 평등주의, 즉 어떤 인종도 고도의 인간성을 발휘할 능력이 없는 열등 인종일 수 없다는 신념을 계승하여 '인간 잠재력의 거대한 방주(方舟)'로부터 각 문화 안에 사는 사람들 사이에서 지도적 특성이 될 수 있는 몇 가지 자질들만 선택되어 특성화된다고 주장하였다. 베네딕트는 문화상대주의의 전형적 대표자로 간주되는데, 그에 따르면 각각의 문화는 그 문화를 전체로서 연구할 때 한해서만 이해될 수 있는 도덕적 최고명법을 가진다. 대표작인 『문화의 패턴』(서울: 까치, 1980)과 『국화와 칼』(서울: 을유문화사, 2002)이 일찍이 국내에 번역되어 있다.

[†††] 미드(Margaret Mead, 1901~1978)는 보아스의 수제자로서 사모아섬 청소년 현장연구서인 *Coming of Age in Samoa*(1928)에서 흔히 청소년기에 인생의 새로운 국면을 둘러싸고 청소년들에게 나타나는 각종 문제가 과연 성인기로 넘어가는 청소년기 그 자체의 본성이라기보다는 문명에 따라서는 전혀 나타나지 않을 수도 있음을 입증하려고 하여 20세기 초 미국 사회에 큰 충격을 주었다. 이것은 도덕적 기준은 보편적이지만, 그것을 도덕으로 관철하는 방식과 매체는 문화상대적이라는 일반명제와 연결되어 문화상대주의를 강화시킨 결과가 되었다. 한국에서 마가렛 미드는 학자로서 성공한 입지전적 여성이라는 측면에서 한국 초기 여성 운동에 많은 조명을 받았다.

[‡‡] 허스코비츠(Melville Herscovits, 1895~1963)는 보아스 학파의 일원으로서 주로 미국 바깥의 지역과 종족을 연구 대상으로 삼았던 동료들과는 달리 미국 내의 아프로-아메리칸을 겨냥하여 미국 학계와 사회에 상당히 불편한 심기를 자극한 것으로 유명하다. 허스코비츠는 자연인류학과 종족학을 적용하여 인간성에 대한 사고에서 인종차별주의적이고 위계적인 사고방식이 관철되면서 문화적 다양성의 가치가 압살당하는 역사적, 정치적 과정을 추적하였다. 그는 서부 아프리카, 서인도제도, 남아메리카를 연구하여 미국 문화에 '흑인' 문화가 미친 영향을 밝혀냄으로써 흑인이 과거 아프리카 대륙에서 그 어떤 문화적 성취도 갖지 못했다는 미국 사회의 신화를 깨는 데 결정적 증거와 해설을 제공했다. 이런 주제를 심층적으로 파헤친 대표 저작으로 *Anthropometry of the American Negro*(1930), *Human Factor in Changing Africa*, *Dahomean Narrative: A Cross-Cultural Analysis*, *The American Negro: A Study in Racial Crossing* 등이 있다.

란츠 보아스 자신이 문화상대주의라는 것을 한 번도 받아들인 적이 없다는 결론이 나온다는 것이다. 이 주제에 관해 그가 유일하게 출간한 논평에서 보아스는 "인간 문화에 대한 연구는 윤리적 기준에 대한 상대주의적 태도로 귀결되어서는 안 된다"고[19] 쓰면서 도덕적 상대주의를 명시적으로 거부했다. 최근 존 쿡이 보여주었던 것처럼 보아스의 통찰은 오히려 방법론적인 측면의 것이었고 그만큼 심오한 성격의 것이었다. 보아스는 종족적 현상들에서 나타나는 '같음'(the sameness)이 본질적이라기보다 외피적인 것이고, 실재적인 것이라기보다 현상적인 것으로 나타나는 방식, 그리고 자기 문화의 몇 가지 측면을 다른 문화에 투영시키는 데서 귀결해 존 쿡이 '투영오류'(投影誤謬)라고 부르게 된 것에 초점을 맞추었다.[20] 이런 일이 벌어지면 관련된 문화적 경계선을 가로질러 도덕적 비판을 행한다는 것은 당연히 부적절하게 보이는 것은 물론이지만, 도덕적 비판이 내재적으로 부적절하기 때문에 그런 것은 아니다.

물론 나중의 관점은 보아스의 후계자들, 특히 베네딕트와 허스코비츠에 의해 진전되었다. 따라서 베네딕트는 자신의 『문화의 유형들』을 다음과 같이 악명 높은 구절로 끝맺고 있다. 즉, "우리는 인류가 자신을 위해 실존의 원자재들에서 창출해 이제 서로 공존하면서 동등한 타당성을 가지게 된 생활의 여러 유형들을 희망의 근거이자 관용의 새로운 토대로 받아들임으로써 더욱 현실주의적인 사회적 신앙에 도달하게 될 것이다."[21]

그러나 맨 먼저 우리는 이러한 글들이 씌어진 맥락을 상기해야 할 것이다. 이러한 글들은 인종주의에 반대하는 입장에 서 있었으며, 자연적 생육(生育)과 인위적 양육(養育)의 대립을 부각시켰고, 식인풍습이나 머리사냥, 그리고 인간 희생이나 아내 순장 등 (야만적이라고 낙인찍힌 – 옮긴이) 습

관들을 비난하는 선교사들과는 아주 다른 시각에서 사물을 보고자 하는
의도에서 쓰인 것들이었다. 두번째로, 수많은 토의가 이루어진 베네딕트
의 "동등한 타당성을 가진 생활의 여러 유형들"(equally valid patterns of life)
이란 구절은 이러저러한 습관에 함입된 사람들에 대한 검열이 지나쳐 그
들에게서 문화적으로 가용할 수 있는 대안들이 바닥날 정도가 되어서는
안 된다는 뜻으로 해석될 수 있을 것이다. 세번째, 더욱 상대주의적인 것
으로 읽히는 베네딕트의 다른 구절들은 진정한 그녀의 스타일의 정수와
엇박자로 간다는 기어츠의 추정은 상당히 그럴 듯하다. 이런 기조를 염두
에 두어야 "문화적으로 손앞에 있듯이 가까운 것은 아주 기묘하면서도
제멋대로인 것처럼 만들어지고, 문화적으로 먼 것은 논리적이고 직설적
인 것처럼 만들어져 있다"는 식의 역설적 말투를 이해할 수 있다. 기어츠
의 생각으로 베네딕트는 "사태에 대한 인식의 개선을 위해 디자인된 계
도용 종족학"의 수립을 목표로 하여 "변화하는 기호를 써서 이질적 종자
를 친숙한 초상화로 그려내어 종종 해학적 풍자라고도 지적되는 수사학
적 전략을 추구하고 있었다."[22] 따라서 베네딕트를 읽으려면 조나단 스
위프트, 몽테스키외, 소스타인 베블런[†] 그리고 W. S. 길버트[††] 등을 (그리
고 몽테뉴와 디드로를 추가할 수도 있겠는데) 옆에 두고 같이 읽으면 아
주 제격이다. 짧게 말하자면, 베네딕트의 글들은 그런 (문화관통적) 도덕

[†] 베블런(Thorstein Veblen, 1857~1929)은 노르웨이계 미국인 경제학자이자 사회학자로서 그의 『유한계급론』
은 '과시소비'와 '금전경쟁심'이라는 신조어로 당시 미국 사회에 급증하던 졸부들의 행태를 다각도로 분석
하여 풍자한 내용을 담아 그를 일약 유명한 작가의 반열로 올린 작품이 되었다. 그는 인류학, 사회학, 심리학
등이 혼재하면서 각기 독립된 학과로 막 분화하던 초기에 학문적 경력을 시작했는데, 이런 맥락 안에서 그는
경제학이 불가피하게 문화에 의해 조형되며, 인류학이라는 새로운 과학에 의해 발견되는 다양한 규범들과 행
태들을 획일적으로 일관되게 설명하는 보편적 인간 본성 같은 것은 없다고 논증하였다.

[††] 길버트(William Schwenck Gilbert, 1836~1911)는 영국의 극작가였으며, 특히 오페라 작곡으로 그와 짝을 이루
었던 아더 설리반의 오페라 대본가로 유명했다. 그는 수많은 유모어극을 썼으며, 만화가이기도 했다.

성을 수단으로 하여 (비록 기어츠가 진짜로 이렇게 말하지는 않지만) 그 변론을 함축하는 일종의 '도덕성' 문건들이다.

그러나 문화상대주의 쪽에 서서 가장 명시적이고 발전된 경우를 보여 준 것은 허스코비츠였다. 그에 따르면,

> 문화상대주의는 도덕적 체계들이 각기 상당히 차이난다는 사실, 그리고 거 기에다 문화 학습 메커니즘에 대한 우리의 지식이 보태어져 각 문화를 관통하 는 타당한 규범들을 발견하라는 문제를 현실적으로 압박하면서 발전하기 시 작했다. 각기 다른 사람들의 삶의 방식을 평가하는 기준들을 제시해온 그 모 든 경우에 제기되는 문제의 전형적 모양은 이랬다. 즉 "누구 것을 표준으로 할 까요?" 소속문화적응의 경험이 행사하는 위력은 모든 판단들의 경로를 뚫어 준다. 납을 박아 넣은 사기용 주사위를 던지는 것 말고는 이런 식의 판단수행 게임을 수행할 도리가 없다는 자각 때문에 문화상대주의적 관점의 필요는 사 실상 두말할 여지없이 분명한 것으로 여겨져 왔다.[23]

허스코비츠에게 상대주의는 "사고와 행태의 모양새를 만들어 가는 과 정에 있어서 소속문화적응을 위한 조건 조성의 위력을 인정하는 데서 도 출된 일종의 인식론"이었다.[24] 다시 말해 각 개인들이 어떻게 도덕의식 에 도달해 그에 따라 행위하는가 하는 문제를 설명함에 있어서 이성과 추 론은 전혀 본질적인 역할을 수행하지 못했다는 것이다. 게다가 여기에서 '도덕'이라고 하는 것은 문화적으로 용인(容認)된 풍습과 습관들, 요약컨 대 인습(因習)에만 전적으로 적용되는 용어가 된다. 섬너가 부각시켰듯 이, 이런 맥락에서 '비도덕적'이라고 함은 "그 시간과 장소의 인습에 반

대되는 것"을 뜻할 따름이다.[25] 그리고 베네딕트가 해석했듯이 "도덕성이란 사회적으로 용인된 습관들을 편리하게 부르는 명칭"이기도 하다.[26] 다시 말해 이 그림만 놓고 보면, 자기네 풍습이나 습관이든 아니면 다른 문화의 것들이든, 이성에 기초한 도덕적 판단의 여지란 전혀 없다는 것이 된다.

하지만 현재 문화상대주의가 그렸던 이런 그림은 살아남지 못했고, 내가 아는 한, 어떤 인류학자나 어떤 철학자도 더 이상 허스코비츠를 읽지 않았다. 그러나 강한 반(反)보편주의는 살아남아 있다. 물론 이성을 인습 정도로 재규정해 도덕성에서 이성을 아예 배제시켜버렸던 허스코비츠식 방식으로 반보편주의가 지탱되고 있지는 않다. 그러나 도덕적 판단을 합리적으로 정당화시킨다는 바로 그 생각을 전복(顚覆)시킨다든지 탈구(脫構)시켜 윤리에서 이성이 차지하는 위치를 극소화시키는 또 다른 방법이 있을 수 있다. 이런 발상에 따라 자크 데리다는 합리적 설득과 수사법(修辭法) 사이의 구별을 부정해버렸다. 따라서 우리가 이미 한 번 마주친 적이 있던 리오타르의 언명에 따르면, 탐구의 게임 안에 있는 '심판관'은 문화의존적(文化依存的)이다. 따라서 사회적 정체성에 대한 애착이란 추론에 의거한 선택이라기보다 발견과 자기실현의 사안으로 보는 것이 통속적으로 유포된 경향이다.[27] 따라서 로티는 보편주의와 반보편주의 사이의 논쟁 그 자체가 시대착오적이라고 본다. 왜냐하면 어떤 누구도 자기가 속한 문화에 대해 자기가 이해하는 방식과 범위 바깥으로는 단 한 발자국도 나갈 수 없기 때문에 그 어떤 믿음(beliefs)을 합리적으로 정당화하길 요구한다는 것 자체가 시대착오적이라는 것이다.

이러한 발상들은 강력한 반보편주의가 난공불락의 위상을 가진 것처럼 보이게 만든다. 그러나 그런 반보편주의적 생각들이 (끊임없이 그렇게 되지만) 합리적 설득, 탐구, 그리고 정당화 같은 이상한 활동에 몸을 던지게 되면 그 생각의 방어자들은 자기모순이라는 희생을 치르지 않을 수 없을 것이다. 하버마스가 즐겨 지적하듯이, 반보편주의의 옹호자들이 실제로 반보편주의를 관철시키고자 나서면 일련의 실행모순(實行矛盾, performative contradiction)에[†] 부딪히게 된다. 따라서 로티는 '공통된 인간 본성' 같은 것은 일체 부정하면서도, 모욕에 대해서는 특히 인간이기 때문에 모든 인간 존재들이 공통으로 고통을 느낀다는 것을 인정하기도 하고 잔혹함이 우리가 할 수 있는 최악의 행실이라는 것을 자기 생각의 기초적인 부분으로 받아들이기도 한다. 다시 말해 로티는 이런 모욕감이나 잔혹함에 대한 의분 말고도 뚜렷이 인간이기 때문에 지니게 되는 다른 능력들, 예를 들어 언어, 시, 섹스, 정체감 그리고 연대라든지 또는 아이러니를 발휘할 능력 등을 전제하고 있는 것이다. 그리고 또 로티에 기대어 말하자면, 그는 '우리' 가 '인류보다 그 범위가 더 작고 타당성 영역에 있어서 더 국지적인 그 무엇' 인가를 가리키는 바로 그 곳에서 하는 일을 긍정함으로써 그가 '휴머니즘' 또는 '인간 권리의 문화' 라고 불러온 그 나름의 세계시민주의를 옹호하려고 시도한다.

[†] 언어적으로 구성된 하나의 진술이 말하는 이와 듣는 이로 이루어진 담화행위(speech act) 안에서 발화될 때, 그 진술의 '명제적 내용물' 이 그 담화행위를 가능하게 만드는 실행적 전제와 모순될 때 '그 진술은 실행모순에 빠졌다' 고 말해진다. 예를 들어 "모든 진술은 거짓이다" 라고 발화하면, 이 진술의 내용은 그 진술을 내뱉은 발화자의 필수적 발언조건, 즉 모든 발언은 참일 것을 전제한다는 조건과 정면으로 어긋나기 때문에 그 자체 실행모순에 빠진 것이다. 그리고 같은 발상 위에서 발언 내용이 발언 행위 자체와 전혀 어긋나는 것도 실행모순에 빠진 경우에 해당된다. 예를 들어 누가 "나는 벙어리다" 라고 '말했다' 면, 그는 실행모순에 빠진 것이 된다. 이 개념은 인간관계 형성의 필수요건인 의사소통행위를 분석하면서 의사소통의 규제적 원칙들을 확립하려던 독일의 사회철학자이자 윤리학자들이 칼-오토 아펠과 위르겐 하버마스에 의해 체계적으로 탐구되어 이론적으로 정식화되었다. 칼-오토 아펠, 「논변윤리학의 선험화용론적 근거정립」, 홍윤기 엮음, 『지구화의 도전과 철학의 응전. 다산기념철학강좌 2』(서울: 철학과현실사, 2006) 및 위르겐 하버마스, 「담론윤리」, 『도덕의식과 소통적 행위』(서울: 나남출판, 1997) 참조.

종족중심주의의 저주를 떼어내는 가장 좋은 방법은 '인간성'이라든가 '모든 이성적 존재자' 같이 가장 큰 집단을 끌어들이는 것이 아니다. 줄곧 나는 '바로 그런 식으로' 자신의 정체성을 정립할 수 있는 사람은 아무도 없다고 주장해왔다. 따라서 차라리 '우리'를 중심에 둔 종족중심주의를 세운 다음 그 자체의 외연을 점점 더 크게 확대하기로 하고, 점점 더 커지면서 다양한 면모를 가진 '우리'들을 점차 포괄해가는 '종족'을 창출하는 것이 낫다. 즉 종족중심주의를 불신하게끔 양성되어온 것은 바로 그 '우리'라는 사람들이다.[28]

하지만 여기에 씌어진 그대로라면 로티의 이 논증은 종족중심주의의 저주를 풀어주지 못한다. 왜냐하면 만약 세계시민주의가 모든 인간들의 도덕적 평등성에 대한 책무를 뜻한다면 로티가 여기에서 말하는 '확대하는 연대성'(enlarging solidarity)이란, 그것이 확장하는 다양성에 가장 충실하게 봉사하는 가운데서도 세계시민주의라고 자처할 수는 없다. 즉, 점점 더 많은 사람들을 포함한다는 것이 아무도 배제하지 않는다는 것과 똑같은 뜻은 아니다. 만약 '너가 나의 권리를 침해했다면 너의 확대되는 연대성이 아직 나에게 미치지 않았다'는 것을 안다는 것이 조그만 위안은 될 것이다. 노먼 제라스가 훌륭하게 해석했듯이 그 이유는 다음과 같다.

예를 들어 미국인 친구에서부터 시작해서 당신은 당신이 '우리'라는 말로 뜻하는 바를 멕시코인, 브라질인, 칠레인 등등으로 확대시키고, 그 다음 유럽 사람까지 이르도록 확장하기를 시작할 수 있다. 아니면 가톨릭 친구에서부터 시작해서 온갖 부류의 기독교인을 포함시킨 다음 유대인과 이슬람교도까지 전진해 갈 수 있겠다. (…) 그러나 이런 과정은 인간종 안의 어디에선가 금세

멈춰버리거나 (…) 아니면 그런대로 가기는 할 것이다. 그런데 만약 그런 확장
의 과정이 멈춰버린다면 그때까지 당신의 확대과정에 포함되지 않은 아프리
카 사람들이나 힌두교도나 아니면 무신론자들은 도덕적 관심권에서 배제될
수 있고 언젠가는 그들을 포용하겠다는 당신의 배려에도 불구하고 아사하거
나 학살당할 수도 있다. 참으로 이상한 휴머니즘이고 참으로 기묘한 인간의
권리다.[29]

그러나 현재 이렇게 통용되는 반보편주의의 여러 판본에 대해 더 일반
적으로 지적되는 문제가 있다. 즉, 그런 반보편주의들은 문화에 관해 철
저하게 잘못 파악하고 진짜 적용 불가능한 개념 위에 서 있다는 것이다.
다시 말해 반보편주의에서 쓰는 문화 개념은 세일라 벤하비브가 '빈자의
사회학'(the poor man' s sociology)이라고 부르는 것의 산물인 것이다.[30] 벌
린의 적절한 경구를 반복하자면 문화들이란 결코 '창문 없는 상자들' 이
아니다. 문화는 언제나 열린 체계이며, 경합(競合), 이질성, 혼성화 그리고
관통교배의 본거지로서 그 경계선을 확정지을 수 없는 것은 어쩔 수 없는
일이다. 문화를 내적 정합성을 가지고 다른 문화와 판명하게 구별되는 것
으로 단순화시켜 보는 시각은 문화사업가들이라든지, 성직자나 원로들,
대중영합주의자들이나 민족주의적 지식인들 및 선전가들, 그리고 심지
어 통일적이고 일체의 편견이 개재되지 않은 순수 상태의 연구 대상을 바
라는 사회인류학자들 같은 이해당사자들에 의해 거의 반영구적으로 견
지되어왔다는 사실을 절대 잊지 말아야 한다. 메리 미즐리가 훌륭하게 지
적했듯이, "문화가 다른 것은 분명하지만, 문화들 사이의 차이란 국민국
가들 사이에 펜으로 그은 국경선 같은 차이라기보다는 기후권이나 생태

계들 사이의 차이에 가깝다."[31] 우리가 결코 놓치지 말고 보아야 하는 것
은 문화라는 것들이 결코 정합적이라든가, 외부에 대해 폐쇄적이라든가,
단지 국지적이라든가, 아니면 내부와 외부 양쪽으로부터 단절되어 있다
든가 하는 것이 절대 아니라는 사실이다. 문화적으로 규정된 공동체는
'상상된 공동체'이다.[32]

　이런 점을 통찰한다는 것은 강한 반보편주의를 종족중심주의의 대안으
로 옹호하는 것이 무의미하다는 사실을 통찰한다는 것이다. 그 대신 옹호
되어야 할 필요가 있는 것은 하나의 문화를 다른 문화와 구분하는 차이들
뿐만 아니라 각 문화들 내부의 부정합성과 경합성 및 각 문화권의 사람들
이 자신들의 문화적 배경과 관계하는 수많은 다른 방식들의 뜻을 이해하
는 보편주의이다. 이 마지막 요점을 잘 이해하려면 문화적으로 규정되는
어떤 집단이나 공동체를 한번 생각해보라. 각 문화집단 또는 문화공동체
는 적어도 다음과 같은 범주들의 사람들로 이루어져 있을 것이다. 즉, (자
기 자신을 그 집단 또는 공동체에 속해 있는 것으로서 그 집단이나 공동
체와 완전히 일치시키는) 동일자(同一者), 준(準)동일자, 불확실 동일자,
죽은 동일자, 비(非)동일자, 다중(多重)동일자, 그리고 반(反)동일자 등이
거기에 속할 것이다. 명시적이든 암묵적이든 이런 범주들에 속하는 사람
들은 자신들의 '정체성', 그리고 국지적 규범들을 어떻게 해석하고 그것
들과 어떤 관계를 맺을 것인가 하는 문제에 관해 각기 다른 추론에 입각
한 판단을 내릴 것이다. 이 모든 것이 함축하는 바는 무엇일까?

　첫째, 보편적 이성의 이념은 서로를 이해하기 위한 해석을 위해 필요불
가결한 전제조건으로서 문화 안에 내재하면서 문화들 사이를 가로지르
는 교두보이다. 보편적 이성을 전제하지 않을 수 없는 이유는 다음과 같

다. 만약 우리가 타자의 현존재에 대한 이유들이라든지 그들의 존재를 놓고 다른 이들이 추론하는 것들을 도무지 인지할 수 없다고 한다면, 그리고 예를 들어 선행태도 또는 자기 문화 안에 조건지어져 있는 사회적 규범들을 앵무새처럼 되뇌는 태도와 이성 사이를 구별할 능력이 없다고 한다면, 어떻게 우리가 그런 사람들이 세상에 관해 믿고 있는 것과 습관대로 하고 있는 일들이 어떤 것인지를 식별해낼 수 있을 것이며, 특히나 그것이 심층적인 것이든 피상적인 것이든 문화적 차이라고 나타나는 것을 어떻게 인지할 수 있을 것인가? 개연성에 의해서든 이성에 의해서든 우리가 그들과 무엇이 진리인지에 관한 판단에 관해 상당 부분의 것을 공유하고 있어야 한다고 미리 전제하고 들어가야 한다는 것까지는 일단 논외로 치기로 하자. (사실은 바로 여기에서 도널드 데이비슨이 정립한 '자비의 원칙'(Principle of Charity)을[†] 들이대면 사태가 잘못 돌아갈 수 있다. 왜냐하면 데이비슨의 요구대로 우리가 타자와 공유하는 믿음을 극대화하면 우리와 그들의 차이를 확인할 수 있는 기회가 극소화되기 때문이다.)[33)]

두번째로, 보편적 이성의 이념은 '무엇이 인간적인 것인가' 라는 질문에 대해서도 비슷한 뉘앙스를 지닌 접근법을 함축한다. 왜냐하면 몇 가지 인간본성관은 우리가 인간적인 것으로 알아볼 수 있는 것에 한계를 설정

[†] 가장 극단적으로 의사소통이 불가능한 상태에 있는 상대자와도 의사소통이 성공할 수 있는 조건이 무엇인가를 탐구한 미국 철학자 도널드 데이비슨이 당장은 그 생각과 의미를 모르는 상대방과 궁극적으로는 의사소통에 성공하기 위해 상대방이 표출하는 모든 언어적 및 비언어적 표현에 대해 '나' 가 이해할 수 있는 최대의 범위에 걸쳐 그(녀)의 말뜻을 이해했다고 생각할 수 있는 믿음을 먼저 부여하는 것부터 시작해야 한다는 원칙이다. 따라서 이 문제는 우리 문화와 전혀 접촉이 없었던 타문화의 종족과 조우하였을 때 그들의 생활방식에 접근해야 하는 인류학, 심리학, 언어학 등의 학문에 있어서는 아주 기초적인 근거에 해당한다. 왜냐하면 이런 전적으로 낯선 것과의 의사소통 성공을 낙관할 근거가 없는 한 이런 학문이 존립하기란 사실상 불가능하기 때문이다.

하기 때문이다. 다른 사람들의 행태와 행실, 그리고 친숙하지 않은 생활 형태들의 뜻을 이해하기 위해서 우리는 (물론 언제든지 수정될 수 있고 확장될 수 있기는 하지만) 연민, 슬픔, 후회, 원한, 감사함 등과[34] 같이 18세기에서는 '정념'(情念)이라 불렀던 인간의 동기나 정서들에 관한 목록을 전제하고 있어야 한다.

　마지막으로 나는 세계시민주의를 옹호하기 위해 다음과 같은 삼항연관 방식으로 그것을 정의하고자 한다. 이에 따르면 세계시민주의란, 문화관통적인 도덕적 판단을 발동시키는 정의(正義)와 도덕성의 범위에 대한 견해로서, 개인의 번영을 위한 문화적 조건들에 대한 반(反)특수주의적 해명이며, 이상적 미래에 대한 유토피아적 비전이다. 여기에서 나는 세계시민주의를 그런 식으로 옹호하자면 초기 낭만주의 이래 사상가들로 하여금 세계시민주의를 무미건조하고 추상적인 '획일주의'로 폄하하도록 한 특수한 (또는 '문화적') 차이들의 의의에 관해 적절한 해명을 해놓을 필요가 있다고 말해주고 싶다.

　세계시민주의에 관한 최근의 두 논쟁이 바로 이 쟁점을 두고 벌어졌다. 첫번째 논쟁은 세계시민주의가 도덕성의 범위로 과연 적절한가에 관한 것이었다. 마사 너스봄에 따르면 "우리의 첫번째 충정은 모든 인간 존재들의 인간성에 의해 만들어진 도덕적 공동체에 향해져야 한다." "사람들을 모두 도덕적 평등체로 간주한다는 것은 국적, 종족성, 계급, 인종, 그리고 성차이 등을 모두 도덕과는 무관한 것으로, 즉 그 평등한 지위와는 연관성이 없는 것으로 취급한다는 것이다." 물론 너스봄은 즉각 다음과 같은 구절을 덧붙인다.

　'자기 자신의 영역에 특별한 관심'을 기울이는 것은 보편주의적 관점에서
도 정당화할 수 있는 일이며, 바로 이 점이 자기 영역에 대한 우선적 관심을 정
당화시켜주는 가장 강압적인 근거가 된다고 나는 생각한다. (…) 하지만 아이
들을 갖고 있는 우리들 가운데 거의 모든 부모는 다른 사람들의 자식들보다는
자기 자식들에게 더 많은 배려와 사랑을 베풀고 있을 것임에도 불구하고 우리
들 가운데 우리 자신의 아이들이 다른 사람들의 자식보다 '도덕적으로' 더 중
요하다고, 진짜로 그렇게 생각하는 사람은 없다. 전반적으로 볼 때 아이들에
게는 사정이 이렇게 돌아가는 것이 괜찮은 일이며, 바로 그 때문에 자기 아이
들에 대한 우리의 특별한 배려가 이기적이라기보다는 괜찮다고 평가받는 것
이다. 교육은 이런 특별한 관심사들을 반영해도 되고 반영해야만 한다. 예를
들어 어떤 나라에서 그 나라의 역사와 정치에 더 많은 시간을 쏟는 일 따위가
그러하다.[35]

　그러나 너스봄의 몇몇 비판자들은 그녀의 충정관과 도덕적 무상관성에
관한 견해에 반론을 편다. 마이클 월저는 "나의 충정은 나의 인간관계와
마찬가지로 내 생활의 중심에서 출발한다. 우리는 도덕적 동료관계의 의
미를 연장해 이웃에서부터 새로운 인간 그룹으로 나아가고 궁극적으로
는 모든 인간들에게까지 확산시킨다"고 썼다. 거트루드 힘멜파브는 "자
신의 일차적 충정 서약을 세계시민주의에 향하게 한다는 것은 단지 국적
뿐만 아니라 자기의 자연적 정체성을 구성하는 삶의 활동성, 특수성 그리
고 현실성들을 모두 초월하려고 시도한다는 것"이라고 촌평한다. 그리고
앤서니 아피아는 "언제나 도덕적 정당화를 요구할 강제의 형태를 통해
우리 삶을 규제하기 때문에 국가는 언제나 도덕적으로 본래적 중요성을

지닌 사안"이라고 통찰하면서, "인간은 보다 소규모로 살 때 가장 잘 살기 때문에, 인류의 지평을 가장 멀리 놓고 그 범위를 점차 좁혀 가면, 나라, 도시, 거리, 사업, 공장, 직업 그리고 가족 등과 같은 수많은 집단들이 그보다 더 좁은 집단으로 좁아지면서 수많은 공동체들이 존립하게 되는데, 바로 이런 공동체들이야말로 도덕적 관심사를 충족시키는 데 적합한 영역들이다."[36]

이 논쟁은 (특히 전세계적 규모로 놓고 볼 때) 무엇이 정의로운가에 관한 사고가 포함하는 탈착(脫着, detachment)이나 추상화, 그리고 '보다 작은 규모로 사는 것이 가장 좋다'고 할 때 요구되는 (그러면서도 자주 반성적 탈착을 배제하는) 밀착(密着, attachment)이나 충정의 이중적 중요성을 부각시킨다. 이것들은 서로 판명하게 구별되는 도덕적 삶의 두 측면이며, 두번째 것은 첫번째 것에서 도출되지 않는다. 우리는 '모든 인간 존재들의 도덕적 공동체'와 관련된 추상적 원칙에 대한 충정을 가지라고 다수의 사람들에게 요구할 수 없다. (이것은 이른바 언론인이나 외교관 그리고 정치가들이 즐겨 말하는 이른바 '국제 공동체'인데, 그들은 이 명칭을 사용해 현실정치의 현실적 이해관계들을 은폐하곤 한다.) 그들의 충정은 오직 특수한 국가들, 전통들, 생활방식들, 집단들, 공동체들, 제도들 등에만 향해질 수 있을 뿐이다. 그리고 그런 충정이 어느 정도나 멀리까지 뻗어갈 수 있을지는 여전히 열린 문제이다. 자기 자신의 아이를 특별히 주목하는 것이 자신의 자비심을 베푸는 가장 효과적인 방식이라는 이유로 정당화할 수 있다고 생각한다면 이는 별로 설득력이 없다. 특수한 관계나 우호적인 인연들은 행위에 대해 별도의 이유를 제공하고, 전지구적 정의 원칙에까지 기대어 도출할 필요가 없는 내밀한 친밀함이나 결속에 대한 책임을 부여한다. 물론 이런 별다른 관계들을 전지구적 정의의 원칙에 의해 균형 잡도록 하거나 구속을 가할 필요성은 있을 수도 있다. 어쨌든 간단히 말하자면, 너스봄의 세계시민주의는 극단주의적이다. 특수한 관계들이나 공동체들 내부에서 그 어디에서도 도출하지 않은 특수한 책임에 대한 인정(認定)과 평등주의적 정의를 결합시켜 설득력을 배가시키는 보다 온건한 세계시민주의도 있다.

나는 이제 현 시대의 '다문화적' 조건 아래서 좋은 삶을 살기 위한 조건을 피력하는 세계시민주의에 관한 두번째 논쟁에 이른다. 자유주의적 견지에서 '좋은 삶'을 택한다는 것은 자율성을 표출하는 삶, 다시 말해 무엇이 삶을 살 만하게 만드는가에 관한 자신의 믿음을 형성하고, 개혁하고 수정할 수 있는 자유를 발휘하는 삶을 산다는 것과 다름없다. 윌 킴리카는 그런 삶을 위해서는 '선택의 맥락', 즉 '사람들이 자기가 언제든지 입수할 수 있는 선택항을 깨달아 그 가치를 아주 현명하게 시험할 수 있도록 만들어주는 풍부하고도 안전한 문화적 구조'가 요구된다고 논증한다.[37] 더 나아가 그는 한 공동체의 문화적 구조의 중심은 그 공동체가 공유하는 언어에 있다고 생각했다. 그에 대해 제레미 월드론은 다음과 같은 반론을 폈다.

순전히 하나씩만 선택한 것이라도 그 각각에는 문화적 의미가 붙기 마련이라는 사실로부터, 이용 가능한 각각의 선택에 하나의 의미가 할당되는 문화적 틀이 단지 한 개만 있어야 한다는 결론은 나오지 않는다. 의미 있는 선택항은 다양한 문화적 원천에서 유래하지만 우리에게 나타날 때는 하나의 항목 또는 한 개의 파편이라는 모습을 띨지도 모른다.[38]

월드론의 논증은 두 개의 대안 모델을 제시한다. 그 하나는 '각 개인이 단지 하나의 문화로만 자기정체성을 확보' 하는 '1인1문화' 모델 또는 '누비헝겊' 모델 또는 '모자이크' 모델이다. 다른 하나는 '각 개인이 좀 더 넓은 사회 안에서 자기 정체성을 구성하는 것으로서, 만약 그 사회가 다문화사회라면 이곳저곳에서 온 다양한 문화들의 문화적 파편들, 조각들 및 낱개들을 하나의 다수결합체로 만들어 그것으로 자기정체성을 구성하는 ' 1인다파편 ' 모델 혹은 '만화경(萬華鏡)' 모델이다. 이것이 월드론이 '세계시민적 대안' 이라고 부른 것으로서 샐먼 루시디에[†] 의해 잡종 글쓰기, '잡동사니 꾸러미' 또는 '잡종성 자아' 라고 축복받은 바로 그 대안이다. 두번째 모델은 현대라는 조건 아래서 문화들 사이의 경계선들이 침투하기에 아주 용이하며, 각기 별개의 계통을 가진 자료들이 개인적 생활의 구성을 위해 이용될 수 있다. 월드론의 생각대로 잡종은 '길이 난 곳이면 어디든 간다.'

이 논쟁에 관해서는 두 가지 논평이 있다. 첫째, 만약 당신이 개방적이고도 내적 이질성을 가졌지만 그 나름대로 충정심 생성의 정체성을 갖춘 '풍부하고도 안전한 문화적 구조' 를 염두에 둔다면 킴리카의 견해가 힘을 가질 것이다. 여기에서 킴리카가 언어에 역점을 두는 것은 대단히 의미심장한 일인데, 왜냐하면 그가 민주주의 정치라는 것은 '제나라 말로 하는 정치' 이고, 정치적 논쟁이 제나라 말로 수행되면 될수록 그 참여도

---

† 루시디(Salman Rushdie, 1947~)는 인도 뭄바이 태생의 영국 소설가로 환상과 과학 소설 등에서 빌려온 혼성 작법이라는 기법을 통해 탈현대 문학의 한 지평을 보였다고 평가된다. 그러나 그를 세계적 관심을 끄는 인물로 만든 것은 1989년의 작품 『악마의 시』였는데, 이 작품은 예언자 마호메트에 대한 불경스러운 묘사로 원리주의 이슬람 세계로부터 격렬한 비난을 불러 일으켰다. 호메이니는 모든 '독실한 무슬림' 들에게 공개적으로 루시디뿐만 아니라 이 책을 출판 또는 번역한 이도 처형할 것을 요구하면서 그의 목에 300만 달러의 현상금을 내걸었다. 루시디는 그때부터 영국의 보호 아래 숨어 살았다.

가 높아질 것이라고 논증하고 있기 때문이다.[39] 간단하게 말해서, 진정 정치적 선택을 하려면 (상호이해와 신뢰를 위한) 몇 가지 통일된 선택 맥락이 요구되는데, 이러한 선택 맥락에는 공통된 언어와 다른 몇 가지 요소들이 있고, 이런 요소들 가운데 우리가 문화라고 부르는 것이 들어 있다는 것이다. 그러나 그러한 문화적 맥락이 얼마나 '두꺼워야'[†] 하는지는 전적으로 불분명한 문제로 남아 있다. 킴리카의 논증이 보여주는 것은 우리가 세계시민주의적 대안을 옹호하고자 한다면 하나의 통일적인 정치 문화의 언어 외적 구성요인들에 무엇이 있는지를 물어야 한다는 것이다.

두번째는, 잡종은 '길이 난 곳이면 어디든 간다' 는 월드론의 주장에 대한 생각이다. 이 주장은 과연 참일 수 있을까? 아니면 자작으로 만든 세계시민적 생활이라는 것이 지나치게 편협하거나 신심만 독실한 타인들의 실존을 전제하고 있는 것은 아닐까? 우리는 동질화를 강요하는 지구적 문화의 침해에 저항하기 위해 그런 타인들에 기대려고 하는 것은 아닐까? 그런 타인들이 만화경의 색깔을 선명하게 유지해, 여러 가지가 뒤섞

[†] '두꺼운/얇은' (thick/thin): 이 형용사들은 미국의 공동체주의 사회철학자 마이클 월저가 1996년에 발표한 그의 논문집 *Thick and Thin: Moral Arguments at Home and Abroad* (2006년 현재 아직 국내 번역본 없음)에서 '모든 도덕성의 내적 면모' 를 기술하기 위해 도입한 비유어들이다. 그에 따르면 '얇은 도덕성' (thin morality) 이란 일반적이고 보편적인 도덕 원칙들에 의해 구성된 도덕성으로, 그 근거는 합리적으로 도덕적 판단을 행하는 보편적(이라고 믿어지는) 이성이다. 그에 반해 '두꺼운 도덕성' (thick morality)은 역사, 전통 및 문화 등의 조건 속에서 장기적으로 진행된 사회역사적 심의(審議) 과정을 통해 축적된 도덕성으로, 그 근거는 사회구성원 상당수에게 상당 정도 체질화된 전통적 관습이나 습관들이다. 모든 도덕들은 계급이나 국가 및 문화권에 따른 차이가 엄존하는 조건 아래서 현실적으로 존립하기 때문에 항상 추상적 차원에서의 이성적 요구와 도덕현실에서의 체질적 관성 사이에 괴리를 안게 마련이므로 도덕적 실천에서의 숙고와 지체가 발생하게 되어 있다고 진단된다. 바로 이 때문에 전지구적 차원에서 인권 원칙을 옹호하더라도 국가간 외교에서는 그 원칙대로 되지 않는 모순이나 아니면 그 자체가 분쟁의 소지가 되어 해당 국가의 인권 상황을 더욱 악화시키는 역설이 발생한다고 설명된다. 도덕 현실에 대한 이런 비유 틀을 통해 월저가 말하고자 하는 메시지는 "우리가 가는 길이 다른 사람을 위한 길이 아닐지도 모른다" (Our way might not be the way for others)는 것이다. 물론 월저의 이런 비유 틀은 도덕현실을 파악하는 데는 대단히 많은 통찰을 주지만, 도덕적 문제에 대한 무책임한 대처 또는 방관을 방조하고, 역사적으로 그 위상을 끊임없이 바꿔가는 각종 도덕들의 비중을 현상태로 고착시킬 위험을 안고 있다고 흔히 비판된다.

여 밋밋하게 되지 못하도록 막아줄 능력을 갖고 있기나 한 것일까? 세계시민적 대안을 옹호한다는 것이 오히려 종족중심주의를 그 전제조건으로 옹호하고 있는 것은 아닐까?

마지막으로 짚고 넘어갈 것은, 우리의 정치적·교육적 에너지를 쏟아야 할 이상적 지향점으로서 세계시민주의를 어떻게 생각해야 할 것인가 하는 문제이다. 그 문제에 관해 마사 너스봄은 다음과 같이 쓰고 있다.

> 내가 보기에, 세계시민성의 도전은 모든 차이가 탈위계적(脫位階的)으로 이해되는 상태를 향해 움직여가는 것 같다. 우리는 그런 차이들 가운데 몇몇 차이가 진정한 평등의 상태에서 어떤 모습을 띠게 될지 알 도리가 없다. 만약 양성간의 차이가 현재 미국에 사는 종족들 사이의 차이나 아니면 농구팬과 재즈팬 사이 정도의 차이가 된다면 더 이상 바랄 것이 무엇이겠는가? 우리는 아직 아무것도 모를 뿐이다. 하지만 그것이야말로 세계시민이 도달하고자 열망하는 이상이다.[40]

이 대답은 나를 우려하게 만든다. 보편주의와 관련해 다름 아닌 종족중심주의가 선연한 '바로 그런' 것들(미국의 종족집단들, 농구, 재즈)을 언급하고 있어서뿐만 아니라 그런 언급 안에 다름 아닌 '획일주의적' 기조가 농후하게 울려나오기 때문이다. 우리는 과연 '탈위계적으로 이해되는' 차이라는 것들이 무엇인지를 (그리고 누가 그렇게 이해하고 있는지를) 확실하게 알고 있으며, 탈위계적으로 이해되는 '모든' 차이들이 생각대로 그렇게 되어갈 것인지 확신할 수 있는가? 그리고 농구와 재즈에 관해 생각해보건대, 세계시민들의 생활에서 이상적인 세계시민주의적 미래에 나타날 문화적 차이들 모두가 그 심각도나 비중에 있어서 지금보다 덜할 것이라고 생각할 수 있을까? 이제야 비로소 우리는 보편주의를 옹호하는 것과 문화적 차이를 인정하는 것 사이에는 모순이 있다는, 광범하게 공유되고 있는 그 억측을 진지하게 검토해보아야 할 지점에 다다른 것 같다.

1) Montesquieu, *De l'Esprit des Lois*, tome 3, livre XXIX, chaptire XVIII. 몽테스키외, 『法의 精神』, 申相楚 譯 (서울: 乙酉文化社, 1983. 2., 新裝版 初版1刷; 1992. 7., 新裝版 初版8刷), 제29편, 제18장, 「획일의 관념에 대하여」, 496쪽의 번역을 옮긴이가 일부 수정.

2) *Observations de Condorcet sur le Vingt-Neuvieme Livre de l'Esprit des Lois* in Destutt de Tracy, *Commentaire sur l'Esprit des Lois de Montesquieu* (Liège, 1819[1817]), 461쪽.

3) K. Marx, *Contribution to the Critique of Hegel's Philosophy of Right: Introduction* in: K. Marx, *Early Writings*, trans. & ed. T. B. Bottomore (London: Watts, 1963), 43쪽.

4) K. Marx. *Grundrisse: Foundations of the Critique of Political Economy* (rough draft), M. Nicolaus의 번역 및 서문 (London: Penguin, in association with New Left Review, 1973), 104~105쪽.

5) 위의 글, 102쪽.

6) C. Geertz, "Anti-anti-relativism", *American Anthropologist* 86 (1984), 265, 276쪽. 그와 첨예하게 대조되는 관점을 보려면 E. Gellner, *Postmodernism, Realism and Religion* (London and New York: Routledge, 1992), 43쪽 이하를 보라.

7) W. G. Sumner, *Folkways* (1906) (New York: Mentor Books, The New American Library, 1960), 27~28쪽.

8) A. Kroeber, *Anthropology* (New York: Harcourt Brace, 1948), 266쪽.

9) R. Rorty, "Solidarity of Objectivity?", in M. Krausz ed., *Relativism: Interpretation and Confrontation* (Notre Dame, Ind. :University of Notre Dame Press, 1989), 44쪽.

10) J. E. Hapton, *The Authority of Reason* (Cambridge: Cambridge, Mass, 1998) 그리고 T. M. Scanlon, *What We Owe Each Other* (Cambridge, Mass., and London: Bellknap Press of Harvard University Press, 1998), 17~78쪽 특히 73~74쪽을 보라.

11) 힐러리 퍼트남이 강조했듯이, "하나의 문화 또는 그 부속문화에 의해 받아들여진 '표준들'을 갖고 명시적이든 암시적이든 이성이 무엇인지를 정의할 수는 없다. 심지어는 그 어떤 맥락 안에서 이성을 정의하는 것조차도 할 수 없다. 왜냐하면 그 표준들이라는 것이 그것을 갖고 해석할 때 이미 이성에 대한 모종의 정의를 전제하고 있기 때

문이다." H. Putnam, "Why Reason can't be Natrualized", in: H. Putnam, *Realism and Reason: Collected Philosophical Papers*, vol.3 (Cambridge: Cambridge University Press, 1983), 234쪽.

12) I. Berlin, *Vico and Herder* (London: Hogarth Press, and New York: Viking, 1976), 214, 216쪽.

13) J. F. Lyotard, *La Condition post-moderne* (Paris: Editions de Minuit, 1974), 23, 43쪽.

14) R. Rorty, "Feminists and Pragmatists", *Radical Philosophy*, 59 (Autumn 1991), 5쪽.

15) R. Rorty, *Contingency, Irony and Solidarity* (Cambridge: Cambridge University Press, 1989), xiii쪽; 같은 저자, *Objectivity, Relativism and Truth* (Cambridge: Cambridge University Press, 1991), 176쪽.

16) 위의 저자, Contingency, Irony and Solidarity, 앞의 책, 64쪽.

17) M. Hollis, "Is Universalism Ethnocentric?", in: C. Joppke and S. Lukes, eds., *Multicultural Questions* (Oxford: Oxford University Press, 1999), 36쪽.

18) I. Berlin, "Alleged Relativism In Eighteenth-century European Thought", in: I. Berlin, *The Crooked Timber of Humanity: Chapters in the History of Ideas*, ed. H. Hardy (London: John Murray, 1990), 85쪽.

19) F. Boas, "An Anthropologist's Credo", The Nation, 147 (1938), p.202, in: John. W. Cook, *Morality and Cultural Differences* (New York: Oxford University Press, 1999), 74쪽에서 재인용.

20) J. W. Cook, 위의 책, 89 및 66쪽.

21) R. Benedict, *Patterns of Culture* (London: Routledge, 1935), 201쪽.

22) C. Geertz, *Works and Lives: The Anthropologist as Author* (Stanford: Stanford University Press, 1988), 106-8쪽.

23) M. Herskovits, "Some Further Comments on Cultural Relativism", *American Anthropologist*, 60 (April 1938), 270쪽.

24) M. Herskovits, "Tender and Tough-minded Anthropology and the Study of Values in Culture", *Southwestern Journal of Anthropology*, 7 (1951), 24쪽.

25) *Sumner, Folkways*, 앞의 책, 355쪽.

26) R. Benedict. "Anthropology and the Abnormal", in: D. Haring, ed., *Personal Character and Cultural Milieu* (Syracuse; Syracuse University press, 1956), 195쪽.

27) A. Sen, *Reason before Identity. The Romanes lecture for 1998* (Oxford: Oxford

University Press, 1999)을 보라.

28) R. Rorty, *Contingency*, 앞의 책, 198쪽.

29) N. Geras, *Solidarity in the Conversation of Humankind: The Ungroundable Liberalism of Richard Rorty* (London and New York: Verso, 1995), 77쪽.

30) S. Benhabib, "'Nous' et 'res autres': The Politics of Complex Cultural Dialogue in a Global Civilization", in: C. Joppke and S. Lukes, *Multicultural Questions*, 앞의 책. 이 글은 벤하비브의 책 *The Claims of Culture: Equality and Diversity in the Global Era* (Princeton and Oxford: Princeton University Press, 2002)에 재수록되어 있는데, 여기에서 그녀는 '본질적으로 경쟁성을 가지며 내적 균열성으로 가득 한 담설'(essentially contested and internally riven narratives)이라는 자신의 문화관을 더욱 세밀하게 해명한다.

31) M. Midgley, *Can't We Make Moral Judgements?* (Bristol: Bristol Press, 1991), 84쪽.

32) B. Anderson, *Imagined Communities: Reflections on the Origin and Spread of Nationalism* (London: Verso, 1983)

33) 이 책의 제4장을 참조하라.

34) P. F. Strawson, "Freedom and Resentment", in: G. Watson, ed., *Free Will* (New York: Oxford University Press, 1982)를 참조.

35) J. Cohen, ed., *For Love of Country: Debating the Limits of Patriotism* (Boston: Beacon, 1996), 13쪽.

36) 위의 글, 126, 77, 28~29쪽.

37) W. Kymlicka, *Liberalism, Community and Culture* (1989), 164, 165쪽.

38) J. Waldron, "Minority Rights and the Cosmopolitan Alternative", in: W. Kymlicka, ed., *The Rights of Minority Cultures* (Oxford and New York: Oxford University Press, 1995), 106쪽.

39) W. Kymlicka, *Politics in the Vernacular: Nationalism, Multiculturalism and Citizenship* (Oxford and New York: Oxford University Press, 2001)을 보라.

40) J. Cohen, ed., *For Love of Country*, 앞의 책, 138쪽.

3

자유주의자에게는 자유주의를, 식인종에게는 식인주의를

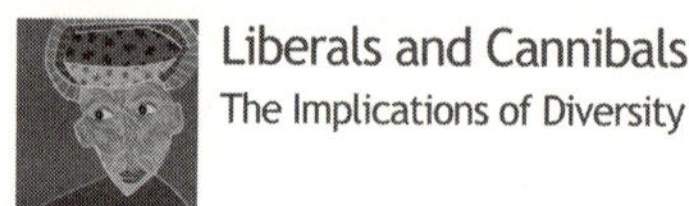

이 글의 제목은 이제 고인이 된 마틴 홀리스가[†] 만들어낸 경구이다. 그가 생애 마지막 시기에 쓴 논문 중 하나에서 나온 이 구절은 플로렌스의 한 회의에서 내가 그에게 제기한 "보편주의는 종족중심적인가?"라는 물음에 대한 답변이었다.

> (…) 나는 자유주의의 핵심 가치를 내적이거나 합의적인 이성 말고 그 어떤 초월적인 곳에다 놓을 수 있는 방식에 무엇이 있는지 알지 못한다. 그렇다고 해서 그 결과 상대주의 안으로 미끄러져 들어가는 것은 '자유주의자에게 자유주의'를 주는 것과 '식인종에게 식인주의'를 허용하는 것 사이에서 파멸적 평행선을 달리는 일만 남길 것이다.[1]

하나의 경구를 인용하는 것은 시작하기에 적합한 방식이다. 왜냐하면 존 그로스가 우리에게 상기시키듯이 경구란 그것을 창조해낸 정신의 특

[†] 이 책의 제목이 된 구절을 제공한 마틴 홀리스(Martin Hollis, 1938~1998)는 사회과학의 철학을 거점으로 1960년대에는 사회과학계를 풍미했던 상대주의, 그리고 1990년대에는 포스트모더니즘의 거센 도전을 받던 합리주의 전통과 합리성의 개념을 옹호했던 영국의 철학자였다. 그는 '단순히 팔걸이의자에서 골똘히 사색하는 모습으로 그려지는 강단철학자'에 머물지 않고 경제학, 국제정치학, 심리학, 사회학 등의 사회과학 분야를 섭렵하면서 관련 학문의 개념과 연구기법을 통달하여 각 분야의 전문가들과 학제간 연구를 진행함으로써 사회과학의 철학에서 거의 독보적인 업적과 행적을 쌓았다. 따라서 '인류의 인식론적 통일성'을 관건으로 하는 홀리스의 합리주의는 "서로를 이해할 수 있는 모든 이가 공유하는 지각과 개념들이 있지 않으면 안 되기 때문에 몇 가지 믿음들은 보편적이다"라는 것을 전제로 각 분야 사회과학의 전문 분야를 파고들어 학문적 연계성을 갖게 하는 데 큰 성과를 거두었다.

성과 스타일을 그대로 담고 있는 '문학의 한 형식'으로서 그 메시지는 보편적이지만 그렇다고 인간과 무관한 경우는 거의 없기 때문이다. 경구는 '생각을 비튼' 흔적을 그대로 체화하고 있으며, "말의 조어술 또는 때로 그 집중도에 있어서 거의 시적인 경지에 접근한다고 생각될 정도로 어구의 배열을 세밀하거나 집중적으로 완벽하게 만드는 데 의존해 효과를 거둔다." 계속되는 그로스의 경구론에 따르면, "경구는 기존 견해나 속이 텅 빈 도덕성의 최고 대표자들을 겨냥한 창자루이다. 경구들은 독자들의 정신에 터 잡고 있는 안일한 가정들을 집적거리고 들쑤신다."[2] 메일셔브스는 "새로운 격언은 종종 빛나는 오류"라고[3] 말한다. 그리고 칼 크라우스는 "경구는 결코 진리와 일치하지 않는다. 그것은 절반의 진리거나 1과 1/2의 진리다."[4] 보베나귀에 따르면 "사람들의 격언은 그들의 특성을 드러내준다."[5]

홀리스의 경구도 확실히 그의 특성을 드러낸다. 그의 창자루가 겨냥한 표적은 완벽했는데, 그는 이성과 이성의 요구에 대한 보다 자유로운 열정으로 섬세한 재담들과 교묘한 익살을 사용해 그 표적을 들쑤시고 찌르는 것을 좋아했다고 나는 믿는다. 나는 홀리스보다 더 열정적인 합리론자를 안 적이 없다. 그의 경구는 그의 저작 전반에 분산되어 있으며, 몽테뉴, 볼테르, 쇼펜하우어, 니체가 자기 견해의 정수를 증류해내듯이, 자신의 철학적 견해의 정수를 뽑아낸다. 그것들을 한 군데 모으는 일은 그만한 가치가 있으며 의심의 여지없이 그 자체가 큰 즐거움을 줄 것이다.

이제 문제된 홀리스의 그 경구로 돌아가보자. "자유주의자들에게는 자유주의를, 식인종들에게는 식인주의를"이라는 경구는 깊은 진리를 언명하고 있는가, 아니면 빛나는 오류 혹은 절반의 진리를 언명하고 있는가?

그렇지 않으면 1과1/2의 진리를 진술하고 있는가? 병렬체의 이 경구는 우리에게 하나의 경고로 제출되었다. 그것은 우리가 빠져들지 말아야 하는 상대주의를 특징화하는 방식이다. 그리고 이제 생각을 이렇게 비틀어버렸을 때의 의도가 무엇이었는지를 보기 위해 이 경구가 던진 '파멸적 평행선'에 관해 분석한다. 왜 자유주의자와 자유주의를 식인종과 식인주의에 비교했을까?

'식인종들에게 식인주의를'이라는 경구부터 시작해보자. 식인종(cannibals)이라는 단어의 기원은 16세기로 거슬러 올라가며 콜럼버스에 의해 만들어졌다. 그 단어는 소(小)앤틸리스 제도에서 이웃 부족들에 의해 식인종(anthropopagi) 혹은 사람 먹는 자들(man-eaters)로 '여겨져' 그렇게 불렸던 아메리카 인디언들의 말 중 '용감한' 또는 '사나운' 것을 의미하는 카리브(Carib) 또는 카리베스(Caribes)라는 단어를 스페인어 형식으로 만든 것에서 유래했다. 나는 '여겨졌다'는 것을 강조했는데, 왜 그랬는지 곧 다시 해명할 것이다. 카니발리즘(cannibalism), 즉 식인주의 또는 식인풍습은 본래 요리법을 뜻하는데, 더 정확하게 말하자면, 승리 이후 적(敵)을 다루는 방식이었지만, 서양에 와서는 완전히 낯선 문화들의 특징으로 여겨지는 것에 대한 지칭이라고 우리는 말할 수 있다. 경구라는 맥락에서 보면, 식인주의라는 말의 역할은 문화에 '박혀 있는'[貫入] 것으로서, 이국적인 기조를 표출하면서 완전히 혐오스러운 것을 표상하는 것이다.

그러나 당연하게도 식인주의에 관해 할 말은 더 많이 있다.[6] 16세기 이래 식인주의는 서양인 혹은 유럽인들의 역사에서 '타자'(他者)에 대한 파악, 따라서 그들의 자기반성 속에서 의미 있는 역할을 수행했다. 식인주의는 소설, 철학적 반성, 풍자나 회화, 심지어는 우리가 살펴볼 것이지만,

인류학에서도 발견되는 ‘악마 인류학’의 고전적 사례가 되어왔다고 말할 수 있을 것이다.(‘전제주의’ 같은 것이 또 다른 사례이다.)

몽테뉴의 수필인 『식인종에 대하여』는[7] 이 점을 매우 명확하게 드러낸다. 홀리스가 전적으로 찬성할 방식으로, 몽테뉴는 다음과 관찰로 시작한다. “우리는 공통적인 의견들을 받아들이는 데 경각심을 가져야 한다. 우리는 그것들을 대중의 찬반표시가 아니라 이성에 의해 판단해야 한다.” 그렇다면 몽테뉴는 어떻게 식인종 사회를 판단하는가? 몽테뉴가 살았던 프랑스 사회와 비교했을 때 그는 분명 식인종 사회를 아주 호의적으로 평가했다. 자신이 줄곧 들어왔던 것들을 근거로 하여 몽테뉴는 “그 사람들에게는 미개하거나 야만적인 것이 전혀 없다”고 결론짓고 있다. 왜냐하면 “사람들은 자기들 풍습에 맞지 않는 것이면 무엇이든 야만적이라고 부르기 때문이다. 그것은 우리가 우리 사회의 의견이나 풍습이라는 사례나 형식 말고는 다른 진리나 올바른 이성을 위한 기준을 갖고 있지 않을 때 정말로 그러하다.” 미개인 또는 야만인이라고 부른 그 사람들의 윤리 체계에서 존중하는 것은 오직 두 가지, 즉 ‘전투에서의 단호함’과 ‘자기 부인을 사랑하는 것’뿐이었다. 식인주의에 관해 몽테뉴는 “스토아학파의 지도자였던 크리시포스와 제논은 우리가 시체를 어떤 목적을 위해 사용하든, 심지어 그것을 음식으로 먹어도, 잘못은 전혀 없다고 생각했었다”는 사실을 지적하면서 식인주의의 무죄를 입증한다. 몽테뉴의 목적은 “누가 진짜 야만인인가?”를 묻는 것이었는데 그 대답은 아주 명확했다. 즉 우리는 “이성의 규칙에 의해 이들 종족을 야만인이라고 부를 수도 있겠으나, 어떤 종류의 야만성에 있어서도 그들보다 결코 나을 것 없는 우리 자신과 비교해서 그들을 야만족이라고 불러서는 안 될 것이다.” 왜냐

하면

　　나는 죽은 사람을 먹는 것보다 사람을 산 채로 먹는 것, 아직도 완전히 감각을 느낄 수 있는 신체를 억지로 잡아 늘려 찢어버리는 고문을 하는 것, 더 나아가 죽은 뒤 구워먹기보다 살아있는데도 조금씩 조금씩 불에 구워가며 요리하면서 개돼지에 물리게 해 상처 입히는 것에 더 많은 야만성이 있다고 생각하기 때문이다. (우리는 이런 사실을 단지 책에서 읽었던 것이 아니다. 고대에 적을 상대로 그랬던 것도 아니고, 더욱 나쁘게도, 의무와 종교적 신조의 이름으로 우리의 동료 시민들과 이웃들에게 그런 일을 자행하도록 했던 최근의 기억이 아직도 생생한 것이다.)

　　야만인으로 낙인찍힌 사람들의 시조차도 야만적이 아니라고 몽테뉴는 판단한다. 왜냐하면 그 시는 그리스 시와 닮았기 때문이다.(“그들의 언어는 들으면 아주 유쾌한 기분이 일어나는 것이 그리스어와 같다.”)[8] 확실히 츠베탕 토도로프가 몽테뉴의 식인종관을 “타자에 자기 이미지를 투사한 것, 혹은 더 정확하게 말하면, 몽테뉴 자신에게 체화된 고전적 문명화의 이상을 타자에게 투사한 것”으로 본 것은 옳았다. 토도로프는 몽테뉴를 “단지 자신의 고유한 가치가 보편적이라고 선언”하는 성향을 가진 “무의식적 보편주의자”로 특징짓는다.[9]

　　대니얼 데포의 프라이데이는 잡아먹힐 위험에서 로빈슨 크루소가 구출해 회개자로 만들어 기독교로 개종시킨 식인종이었다. 『백과전서 Encyclopédie』의 저자들은 식인주의와 기독교의 관계에 대해 다른 관점을 세우고자 했다. 만약 여러분이 이 사전에서 식인종(Anthropophages)이라는 단어를 찾아보면 여러분은 표준적이고도 고전적인 식인종관의 요약본을 찾아낼 것이다. 그리고 "성체성사(聖體聖事, Eucharistie), 영교(靈交, Communion), 제대(祭臺, Autel)를 보라"는 참조 항목 안내가 나올 것이다. (여기에서 백과전서파 지식인들은 오랫동안 가톨릭 미사를 피의 희생제로 보았던 프로테스탄트파와 같은 견해를 취하고 있었다.) 식인주의에 대한 정치적 성격의 또 다른 관점은 〈파리 사람들에게 간단한 야식(夜食)이나 Petit Souper à la Parisienne〉라는 길레이의[†] 카툰에서 목격할 수 있다. 이 만화는 1792년의 대학살 직후 상퀼로트파가[††] 죽은 귀족들의 시체 위에서 벌인 식인풍습과 유사한 광란의 축제 광경을 묘사하고 있다.

우리 자신의 시대와 아주 가까운 것으로서 나는 문화상대주의의 원조로 널리 알려진 루스 베네딕트를 인용하지 않을 수 없다. 그녀는 1925년 풍자적 기조 안에서, 바로 그 때문에 결코 상대주의적이라고 할 수 없는 논조로, 조나단 스위프트의 『온유한 제안 *Modest Proposals*』을 연상시키는 뛰어난 반전(反戰) 논고인 『식인주의 용법 *The Uses of Cannibalism*』을 썼다.

우리는 식인주의가 얼마나 온당한지를 제대로 평가한 적이 없었다. (…) 이미 우리는 우리의 아버지들이 인류의 진보에 의해 뒤떨어졌다고 믿었던 기묘

[†] 길레이(James Gilray, 본래는 Gillray로 쓴다. 1757~1815)는 현대 정치만화의 신기원을 개척한 영국의 만화가이다. 그의 작품을 혹평한 조지 3세를 소재로 하여 그의 실정을 풍자한 많은 회화(caricature)를 그려 대중적 인기를 얻었는데, 프랑스 혁명이 학살과 공포 정치로 치닫는 것을 보면서 보수적 성향을 갖게 되었다.

[††] 상퀼로트(sans-culottes)는 프랑스어로 무릎까지만 내려오는 짧은 바지를 입은 사람들을 뜻하는데, 프랑스 대혁명 당시 급진적 공화주의를 추동했던 제3신분 중의 빈곤층 정파가 시위나 무장 투쟁에서 이 옷을 주로 입고 조야한 무장만으로 혁명군에 가담한 데서 유래한 명칭이었다. 혁명 후기에는 주로 급진혁명파들에 대한 일반적 명칭으로 쓰였다.

한 원시적 풍습들에 무수히 호소했다. 우리는 위대한 민족들이 포그롬이라는†
낡은 장치에 의존하는 것을 목격했다. 우리는 민중 선동가들의 봉기를 보아왔
으며, 심지어는 도덕적으로 위험한 이상주의에 빠졌다고 여겨지는 국가들에
서 사적으로 가장 온건한 의견을 품은 사람들에게 죽음을 안기는 것도 목격했
다. 우리나라에서조차 우리는 친숙하고 무해한 말썽꾸러기 정도로 치부되는
파업 독려자들의 등에 대고 총을 쏘는 지경에 이르렀다. 우리가 우리 자신의
식인주의를 못보고 지나갔다는 사실은 참으로 이상한 일이다. (…) 우리의 '검
은 셔츠단' 이나†† '붉은 셔츠단' 의‡ 특징을 이루는 어린애 같은 허세나 증오
에 대한 불운한 호소 없이도 뱅쿠버섬의 인디언들은 식인 풍습을 단지 의례적
인 쇼로만 연출하는 가운데 무한한 의식과 금기 속에서 극도의 절제력을 보이
면서 고조된 자극을 찾는 방법을 체득했다. (…) 어떤 의례도 이보다 더 공동
체에 무해하다고 할 수 없을 것이다. 이런 원시적 식인주의에서는 매년 쓸모
없어진 단지 한 구의 시체만으로 폭력에 대한 갈망을 충족시킴에 반해, 현대에
산다는 우리가 이런 폭력욕을 충족시키려고 하면 법정 선서, 폭력괴담소설, 그
리고 근면한 가계에 죽음을 안기는 사업을 벌이겠다는 맹세 등의 꼴사나운 형
식을 거친다는 것만 다를 뿐이다. (…) 뉴질랜드의 마오리족은 (…) 축제 전에
자기 적들로부터 그들의 비할 바 없는 긍지인 정교하게 문신된 머리들을 취했
다. (…) 우리 시대의 전후 문학에서 기록된 것처럼 전투에서 정서적 만족이

---

† 포그롬(pogrom)은 일반적으로 자국 사회에 거주하는 소수 민족에 대한 집단 학살을 뜻하는데 특히 19세기
러시아의 가혹한 유대인 박해를 특징적으로 부르는 명칭이기도 하다. 그런데 국가 권력이 주도하여 조직적이
고도 체계적인 대규모의 유대인 학살이 자행된 것은 2차 대전 중 나치 독일에서였는데, 여기에서 유래한 대규
모 인종 청소는 '홀로코스트' (holocaust)라고 특칭된다. 루스 베네딕트는 20세기 전반기에 활약했기 때문에
나치에 의한 유대인 대학살의 진상은 제대로 체험하거나 인지하지 못해 식인풍습을 포그롬 정도와 비교할 수
밖에 없었을 것이다.
†† 이태리 파시스트당 소속의 행동대. 폭력 시위와 무장 대결에서 당의 선두에 섰다.
‡ 19세기 이태리 통일 전쟁 때 청년층 자원자로 구성되어 가리발디가 이끌었던 민족주의 민병대 조직.

붕괴되는 것에 친숙한 이라면 그 누구도 우리들 사이에서 해체의 모든 징후를 보여주는 정서적 복합체의 재확립 장치를 마오리족 안에서 보지 못할 수 없다. 무엇인가 해야 한다는 것은 명백하다. 그리고 어떤 제안도 뉴질랜드의 마오리족에게서 이끌어낼 수 있는 것보다 더 희망적인 것으로 보이지 않는다.[10]

요약하자면, 식인주의는 서구인 쪽 입장에서 문명화되는 것이 무엇이냐를 구축하는 데 계속 모종의 역할을 수행해왔다. 그리고 '미개인들'이 식인종이라는 비방은 연속적으로 출현했던 제국들의 역사적 지리를 반영해왔는데, 초기 기독교도들, 아메리카 인디언들, 아일랜드인들, 아프리카인들, 그리고 폴리네시아인들에게 모두 이 식인종이라는 속성이 부여되었다. 그리고 이렇게 식인종이라는 속성의 부여는 언제나 보수주의자들과 사회 비판가 모두의 이익에 봉사했다. (이런 속성 귀속은 심지어 '토착민들' 사이에서도 이런 역할을 했던 것으로 보인다. 제임스 마르의 영화 〈도전 정신〉에는 망가베타 부족의 성원들이 모닥불 주위에 둘러앉아 백인들이 식인 풍습을 가졌다는 자신들의 의심을 주제로 토론하는 장면이 나온다.)

물론 흥미 있는 가능성은 식인주의의 의미가 자기이해와 비판의 목적을 위한 '사회적 구성물'일 뿐만 아니라 식인종이라는 것 자체가 대체로 혹은 심지어는 완전히 허구라는 점이다. 이것은 고고학자들 사이에서 일종의 통설로 되어가는 것처럼 보인다. 콜린 렌프루 교수와 폴 반 교수에 의하면, 예전에 식인주의의 증명으로 해석되었던 고고학적·종족학적 증거에 대한 재평가가 이루어져왔는데, 모든 증거들에는 다른 해석의 가능성이 열려 있다는 것이다. 다시 말해 우리가 식인 풍습이라고 보아왔던 것은 '전투에서 적의 시체에 행해진 폭력과 훼손' 이나 '세계 도처에서 기록 자료가 남아 있는, 여러 모양으로 변모된 복잡한 범위의 죽음 의식들' 로 해석될 여지가 있다는 것이다. 그들은 설사 식인 풍습이 우연적으로 실재했었다고 할지라도 "인간의 살을 인간의 음식물로 쓰게 하는 것은 최소한에 그친 산발적 현상이었음에 틀림없다"고 적고 있다.[11] 최근에는 인류학자나 다른 학자들도 그와 비슷한 회의를 표출해오는 중이다.[12] 그러나 이런 회의는 로슨 교수가 "탈식민주의 국면에서 제기되는 죄책감과 자신이 제국주의에 연루되었다는 사실"에 압도된 "온건보수 성향의 교육자들에 의해 부인된다"고 보는 회의이기도 하다. 로슨 교수에 따르면, 역사적 과거에서나 현재에 식인 풍습이 실제로 행해진 구체적 사례들은 "다른 역사적 사건들과 관련해서 흔히 인정되는 종류의 증거, 즉 증인들에 의한 기록과 묘사, 그리고 문서고, 인류학, 언론보도 같은 가지각색의 원천에 의해 풍부하게 입증 가능하다."[13]

식인주의에 대한 진실이 무엇이든 간에 나는, 우리 주제로 되돌아와, 식인주의를 문화에 '박혀 있는' 것으로서, 이국적 기조를 표출하면서 우리에게 완전히 혐오스러운 습관을 표상하는 것으로 간주하자고 제안한다. 그리고 그와 나란히 자유주의에 대해서는, 식인주의 못지않게 문화에 '박혀 있는' 것으로서, 친숙한 기조를 표출하면서 우리에게 전적으로 매력적인 습관으로 보자고 제안한다.

분명 이렇게 시작하는 것은 도움이 될 것이다. 하지만 물론 자유주의는 습관이 아니라 오히려 헌법, 권력분립, 시민다움, 관용, 자유로운 담화, 자유로운 언론·집회·결사의 자유, 적당한 법절차, 사유 재산 등과 같이 전형적으로 자유주의적인 일정 범위의 관습들과 제도들을 보장하고 정당화하는 '사고태도'이다. 최근 레이먼드 규스가 주목한 것처럼, 자유주의는 실천적 투신이 이루어지고 그 자신 역사적 위치도 엄연한 사고태도로서 세 개의 중요한 결과물을 보유한다. 즉, "[a] 자유주의는 어떠한 정의도 갖지 않는다. [b] 자유주의는 때로는 시대착오적으로 자신의 고유한 과거를 다시 쓰려는 경향이 있다. [c] 자유주의는 미래에 있을 어떤 유의미한 변용에도 개방되어 있다."[14] 그럼에도 불구하고, 시공을 넘어 자유주의적 전통들을 비자유주의적인 것과 구별하는 요소들의 확인은 가능하다. 그렇다면 이 사고태도의 유효범위는 어디까지인가? 현재 논의의 목적을 위해 우리는 이탈리아어에서 리베랄리스모(liberalismo)와 리베리스모(liberismo)를 쓸모 있게 구분한 것에서 도움 받을 필요가 있다. 여기에서 후자 즉 리베리스모는 자유방임주의(laissez-faire)의 경제적 신조를 가리킨다. 우리는 전자에 해당하는 자유주의(liberalismo)를 자유주의적 습관들과 제도들을 지지하고 정당화하는 정치적 도덕성으로 받아들인다.

이렇게 이해된 자유주의는 문화에 '박혀 있는' 것인가? 그리고 만약 그렇다면 그것은 자유주의를 정당화하는 우리의 능력, 즉 우리가 자유주의를 방어할 때 제공할 수 있는 이유들 역시 그와 마찬가지로 문화에 '박혀 있는' 것이기에 비자유주의적 문화의 담지자들에게 하등의 강제력도 없는 것인가? 이 주장에 대한 찬성과 반대를 위해 이 경우에 대해 흔히 통용되는 몇몇 진술을 조사해보면 도움이 될 것이다. 마이클 월저가 주장하듯이, 자유주의는 주로 내부로부터, 그리고 가끔만 외부로부터 이해되고, 해석되고, 비판되어야 하는가? 왜냐하면 도덕성이란 그 시작에서부터 두꺼운 것이며, 문화적으로 통합되어 있고, 완전하게 공명하는 것인데, 문화적 경계선을 가로질러 국제적 연대에 호소하는 경우와 같이 도덕적 언

어가 특정한 목적들로 그 방향을 돌리는 특정한 경우들에만 그 자신을 얇은 것으로 드러내기 때문이다.[15]

초기 월저는 『정의의 영역들 *Spheres of Justice*』에서† "주어진 한 사회는 만약 그것의 실체적 삶이 특정한 방식으로, 즉 그 사회의 구성원들이 공유하는 이해들에 충실한 방식으로 살아진다면 정의롭다"고[16] 주장했다. 이것은 확실히 문화상대주의로 보이는데, 그 혐의는 카스트 제도에 대한 그의 서술로 강화되었다.[17] 뒤에 나온 글들에서 월저는 이러한 초기의 통찰에서 얇은 '최소주의' 도덕성의 개념을 추출한다. 그것은 오직 외부로부터만 접근가능하고, '진리' '정의' '삶' 그리고 '자유'와 같은 용어들로 표현되며, 많은 국가와 문화에서 반복되는 사회적 습관들을 추상화시켜 맞춰진다. 그래서 살인·고문·노예화 등은 어떤 사회질서에서도 잘못된 면모로 간주되지만, 그 이유는 (그것들을 죄악시하는 것이 보편적으로 타당하거나 정당해서라기보다는 한 문화권 안에서 그런 일을 당한 사람에 대해 ─ 옮긴이) 다양한 문화적 의미들이나 '사회적 재화'에 대한 '공유된 이해들'과의 연결이 끊어지기 때문이다. 그러나 얇은 최소주의의 구성요소들이 어떻게 두꺼운 최대주의 도덕성의 상대주의를 한정짓는지는 불분명한 상태로 남아 있다. 왜냐하면 월저는 "최소주의는 토대의 성격을 갖지 않는다"고[18] 주장하기 때문이다.

자유주의가 문화 안에 깊숙이 '박혀 있는' 것을 보여주는 경우 가운데 다채로운 광경을 깔고 있지만 논증으로서의 질은 좀 떨어지는 판본은 이 시대의 자유주의적 입헌주의가 범한 실책들을 예시하려고 우화의 (가장

---

† 이 책은 번역되어 나와 있다. 마이클 월저, 『정의와 다원적 평등: 정의의 영역들』(김석수·박찬구·선우현·유석성·유혜경·유호종·이혜정·임종식·정원섭·홍윤기 옮김, 서울: 철학과현실사, 1999)

훌륭한 다른 우화들처럼 동물 우화이다) 형식을 빌었던 제임스 털리에게서 유래한다. 북아메리카의 그레이트 터틀 섬 북서쪽 연안 쪽에는 하이다 과이(퀸샬롯트 섬)의 하이다족 신화에서 유래한 검정색 카누의 조각상이 있는데, 이 카누에는 각종 동물들이 타고 있다. 이 조각을 두고 털리는 다음과 같이 쓰고 있다.

그 카누의 뱃머리에서 큼지막한 몸집에다 어쩐지 기분 나쁜 아버지 곰이 같이 탄 다른 동물 승객들에게 말하는 것을 상상해보라. (…) 그 곰은 문명성이나 효율성에 있어서 곰족의 방식이 다른 모든 동물족보다 뛰어나다고 주장한다. 아니면 그런 주장과는 정반대의 대안으로 곰은 그것들이 전혀 곰의 방식이 아니라 좀더 높은 단계에 도달한 존재인 곰들이 분별할 수 있는 보편적 방식이라고 주장할 수도 있다. 아니면 그 곰은 그런 생각의 결합을 자기가 한 마디씩 갈라서 분명하게 해줌으로써 다른 이들이 헌법으로 정한 방식들을 좀더 고차적인 종합 속에서 포괄하고 승화시킨다고 자신있게 단언할 수도 있다. 만약 다른 동물 승객들이 이성적이고, 그들이 자기들에게 제시된 사고실험을 철저하게 수행해보고, 그 곰이 사용하는 입헌주의의 언어를 그들도 같이 읊조리기만 한다면 그 동물 승객들은 곰이 제안한 삶의 방식들을 받아들이려고 할지도 모르겠다.

그리고 털리는 질문한다. "만약 우리가 우리 자신을 이 검은 카누의 승객으로 본다면, 무엇이 우리를 날라 건네줄 것인가?"[19] 나는 이 질문에 대한 브라이언 배리의 대답에 동의하는데, 그는 "정확하게 말하자면, 아무 것도 그럴 것이 없다"고 했다. 왜냐하면 배리의 논증에 따르면, 우리가 이 신화에서 곰 대신 인간 존재를 앉혀놓고 생각하면 털리가 곰의 것으로 돌린 논증전략 안에 본래적으로 불합리한 것은 전혀 없기 때문이다. 배리는 다음과 같이 단언한다. "물리과학의 건전성에 대한 인정이 전 세계에 두루 퍼져나간 것과 마찬가지로 결국은 이성성(理性性)의 공통표준이 특정 범위의 윤리 문제를 압도할 것이라고 희망하는 것은 지극히 정당한 일이다."[20] 아마도 그렇게 희망하는 것은 정당할지도 모른다. 하지만 그런 희망의 기초는 단단한가? 이 점에 대해 나는 강한 확신을 할 수 없으며 잠시 후 다시 이 치명적인 문제를 재론할 것이다.

세번째, 우리가 고려하고 있는 경우에 대한 보다 모호한 판본은 「우월한 사람들」이라는 논문에서 다음과 같은 주장을 펼친 비쿠 파레크에[†] 의해 제기된 것이다.

우리는 다양성을 개별성과 선택에 연결시키고 개인주의적 인간관에 근거하는 한에서만 다양성의 가치를 인정하는 (존 스튜어트) 밀적 자유주의의 유산을 떨쳐버린 적이 없었다. 이것은 다양성의 몇 가지 형태들을 배척했다. 그것은 공동체를 중심으로 한 생활방식뿐만 아니라 전통적이고 풍습에 입각한 생활방식들도 배척했다. 또한 그것은 '좁은 정신적 궤도' 에 제한되거나 아직 그 시대의 지배적 조류와 '조율되지 않은' 그런 생활방식뿐만 아니라 종족에 근거를 둔 생활방식도 배척했다. 비록 밀적 자유주의는 이러한 생활방식들을 전적으로 배척하지는 않았음에도 불구하고, 그것은 활동적 성격보다는 만족과

---

† 파레크(Bhikhu Parekh)는 헐(Hull)대학 정치이론 교수이다. 영국 '인종 평등 위원회' 부위원장(1985~1990년), 인도 바로다(Baroda)대학 부학장(1981~1984년)을 역임했다. 정치철학과 인도에 관한 여러 가지 책을 썼는데, 그의 저술로는 『간디 *Gandhi*』(Oxford: Oxford University Press, 1997)와 『다문화주의에 대한 재고 *Rethinking Multiculturalism*』(1998) 등이 있다.

야심의 절제를 강조하고, 종교에 집중하며, 세속적 성공과 물질적 풍요로움에
별다른 가치를 두지 않는 생활방식들을 낮게 평가하는 관점을 취한다. 이쯤
되면 누구나 예상하겠지만 밀의 자유주의는 다양성 그 자체가 아니라 자유주
의적 다양성, 다시 말해 인간적 탁월성에 대한 개인주의적 모델의 좁은 한계
안에다 다양성을 제한시켰다.

따라서 파레크는 그가 '제국주의가 만개한 시절 동안 영국인과 유럽인
이 지녔던 자기의식'을 대변하는 것으로 묘사한 자유주의적 생활방식과
사고방식이 패배당한 경쟁자들에게 도전받지 않는 지적·정치적 헤게모
니를 행사하던 시대의 깊은 각인을 간직한 자유주의의 협소함에 대한 비
판가이다. 그러나 파레크의 자유주의 비판은 여전히 자유주의 방어를 목
적으로 한다. 왜냐하면 그는 '보다 폭넓은 토대를 가진 자유주의'를 위한
논증을 제시하려고 하기 때문이다. 파레크에 따르면, 이런 개념의 자유주
의는 "인간적 탁월성에 대해 오직 한 가지 양식에만 관여하는 밀의 노선
을 재평가하면서, 비자유주의적인 것까지 포함해 각기 다른 생활방식들
이 서로 평등하게 교류하고 개인과 집단의 실존 모두를 풍요롭게 하는 세
계관을 안출해야" 하는 것이다. 따라서 "진정 자유주의적인 국가는 자유
주의·비자유주의를 막론하고 다양한 생활방식들 모두에게, 자기들이
필요하면서도 자급할 수 없는 성장의 자원과 조건을 공급하면서 그것들
에 대한 공적 인정을 신봉하고 제공한다."[21] 자유주의자가 아닌 경우라
도 그 성장의 자원과 조건을 제공해야 한다는 제안은 분명 가장 큰 시빗
거리가 된다. 왜냐하면 자유주의자들에 대해 그 제안은 비자유주의자들
에게 단지 재정적 지원뿐만 아니라 비자유주의적 습관들의 성장을 장려

할 것을 요청하기 때문이다. 만약 그런 비자유주의적인 것들이 부정이나 개인 권리의 훼손을 포함하는 반자유주의적 실천이라고 해도 과연 자유주의자는 자유주의 국가가 그것들을 재정적으로 지원하고 고무하는 것은 그만두더라도 그것들을 일관성 있게 정당화할 수는 있겠는가? 나의 요점은 여기에서 파레크가 모호하다는 것이다. 그는 자유주의가 문화에 '박혀 있어' 그 때문에 일정 한계 안에 갇혀 있다고 비판하면서 동시에 그 어떤 문화에도 박혀 있지 않아 문화로부터 자유로운, 아니면 적어도 문화에 '박혀 있는' 정도가 덜해서 그 한계의 심도가 더 작다고 추정되는 '진정한' 자유주의를 옹호한다. (하지만 어떤 자유주의가 그런지는 말하지 않고 있다.)

특히 월저나 털리에게 적용되겠지만 국가에 부속된 국적자들의 문화에 초점을 둔 킴리카에도 적용할 수 있는, 자유주의에 대한 문화주의적 해명에 관해 한 가지 논평을 해야겠다. 이들 세 사람, 그리고 이러한 기조의 논지를 펴는 다른 작가들은 세일라 벤하비브가 '빈자(貧者)의 사회학'이라고 불렀던 것, 즉 지나치게 전체론적이기 때문에 잘못 파악된 문화 개념을 사용하고 있다.[22] 왜냐하면 문화들은 항상 열린 체계이고, 그 경계가 헤아릴 수 없을 만큼 크고 불확정적인 쟁론, 이질성, 잡종화, 그리고 이질 문화 교류의 장소이기 때문이다. 문화적 통합과 공유된 의미들에 대한 월저의 이야기나 동물종들과 문화집단들을 서로 비유한 털리의 유추는 사태를 잘못 이끌고 있다. 구식의 헤르더주의적 문화관은 더 이상 지속 가능하지 않다. 헤르더주의적 문화관은 대중문화이론에서 그 잔명을 부지하고 있고, 사람들을 고민스럽게 만들 정도로 정치이론가들과 철학자들 사이에 살아남아 있다. 하지만 그것은 현 시대의 인류학자들에 의해 결정적으로 포기되었다. 그들 중 한 명의 주장에 따르면 "문화나 정체성이나 모두 만들어진 것이고, 발명된 것이고, 불안정한 담론적 날조물들이다." 그리고 "모든 문화는 파편화되었고, 내적 경합 상태에 있으며, 그 경계에는 무수한 구멍이 뚫려 있다." 또 다른 학자의 관찰에 따르면 "우리는 집단적 정체성을 일종의 혼성적 정체성으로, 종종 단절적이고 발명적인 과정으로 이해하면서 문화의 분화 기능을 보존할 수 있는 하나의 개념을 필요로 한다."[23] 주목해야 할 중요한 점은 비록 그 정도가 경우마다 천차만별임에도 불구하고 문화들이란 결코 정합적인 것이 아니며, 외부에 대해 닫혀 있지 않고, 국지적인 것에 지나지 않는 것이 아니며, 내부로부터 그리고 외부로부터 어떤 경쟁도 받지 않는 것이 아니라는 점이다.

그런데 이런 개방적 문화관과 반대되는 사례가 정작 자유주의를 옹호하는 경우에 발견된다. 즉 자유주의란 문화로부터 자유로운 것으로서, 비록 환경에 있어 국지적 변양에 따라 그 반응이 가지각색이긴 하지만, 어느 곳에서든, 그리고 모든 곳에서, 형성 가능하고, 인식 가능하며 적용 가능한 원칙들의 집이라는 것이다. 물론 이런 사례의 고전적 정식화는 초기 롤스에게서 찾을 수 있다. 롤스 『정의론』의[†] 결론은 논쟁의 여지가 전혀 없는 대단히 협화적인 비전이다. 그에 따르면,

자유주의적 원칙들이 도출되는 근거인 원초적 입장의 관점에서 사회 안에 있는 우리의 위치를 본다는 것은 그것을 '영원의 상 아래서' (sub specie aeternitatis) 본다는 것이다. 영원성의 관점은 세계 너머의 특정한 장소에서 보

---

† 롤스의 이 책은 『社會正義論』(황경식 역)으로 서광사에서 여러 번 판을 달리 하면서 쇄를 거듭해 찍다가 『정의론』 (황경식 옮김, 서울: 이학사, 2003)이라는 통합신장본으로 완결되었다.

는 관점이 아니고, 초월적 존재의 관점도 아니다. 그것은 오히려 세계 내에서 합리적인 사람들이라면 누구나 받아들일 수 있는 사고와 감정의 특정 형식이다. 그리고 그렇게 함으로써, 그들은 어떤 세대이든 간에 모든 개인적 관점들을 하나의 도식 안으로 모을 수 있고, 각자 더불어 살아가면서 자기 나름의 관점에서 긍정할 수 있는 규제적인 원칙들에 함께 도달할 수 있다.[24]

이것은 물론 『정치적 자유주의』에 나오는 후기 롤스의 대답과는 대조적이다. 이 책에 따르면, 문제의 원칙들은 형이상학적으로 정초할 필요 없이 "현대 민주주의 사회에서 찾아지는 이성적·포괄적 의미에서 종교적이며, 철학적이고, 또 도덕적인 신조들" 간의 중첩합의(重疊合意)에서 구축되는 "합리적인 정치적 정의관"을 구성한다.[25] '이성성' 이란 실로 상당한 묘기가 개재된 개념이다. 그리고 나에게 그것은, 적어도 첫 인상으로는, 자유주의 사회 안에서 허용될 신조들의 범위란 이미 자유주의적이거나 적어도 자유주의에 친화적인 사람들에 한정된다는 파레크의 비판에 속수무책으로 당할 여지가 농후한 것처럼 보인다. 이 점은 롤스가 이성성에 관해 상세하게 해명한 한 유명한 구절을 보면 명확해진다.

따라서 일군의 이성적인 포괄적 신조라면 그 어느 것이든 긍정하는 것은 일반적으로 비이성적이라고 할 수 없다. (…) 우리의 것과 다른 신조들을 긍정하는 다른 이들 역시 우리는 이성적이라고 인정하는데, 그들이 비이성적이지 않다는 것은 확실하다. 세상에는 수많은 이성적 신조들이 있기 때문에 이성적인 것에 관해 그 어떤 관념을 가진다고 해서 그것이 우리나 다른 사람들에게 어떤 특정한 이성적 신조를 믿으라고 요구하는 것은 아니다. 물론 우리나 다른 사람들이 특정 이성적 신조를 믿어도 된다. 어떤 신조의 이성성을 인정하는 수준을 넘어 한 걸음 더 나아가 그것에 대한 우리의 믿음을 긍정할 때도 우리는 아직 비이성적 존재인 것은 아니다.[26]

그러나 이것은 '이성적' 이라는 말에 들어 있는 각기 다른 의미들을 갖고 접시돌리기 곡예를 하고 있는 것이다. 우선 이성적이라는 말이 적용될 수 있는 것은 어떤 사람이 갖고 있는 '신조' (信條)에 대해서인데, 하나의 신조는 비록 그것이 ("민주주의 사회의 공적 문화에 있는 공적으로 공유된 정당화 토대"가 결여되었다는 관점에서)[27] 모든 사람들에게 수긍받을 수 있는 것은 아니라고 할지라도, 확신을 주거나 적절한 이유에 의해 정당화될 수 있다면 이성적이라고 말할 수 있다. 그 다음 이성적이라는 말이 적용될 수 있는 것은 '사람들' 에 대해서인데, 사람들이 ("이성적이고도 포괄적인 자신들의 견해라는 측면에서 자유롭고 평등한 시민들이 서로에게 요구할 수 있는 것" 을 요구함으로써)[28] 정당화될 수 있는 특정한 강제 안에서 협동적으로 처신할 수 있는 성향을 발휘할 수 있다면, 그런 사람들은 이성적인 사람들이라고 말할 수 있다. 여기에서 자유주의적 원칙들은 이성적인 자유주의자들 혹은 자유주의에 친화적인 사람들이 긍정하거나 수긍할 준비가 되어 있는 신조들의 중첩합의로부터 구축된 것으로서 정당화되고 있다는 인상을 피하기 힘들다.

브라이언 배리는 롤스 사상의 이러한 발전이 "오히려 월저의 계몽주의적 특수주의로 뒤범벅된 판본" 에 지나지 않는다고 보아 이를 확고하게 거부한다. 실제로 배리는 두꺼운 최대주의와 얇은 보편주의적 최소주의를 결합시키는 월저 후기 사상에 대해서도 똑같은 말을 할 수 있어야 한다고 빈정거린다. 배리는 롤스와 월저가 서로 수렴해버렸다고 생각한다.(하지만 이것은 부정확하다.) 즉, "어느 편인가 하면 롤스와 월저는 서로 지쳐버린 것이다. 그것은 두 술주정뱅이에 관한 마크 트웨인의 이야기를 연상시키는데, 그 친구들은 상대방 외투가 자기 것이라고 우기면서 서로 죽어라 싸워놓고는 기껏 한 일이라고 서로의 외투를 바꿔 입는 것으로 싸움을 끝낸 것이다."[29] 내 생각으로는 홀리스도 부분적으로 수긍했을 것 같은데, 『문화와 평등』에서 배리는 문화로부터 자유로운 평등한 자유주의에 대한 방어를 진척시키고 있다. 이 방어 논증은 긍정적이든 부정적이든 차이에 눈감은 자유주의적 정책들의 사례를 세밀하게 고찰하는 것이다. 그것은 자유주의가 비자유주의적 종교들과 같은 집단이 그들 나름의 사안을 다룰 때 외부에서 거기에 개입할 경우 그 집단들의 자유에 설정할 한계에 관해 상세 규정을 모색하는 집단권리이론을 확장시킨 논증이다. (이 논증의 목표는 자유주의가 그런 비자유주의적 집단들의 다양성을 제약한다는 파레크의 주장을 반박하는 것이다.) 배리의 작업은 '도덕적 보편주의'에 대한 강고한 방어이며, 홀리스의 말에 따르면, 자유주의적 가치들이란 "내적이거나 합의적인 추론 저 너머에 위치할 수 없다"는 광범하게 유포된 현재의 생각에 대한 공격이다. 배리의 생각은 문화에 호소하는 것이 자유주의적 원칙을 방어하는 데 그 어떤 정당화의 힘도 갖지 못하며 문화의 생존이나 문화적 다양성에 기여하는 바도 없다는 것을 보여주는 일도 포함한다. 문화의 평등한 가치를 사전에 상정하고 들어가는 테일러의 생각도 확신을 주거나 일관되게 실천될 수 있는 것이 아니다. 최종적으로, 아주 특징적인 예를 단적으로 들자면, (어떤 법적 절차 안에서든 아니면 그 밖에서든 상관없이) 영국 정부가 루시디를 처벌하지 않거나 다른 쪽에 넘겨 처벌받게 하지 않는 것을 옹호하는 것이 정당한 것은 (로티 식으로 얘기하면) "이것이 여기에서 우리가 일을 하는 방식이기 때문이다." 하지만 배리의 어법으로 말하자면 "이것은 모든 곳에서 일이 행해지는 방식이다. 우리가 여기에서 일을 그런 식으로 하는 것은 그것이 우리 문화의 일부라서가 아니라 그렇게 하는 것이 정당하기 때문이다."[30]

도덕적 보편주의라는 문제로 관심을 돌려보자. 내가 이미 지적했듯이, 이 쟁점에 대한 홀리스의 접근법은 배리의 접근법에 상당히 동조적일 것으로 생각된다. 하지만 나는 홀리스가 배리의 생각에 상당히 고민스러워할 것으로 믿는다. 그리고 배리의 접근법이 홀리스보다도 나를 더 고민스럽게 하는 것 역시 사실이다. 홀리스가 쓴 글에 따르면, 자유주의자들이란 "진정 보편주의자이며, 자유주의적으로 설득되지 않은 개인들이나 문화에다 자유롭고 정의로우며 평등한 사회의 이념을 강박할 보편적 명분에 대한 책무가 있다." 찰스 테일러의 말을 메아리처럼 되풀이하는 어조로 홀리스는 기백 있게 이렇게 쓴다. "계몽주의적 자유주의는 인간 본성에 관한 보편적 해명, 더 나아가 사회의 흥망과 기능의 방식, 인간의 관심과 인간의 자유에 대한 보편적 개념, 그리고 교육과 도덕에 대한 보편적 규정 등으로 무장한 전투적 교의이다. 그리고 이 모든 조항들은 과학적 객관성과 보편적 획득 가능성을 갖춘 관점에서 확립될 수 있는 것들이다."[31] 이제 문제는 이런 그림 중 우리가 계속 존속시킬 수 있는 것이 얼마만큼 많은가 하는 것이다. 홀리스는 자유주의가 "보편주의를 자임하는 전투적 교의로 계속 남아야 한다"고 쓴다.

예를 들어 인권에 대한 자유주의적 선언은 그것을 침탈한 그 누구라도 도덕적 비난에 공개시키기를 의도하는 강건하고도 예리한 선언이다. 그 선언의 중립성은 그 선언의 존재가 부정할 수 없을 정도로 너무나 잘 근거지어져 있기 때문에 정의로운 사회의 조직 방식에 관한 향후 모든 논의의 전제가 될 수 있다는 사정과 관련이 있다. 이것은 그 배후에 놓여 있는 것을 진짜 은폐하고 싶은 것이 생길 수 있다고 하더라도 보편적 지위를 요구할 수 있는 것으로 남아야 한다. 만약 그렇지 못하면 국제사면위원회 같은 기구는 전지구적 발언권을 행사할 수 없었을 것이다.[32]

국제사면위원회에 대한 홀리스의 언명을 같은 문제를 두고 발언한 월저의 진술과 비교해보라. 월저는 "그 기구의 성공은 자기절제, 즉 자신의 운신을 최소주의에 절제시켰기 때문"이라고 말한다. "왜냐하면 단 하나의 정확한 최대주의 이데올로기란 존재하지 않기 때문이다."[33] 홀리스도 자유주의의 절차적 가치들을 "최소한의 보편적 도덕성, 하지만 예리한 날을 세운 것"이라고 본다. (또 홀리스에 따르면, 이 절차적 가치들은 "식인종들에게 나이프와 포크를 사용하라고 말하는 것과 그에게 채식주의자가 되기를 강요하는 것 사이의 그 어딘가로 끼어드는 것"이다.) 그러나 내가 지금 주목하는 홀리스의 전략은 '두꺼움/얇음'이라는, 그 타당성이 의심스러운 월저식 구분법에 압박을 가하는 것이다. 홀리스는 자유주의자들이 "두껍고도 얇은 것을 통하여", 그리고 "더 얇은 기획들이 여전히 행위를 인도하면서 얇게 발달된 지역정치에 이르는 길을 연다고 논증함으로써" 이성을 고수해야 한다고 말한다. 하지만 그는 이것이 "천국과 지상 사이를 떠돌아다닐 수 있는 '이성적 개인들'이라는 개념"을 요구한다

고 말한다.[34]

　홀리스는, 우리가 이 글 서두에서 시작할 때 내세운 경구에서 표현되었
던 바, 자유주의가 종족중심적이라는 (다시 말해 문화중심적이라는) 비
난에 맞설 수 있는 두 가지 방어책이 있다고 생각한다. 하나의 방어책은
경험적인 것으로서, 자유주의적 가치들은 사실상 모든 사람들이 진짜 인
정하는 가치들이라는 것이다. 이 장 끝에서 나는 이 문제를 다시 거론하
겠다. 홀리스의 관심을 더 끌 다른 방어책은 형이상학적인 것으로서 "예
를 들어 인간 본성, 인간 관심사, 법의 기반, 시민사회 번영의 조건 또는
시민성의 성격에 관한, 이론의 여지는 있지만 객관주의적이고 보편적인
이야기" 이다. 그러면 자유주의자들은 어떤 가치를 보편적인 것이라고 방
어해야 하는가? 홀리스는 그런 물음에 대한 표준형 대답이란 "좋은 것으
로부터 옳은 것의 분리로[†] 뒷받침되는 절차적 가치들" 이라고 답하는데,
이런 표준형 대답은 "실체적 지원이 필요하다" 고 지적한다. 홀리스는 절
차적 가치의 다음과 같은 성격을 그 이유로 든다.

---

† 좋은 것으로부터 옳은 것의 분리(separation of the right from the good): 현대 이전의 윤리학에서 좋은 것과
옳은 것은 명확히 분리되지 않고 우주 전체에 대한 형이상학을 배경으로 하여 좋은 것이 곧 옳은 것이고 옳은
것이 곧 좋은 것이라는 생각이 일반적이었다. 특히 인간의 행위와 삶의 양식을 선택하고 결정함에 있어서 이
미 그 이전에 세상의 구조 안에 좋은 것과 옳은 것에 대한 완성된 관념이 선재하고 있었기 때문에 이 두 개념
은 범주상 확연하게 구별될 필요가 없었다. 그러나 현대 사회에서 사회적 분화가 급속도록 진행되면서 좋은
것에 대한 표상이 급속히 다양화되고 옳은 것을 가리는 기준도 통일적일 수 없는 조건이 마련되었다. 따라서
이 두 개념에 대한 분별이 요청되기에 이르렀다. '좋은 것' 은 보통 구체적 존재자의 실존 상태, 그것도 '그 존
재자와 관련하여' 바람직한 실존의 상태에 관련된다. 다시 말해서 좋음의 여부는 '존재-상관적' (being-
relevant) 개념이다. 반면에 '옳은 것' 은 둘 이상의 존재자를 규제하는 규칙 또는 기준의 문제로서, 일종의 '규
칙-상관적' (rule-relevant) 개념이다. 이렇게 되면 우리가 하나의 행위나 삶의 양식 나아가 인격을 평가할 때
그 평가의 초점이나 쟁점을 어떤 준거점에 맞추느냐에 따라 판단에 적용되는 개념이 달라진다. 즉 좋은 것은
존재상관적이기 때문에 객관적으로 평가하여 재단할 수 없다. 따라서 좋은 것에 대한 판단과 선택은, 자유로
운 사회라면, 그것을 행하는 행위자 또는 행위집단 또는 결정 집단의 자기결정 문제이다. 반면에 옳음의 문제
는 둘 이상의 행위자 단위가 개입되기 때문에 객관적 판정의 문제로서, 여기에는 각종 사회정치적 제도가 개
제될 수밖에 없다. 이렇게 되면 적어도 개인의 권리와 자유를 옹호하는 것을 핵심가치로 하는 자유주의의 입
장에서는 좋은 것에 대한 판단과 판정에서는 물러나고 대신 옳은 것에 대한 규정에 집중하는 것이 질서수립
의 적절한 수순이 된다.

절차적 가치들은 사회정의의 분배적 원칙, 그리고 모든 인간 존재의 주변을 둥그렇게 둘러칠 목적으로 무엇이 다른 사람들에게 해로운 것으로 간주되는가를 정하는 강고한 견해로 확장된다. 이런 절차적 가치들은 좋은 것으로부터 옳은 것의 어떤 분리도 왜곡할 여지가 있는 추론을 요구한다.(바로 추론에 의한 이런 왜곡의 여지 때문에 절차적 가치들을 형식적인 것에 그치지 않게 하는 실체적 지원으로서 자유주의의 여러 원칙들을 전제하는 것이 필요하다 – 옮긴이) 요약하건대, 전술 또는 책략의 이유로 침묵하는 경우가 있음에도 불구하고, 자유, 정의, 양도할 수 없는 권리, 그리고 평등을 믿는 자유주의는 전투적 교의이다.[35]

여기에서 여러분은 배리가 공감하지 않을 것이 명백한 홀리스의 우려가 표현되어 있는 것을 볼 수 있을 것이다. 홀리스에게는 '절차적인' 것과 '중립성' 두 가지 모두에 관한 고민이 있다. 왜냐하면 "절차적인 것으로 간주되는 것 자체가 (결코 중립적이라고 할 수 없는 – 옮긴이) 실체적인 것에 관한 문제이기 때문이다." 진정 "중립성에 호소하는 것이 과연 특별한 힘을 가지는가 하는 것은 절차적 가치와 실체적 가치, 옳은 것과 좋은 것을 나누는 자유주의적 구분법의 단단함에 좌우된다." 그런데 홀리스는 "그 두 가지 구분법 모두 나에게는 그다지 단단한 것 같지 않아 보인다."[36]

배리의 접근법은 대체적으로 보아 그다지 까다롭지는 않다. 그는 쓰기를; 털리의 카누에 탄 동물들과는 달리,

인간 존재들은 자연의 손에서 나올 때와 (어쨌든 집단 차원에서는) 사실상 동일하다는 바로 그 이유 때문에, 각기 다른 물리적 환경으로 인해 어떤 조정

이 필요하든 모든 허용한다고 하더라도, 인간에게는 살아갈 최선의 방도가 단 하나 있다는 생각에 곧바로 불합리한 점이란 전혀 없다. 살아갈 최선의 방도가 무엇인가를 둘러싸고 (예를 들어, 어떤 것이 진실한 종교인가 하는 문제 같은 것에 관해) 의견 차이가 있기 마련이기 때문에 사실상 곧바로 의견의 불일치가 발생할 것이며, 그런 의견 불일치를 해소할 방법으로 알려진 것도 전혀 없다. 그러나 사회라면 그 모든 구성원에게 관용할 수 있는 한 좋은 삶을 제공해야 한다면 모든 사회가 반드시 성취해야 할 참으로 많은 것들이 있다고 말할 수 있을 정도로 인간의 상황은 충분히 획일적이다. 이런 의견을 고수하는 것은 의견불일치를 해소할 방법이 없다고 말하는 것과 일관된다. 게다가 우리가 일단 기초생필품을 제외한다면 좋은 삶의 본성에 관한 의견 불일치를 해결할 수 없다는 바로 그 사실 자체가 자유주의적 제도를 옹호하는 논증들의 전제이다. 왜냐하면 이러한 불일치점들에 직면해 우리에게 필요한 것은 그것들이 발생시킨 갈등하는 수요들을 잘 평결할 공정한 방식이다. 이것이 바로 자유주의가 제공하는 것이다. 하지만 그 점을 얘기하는 것은 보편주의적 요구를 제기하는 것이다.[37]

그러나 인간에게는 살아갈 최선의 방도가 단 하나 있다는 생각에 곧바로 불합리한 점이란 전혀 없다고 진술한다고 해서 그 생각이 바로 설득력이 있다고 말하는 것은 전혀 아니다. 그리고 그렇게 진술된 생각들이 약간 부주의하게 보이는 것도 확실하다.(나는 그것을 어떻게 해석해야 할지 잘 모르겠다.) 그리고 이런 식의 결론이, 인간 존재들은 자연의 손에서 나올 때와 사실상 동일하다고 하는 전제의 지원을 받는 것도 아니다. 자기들이 어디에서 왔든, 그리고 어떤 방식으로 그 곳에서 왔든, 과거의 기원과 유래한 방식이 향후 그들이 어디로 갈 것인가를 결정하는 문제와 왜 상관이 있어야 한다는 말인가? 인간 상황은 '획일적'이라고 할 수 있겠지만, 모든 사람들이 그런 획일성이 어디에 있는지, '관용할 수 있는 좋은 삶'이란 무엇인지, 아니면 그런 것이 제공된다든지 혹은 그런 삶이 사회 구성원 모두에게 이용될 수 있도록 되어야 한다는 것 등에 영원히 동의할 것이라고 생각할 이유라고는 전혀 없다. 또 가령 예를 들어 믿는 종교가 각기 다른 경우, 그 때문에 무엇을 하면 좋은 것인가 하는 문제에 관해서도 차이가 발생하고, 또 이런 차이들은 해소할 수 없다는 것을 받아들이는 것이 현실이다. 그런데 무엇이 좋은 것인가 하는 문제에 객관적이고도 보편적인 대답이 주어져 왔다는 주장이 있는데, 그 주장이 무엇이든 그것을 보장하는 것에 대해 이런 차이점들이 아무 관련도 없다고 생각하는 것 역시 우리를 전혀 확신시키지 못한다.

롤스와 월저를 각기 나름의, 그러나 전혀 다른 치명점으로 이끌고 가는 것이 바로 이 (차이가 함축하는 특수성과 공통성이 기대하는 보편성이 교차하는 ― 옮긴이) 십자가다. 이로 인해 롤스는 '판단의 부담'이라는 토대 위에서 이성적 다원주의에 귀착하고, 월저는 다종다양한 문화적 의미들을 체화한 도덕적 최대주의라는 생각에 도달한다. 좋은 삶의 본성에 관한 의견 불일치를 해소할 수 없다는 사실 그 자체는 자유주의 제도를 위한 논증의 전제다. 하지만 그렇다고 해서 이 점이 논증에서 우열을 다투는 당사자들 외부의 관점에 서서 그 논증을 수행해야 한다는 것을 보여주지는 않는다. 그런데 배리가 이렇게 외부 관점에서 그런 내부 논증에 개입할 수 있다고 생각하는지 여부는 분명하지 않다. 왜냐하면 그는 상당히 상반된 함축을 갖고 있는 두 가지 진술을 동시에 하고 있기 때문이다. 우선 그는 대의(大

義)에 대한 자임이나 검열이 없는 상태에서 자유주의적 태도가 시간을 초월해 사태를 압도할 수 있을 것이라는 계몽주의의 희망을 우리가 더 이상 유지할 수 없으리라고 논증했다. 그러면서 배리는 비자유주의자들로 하여금 중립성의 원칙을 받아들이라고 설득하려고 시도하는 것과 그들의 믿음을 폄하하려고 시도하는 것 중 "내 생각으로는 두번째가 명백히 더 나은 전략"이라고도 논증했다.[38] 그리고 마지막으로, 무엇이 갈등하는 도덕적 관점들에서 발생하는 상충하는 수요들을 평결하는 공정한 방식으로 간주될 것인가, 그리고 무엇이 이성적인 대답인가 하는 두 문제에 대한 대답을 놓고, 당연히 그런 관점들 사이에 논쟁이 진행 중에 있는 곳에서 한 목소리의 대답에 이르는 방법도 분명치 않다. 홀리스는 이런 어려움들 가운데 적어도 몇 가지를 지켜보면서 (아마도 그리 충분한 정도는 아니었겠지만) 그 문제들로 고민스러워 했던 것 같은데, 배리는 그런 문제로 고민하지는 않고 있다.

그러면 우리는 '내적이거나 합의적인 이성을 넘어서는' 그 어떤 곳에 자유주의의 핵심 가치들을 놓음으로써 '자유주의를 안전하게 지켜낼 수' 있을 것인가? 이에 대한 대답에 접근하기 위해 우리는 무엇에 비견해서 '내적'이고, 무엇 안에서 보아야 하는 '합의'인지 질문할 필요가 있다. 우리가 지금까지 고려해왔던 몇몇 저자들이 제안했던 한 가지 대답은 '문화'다. 이렇게 되면 자유주의에 관해 우리가 던지는 질문은 다음과 같이 된다. 즉, 우리는 '자유주의 문화들'에 내재해 있으면서 그것들 안에서 공유된 추론들을 넘어선 저 어떤 곳, 혹은 자유주의에 적합한 문화들에다가 자유주의의 핵심가치들을 놓음으로써 자유주의를 안전하게 지켜낼 수 있을 것인가?

하지만 문화들을 분화되지 않은 통합된 전체들로 간주하는 오류에 가득 찬 '빈자들의 사회학'에 관해 위에서 말해왔던 관점에서 보면 이것은 올바른 대답이 될 수 없다. 문화들 특히 자유주의 문화들에 있어서 문화란 경합(競合)의 장소들이다. 자유주의 문화의 미덕들을 찬미하는 사람들은, 물론 현실에서는 그런 문화들이 이런 이상대로 사는 데 모두 실패하고 있음에도 불구하고, 이러한 미덕들 가운데서도 경합에 대한 그들의 개방성과 논쟁 및 다원주의에 대한 책무를 가장 으뜸가는 것으로 간주한다. 현실의 자유주의 문화 안에서 몇몇 사람들은 이런 이상을 아주 빈곤하게 살아가고, 몇몇은 좀 덜 빈곤하게 이런 이상을 살아가는데, 사실 모든 사람들은 이런 이상과 자기 현실을 서로 조각조각 누덕누덕 기워가면서 부적절하게 살아간다. 파레크라면 그렇게 말하겠지만, 밀에서부터 롤스에 이르기까지 자유주의 문화들이 조장하고 지속해왔다고 생각되는 것은 공개적 공적 논쟁과 가치 입장들의 충돌이라는 형태로 나타난 '불합의' (不合意)이다. 물론 밀은 그런 갈등으로부터 폭넓게 받아들여질 수 있는 결론에 도달할 것이라고 생각했다. 그리고 밀은 개인이나 사회 모두가 '생활에서의 실험'을 통해 저차적이기보다는 고차적인 생활방식으로 진보할 것이라고 생각했었는데, 롤스에 와서는 그런 가정을 전혀 하지 않는다. 그러나 자유주의에 의해 예측된 산출물이 무엇이든지간에 대부분의 자유주의자들은 비(非)자유주의적이거나 자유주의 부인론자들의 추론이 제기하는 도전에 최대한 개방적일 것이라는 희망 속에서 자유주의 문화를 옹호한다.

따라서 아마도 우리 문제에 대한 대답은 자유주의를 일종의 '사고태도', 또는 롤스의 용어로 말하자면 '관점'이나 '입장'으로 설정한 애초의 우리 성격 규정으로 돌아가는 것이 되어야 할 것이다. 그러면 문제는 다시 이렇게 된다. 즉, 우리는 '자유주의적 사고태도' 에 내재해 있으면서 그것 안에서 합의된 추론을 넘어선 저 어떤 곳에다 자유주의의 핵심가치들을 놓음으로써 자유주의를 안전하게 지켜낼 수 있을 것인가? 나는 여기에서 두 가지 차원에 대한 구분을 행할 필요가 있다고 생각한다.

하나는 그러한 사고태도의 '내용' 에 관련된 것인데, 레이먼드 규스의 관찰에서 인용했던 대로, 이런 사고태도로서의 자유주의의 내용은 정의 불가능한데다 계속 자기해석되는 것이다. 그럼에도 불구하고 그 사고태도가 핵심적 믿음들을 표출한다고 상정하면, 이 중 몇 가지는 (그러한 관점에서는) 실체적 쟁점들에 관한 일차 믿음들로 간주될 것이다. 이 층위에서 우리는 행위규범들, 특히 국가에 의해 강화될 수 있는 행위규범들을 토론하고 있다. 즉, 어떤 자유가 보장되고 보호되어야 하는가? 언론의 자유, 결사의 자유, 종교의 자유, 재산 소유의 자유 등인가 아닌가? 혜택과 부담, 자유, 자원, 의무 등은 어떻게 분배되어야 하는가? 좀더 특정적으로 말해보자. 낙태 문제 같은 것은 어떻게 결정되어야 하는가? 이민자 정책은 어떻해야 하는가? 전형적으로 말하자면 자유주의 테두리 안에서 그런 질문들에 대한 대답은, 그것이 인간적인 것이건 시민적인 것이건 사회적인 것이건 경제적인 것이건 문화적인 것이건 간에, 그리고 그것이 개인들에 귀속되든지 집단에 귀속되든지 간에 권리의 언어로 대답된다. (이 지점에서 자유주의는 다소 주저함을 보인다.) 그런 권리들은 권리장전과 헌법들에 신성하게 안치되어 있지만, 자유주의 정치학의 언어는 점차 더 많이 권리 담론들에 의해 널리 확산되고 있다. 그리고 이런 방식으로 틀지어진 이 답변들은 다른 것과 판명하게 구별되어 자유주의적 특성으로 뚜렷하게 드러나는 배경 가정들인데, 그것들 가운데 주된 것으로는 휴머니즘, 개인주의, 그리고 평등이 있다. 휴머니즘이나 개인주의는 "(특히) 널리 확산된 사회적 합의에도 불구하고, 자기들의 권리를 요구함에 있어서 단호하고, 자율적 개인들에게 자기 긍지를 부여하는"[39] 것이다. 비차별(非差別)로서의 평등은 자연권의 사상과 더불어 출현해, 전(前)자유주의 및 비(非)자유주의 세계관들이 사물의 우주적 질서에 뿌리박고 있다고 간주하던 인간 분화의 연속적 형태들이 자연성을 가졌다고 추정하는 생각에 계속 도전을 제기해왔다.[40]

하지만 그러한 일차 믿음들과 그것들을 정당화하는 가정들은 자유주의적 사고태도에 특징적인 (그리고 그것에 내적이고 그 안에서 합의된) 이차 믿음 또는 상위 믿음들과 대조된다. 이것들은 사람들의 정치적 도덕성을 논증하고 정당화하는 '방식'(how)에 관한 믿음들이다. 따라서 이 점에 관해 자유주의자들이 전형적으로 진술하는 것들로는 다음과 같은 것이 있다. 즉, 대안적 원칙들, 다시 말해 행위와 정책의 지시적 규범들은 보편주의적 형태로 진술되어야 하거나 '공적 이성'에 접근 가능해야 한다. 아니면 그것들은 그것들이 시행된 결과에 의해 영향 받는 그 모든 이들이나 평등한 조건 위에 자유롭고 강제되지 않은 토론에 참여한 모든 이들에게 수긍 가능할 수 있어야 한다는 것 등등이 자유주의자들이 요구하는 전형적인 정당화 방식이다.[†] 따라서 자유주의는 정치적 도덕성의 사고태도로 간주될 경우, (내용적으로 – 옮긴이) 자유주의적 결론을 지향하든

[†] 여기에서 '공적 이성'(public reason) 또는 '수긍가능성'(acceptability) 같은 개념으로 합리성의 핵심을 규정하려는 시도는 칸트 계몽주의론에서 제기된 "이성의 공적 사용"이라는 구상에서 자극받은 롤스의 정치적 자유주의와 하버마스의 논변이론 및 논변윤리에서 수행되었다.

하지 않든, 적절한 추론으로 간주될 것이 무엇인가를 특징적으로 규정하는 상위(메타) 원칙들을 보유한다.

우리가 해야 할 두번째 구분은 여기에서 쟁점이 된 문제에 관해 우리가 물을 때 서게 되는 바로 그 입장과 관련된다. 즉, 자유주의는 내적이거나 합의적인 추론 저 너머 초월적인 곳에 그 핵심 가치들을 놓음으로써 안전하게 지켜질 수 있는가? 우리는 정치적 도덕성을 각기 그 나름의 추론 조직 원칙을 가진 시료(試料)로 관찰하는 '인류학자'로서 이 문제를 물을 수 있다. 이런 관점에서 보면, 관련된 공동체에게 확신을 주는 것이라면 그 무엇이든지 강제하는 이성으로 간주되는 것이다. 좋은 이성이란, 인류학자의 관점에서 보면 '확신시키기에 적격(適格)인 이성'(a reason apt to convince)이다. 그것에 대한 대안적 관점으로, 우리는 앞에서 지적했던 바와 같은 실천적이고도 일차적인 실체적 질문에 대한 답을 모색하면서 '정치적 논변에 참여하는 이'로서 그런 물음을 던질 수 있다. 즉 어떤 자유가 보호받아야 되는가? 어떤 것이 정의로운 해법인가? 우리가 관용해야 할 것은 무엇인가 등등. 여기에서는 자유주의적인 답변과 다른 사상의 대답이 경쟁 중에 있으며, 이때 던져지는 질문은 어떤 대답이 더 많은 확신을 주고 있느냐이다. 이런 때 참여자의 입장에서 본 좋은 이성이란 '확신시키기에 적합(適合)한 이성'(a reason fit to convince)이다.

인류학적 입장에서 볼 때 우리의 문제에 대한 대답이 분명히 '아니야!'라는 것은 명백하다. 왜냐하면 추론으로 간주되는 것은 내적이면서 동시에 합의적인 것으로 취해지기 때문이다. 그렇다면 참여자의 입장은 어떤가? 자유주의는 물음을 제기하는 참여자에게 일차적 대답(또는 오히려 대답을 산출하는 원천이 되는 원칙)뿐만 아니라 좋은 추론이 어디에 있는

가를 특정적으로 규정하는 원칙, 즉 확신시키기에 적합한 이성까지 제공한다. 게다가 이 상위(메타) 원칙들은 나머지, 특히 내가 배경가정들이라고 불렀던 것과 단단하게 연결되어 있다. 따라서 일례로 정의와 같은 정치적 원칙들이란 그것들이 시행될 경우 영향 받는 모든 이들에게 받아들여질 수 있어야 한다는 생각은 분명히 그 자체가 휴머니즘, 개인주의, 그리고 평등의 표현이다. 그래서 추론하는 모든 이들에게 공통되고 또 공통되어야 하는 추론의 규준들이 분명히 있음에도 불구하고 결정적인 측면에서 자유주의는 하나의 사고태도로서 (직접 사상투쟁에 나서야 하는 - 옮긴이) 전투적 교의이자 동시에 (그 사상투쟁의 정당성 여부를 판단해야 하는 - 옮긴이) 심판인 것처럼 보인다.

그런데 이제 이 문제를 살짝 바꿔서 '자유주의'를 사고태도가 아니라, 이 글의 서두에서 상세하게 묘사했던 것처럼 헌법 · 권력분립 · 시민성 · 관용 · 자유로운 언론 · 집회 및 결사의 자유 · 적당한 절차 · 사적 소유 등과 같은 습관과 제도들의 집합으로 간주해보자. 이런 것들은 과연 자유주의적 사고태도에 내적인 추론에 의해서만 안전하게 지켜질 수 있는 것인가? 나는 이것이 순전히 열린 상태에 있는 매우 중요한 문제라고 믿는다. 그것을 묻는 과정은 논쟁을 포함할 것이며, 그것을 이해하기 위한 상호 노력들은 자유주의적 사고태도와 비자유주의적 사고태도 모두를 변화시킬 것인데, 그 결과 양자는 수렴할 수도 있고 수렴하지 않을 수도 있다. 예를 들어 찰스 테일러는[41] 테라바다 불교에† 관한 개혁된 또는 "프로테스탄트적" 해석이 "우리에게 현실적으로 중요한 것, 즉 강제력을 가

---

† 소승불교(Hinayana) 쪽에서 자기들을 부르는 정식 명칭. 개인적 금욕과 수행을 강조하는 원시불교 장로파의 가르침을 가장 잘 계승하였다고 자부하는 이른바 남방불교를 가리킨다.

진 규범들에 관한 유의미한 보편적 합의와 여전히 양립할 수 있을 철학적 정당화 또는 법적 형태 안에서" 대안적 변형물의 가능성을 예증할 수 있다는 제안을 내놓는다.[42] 다른 사람들도 유교적 윤리학의 현시대적 해석에 대해 비슷한 제안을 한다.[43]

마지막으로 자유주의가 문화중심적이라는 비난에 대해 경험적으로 방어하고자 했던 홀리스의 노력에 주목해보도록 하자. 여기에서 우리는 다시 한번 식인종으로 되돌아간다. 국외나 아니면 진짜로는 국내에서 사람을 먹는다는 것이 실제 얼마나 퍼져 있든, '식인주의' 또는 '식인 풍습'이라고 하는 것은 자기반사적(自己反射的) 서구 정신의 사회적 구성물이었다. 로슨이 훌륭하게 해석하듯이 "식인적이라는 비난의 전가가 진행된 오랜 역사에서 공통된 요인은 우리 안에서 그것을 부인하는 일과 우리가 폄하하고, 정복하고, 동화시키고, '문명화시키고자' 하는 '타자들'에게 그것을 돌리는 일의 결합이다."[44]

주의 환기 효과가 있는 홀리스의 경구에서 식인종이 문화에 꼭 '박혀 있는' 이국적이고도 지극히 혐오스러운 습관들을 대변했다는 점을 상기할 필요가 있다. 나는 내가 말한 것에서 문화적 관입성(貫入性)이라는 생각을 의문시했었다. 나는 이국적인 것이라는 생각도 비슷하게 의심함으로써 결론을 맺고자 한다. 나는 문화적 토대를 가진 '차이' '타자성' 그리고 '다양성'이라는 생각들 그 자체가 과연 어느 정도나 (현재 통용되는 관용어대로 말하자면) '사회적으로 구성된 것'인지에 관해 의아심을 갖고 있다. 다종다양한 이유에서나 다종다양한 이해관계의 추구 과정에서 이런 개념들은 어느 정도나 촉진되고 과장되었을까? 이런 이해관계 속에는 집단적 이해관계뿐만 아니라 자유주의적 정신에 입각한 관대함과 동정심도 포함되어 있을 것인데, 이런 심정은 아마도 탈식민주의 국면에서 나타나는 죄책감이나 제국주의에 자신이 연루되어 있었다는 것에 대한 자괴심에 의해 촉진되었을 것이다. 나는 이러한 의문들이 철학자들과[45] 특히 사회학자와 인류학자들로부터 면밀한 주목을 받을 값어치가 있다고 믿는다.

나는 우리가 이제는 상실된 분과 또는 하위분과인 '도덕성의 사회학'으로 되돌아가, 사회학자들과 인류학자들 사이에 이루어지는 연구와 논쟁에서 중심적인 위치를 차지하고 특히 모리스 긴스버그가 『도덕의 다양성 *The Diversity of Morals*』에서 몰두했던 문제를 다시 생각해볼 필요가 있다고 생각한다. 나는 우리가 얼마나 많은 도덕적 다양성이 존재하는지에 관해 어떻게 대답해야 하는지, 또는 심지어 그 문제를 그 문제에 맞게 탐구하는 방법에 관해서조차 전혀 제대로 생각해둔 바가 없다고 믿는다. 나는 흔히 가치다원주의의 원조라고 생각되었던 이사야 벌린 경과의 인터뷰를 마칠 때 그가 다음과 같이 진술하는 것을 듣고 놀란 적이 있다. 즉 그에 따르면 "시간이 더 많이 흘러갈수록 더 많은 나라에 사는 더 많은 사람들이 지금 생각되는 것보다 더 많이 공통적인 가치를 받아들일 것이 틀림없다."[46] 정치철학자들을 비롯한 여러 다른 사람들은 우리가 이 문제를 다룰 조정기를 갖고 있는 것처럼 말하고 쓰지만, 실제 우리가 갖고 있는 것은 거의 없다. 결국 아마 우리가 깨닫는 것 이상으로, 식인종들이 우리 자유주의자들에게 가르칠 것이 더 많을지 모른다.

원주(原註)

1) Martin Hollis, "Is Universalism Ethnocentric?", in: C. Joppke and S. Lukes, eds, *Multicultural Questions* (Oxford : Oxford University Press, 1999), 36쪽.

2) John Gross 엮음, *Oxford Book of Aphorisms* (Oxford : Oxford University Press, 1983), viii쪽.

3) 위의 책, 1쪽.

4) Karl Kraus, *Half-truths and One-and-a-half Truths* (해리 존Harry Zohn이 번역한 경구들 중에서 취사선택) (Manchester : Carcanet, 1986), 67쪽.

5) Gross, *Aphorisms*, 앞의 책, 1쪽.

6) Frank Lestringant, Cannibals *The Discovery and Representation of the Cannibal from Columbus to Jules Verne* (Oxford : Polity, 1997); C. Rawson, "The Horror, the Holy Horror. Revulsion, Accusation and the Eucharist in the History of Cannibalism", *Times Literary Supplement*, 1997. 10. 31.

7) Michel de Montaigne, "On the Cannibals", in: *The Essays of Michel de Montaigne*, trans. and ed. by M.A. Screech (London : Allen Lane, The Penguin Press, 1991).

8) 이상의 각 인용은 위의 글, 228, 231, 234, 235, 236, 240쪽.

9) Tzvetan Todorov, On Human Diversity, Racism, and Exoticism in French Thought (Cambridge, Mass : Harvard University Press, 1993), 41, 42쪽. 이 언명에 이어 토도로프는 계속 다음과 같이 말하고 있다. 즉,

"전투에서의 용기와 일부다처제, 식인주의 혹은 시(詩)는 타자에 대한 윤리가 아니라 단지 이런 특징들이 몽테뉴의 개인적인 이상을 체화시킨 그리스인들 사이에서 찾아지기 때문에 변호된 것이다.
상대주의자는 타자에게 판단을 가하지 않는다. 의식적 보편주의자는 타자들을 비난할지도 모르는데, 그가 그렇게 할 때는 공개적으로 상정된 도덕성의 이름으로써 그렇게 하며, 바로 그 때문에 이 도덕성이 문제시될 수도 있다. 무의식적 보편주의자는 자신이 상대주의자라고 주장하기 때문에 공박을 가하기 불가능하다. 하지만 이 점이 타자들에게 판단을 가한다거나 자신의 이상을 타자들에게 강요하는 것을 막지는 못한다. 몽테뉴는 무의식적 보편주의자에 대해서는 공격성을 느끼며, 의식적 보편주의자

로서의 분명한 양심을 갖고 있다. 몽테뉴는 모든 면에서 순진무구한 동조자인데, 왜
냐하면 그는 타자들이 자기와 다르다는 것을 알아채지 못했기 때문이다."(위의 글)

몽테뉴에 대한 토도로프의 견해가 지닌 하나의 난점은 극도록 자기반성적인 이 사상
가가 무의식에 따라 처신했다고 단정한 점이다. 몽테뉴는 분명히, '진리와 이성'에
준거해 다른 전통들의 규범과 풍습을 평가할 수 있다는 견해를 고수한다. 나는 싱가
포르 대학의 세실리아 위(Cecilia Wee)가 아직 출판되지 않은 설득력 있는 최근 논문
에서 이 점을 명확히 밝힌 것에 감사한다.

10) Ruth Benedict, "The Uses of Cannibalism", in: Margaret Mead, *An Anthropologist at Work: Writings of Ruth Benedict* (Boston : Houghton Mifflin, 1959).

11) Colin Renfrew and Paul Bahn, *Archaeology: Theory, Methods and Practice* (second edn, London: Thames and Hudson, 1996), 270쪽.

12) William Arens, *The Man-eating Myth: Anthropology and Anthropophagy* (New York: Oxford University Press, 1979).

13) Rawson, "The Horror, the Holy Horror", *Times Literary Supplement*, 3면.

14) Raymond Geuss, *History and Illusion in Politics* (New York: Cambridge University Press, 2001), 69쪽.

15) Michael Walzer, *Thick and Thin: Moral Argument at Home and Abroad* (Notre Dame and London: University of Notre Dame Press, 1994), 4쪽.

16) Michael Walzer, *Spheres of Justice: A Defence of Pluralism and Equality* (New York : Basic Books, 1983), 313쪽.

17) 위의 책, 313~315쪽.

18) Walzer, *Thick and Thin*, 15, 18쪽.

19) James Tully, *Strange Multiplicity: Constitutionalism in an Age of Diversity* (Cambridge: Cambridge University Press, 1995), 203, 204쪽.

20) Brian M. Barry, *Culture and Equality. An Egalitarian Critique of Multiculturalism* (Cambridge, Mass: Harvard University Press, 2001), 262쪽.

21) Bhikhu Parekh, "Superior People: the Narrowness of Liberalism from Mill to Rawls", *Times Literary Supplement* (1994, 2. 25.), 11~13면.

22) Seyla Benhabib, "Cultural Complexity, Moral Independence and the Grobal Dialogical Community", in: M. Nussbaum and J. Glover, eds, *Women, Culture and*

Development: A Study of Human Capabilities (Oxford : Clarendon Press, 1995), 241 ~244쪽; Benhabib, "Nous et les Autres: the Politics of Complex Cultural Dialogue in a Grobal Civilization", in: C. Joppke and S. Lukes, eds, *Multicultural Questions* (Oxford: Oxford University Press, 1999), 44~62쪽. 또한 그녀의 책 *The Claims of Culture* (Princeton and Oxford: Princeton University Press, 2002)도 참조.

23) Adam Kuper, *Culture: The Anthropologists Account* (Cambridge, Mass. and London: Harvard University Press, 1999), 239쪽; James Clifford, *The Predicament of Culture: Twentieth-Century Ethnography, Literature and Art* (Cambridge, Mass. and London: Harvard University Press, 1988), 10쪽.

24) John Rawls, *A Theory of Justice* (Cambridge, Mass: Harvard University Press, 1971), 587쪽.

25) John Rawls, *Political Liberalism* (New York: Columbia University Press, 1993), 46, 36 쪽.(우리말 번역본으로는 존 롤스, 『정치적 자유주의』, 장동진 옮김 (서울: 동명사, 2005)가 있다.)

26) 위의 책, 60쪽.

27) 위의 책, 61쪽.

28) 위의 책, 62쪽.

29) Barry, 앞의 책, 331, 346쪽.

30) 위의 책, 284쪽.

31) Hollis, "Is Universalism Ethnocentric?", in: *Multicultural Questions*, 36쪽.

32) 위의 글.

33) Walzer, *Thick and Thin*, 49쪽.

34) Hollis, 앞의 글, 36, 37, 40쪽.

35) 위의 글, 41쪽.

36) 위의 글, 36쪽.

37) Barry, 앞의 책, 262~263쪽.

38) Brian M. Barry, "How Not to Defend Liberal Institutions", *British Journal of Political Science*, 20, 1, 1990, 4쪽.

39) Charles Taylor, "Conditions of an unforced Consensus on Human Rights", in: J. R. Bauer and D. A. Bell, eds, *The East Asian Challenge to Human Rights* (Cambridge: Cambridge University Press, 1999), 128쪽.

40) 이 점에 관해 찰스 테일러는 다음과 같이 쓰고 있다. "일단 권리가 자연 안에 내재한다고 생각되면, 아무에게나 되고 그 점을 부인하기란 장기간 어렵다. 현대 휴머니즘의 추동 때문에 평등과의 연관은 더욱 강력해졌는데, (…) 현대 휴머니즘은 우리가 특정의 의미 있는 우주질서 안에 꼼짝없이 박혀 있다는 견해에 정면으로 대립하는 방향으로 자신을 규정한다. (…) 이것은 거의 모든 인간 사회에서 매우 공통된 형태이다." (위의 글, 139쪽.)

41) 위의 글, 129쪽.

42) Richard Gombrich/Gananath Obeyesekere, *Buddhism Transformed: Religious Change in Sri Lanka* (Princeton: Princeton University Press, 1988)를 참조.

43) 약간 비슷한 논증으로 Joseph Chan, "A Confucian Perspective on Human Rights for Contemporary China", in: J. R. Bauer and D. A. Bell, eds., *The East Asian Challenge for Human Rights* (Cambridge: Cambridge University Press, 1999)를 참조하라. 조지프 찬보다 회의가 덜한 몇몇 중국 학자들이 이러한 노선들을 따라 현재 작업을 진행하고 있다.

44) Rawson, "The Horror, the Holy Horror", *Times Literary Supplement*, 3쪽.

45) 이런 주제들과 그와 관련된 쟁점들에 관하여 철학자들이 수행한 아주 자극적인 토론을 보려면 Michele M. Moody-Adams, *Fieldwork in Familiar Places: Morality, Culture and Philosophy* (Cambridge, Mass. and London: Harvard University Press, 1997)을 참조하라.

46) Berlin, "Isaiah Berlin in conversation with Steven Lukes", *Salmagundi*, 120 (1998년 가을호), 119쪽.

4

다른 문화, 다른 합리성?

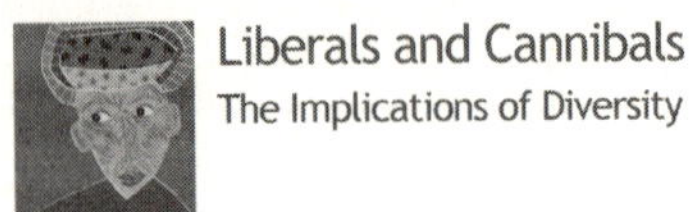

피터 윈치의 주목할 만한 논문 「원시 사회의 이해」는[1] 여러 가지 고민을 안겨주는 몇 가지 심층적 문제들을 제기하면서, 또한 여러 가지 고민을 안겨주는 몇 가지 심층적 대답을 제공했다. 그것은 비트겐슈타인의 영감을 받은 한 철학자의 에세이였는데, 여기에서 윈치는 20세기 인류학의 고전 중 하나인 에반스-프리차드의[†] 『아잔데족의[††] 주술, 신탁, 그리고 마법』에[2] 나오는 마법의 해석을 반성하고 더 나아가 그것을 비판하면서 사회과학의 이념 그 자체를 문제시했다. 나는 여기서 윈치의 질문으로 되돌아가 1778~1779년에 제임스 쿡 선장이[†††] 하와이인들을 방문해 결국 그들의 손에 죽임을 당하기까지 하와이인들이 쿡 선장을 지각(知覺)했던 방식에 관한 해석을 둘러싸고 두 인류학자

[†] 에반스-프리차드(Evans-Pritchard, 1902~1973)는 영국의 저명한 사회인류학자이다. 특히 아프리카 문화에 대한 조사로 유명하다. 2권의 책 『아잔데족의 주술, 신탁, 마법』(1937), 『누에르족』(1940)으로 명성을 얻었다. 1940년 마이어 포티스와 함께 『아프리카 정치체계』라는 논문집을 편찬했는데, 이 책은 원시적 통치행위 연구에 일대 혁명을 가져왔다.

[††] 아잔데족(Azande族): 'Asande', 'Zande' 라고도 쓰며 'Niam-Niam' 이라고도 한다. 나일 강과 콩고 강 분기점 너머 수단, 자이르, 중앙아프리카 공화국 등에 살고 있으며, 예전에는 식인 풍습으로 유명했다. 일부다처제가 행해지며 간통은 중형이다. 토템 신앙을 갖고 있어 사람이 죽을 때면 아잔데족이 믿는 2가지 영혼 중의 하나인 신체의 영혼이 자기 씨족의 토템 동물이 된다고 한다.

[†††] 쿡(James Cook, 1728~1779)은 영국 해군장교, 항해가, 탐험가로서 영국의 식민지 확보 전쟁에 크게 기여했으며 금성의 태양통과현상을 관찰하러 가는 왕립협회의 과학자들을 타히티로 수송하는 임무도 해냈다. 1769년 남극대륙을 비롯해 뉴질랜드와 오스트레일리아를 발견했다. 쿡은 1776년 7월 태평양 북서 항로와 북동 항로를 탐사하던 중 하와이에 도착했으나, 소형 범선을 훔치려는 하와이 원주민들과의 싸움에서 원주민에 의해 케알라케쿠아 해변에서 살해되었다.

마셜 살린스와[†] 가나낫 오베예스키어[††] 사이에 벌어져 현재 광범한 반향을 일으키고 있는 논쟁을 검토함으로써 윈치의 대답을 재평가해보자고 제안한다.

I

윈치의 논문은 다음과 같은 '어려움'에서부터 시작한다. "합리성과 이해 가능성에 있어서 어느 모로 보나 우리 자신의 것과 분명히 어긋나는 표준을 가진 원시 문화 소속의 여러 제도들을 어떻게 우리의 용어들로 이해할 수 있게 만들 수 있는가?"[3] 이 논문은 서로 다른 세 가지 종류의 주장과 논증을 담고 있다. 우선은 '철학적인 것'인데, 여기서 윈치는 그와 대립하는 알래스데어 매킨타이어에[4][††] 반대해 합리성이나 상대주의 등과

[†] 살린스(Marshall Sahlins, 1930~)는 현존하는 미국의 저명한 인류학자로서 생물학적 유전을 제외하고는 인간의 행위를 규정하는 동기는 모두 문화에서 유래하였다는 것을 입증하려고 노력하였다. 그는 "경제적으로 합리적인 인간"의 진면모가 무엇인가를 밝히려고 하였으며, 경제체제란 특별한 환경에 문화적으로 특징적인 방식으로 적응한 것이라는 논지를 폈다. 대표작으로는 1976년에 나온 *Culture and Practical Reason*〔우리말 번역으로 김성례 옮김, 『문화와 실용논리』(서울: 나남, 1991)〕이 있다. 이 글에서 룩스가 주제화시킨 오베예스키어와의 논쟁은 1990년대 후반 미국 인류학계를 풍미한 유명한 논쟁인데, 여기에서 오베예스키어는 어떤 토착민들이라도 서구인들과 본질적으로 거의 같은 방식으로 사고하기 때문에 그들의 사고방식을 미리부터 서구인과 다르다고 찍어놓고 '불합리하다'든지 '문명화되지 않았다'고 하는 것은 우려할 만한 일이라고 주장했다. 반면에 살린스는 문화상대주의 입장에 서서, 비서양 지역 토착민의 문화는 서양과 판연히 구별되는 것으로서 위상에 있어서는 서양문명과 전혀 동등하다고 주장하였다.

[††] 오베예스키어(Gananath Obeyesekere)는 세계의 지도적 인류학자 중 하나로서 그의 조국인 스리랑카에서 많은 업적을 쌓았다. 『실론 촌락에서의 토지임대』(1967), 『다르마의 두 바퀴(兩法輪). 인도와 실론에서의 테라바다 불교 전통』(1972), 그리고 이 글에서 문제된 『쿠크 선장의 현신: 태평양에서 자행된 유럽식 신화만들기』(1992) 등 수많은 탁월한 논저가 영미권에서 출판되었다.

[†††] 매킨타이어(Alasdair McIntyre, 1929~)는 덕의 윤리를 핵심으로 하는 공동체주의 도덕철학의 지도적 철학자로서 1981년에 출간된 *After Virtue*(우리나라 번역본으로는 『덕의 상실』, 이진우 역 (서울: 문예출판사, 1997)로 나옴)는 그 방면의 개척적 저서로 평가된다. 그는 '덕'과 '실행', 그리고 '삶의 서사적 통일성'을 강조했다. 공동체는 공동체가 중시하는 탁월한 실행으로서의 덕을 보존하고 권장함으로써 유지된다. 그는 사회적 정체성과 역사적 정체성이 동시에 형성된다고 하는 서사적 자아관을 가지고 있다. 이를 통일시키는 원리로 제시된 개념이 '삶의 서사적 통일성'이다.

관련된 자신의 견해를 진술한다. 그 다음은 '해석적인 것' 으로서, 여기서 윈치는 잔데 주술에 대한 에반스-프리차드의 설명을 쟁점화한다. 마지막은 '방법론적인 것' 으로서, 여기서 그는 문제되는 어려움을 어떻게 극복할 것인가에 관해 소극적 제안과 적극적 제안을 모두 제시한다. 이제 이러한 주장과 논증을 상기해 보자.

합리성

매킨타이어는 "왜 특정 기준들이 몇몇 사회에서 합리적인 것으로 받아들여지는가에 대한 해명의 시작은 그 기준들이 합리적 '이다' 라는 사실 그 자체다"라고[5] 썼다. 이와 대조적으로 윈치는 이렇게 썼다. "우리는 서로 다른 사회에서 합리성의 표준들이 항상 일치하지는 않는다는 입장에서 시작한다. 즉, 어떤 사회 S에서 합리성의 표준은 우리 자신의 것과 다를 수 있다는 가능성에서 시작하는 것이다." 그리하여 "실재하는 것과 실재하지 않는 것은 언어가 지닌 의미 속에서 드러난다." 그래서 가령 "신의 실재에 대한 개념 파악이 이루어지는 곳은 종교적 언어 사용 '안에서' 이다." 다른 한 편으로 "이것은 무언가 실재하는 것이 아무나 말하고 싶은 대로 말한 것에 좌우된다는 것을 뜻하지는 않는다." 사물의 실재 여부가 언어 사용에 좌우된다는 것에서 그 어떤 상대주의적 결론도 따라 나오지 않는다. 왜냐하면 "사람들의 관념이나 믿음들이[†] 독립적인 그 무엇, 즉 어떤 실재에 대한 지시(指示) 여부로 점검될 수 있어야 한다는 생각"을 포기하는 것은 "극단적인 프로타고라스적 상대주의의[††] 온갖 역설에도 불구하고 거기에 곧바로 뛰어드는 것" 이기 때문이다. 더욱이 "우리가 우리에게 낯선 문화 안에서 우리의 것과는 다른 합리성 형태들을 파악해낼

가능성"은 "일관성에 대한 수요를 중심으로 한 특정한 형식적 필요들 때문에 한계가 있다." 그러나 특정한 형식적 필요들은 "무엇을 일관성 있는 것으로 '간주해야' 할 것인가에 관해 우리에게 특별히 말해주는 것이 전혀 없다. (…) 우리는 단지 문제되는 활동들이 수행되는 삶의 더 넓은 맥락에 의해서만 이것을 규정할 수 있을 뿐이다."[6]

아잔데

에반스-프리차드의 잔데 주술에 대한 설명은 한 편으로는 신비적 개념들, 다른 한 편으로는 상식 및 과학적 개념들을 대조시키면서 (신비적 개념들로 해명되는) 의식적(儀式的) 행태와 (상식적 개념들로 해명되는) 경험적(經驗的) 행태를 구분하는 것에 의존한다. 에반스-프리차드에 따르면 아잔데는 "논리적 연결망에 의해 상호 연결되어 탁월하리만큼 일관성을 갖춘" "신비적 개념들의 바다에 침전되어" 있는데, 그 개념들은 "너무나 잘 질서 잡혀 있어서 감각 경험과 조잡하게 모순을 일으키기는커녕 오히려 경험이 아잔데를 정당화하는 것처럼 보인다"고[7] 했다. 더 나아가 "우리에게 명백한 모순들로 나타나는 것은 겉으로 보기에 해결되지 않은 문

---

† 이 글에서는 특히 belief를 '믿음'이라고 번역한 구절이 수없이 나와 오해의 여지를 없애기 위해 주석을 달았다. 이 단어의 우리말 및 영어 표현 모두 개념적으로 두 가지 의미를 갖는다. 우선 이 말은 통상적으로 종교적 신앙(faith)을 뜻하는데, 어떤 행위의 도덕성 여부를 주장할 때 기능적으로 타당한 근거로 작용하는 권위체에의 순종관계를 가리킨다. 그런데 이 글에서 룩스가 쓴 beliefs라는 단어는 종교가 아니라 인식론과 관련된다. 인식론적 관점에서 '믿음'이란 한 명제의 참 또는 거짓에 대한 확신으로서, 지각, 사변, 또는 의사소통 등을 통해 획득된다. 이것은 심리학적 의미에서의 믿음과 연결되는데, 이때 믿음은 대상에 대한 심리적 투영에 비친 그대로의 상태를 받아들이는 상태를 뜻한다. 믿음의 표현 형태는 언제나 명제적 구조(즉, "S는 P다.")를 가지는데, 그 이유는 믿음이 참 또는 거짓으로 추정되는 '실재'에 대한 기대를 긍정하는 형태를 띠기 때문이다.

†† "사람은 만물의 척도다"라는 경구를 통해 알려진 프로타고라스의 입장을 가리킨다. 그는 또한 "나는 신을 알 수 있는 어떤 수단도 없기 때문에 신이 과연 존재하는지, 존재한다면 어떤 종류인지를 알 도리가 없다. 그런 것을 알기에는 인간의 수명은 너무 짧지 않은가?"라고 하여 불가지론의 비조로도 추존된다.

제로서, 나타난 그 곳에 그대로 방치되어 있다.”

  윈치에 따르면 에반스-프리차드의 실수는 주술 문제에서 “유럽인은 옳고, 잔데는 그르다”고 상정한 것이다. 왜냐하면 “잔데의 마법 개념들은 아잔데족이 세계에 대한 준(準)과학적 이해를 얻으려고 시도할 때 의존할 수 있는 그러한 이론 체계를 구성해주지 않기” 때문이다. 그리고 “오해에 책임 있는 것은 잔데가 아니라 잔데식 사고가 통하지 않는 것이 당연한 곳에서 그것을 모순이라고 밀어붙이는 데 사로잡힌 유럽인이다.” “잔데 마법이 어떻게 과학과 관련되어 있는가를 이해하는 것은 우리에게 흥미로울지” 모르지만, 이 점은 “우리가 정교하지 않은 잔데 습관을 우리 자신의 문화 속에서 과학과 같이 더 정교한 습관들과 비교하면서 과학의 더 원시적 형태가 아마도 잔데 마법이 아니겠느냐는 시각에서 보아야 한다는 것을 뜻하지는 않는다.” 잔데의 마술 의식들은 수확물의 풍작을 바라는 의도에서 행해진, 그러나 잘못 고안된 기술 정도의 단계들에 머문 것으로 간주됨으로써 얘기가 더 어긋나버렸는데, 그래서는 안 되었다.† 오히려 잔데의 마술 습관들은 “우연사들을 통제하려는 시도라기보다는 사람들의 삶이 우연사에 예속되어 있다는 깨달음”을 포함함으로써 “우연사에 대한 태도를 표현하는 것”이라고 보아야 아마도 정확한 이해일 것이다. 잔데의 마술 의식은 “불운을 만나 한 인간이 자기 동료들과의 관계가 파탄에 빠졌는데 그 파탄에도 불구하고 삶이 계속될 수 있는 방식들을 (상징적으로) 다루는 방식들이 등장하는 원한, 악마적 난행, 복수, 속죄의

---

† 아잔데 주술의 예를 들자면, 어떤 중요한 일에 착수하려고 할 때, 새에게 일정 양의 독극물을 먹여 그 새가 살아나는지 살아나지 않는지를 보아 일의 성패를 미리 가늠했던 것 등이 있다. 윈치는 서구적 과학을 기준으로 해서 이런 마술이나 주술을 ‘실패한 기술’이나 ‘원시 과학’으로 보아서는 안 되며, 대신 ‘우연을 받아들이는 그들 나름의 방식’으로 보아야 한다고 주장하고 있다.

드라마"이다.[8]

아잔데족 바로 보기

이런 통찰에 따라 윈치는 (우리가 "객관적 실재와 부합하는" 것으로 파악하는) 과학을 "그것에 비추어 다른 담론 양상들의 지적 존중가능성을 측정하는 패러다임"으로 채택하는 것을 피하라는 소극적 방법론을 제안한다. 보다 적극적인 그의 아이디어는 단지 단서일 뿐인데, 그것은 "우리가 탐구 중인 그 사회의 생활상에 대해 우리가 도달할 수 있는 이해 가능성의 정도를 우리 자신이 알 수 있을 정도로 우리의 이해 가능성 개념을 확장"하는 것이다. 이것은 "우리 범주들의 상당한 재조정"을 요구할지도 모른다. 우리는 "잔데식 마술 범주를 전혀 갖고 있지 않다." "과학과 비(非)과학이라는 기존의 우리 구분법으로 잔데 마술을 보겠다고 고집하기보다 잔데 범주가 들어올 여지를 만들 수 있을 정도로 우리의 이해를 확장시키는 것이 우리에게 부과된 부담"이다. 그리고 윈치는 규칙 및 관습들을 "인간 삶을 이해할 서로 다른 가능성"과 연관시킴으로써 그것들의 "요점"을 포착하는 일의 중요성에 관해 몇 가지 암울한 언급들로 결론을 맺는다. 그런데 인간 삶에 관한 개념 파악 자체는 특정한 "한계 개념들", 그 중 주목할 만한 것은 (여기서 윈치는 비코와 엘리엇을 인용한다) 태어남, 죽음, 성관계들과 같은 개념들을 포함하고 있다.[9]

II

두 인류학자 살린스와 오베예스키어 사이에 진행 중인 논쟁은 다루는 범위가 넓고 서로 종종 화를 내기도 하지만 고도의 시사점을 준다. 그 논쟁의 쟁점은 하와이인들이 쿡 선장을 자신들의 아쿠아(akua, 신을 뜻하는 하와이 말)인 로노(Lono)의 현신(現身)으로 지각했을까 여부이다. 살린스는 "1799년부터 1830년대까지 하와이인들은 직접 얘기 나눌 때나 의식을 행할 때, 그리고 자신들의 신화를 통해 쿡 선장이 그들 전통에서 인간이나 인간 아닌 형태 등 여러 형태들로 나타날 것으로 알고 있었던 신(神) 로노의 체화된 형상이었다고 증언해왔다"고 주장하면서, "하와이인들은 너무나 합리적이었기 때문에 쿡을 그들 신의 하나로 파악할 수 없었다"는[10] 오베예스키어의 견해를 조롱한다. 반면 오베예스키어는 살린스의 "인류학적 서사(이야기)"를 "비록 부지불식간에 이루어진 것이긴 하지만, 제임스 쿡 신격화라는 유럽 신화", 즉 "정복, 제국주의, 문명이라는 신화"의 "계속"이라고[11] 묘사한다. 여기서 쟁점은 당시 일어났던 사건에 관한 하와이인들과 영국인들 양자의 이해에 관해 우리에게 전해 내려왔던 문헌 증거 및 출판 증거들에 가장 잘 들어맞는 분석이 어느 것인가 하는 물음뿐만이 아니다. 이 저자들은 누구 편도 들지 않는 비평가와 논평자들에 둘러싸여 좀더 큰 쟁점, 즉 합리성을 파악하는 방법, 그리고 특히 그런 합리성 개념으로 우리에게 전혀 낯선 믿음들의 해석에 어떻게 착수할 것인가 하는 윈치 논문의 출발점을 두고 머리에 거의 쥐가 날 정도로 쟁론하는 중이다.

합리성

합리성이라는 주제에 관해 살린스는 나름대로 염두에 두는 것이 있다. 그의 견해는 "홉스·로크·엘베시우스 유한회사(有限會社)의 철학이 우리에게 아직도 너무 많다”는 것이다. 살린스는 역사적으로 볼 때 “비합리적인 것의 허구성과는 대조적으로 서구는 실제적이라든지 객관적인 것으로 알려진 합리성을 함께 만드는 경험적인 것과 도구적인 것의 인식론적 합일을 목도해왔다”고 썼다. 살린스의 추정에 따르면,

오베예스키어는 문화마다 각기 특정하게 존재하는 이런 조합에 의거해 모든 ‘원주민들’이 (다같이 그랬다고 가정되는데) 경험적 실재들과 건강하고 실용적이며 유연하고 도구적인 관계를 향유한다고 논증한다. 감각 경험에 관해 합리적으로 (그리고 투명하게) 반성하면서 원주민들은 사물들을 있는 그대로 인식할 수 있다는 것이다. 누구도 거부할 수 없는 이 실재론이 하와이 사람들에게도 있다고 하면 하와이인들은 결코 영국인 선장이 폴리네시아의 신일 수 있다는 황당한 결론에 이르지 않았을 것이라는 것이다.[12]

살린스의 요점은 “고전적인 서구적 감각인식론”, 그리고 “서구적 논리학 및 상식”에의 호소가 인류학적으로 의미 있다는 주장에 시비를 걸면서 합리성에 대한 이런 해명의 특징이 되는 “실제적 합리성과 경험적 실재론 사이의 상응이 역사적 특정성을 갖는다”고 주장하는 것이다.[13] 더 정확하게 하자면, 그의 경우는 “객관성”을 제공하는 것으로 추정되는 이 서구적 “상식관”이 “유일하게 가능한 것이 아닌 문화적으로 상대적인 방식으로 경험을 구성”하면서도 “스스로를 물자체(物自體)에 대한 보편적 기술로 여기기” 때문에 이중으로 문제시된다.[14]

합리성에 대한 이 서구식 해명은 몇 가지 구성요소들을 결합시킨 일괄 포장물이다. 첫째, 그것은 논리와 신화, 경험적 이성과 정신적 환상, 실제

적인 것과 신화적인 것, 관찰 가능한 것과 허구적인 것 등과 같은 일련의 이원론을 포함한다.[15] 둘째, 그것은 베이컨이 '풍습과 전통 같은 거짓 우상들로 경도되는 오류로부터의 구원'으로 본 경험주의적 지식관을 포함한다.[16] 셋째, "지식이 곧 실천이라는 토착 서구 이론은 (…) 단순히 우리가 사물들을 사용함으로써 사물들을 안다는 것이 아니라 사물들 자체를 그것들의 유용성으로서 안다는 것이다."(여기서 살린스는 중세와 고대의 대다수 철학자들의 관조적 이상과 대조되는 데카르트, 홉스, 비코를 인용한다.)[17] 넷째이면서 가장 흥미로운 요소는 성 아우구스티누스에 의해 명료하게 표현되었지만 고대 유대교를 출처로 하는 생각, 즉 세계란 순전히 물질적인 것으로서 정신의 현전(現前)은 없다는 생각이다. 이 "우주론은 (…) 도구적 합리성의 (…) 형이상학적 근거로서, 비인격적 자연으로부터 소외되어 고통을 겪는 인류라는 것과 똑같은 함축을 지닌다."[18] 더 나아가 살린스는 이 일괄포장물이 경험주의와 유용성이라는 결정적 끈에 의해 함께 묶였다고 생각한다.

따라서 17세기 이래 문제의 경험주의 철학은 효용주의적(效用主義的) 특정 주체, 더 나아가 순전히 자연적인 세계의 대척점에 서서 무한한 욕구를 발산하는 피조물을 전제해왔다. 지각 과정에서 발출하는 실재감(實在感)은 대상들만 지시하는 게 아니라, 대상들의 속성과 주체의 만족들 사이의 관계까지 지시한다.

영국 경험주의자들이나 프랑스 계몽주의 유물론자들은 모두 "감각에 먼저 현전(現前)하지 않는 그 어떤 것도 정신에 현전하지 않으며, 세계를 필요로 하는 주체의 도구적 행위가 경험적 이해의 전제조건이라고 확신했다." 그들은 모두 "대상을 필요로 하고 그에 따라 적응 과정에 의해, 그리고 신체적 자기만족의 경험적 가치물로서, 세계를 인식하기에 이르는 한 개인(個人)이라는 부르주아적 유아론"으로[†] 시작했다. 필요, 그리고 만족의 투사라는 이 조건이 "효용성으로서의 객관성"을 구성했다.[19]

"사물들에 의해 그 자체에서 스스로 규정"되기를 목적으로 하는 과학적 분류와 어긋나며, "국지적 문화 질서 안에 박혀 있고 그것에 의해 매개되는" 민속적 분류법 같은 대안적 우주론들, 인식론들, 분류체계 등을 이해하려고 노력할 때 이런 일괄포장물은 아무런 도움이 되지 않는다는 주장을 살린스는 견지한다.[20] 이 일괄포장물에 호소하는 것은 진짜 "반(反)인류학"으로 끝날 수 있을 뿐이다.[21] 왜냐하면 (그리고 여기에 살린스의 논증이 있는데) "지각적 주목을 끄는 차이와 유사성은 문화적 선택의 문제"이기 때문이다. 쟁점이 되는 것은 "사회적 상관성 규준들에 따라 감각을 훈련시키는 것까지 포함하는 경험의 조직"이다. 살린스가 인용한 헤르더가 보았듯이 "보는 것은 또한 듣는 것의 기능, 즉 '판단(判斷)'이다." "감각들은 문화적으로 가변적이다."[22]

이 모든 것으로부터 살린스는 "상식적인 부르주아적 실재론"을 다른 문화들의 해석에 적용하는 것은 "다른 시대와 다른 풍습에 행해지는 일종의 상징 폭력"이다. "현재 우리 자신의 것이 아니고, 과거에도 결코 우

리 자신의 것이 아니었던 사상이나 행위나 존재론들을 염두에 두지 않은
채 좋은 역사를 만든다거나 심지어 현재 역사를 꾸려나가는 것"은 있을
수 없다. 따라서 살린스는 (그리고 여기에서 그는 윈치의 메아리가 되어
나에게 이 글의 제목이 된 표제어를 제공한다) "다른 문화, 다른 합리성"
이라는 결론을 내린다.[23]

오베예스키어의 합리성 해명은 더욱 단도직입적인 것으로 보일 수도
있지만, 그도 염두에 둔 것이 있다. 즉 그는 미개인의 정신을 "논리적이
고 합리적인 현대인의 사고방식과는 근본적으로 대립하는" 것으로 제시
하는 유럽적 "신화 모델들"에 이의를 제기했다. 그의 반대는 "전(前)논리
적, 신비적, 혹은 신화적 사고의 전제에 암묵적으로 반성결여가 가정되어
있다는 것"과 "문자가 나오기 이전 사회의 구성원들이 '즉흥행위'나 '조
작적 탄력성'을 발휘할 수 없었다"는 생각을 향하고 있다. 그는 "서구의
자아 및 사회가 산업화 이전 세계의 자아 및 사회와 근본적으로 분리된
다"는 생각에 반대하며, "신경생물학적 공통 본성의 기초 위에서 동일성
과 차이를 다룰 수 있는 이론들에 공감한다."[24]

오베예스키어에 따르면, "인류로서의 우리를 우리의 공통된 생물학적
본성 및 그 산물인 지각 및 인지기제들과 연결해주는" 것은 "실천적 합리
성"이다. 막스 베버를 따라 (그리고 여기서 그는 베버의 목적합리성 개념
을 언급하는데)[25] 그는 실천적 합리성을 "인류가 실천적 기준에 의해 어
떤 문제의 함의를 반성적으로 평가하는 과정"으로 파악한다. 이것 없이
는 "어떻게 인간이 그들의 경제적 삶을 수행할 수 있는지", 전쟁에서 어
떻게 전략을 추구할지, 혹은 어떻게 발명이나 변화가 가능한지 "상상하
기 어렵다." 그는 그러한 실천적 혹은 실용적 합리성이 "합리성에 관해

공리주의적 특질을 가진다"고 인정하지만, 합리성에서 이런 미묘한 아우라(aura)를 제거하고, "그 어떤 실용적 상황, 즉 가령 마법, 주술 혹은 신들림 등과 같이 다양한 영역들에 포함되어 있는 쟁점들을 계측하거나 그 비중을 잼으로써 반성적 의사결정을 포함시킬" 방도를 모색한다. "상식의 특성이 본래 그렇지만 실천적 합리성을 상식과 구분하는 것은 반성적 요소다." 개인 수준에서 이것은 "특정 문제에 대해 찬성하거나 반대하는 입장 위에서 자기 자신과 벌이는 논증"을 의미한다. 다른 사람들이 포함된 곳에서 "실천적 합리성이란 변함없이, 합의적으로 타당성을 부여 받았는가 아닌가라는 점에 관해 논증, 논쟁, 이론(異論)이 분분한 논변과 결합되어 있다."[26]

오베예스키어의 견해와 살린스의 견해를 가르는 핵심 논제는 문화가 '지각 및 인지 기제'와 관계하는 방식이다. 오베예스키어에 따르면, 이 기제들은 "결코 '문화중립적'이지 않으며, 또한 문화도 이 기제들로부터 자유롭지 않다. 나의 우주가 문화적으로 구성된 행태 환경이라고 하더라도 그 사실은 내가 그것을 분별조차 할 수 없는 상태로 우주에 묶여 있다는 것을 뜻하지 않는다."[27] 오베예스키어의 말로 하자면, 살린스는 "누군가에게 영향을 끼치는 경험적 세계는 그 자체가 또한 문화적으로 구성되어 있는 의식(意識)을 통해 문화적 가치들에 의해 매개된다"는 견해를 고수하기 때문에, 살린스에게는 "직접적 지각 같은 것은 일체 없다."[28] "살린스가 수행하는 것처럼 극단으로 흐르지만 않는다면 이것은 예외 없는 명제"다. "'순수지각들'이란 발생하지 않는 것이지만 (문화적 의미에서) '순수한 개념파악들'을 설정하는 것 또한 마찬가지로 조야하다." 왜냐하면 이는 인지와 지각의 물리적·신경학적 토대를 완전히 부인하는 것이기 때문이다. 오베예스키어에게 "문화적 실재 및 내가 '실천적 합리성'이라고 부르는 것과 물리적 지각의 사실을 균형 잡는 일"은 결정적으로 중요하다. 이런 "식별" 능력을 가정하는 것은 "어떤 의미에서 우리와 닮은 폴리네시아인에게 말할 수 있도록 허용하는" 것이며, "만일 우리가 인간적 용어로 다른 문화에 대해 말해야 한다면 필수적인 것"이다.[29] 따라서 오베예스키어에서 우리는 살린스(그리고 윈치)의 주장과 정면으로 배치하는 것, 즉 단 하나의 공통된 실천적 합리성을 가정해야만 비로소 다른 문화들에 접근 가능하다는 "인간속(屬)에 공통된 사고방식"[30]을 갖게 된다.

하와이인들

이제부터 이처럼 경합하는 인류학적 해석 전략들에 따라온 사건들을 짧게 요약한 '얇은 기술(記述)'을 보여주겠다. 1778년 말 제임스 쿡 선장과 선원들은 두 척의 큰 배를 타고 정확히 마하키키 축제 때 하와이에 도착했다. 이 축제는 해마다 자연이 다시 태어난다는 것을 표시해주었는데, 추방당했던 신 쿰(cum) 즉 폐위당했던 왕 로노가 신화의 땅 카히키에서 귀환하는 것으로 상징되었다. 이 축제는 왕의 사원에서 진행되는 한 주기의 의식(儀式)들로 이루어졌는데, 한 의식에는 돼지를 바치는 일이 포함되어 있었고, 다른 의식에는 사람들이 신상(神像) 앞에서 부복하는 절차가 포함되어 있었다. 이 축제 기간 동안 늙은 선원 윌리 와트맨이 죽었는데, 그를 매장할 때 하와이인들은 인간 희생제 때의 풍습과 똑같이 제물을 바쳤다. 그 제식들에는 로노의 상을 들고 시계 방향으로 해변을 따라 섬 둘레를 도는 행렬이 포함되어 있었고, 인류에게 혜택이 돌아가도록 쿠

(Ku) 신의 현신(現身)인 왕의 주권(主權)을 재확인하는 모의 전투로 끝났다. 쿡의 배 두 척은 하와이 섬을 시계방향으로 주항하여 마하키키 행렬을 재현했는데, 그 다음 쿡 선장은 그 의식들의 전체 주기를 완전히 따라 하지 않을 수 없었다. (두 팔을 쭉 뻗도록 하고 나서 옷으로 둘둘 만다든가 고약한 냄새가 나는 돼지에게 먹이를 준다든가 하는 일 등이 그런 의식 중에 들어 있던 순서였다.) 그런데 그 의식들이 끝나고 나서 영국인들은 사당의 말뚝과 형상들을 뽑아 땔감으로 써버렸다. 그리고 영국인들은 섬을 떠났는데, 그 뒤 배 한 척의 전방 돛대가 고장났다. 배를 수선하기 위해 영국인들이 다시 섬으로 되돌아갔을 때 영국인들은 즉각 적대감과 아울러 이해할 수 없는 상황에 맞닥뜨렸다. 이때 선박에 달렸던 소형 돛배가 섬사람들에게 도난당하면서 섬사람 하나가 죽음을 당했다. 쿡은 부하들을 끌고 해안으로 가 왕을 인질로 잡으려고 했으나 2,3천 명의 섬사람들이 떼로 몰려와 쿡 선장은 살해당했다.

사적 기록이냐 공적 출간물이냐를 막론하고 배의 선원들이 남긴 기록과 이 사건 뒤 하와이 사람들에 의해 씌어진 문건들(이것들 가운데 몇 가지는 복음주의[†] 전도사들의 영향 아래 씌어졌다) 등 이 사건을 전하는 다양한 해명들을 해석함에 있어서 오베예스키어의 주된 전략은 하와이인들이 쿡을 신으로 오해하는 것을 예방하는 데 필요한 "식별능력"을 가졌었다고 가정하는 것이다. 그는 " '인류학자들' 이 편집한 원주민들은 이런 식별력이 없었지만," 정작 "실제 사는 현지 원주민들" 은 신과 쿡을 혼동

[†] 넓게는 복음을 전파하는 모든 그리스도교 교회를 가리키며, 좁게는 정통 개신교회나 그 분파를 말한다. 특히 예수 그리스도의 복음을 전파하는 것, 개인적인 회심 체험, 성서를 믿음의 유일한 근거로 보는 것, 능동적인 국내외 선교를 강조하는 개신교회를 가리킨다. 예수 그리스도를 믿는 믿음으로써 의롭다 인정받는 것(義認)을 강조한 마르틴 루터와 그 추종자들은 자칭 복음주의자들이었고 또 그렇게 알려졌다.

하지 않고 식별할 수 있었다고 쓰고 있다.[31]

　오베예스키어는 몇 가지 예를 제시한다. 그의 생각으로는, "마하키키가 끝날 때 떠 있게 되어 있는 로노의 자그마한 카누 모양과 쿡 선장의 커다란 배 모양을 하와이 사람들이 구분할 수 없었다고 하는 것은 전혀 있을 법한 일이 아니다. 그리고 하와이인들에게는 와트맨의 시체가 제물로 바치는 희생이었다든가, 혹은 선원들이 사당의 말뚝을 뽑아 땔나무로 쓴 것이 하와이 사람들의 사제에 의해 집행된 것과 같은 종류의 의식이었다는 등의 생각은 전혀 있을 수 없는 일이다." 살린스가 왕의 사원에서 신을 환영하는 것으로 기술한 것을 오베예스키어는 쿡 선장을 추장으로 세우는 "추대식"으로 간주한다. 그리고 오베예스키어는 하와이 사람들이 끝내 쿡 선장을 죽인 것은 영국 배 두 척에 식량을 공급하려는 노력으로 인해 자기들의 식량 공급분이 고갈되었기 때문이라고 논증한다. 그는 "자신들의 섬을 여행한 쿡 선장과 그의 동료들이 '브리타니'라는 곳에서 왔다는 걸 완전히 알고 나서도 하와이 사람들은 그들이 신화의 땅 카히키에서 실제 왔다고 믿었다는 학자들의 견해를 받아들이기란 무지무지하게 어렵다"는 점을 발견한다. 그리고 그는 다음과 같이 쓴다.

　폴리네시아 사람으로 보이지도 않고 자기들과 같은 언어를 쓰지도 않는 다수의 사람들과 함께 제임스 쿡이 두 척의 큰 배를 타고 축제 기간 중에 도착했을 때, 하와이 사람들이 그를 로노 신으로 생각했다고들 한다. 그와 대조적으로 나는 (…) 비록 이런 견해가 백인 '문명인들'에 대한 원주민들의 지각과 관련해 유럽인들이 세우고 있는 가정들과 일치할 수는 있을지 모르나, 쿡의 도착은 하와이인들의 상식적 기대들을 '침해'했을 것이라고 논증하는 바이다.[32]

게다가 오베예스키어는 원주민들이 가졌던 관점들의 복수성(複數性)에 반복적으로 집착한다. "원주민의 관점이라는 것은 전혀 있을 수 없는데, 왜냐하면 그 원주민들의 목소리는 다수에다 각양각색이었기 때문이다."[33] 선원들 구성원의 항해 일지가 쿡을 신으로 여겼던 원주민들의 믿음을 보고하는 것으로 보이는 대목 같은 경우 오베예스키어는 이런 식의 보고를 유럽인의 신화 만들기 탓으로 돌린다. 그리고 하와이 사람들이 과거를 회고하면서 그런 믿음을 기록한 대목 같은 경우 그는 주로 기독교 선교사들을 통해 들어온 유럽 신화가 하와이 사람들에게 영향을 미친 탓으로 돌린다.

이와 첨예하게 대조적으로 살린스는 하와이인들을 연구할 때 "우리의 신경감각 장치들은 말할 것도 없고 우리 자신의 '실재감'"에서 출발할 필요가 있다고 주장한다. 왜냐하면, 만일 그렇지 않을 경우 "우리는 누군가가 고구마, 아니면 하다못해 영국 사람조차 신의 화신으로 진지하게 취급할 수 있었다고 생각하는 일도 거의 할 수 없기"[34] 때문이다. 짤막하게 풀자면, 그것은 살린스가 하와이식 우주론이 문헌 기록의 뜻을 가장 잘 이해한다고 주장하기 때문이다. 그러나 오베예스키어처럼 살린스도 토인들이 수행한 해석들의 복수성을 받아들인다. 즉 "모든 하와이인들이 똑같이, 쿡이 로노였다거나 혹은 더 정확하게 말해 쿡이 '로노'라는 것이 모든 이들에게 똑같은 뜻을 가졌다고 확신했다고 가정할 필요는 없다." 왜냐하면

그들 자신의 해석을 객관화시킬 유일한 가능성들을 가진 것은 하와이의 실세 권력들이기 때문이다. 이 권력들은 자기들의 우주론적 견해들을 지탱해줄

구조들 전체를 동원할 수 있었다. 이런 구조들에는 (언제나 적절한 의식(儀式)의 형태로 나타나지만) 쿡에게 가는 거대한 공물의 흐름뿐만 아니라 그의 동료들에게 공급되는 식량의 흐름도 결제해주었던 토지 및 인민에 대한 통제가 포함된다. 사람들이 일반적으로 생각했던 것이 무엇이었든지, 그 권력자들은 케알라케쿠아의 사도들이 정당성을 가진 예언자로 있었던 로노 종교에 습관적으로나 물질적으로 공물을 바치게끔 되어 있었다.[35]

따라서 살린스는 "하와이인들의 문화 질서에 대한 연구 대신 독자들의 통상적 이성에 대한 오베예스키어의 호소"에 이의를 제기하면서, "객관화된 본성이라는 데카르트적 조건, 즉 오베예스키어의 실천이성 가능성에 대한 조건은 세계와 하와이 사람들이 맺고 있는 관계에 대한 존재론이 아니"라고 논증한다. 하와이인들의 존재론에 따르면, "인간화된 우주의 경험 영역들"은 사회적 질서의 모든 수준에 걸쳐 "인간성과 신성(神性) 사이에서 존재를 상호 교환할 수 있는 잠재력을 가진 특정 주관성을 포함"했다. 따라서 하와이인들이 볼 때, 마하키키에 로노가 등장한 것은 "지각(知覺) 증거에 의해 실증될 수 있었다." 왜냐하면 "로노가 제철에 왔다든지 섬을 일주한 것과 같이 그 지표나 비슷한 측면의 일치는 제쳐놓더라도 하와이 사람들은 쿡 선장을 타파 천으로† 둘러싼다든가, 그의 두 팔을 마하키키 신의 형상으로 붙잡아 두고 그에게 공물을 바쳤기 때문에 그가 로노마쿠아 상과 닮았다고 확신할 수 있었다." 게다가 하와이 사람들은 쿡과 그의 부하들이 하와이 말을 전혀 못한다는 것을 '알아챌' 수 있었고

---

† 타파(tapa) 천은 남양제도에서 꾸지나무로 만든 종이 같은 천이다.

그들이 '브리타니'에서 왔다는 것을 알았다는 오베예스키어의 "경험주의적 비판"은, 자기네 신들이 "초월적이고, 불가시적이며, 수평선 저 너머의 카히키라는 곳 또는, 같은 말이지만, 하늘에서 유래"하고 로노는 "태생부터 이국적"이라고 생각하고 있었기 때문에 실패한다. 쿡의 죽음에 관해 살린스는 쿡이 초기에 로노 신으로 간주되어 받았던 격정적 영접의 "제의적 속편"(祭儀的 續編)으로 해석한다. 제철도 아닌 때에 되돌아 와서 주권이라는 쟁점 전체를 재개시켰기 때문에 쿡은 "왕이 그를 반드시 죽어야 할 자신의 원수로 지각하게끔 되고" "모든 사회관계들이 그 기호를 변화시키기 시작하자" "숭배의 존재에서 적대성의 대상으로 변신" 되었다.[36]

하와이인들 바로 보기

현재 통용되는 '시대정신'에 충실하게도 두 저자들은 모두 인류학 최대의 원죄인 종족중심주의를 부인하면서도 상대방은 이것으로 견책한다. 하지만 그들은 종족중심주의에 관해 각기 다른 이해를 갖고 있다.

살린스에게 있어 문제되는 방법론적 오류는 소위 '시대착오의 종족중심주의'이다. 이 말은 하나의 역사적 시기에 대한 오해를 그 이상으로 연장시키는 것의 부적절성을 가리킨다. 우리는 "서구 과학에 의해 구상된 그런 종류의 감각인식론과 객관적 실재론"이[37] 우리가 연구하는 그 어떤 문화에도 널리 퍼져 있다고 가정하지 말아야 한다. 이 주제에 관한 작업을 시작할 때부터 오베예스키어의 반대는 '이국취향의 종족중심주의'를 겨냥해 왔는데, 그것은 "미개인 정신"이라는 것이 따로 있다는 가정, 즉 "타자를 별종(別種)으로 고립시키는 데 복무하면서 다른 문화를 이국화시키는 우리의 편애를 강화시키는" 가정이다. 따라서 오베예스키어는 "미국 문화인류학의 면허받은 신화"인 문화상대주의를 비난한다. 그는 문화상대주의가 바로 이 이국취향의 오류를 생성시키면서 "문화적 차이들이 가족 유사성들 및 구조적 유사성들과 함께 공존할 수 있다"는[38] 깨달음을 억제한다고 논증한다. 그와 반대로 살린스는 문화상대주의를 자신이 파악한 대로 받아들였다. 즉 그에게 있어 문화상대주의란, 다른 사람들의 습관과 이상을 이해할 수 있으려면 우리 나름의 범주에 따라 지적으로 또 도덕적으로 판단하기보다는 그것들을 반드시 그것들 자체의 맥락 속에 놓고 그것들 나름의 문화적 관계가 이루어지는 현장에서 그것들이 차지하는 위치적 가치들로 이해해야 한다는 단순한 규정이다.[39]

따라서 요약하면, 오베예스키어와 살린스는 윈치가 처음 제기한 '어려움'에 대해 전혀 반대되는 해결책을 제공한 것처럼 보인다. 오베예스키어의 해결책은 언뜻 보기에 비합리적인 다른 문화들을 "인류로서의 우리들에게 공통적인 기제에 의거해 이해할 수 있도록"[40] 한다는 것이다. 반면 살린스의 해결책은 "문제된 습관들을 가능하게 만들어 온 역사적, 문화적 질서 속에 그것들을 상황지우기 위해 우리 자신의 판단을 잠정 보류하는"[41] 것이다.

III

합리성

30년도 더 전에 나는 윈치에 대한 비판적 논문을 출판했었는데 거기에서 나는 다음과 같이 논증했다. 즉,

[합리성(1)기준] 만일 S가 한 언어를 가지고 있다면 그 언어는 최소한 (실재에 대한 상응을 뜻하는) '진리의 기준'과 우리가 언어와 공유하면서 순전히 합리성의 기준들로 존재하는 '논리'를 가지고 있어야 한다. (…) 만일 S의 구성원들이 현실적으로 진리와 논리에 관한 우리의 기준들을 갖고 있지 않다면, 우리는 그들에게 언어, 사고, 혹은 믿음들이 있다고 할 근거가 없을 것이며, 그것들에 관한 진술은 더더구나 할 수 없을 것이다.

다른 한편으로 나는 더 확장된 내용을 가진 논증도 했다. 즉,

[합리성(2)기준] 어떤 믿음들이 수긍할 수 있을 정도로 어울리는가. 다시 말해 어떤 믿음들이 논리 법칙들을 위반하거나 위반하지 않았는가를 특징적으로 규정하고, 그 어떤 믿음에 대해 그것이 '참'인지 '거짓'인지, 유의미한지 무의미한지, 건전한 과정을 거쳐 도달했는지 아니면 그 과정이 불건전했는지, 진정성을 갖고 주장되는지 진정성 없이 주장되는지, 일반적으로 말해서 좋은 이유에 기초하는지 나쁜 이유에 기초하는지 등을 판정할 수 있게 하는 '맥락적으로 공급되는 기준들'이 있다. 마찬가지로 행위의 합리성에 관해서도, 맥락은 어떤 행위를 하는 행위자의 이유들과 그 행위가 지향하는 목표들의 적절성과 부적절성까지도 판단할 수 있게 해주는 기준들을 제공할 것이다.

상상력 없는 표현이긴 하지만 나는 이런 기준들을 합리성(1)기준 및 합리성(2)기준이라고 불렀다. 그 가운데서 나는 "합리성(1)기준들의 적용에 의해서만 그 기준들을 만족시키는 데 실패한 믿음들이 어떻게 합리적 비판의 대상이 되는지 안 되는지를 알 수 있다"고 결론지었다.[42]

쿡 선장과 하와이인들에 관한 논쟁을 면밀하게 검토하면서 나는 이 주제에 관해 언급되거나 씌어진 모든 것들에도 불구하고 내가 본궤도에 서 있다는 생각에 이르렀다. 왜냐하면 살린스가 말하는 그 어떤 것도 하와이인들이 논리적으로 생각하고 추론하는 힘, 그리고 물질적 대상이나 쿡 선장 같은 인간 개인들이 누구인지를 인지할 능력 등을 박탈당한 상태에 있었다는 점을 전혀 보여주지 않기 때문이다. 불가능한 가정이긴 하지만 만일 하와이인들에게 그런 힘이나 능력이 없었더라면, 하와이인들이 생각했던 세계의 구성요소들이나 자기들과 신들의 관계에 관한 그들의 이상한 믿음은 말할 것도 없고, 다른 무엇보다도 선장의 정체를 놓고 하와이인들과 계몽주의의 영감을 받은 방문자들 사이에 나타난 그 충격적인 차이들을 살린스가 그처럼 현명하고도 설득력 있게 분석할 수 없었을 것이다.

살린스는 하와이 사람들의 이성적 능력을 명시적으로 부정하지는 않는다. 실제로 보면 살린스는 다음과 같은 관찰을 제시할 때는 오히려 하와이인들에게 이런 능력이 있다고 종종 단언했다. 즉 "쿡은 신의 살아 있는 현시였지 그네들의 풍습인 마하키키 상은 아니었는데, 쿡 자신이 신을 자처하는 데 모자람이 없었다." "그 사람은 그들 조상의 예증으로 존재하기에 조금도 부족하지 않는 개인이다." 하와이 사람들은 "코나(Kona) 바람이 다른 것과 같은 바람이라거나 혹은 코나 바람이 그것을 다른 것과 다르게 보게 하거나 개별화시켜 보게 만드는 특성들을 인식"할 수 없었던 게 아니었다. 그리고 "문제는 지각이 아니라 단지 판단일 뿐이며, 감각지각이 아니라 의미 있는 술어화"이다.[43]

하지만 대부분의 경우 살린스는 암묵적으로 하와이 사람들이 이성 능력을 가졌다는 점을 부인한다. 의심할 바 없이 그것은 그의 글쓰기가 가차 없이 논쟁을 밀고 나가기 때문에 그대로 드러나는 기조이다. 그는 "서구인"과 피지인(Fijian)에게는 다른 "논리학들"이 있다고 쓴다. 그는 "문화적으로 상대적인 방식"으로 "구성되는" 경험들에 대해 쓴다. 그는 "객관성의 상대성", 그리고 "경험적 객관성의 문화적 조직화"에 관해 쓴다.[44] 그는 여러 대안적 우주론에 서로 다른 "실재들"이 박혀 있다고 상정하는 (이미 보아왔듯이 윈치가 그랬던 것과 같은) 상대주의라는 친숙한 카드 놀이를 하는데, (하나의 똑같은 것으로 생각되는) "서구적인 것"과 "과학적인 것"에 입각한 우주론은 이런 여러 우주론들 중 단지 하나일 뿐이며, 각 우주론은 그 나름의 "경험논리"를 가진다고 쓴다.[45] 서구 과학의 분류법을 민속 분류법과 대조하면서 과학은 "사물에 의해 그 자체에서 자체적으로 규정되는 것처럼 행세한다"고 쓸 때처럼 살린스는 서구 과학의 인지적 요구들에 관해 상당한 회의를 표현하면서 때때로 더 멀리 나가기도 한다.[46] 더욱이, 서구적·과학적 우주론과 그것과 결합된 합리성을 두고 그것들은 문화적으로 특정적이지만 보편적이 되는 것을 목적으로 한다는 살린스의 설명은 지나칠 정도로 날림이고 단순 일변도이다. 오베예스키어를 "경험적 이성에 의해 인간을 완성시키고자 하는 계몽주의 기획"을 추구한다고 아이러니컬하게 특징지은 것을 보면 살린스의 논쟁적 의도가 분명하게 드러난다.[47] 그가 독자들에게 제공하는 것은 (아우구스티누스, 데카르트, 베이컨, 비코, '홉스·로크·엘베시우스 유한 회사' 같은) 다양한 사상가들과 (이원론, 경험론, 감각주의, 부르주아 유아론,[48] 실재론, 공리주의 등과 같은) 다양한 철학적 입장들을 병렬시켜 서구에 토착적인 '인식실천론'이라는[49] 이름표를 붙여 한 묶음으로 만든 것뿐이다. 거기에는 그 사상가들과 철학적 입장들이 각기 어떤 주장을 펼치고 있으며, 그들을 인용하는 해석의 관점은 무엇이고, 서양 철학사 전체에서 왜 이들이 서구와 하와이인들을 구별지을 때 서구적인 것을 대표하는 것으로 선택되었는지 등에 관해 전혀 아무런 해명도 없다.

만일 하와이인들의 문화적 우주론이 그들이 '합리적'으로 간주하는 것, 즉 그들이 믿고 행하는 것에 대한 이유들을 충분히 규정하면서, (로티가 즐겨 말하는 대로) "가는 대로 모두 갈 길이 된다"고 밝혀질 수 있다면, 이 중 큰 문제가 될 것은 전혀 없을 것이다. 여기에서 나는 오베예스키어가 살린스를 두고 살린스가 극단적 견해를 취하고 있으며 "(문화적 의미에서) 순수 개념들을 설정했다"고 비난한 것은 정당화된다고 믿는다. 곤란한 문제는 살린스의 논쟁 경향이, 약하기 때문에 수긍될 만하면서도 그 때문에 오도되기 쉽게 이름 붙여진 문화상대주의 수준을 훌쩍 넘어버렸다는 것이다. 문화상대주의가 가장 크게 금지하는 것은 (그리고 이 정도만 되더라도 큰 타협이지만) 개별적 사건과 행태들을 계속적으로 전체적인 사회적 (그리고 두드러지게는 문화적) 맥락에 연결시키기를 모색하는 해석 전략이다. 아마도 이런 이유로 살린스는 자신의 이론을 "인류학자 모스가† 썼던 의미에서 총체적이라고" 말하고 있는 것이다.[50]

살린스와 오베예스키어 바로 보기

살린스와 오베예스키어 사이에서 쟁점이 된 물음은 하와이인들의 개별

---

† 모스(Mauss, Marcel, 1872~1950)는 프랑스의 사회학자, 인류학자이며 사회학자인 에밀 뒤르켕의 조카로서, 뒤르켕이 『사회학연보』를 편집할 때 조교를 했고 나중 그 자리를 이어받았다. 몇 년 동안 정치활동에도 몸담 았던 그는 알프레드 드레퓌스의 유명한 법정투쟁을 지원했다. 『증여론 *Essai sur le don*』(1925)은 가장 중요한 저서로서, 이 책은 멜라네시아, 폴리네시아, 북아메리카 북서부 같은 곳의 교환 및 계약방식을 중심으로 주고 받는 행위가 갖는 종교·법률·경제·신화적 측면을 비롯한 여러 부분을 탐구하고 있다. 이 연구에서 뚜렷이 나타난 모스의 접근법은 사회 현상의 제한된 단편을 그 체계의 총체성 가운데서 파악하는 데 주안점이 있다.

적 행태를 "총체적인 문화적 우주론"의 견지에서 해석함으로써 "이해 가능성에 이르는 창(窓)"을 찾으면 하와이 사람들이 쿡에 관해 무엇을 생각했는지 발견될 수 있으리라는 점을 암시한다.[51] 우리가 보아왔던 대로, 사실상 어떤 지점에서 살린스는 "백성들"이 "실세 권력들"에 종속된 데다가 "로노 종교에 공물 바치기"를 요구당하면서 어떤 생각을 하고 있었는지를 우리가 알 수 있다는 것에 대해 의심을 표하기조차 한다. 그리고 그는 또한 의심할 바 없이 원주민들이 각자 제출한 무수한 관점들이 있었음을 시인한다. 그럼에도 불구하고 그는 해석하는 인류학자가 낯선 것과 친숙하지 않은 것을 조정한다는 전망을 극대화시키는 해석 전략을 처방하고 실행한다.

이와 대조적으로 오베예스키어는 그런 식의 전망을 극소화시키는 운명으로 보이는 대안적 전략을 제안한다. 살린스가 정당하게 지적했듯이 "…라는 점은 정말 믿기 어렵다" "…라는 점은 어리둥절하다" "…라고 가정하는 것이 자연스럽다"는 식의 구절을 오베예스키어가 반복해서 사용하는 것은 "그들의 양식(良識)을 우리의 양식으로 대체하려는" 시도라고 할 수 있다.[52] 낯선 믿음들을 친숙한 것으로 번역함으로써 그런 믿음들이 던지는 명백한 낯섦 때문에 생겨난 당혹스러움을 해소시키는 것은, 아무리 줄여 말해도 너무 서두는 기분이다. 오베예스키어가 한 문화 내부에 "다수의 전통들"이 있다는 것, 이 시대의 인류학들은 말할 것도 없고 선교사, 항해사, 초기 하와이 역사가들에 의한 "임시변통 종족학들"의[†] 구성을 시험해볼 필요가 있다는 것, 그리고 유럽 신화가 원주민들의 자기 이해에 영향을 끼칠 가능성이 있다는 것 등을 주장하는 것에는 건강한 회의가 있다. 이 모든 것은 그의 논점이 내세우는 모스식 총체화 접근법에 대한 건전한 교정책이다. 그러나 그 자신의 적극적 대안은 철학자 도널드 데이비슨의 소위 '자비의 원칙'이나 그것을 더 발전시킨 리처드 그랜디의 '인간성의 원칙'을 상기시킨다. 자비의 원칙은 낯선 믿음을 해석할 때 우리는 "우리 자신의 표준"에 따라 "대부분의 사안에서 그 믿음들을 옳은 것으로" 간주하면서 "믿음들에 관해 일반적 동의가 있다고 가정해야 한다"는 것이다. 그랜디의 인간성의 원칙이란 우리가 어떤 믿음들이 옳다는 것을 설명할 수 없거나 그것들이 그르다는 것을 더 잘 설명할 수 없는 한 그 믿음들을 옳다고 간주해야 한다는 것이다.[53] 나는 이러한 철학자들의 훈계들이 인류학적 실무를 안내하거나, 만약 그럴 경우 유익한 결과가 나올 것이라고 가정할 만한 좋은 이유를 도무지 알 수 없다.[54]

세계를 바로 보기

그럼에도 불구하고 오베예스키어가 '다른 문화들, 다른 합리성들'이라는 슬로건에 요약되어 있는, 윈치의 '어려움'에 대한 살린스의 해결(그리고 그것이 함축하는 바에 따르면 윈치의 해결책이기도 한 것)에 반대한 것은 옳다. 여타의 모든 것은 제쳐놓고 보면, (잔데족과 하와이 사람들까지 포함한) 모든 문화들은 그 구성원들이 개별적으로나 집합적으로 추론이라는 인지적 기획에 관여해 세계를 바로 본다는, 즉 자연적이든 사회적이든 문화를 둘러싼 환경을 이해하고 예측하고 통제한다는 인간 공통의

---

† 종족지(ethnography): 보통 민족지(民族誌)라고 번역하지만 어느 특정사회에 대한 기술적 연구나 그 연구과정을 뜻한다. 현대 종족지 연구는 거의 전적으로 현지조사에 기초를 두고 있으며 연구주체인 인류학자가 연구대상이 되는 종족의 문화와 일상생활에 완전히 몰입할 것을 요구한다. 종족학은 유럽에서 더 많이 쓰는 말인데, 일반적으로 여러 문화에 대한 분석 및 비교연구를 다 포함하며 미국에서는 '문화인류학', 영국에서는 '사회인류학'으로 알려진 분야이다. 종족지는 그 상호주관적 성격 때문에 반드시 비교방법을 사용해야 한다. 그리고 현장의 인류학자가 문화적 편견을 가지는 것이 불가피하다고 가정한다면, 문화에 대한 일반론을 정식화하고 비교내용을 기술한 것이 종족지의 구성요소가 되어야 한다.

곤경과 대면하는 설치틀이다. 살린스가 주장하듯이, 현대 이전 사회들에서는 "인간관계와 인간활동에서 정립된 용어들로 자연을 파악하면서"[55] 환경을 "인간화"시킬 수 있었으며, 다른 세계에 존재한다고 생각되는 무수한 종류의 정신적 현전체들로 환경의 생기를 다양한 방식으로 고취시킬 수도 있었다. 그러한 전근대적인 문화적 설치틀 안에서는 문제되는 인지적 작업이 사고나 실천에 있어서 몇몇 다른 작업으로부터 아직 분리되지 않은 상태였다. 그런 몇몇 작업 중 하나로 윈치가 묘사한 것은 우연적인 일들이 발생했을 때 그것들을 대하는 태도를 표현하고 범주화시킴으로써 우연에 대처하는 일이었고, 찰스 테일러는 우주적 패턴 및 원리들과의 조율을 재확립하는 일을 그런 일로 기술했다.[56] 그러나 이렇게 다른 작업들과 뒤섞여 있음에도 불구하고 인지적 작업이 제거될 수 없는 비중을 지니고 있다는 것은 인지적 작업의 효과를 높이는 것이면 무엇이든 그 업무의 전담자들과 결코 무관할 수 없다는 것을 뜻한다. 또한 그것은 (에반스-프리차드가 왜 아잔데족은 "자신들 마법의 무용함을 지각하지 못하는가"라고[57] 정당하게 물으면서 스물두 가지 이유들을 찾아냈을 때처럼) 인지적 작업이 효과적이지 못하도록 하거나 현재보다 더 효과적이지 못하게 억제하는 요소들은 무엇인가를 묻는 것이 항상 유의미하다는 것을 뜻하기도 한다.

이 모든 것에서 나는 물론 다른 문화들이 서로 다른 우주론들, 특히 지금까지 "서구적" 영향들에서 면역되어 있는 "역사의 섬들"이나 부족사회들을 체화시킬 수 있다고 (혹은 더 정확하게 말하자면, 아마 한 때 체화시킬 수 있었다고) 결론짓는다. 그러한 문화들에서 '상식'으로 간주되는 것은 지금까지 상태로 봐서는 해체될 수 없을 정도로 엉켜 있는 인지적 습관과 다른 습관들의 융합에서 발출한다. 그러한 우주론들의 견지에서 모스식의 총체화 해석 전략은 문화관통적 동의를 극대화시키는 길을 모색하는 데이비슨적 번역 전략보다는 더 많은 결실이 있을 것으로 입증될 것 같다. 하지만 그럼에도 불구하고 다른 문화에서 통용되는 믿음과 습관들의 합리성을 사정(查定)하는 일은 가능함과 동시에 필수적이기도 하다. 이것은 종족중심주의의 함정을 간절히 피하고 싶어하는 인류학자들에게 호소해야 하는 이유 때문에 그러하다. 아잔데족이나 하와이인들을 바로 보려는 우리의 여러 시도는 세계를 바로 보려던 그들의 여러 시도를 존중해야 한다. 오직 이럴 경우에만 우리는 도처에 존재하는 문화적 습관을 해석하는 데 성공할 수 있는데, 이때 해석의 성공 여부는 오직 그 어떤 특수한 문화로부터도 독립적이어야 하는 기준에 의해서만 측정될 수 있다.

1) Peter Winch, "Understanding a Primitive Society", B. R., Wilson, ed., *Rationality* (Oxford: Blackwell, 1964)에 재인쇄.

2) Edward Evans~Pritchard, *Witchcraft, Oracles and Magic among the Azande* (Oxford: Clarendon Press, 1937).

3) Winch, 앞의 글, 94쪽.

4) Alasdair MacIntyre, "A Mistake about Causality in Social Science", Laslett, W. G. Runciman eds., *Philosophy, Politics and Society*, 2nd series (Oxford: Blackwell, 1962); MacIntyre, "Is Understanding Religion Compatible with Believing?" (1964), B. R. Wilson ed., *Rationality* (Oxford: Blackwell, 1970)에 재인쇄.

5) MacIntyre, "A Mistake about Causality in Social Science", 61쪽.

6) Winch, 앞의 글, 97, 82, 81, 100쪽.

7) Evans-Pritchard, 앞의 글, 319쪽.

8) Winch, 앞의 글, 91, 89, 93, 102, 104, 105쪽.

9) 위의 글, 81, 98, 99, 102, 105, 106, 107쪽.

10) Marshall Sahlins, *How 'Natives' Think: About Captain Cook, for example* (Chicago and London: University of Chicago Press, 1995, 2), 114~115쪽.

11) Gananath Obeyesekere, *The Apotheosis of Captain Cook: European Mythmaking in the Pacific* (Princeton: Princeton University Press, 1992/ 저자의 새 후기가 붙은 신판, 1997), 177쪽. Ian Hacking, *The Social Construction of What* (Cambridge, Mass. and London, Harvard University Press, 1999), 제8장의 이 논쟁에 대한 논의도 참조하시오.

12) Sahlins, 앞의 책, 169쪽.

13) 위의 책, 5, 9, 152~153쪽.

14) 위의 책, 155쪽.

15) 위의 책, 6쪽.

16) 위의 책, 7쪽.

17) 위의 책, 153쪽.

18) 위의 책, 164쪽.

19) 위의 책, 8, 153~154, 169쪽.

20) 위의 책, 158쪽.

21) 위의 책, 151쪽.

22) 위의 책, 158쪽, 각주 12; 155쪽, 각주 12. 이것은 "리얼리즘과 사회주의적 리얼리즘 사이의 차이는 무엇인가? 리얼리즘은 당신이 보는 것을 그린다. 사회주의적 리얼리즘은 당신이 듣는 것을 그린다"는 옛 소련의 고전적 농담과 요점이 다르다.

23) 위의 책, 14쪽.

24) Obeyesekere, 앞의 책, 16~17, 19쪽.

25) 오베예스키어는 목적합리성(Zweckrationalität) 개념에 대한 베버의 정의를 인용한다. '행위의 목적과 수단들과 부수적 결과들이 모두 합리적으로 설명되고 무게를 가질 때 그 행위는 도구적으로 합리적(목적합리적)이다.' Max Weber, *Economy and Society*, G. Roth, C. Wittich eds. (New York: Bedminster Press, 1968), 1권, 26쪽. 여기에 오베예스키어의 베버 사용이 가진 난점이 있다. 그의 입장은 이런 의미에서 실천적 합리성이 '모두는 아니라 할지라도, 대부분의 사회에서, 대체로 다양한 정도의 중요성으로 있어야 한다.'는 것이다. (Obeyesekere, *The Apotheosis of Captain Cook*, 263쪽 (각주 48) 참조.) 그러나 베버는 '세계의 탈마법화'에 따라 나란히 진행하는 합리화의 과정이 서구에 고유한 장기적 역사 과정이었다고 주장했다. 베버의 어법에 '두 가지 의미'가 있다고 지적하면서 이러한 난점을 극복하려는 (인용된 각주에 나온) 오베예스키어의 시도는 명료하지도 않고 믿을 만하지도 않다.

26) Obeyesekere, 앞의 책, 19~21쪽.

27) 위의 책, 21쪽.

28) Marshall Sahlins, *Islands of History* (Chicago: Chicago University Press, 1985), 147쪽.

29) Obeyesekere, 앞의 책, 19~21, 60쪽.

30) 위의 책, 220쪽.

31) 위의 책, 21쪽.

32) 위의 책, 60, 196, 61, 20쪽.

33) 위의 책, 224쪽.

34) 위의 책, 169쪽.

35) 위의 책, 65~66쪽.

36) 위의 책, 151, 122, 171, 120, 81~4쪽. 쿡의 죽음에 대해서는 위의 책과, Sahlins, *Islands of History*, 104~135쪽도 참고하시오.

37) Sahlins, *How 'Natives' Think: About Captain Cook, for example*, 158쪽.

38) Gananath Obeyesekere, Comment in R. Borofsky et al., "Forum on Theory in Anthropology: Cook, Lono, Obeyesekere and Sahlins", *Current Anthropology*, 38 (1997), 272쪽.

39) Marshall Sahlins, Comment in Borofsky, 앞의 글, 274쪽.

40) Obeyesekere, Comment in Borofsky, 앞의 글, 272쪽.

41) Sahlins, Comment in Borofsky, 앞의 글, 274쪽.

42) Steven Lukes, "Some Problems about Rationality", B.R. Wilson ed., *Rationality* (Oxford: Blackwell, 1967, 재판), 263~264쪽.

43) Sahlins, *How 'Natives' Think: About Captain Cook, for example*, 60, 160, 171쪽.

44) 위의 책, 9, 155, 160쪽.

45) 위의 책, 172쪽.

46) 위의 책, 158쪽.

47) 위의 책, 9~10쪽.

48) 위의 책, 152쪽.

49) 위의 책, 153쪽.

50) Sahlins, *Historical Metaphors and Mythical Realities: Structure in the Early History of the Sandwich Islands Kingdom* (Ann Arbor: University of Michigan Press, 1981), 17쪽. 모스는 전혀 문화상대주의자가 아니라는 점이 지적되어야 할 것이다. 그의 '총체적인 사회적 사실' 이라는 특징적 개념에 대해서는 Bruno Karsent, *L'homme total, sociologie, anthropologie et philosophie chez Marcel Mauss* (Paris: Presses Universitaires de France, 1997) 참조.

51) Sahlins, *How 'Natives' Think: About Captain Cook, for example*, 169쪽.

52) 위의 책, 118쪽.

53) Donald Davidson, "On the Very Idea of a Conceptual Scheme", *Proceedings and Addresses of the American Philosophical Association*, 47 (1973-74), 19쪽; Davidson, "Psychology as Philosophy" (1974), Davidson, *Essays on Actions and Events* (Oxford: Clarendon Press, 1980), 238~239쪽에 재수록. Richard Grandy, "Reference, Meaning and Belief", *Journal of Philosophy*, 70 (1973), 443~445쪽.

54) Steven Lukes, "Relativism in its Place", M. Hollis, S. Lukes eds., *Rationality and Relativism* (Oxford: Blackwell, 1982) 중에 수록되어 있음. 261~305쪽에서 나는 여기와는 다른, 지금 생각하기에 잘못된 관점을 취했다. 여기서는 인류학에서의 성공에

있어서 데이빗슨과 그랜디의 (함축적인) 방법론적 처방들을 지지했었다. 오베예스키어는 내가 틀렸음을 확신시켜주었다.

55) Sahlins, *How 'Natives' Think: About Captain Cook, for example*, 158쪽.

56) Charles Taylor, "Rationality", M. Hollis, S. Lukes eds., *Rationality and Relativism* (Oxford: Blackwell, 1982).

57) Evans-Pritchard, 앞의 글, 457~458쪽.

5

비교할 수 없는 것들을 비교하는 것에 관하여
: 상쇄거래와 희생

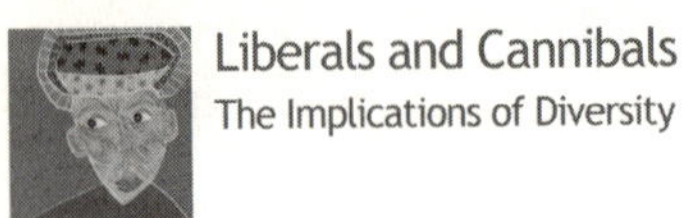

이 장에서 나는 가치의 통약불가능성 (通約不可能性)과 관련된 여러 의문에 답변하고자 한다. 나는 그 과정이 이 쟁점에 대한 논의가 도달한 듯한 막다른 골목 너머로 우리를 안내할 것이라고 기대한다. 내 생각으로 그 막다른 골목은 이런 형세로 나타난다. 즉 한편에는 가치가 통약불가능하다는 것을 단호하게 부인하면서, 가치가 통약불가능하다고 간주될 때마다 우리 스스로 통약가능성을 찾을 것이라고 주장하는 사람들이 있다, 그와 반대되는 다른 한편에는 가치의 통약불가능성을 거부하는 것은 위선적이며[2] 도덕적으로 위험하다고까지[3] 주장하면서, 가치와 각종 가치들이 서로 통약불가능하다는 것은 사소한 방식이든 심각한 방식이든 이미 우리의 삶 속에 주어져 있고, 이 점을 인지하는 데 실패한다는 것은 가치판단이 심사숙고를 불러일으키는 방식에 대한 이론이 무력하다는 점을 실토하는 데 지나지 않는다고 주장하는 사람들이 있다. 전자의 사람들은 우리가 가치를 통약하는 일에 실제 참여할 수 있을 뿐만 아니라 계속해서 그래왔다고 주장하지만, 후자의 사람들은 그런 일이 때로는 무의미하거나 요점이 없거나 부적절하다고 주장한다. 자기의 입장을 방어하기 위해 논쟁의 양 당사자들은 설득력 있는 많은 이야기를 하고 강한 인상을 주는 직관들에 호소한다. 이런 사태는 첫째, 우리가 여기에서 만나는 것은 생생한 철학적 쟁점이라는 것, 둘째 그 쟁점에는 여전한 탐구해야 할 복잡한 문제들과 답변된 것보다 더 나아간 문제

제기가 있다는 것을 알려준다.

그리핀을 따라 나는 통약불가능성이란 몇 가지 기수척도에서의 불가산성이 아니며, 양립불가능성도 아니고, 대체불가능성도 아니며, 교체불가능성이나 보상불가능성과도 다르다고 주장할 것이다.[4]† 래즈를 따라 나는 양자택일해야 하는 두 선택지가 비교불가능하다면, 즉 둘 중에 더 나은 쪽이 없거나 둘 다 똑같다면, 그것들은 통약불가능하다고 말할 것이다.[5] (나는 양적 측정가능성의 쟁점과 재화의 각종 유형들의 차이를 관통하는 척도나 측정법들이 있을 수 있는가에 관한 문제는 제쳐두겠다.) 창

---

† 기수척도(基數尺度)에서의 불가산성(不加算性)(non-additivity on cardinal scale): 통계학이나 각종 경험과학에서의 기수척도란 모든 측정 대상이 가지고 있는 크기나 가치를 전적으로 그 측정 대상의 자체적 속성으로 간주하고 그것들을 절대적으로 측정할 수 있다고 가정하는 가운데 그것에 대해 1, 2, 3… 등의 기수를 부여하여 측정하는 방식이다. 이에 반해 서수척도(序數尺度)는 이런 절대치를 통한 측정이 불가능하거나 무의미하다고 간주하고 측정 기준에 따라 단지 대상들 사이의 비교에 따라 정해지는 크기나 가치의 순서 또는 배열만 정할 수 있다고 보는 것이다. 따라서 기수척도는 절대평가를, 서수척도는 상대평가와 대체로 연관된다. 여기에서 얘기하는 기수척도에서의 불가산성은 각기 다른 대상을 측정한 결과 수치를 단지 그 수치 차원에서 더하는 것은 전혀 무의미하다는 것이다. 다시 말해 과일 중에 사과를 먹음으로써 얻는 기수효용을 오단계측정법에 따라 재었을 때 4라 하고, 텔레비전을 보면서 얻은 기수효용을 3이라고 했을 때 이 두 가지를 단순히 합산해서 7 또는 평균해서 3.5의 기수효용을 계산해내는 것은 별 의미가 없다는 것이다.

양립불가능성(兩立不可能性, incompatibility): 논리학에서 양립불가능성은 명제의 진리값(truth-value) 측면에서 동시에 거짓일 수는 있어도 동시에 참일 수는 없는 두 명제 사이의 관계를 가리킨다. 전칭긍정명제인 "모든 남자는 용감하다"는 그 반대 명제인 전칭부정명제 "모든 남자는 용감하지 않다"나 그 모순명제인 "약간의 남자는 용감하지 않다"와 동시에 참일 수 없으므로 양립불가능하다. 반면에 동시에 참일 수 있는 명제들은 '양립가능' 하다고 말해지는데, 앞에서 예를 든 명제의 존재긍정명제인 "몇몇 남자는 용감하다"와 존재부정명제인 "몇몇 남자는 용감하지 않다"는 동시에 참일 수 있으므로 양립가능하다.

대체불가능성(代替不可能性, substitutability): 한 문장을 구성하는 각 단어를 다른 단어로 대체하여 다른 문장을 구성하더라도 그 두 문장의 의미(meaning)가 동일하면 이 두 문장은 '대체가능하다' 고 하고, 그렇지 않으면 '대체불가능하다' 고 한다. 예를 들어 "그 총각은 부자다"라는 문장은 "그 결혼하지 않은 남자는 부자다"라는 문장과 대체가능하지만, "그 결혼하지 않은 못생긴 남자는 부자다" 라는 문장과는 대체불가능하다.

교체불가능성(交替不可能性, irreplaceability): 한 대상의 구성요소를 다른 구성요소와 바꾸더라도 그 기능(function)이나 효용(utility)이 바뀌지 않을 경우 그 구성요소들은 '교체가능하다' 고 하고, 그렇지 않을 경우 '교체불가능하다' 고 한다. 전기계량기의 퓨즈가 끊어졌는데 집안에 준비해둔 퓨즈가 없어 은박지로 교체했을 경우 전류를 통하게 하는 기능에는 전혀 문제가 없을 경우 퓨즈와 은박지는 교체가능하다. 그러나 퓨즈를 철사나 다른 금속선으로 바꾸는 것은 심각한 기능장애를 일으키기 때문에 이 두 가지는 교체불가능하다.

보상불가능성(uncompensability): 한 대상물의 구성이나 기관에 생긴 기능상의 결함을 극복하고 보충하기 위해 다른 구성이나 기관을 제공하여 그 기능을 회복시킬 수 있으면 그것은 '보상가능하다' 고 하며, 그렇지 못할 경우 '보상불가능하다' 고 한다.

에 따라 나는 가치 비교란 "추상적 가치들 사이가 아니라, 실제 사례로 나타나거나 가치(비가치)를 담지한 재화, 행위, 사건, 사물 및 사태들과 같은 특정한 가치담지자들 사이에 적용될 경우" 가장 좋은 가치비교로 생각된다고 말할 것이다. 따라서 우리는 "사는 장소의 '좋음'이라는 관점에서, 기막히게 멋진 경치를 가졌지만 경제적으로는 빈곤한 공동체가 볼품없는 경관과 굴뚝으로 둘러싸였지만 적절하게 번영하는 공동체보다 더 나은지 아닌지를 알고 싶어하지, '가치' 자체의 관점에서 아름다움이라는 가치가 번영이라는 가치보다 더 나은지 아닌지에 관한 것을 알고자 하는 것이 아니다."[6] (또한 우리는 어떤 곳이 살기 좋은지 안다고 해서, 아름다움의 가치가 번영의 가치보다 더 좋은지 그 반대인지를 알게 되는 것은 아니라고 이해하길 원할 수 있다. 또한 이런 쟁점에 대한 논의에서 우리는 너무나 자주 가치를 지닌 '양자택일의 선택지들' 중 한 가지를 선택하는 일이란, 바로 그 일 자체가 그것들이 구체화하는 '가치들'의 상대적 위상에 따라 결정하는 것임을 당연시한다.) 나는 또한 어떤 그러한 가치평가적 비교도 언제나 '총괄 가치'에 의거해야 한다는 것, 즉 어떤 것은 명시적이거나 암묵적으로 어떤 가치에 의거해 볼 때 특정 측면에서 다른 것보다 더 좋거나 같을 수 있다는 창의 견해에 동의한다.

첫번째 의문은 다음과 같다. 즉 통약불가능하다거나 비교불가능하다고 이해되는 것은 무엇인가? 가치를 지닌 선택지들은 언제 통약불가능하다고 주장되며, 무엇이 그렇게 주장되는 선택지인가? 이에 대한 세 가지 가능한 주장들이 있다. 첫째, 더 좋거나 같음의 관계가 선택지 사이에서 유지된다고 주장하는 것은 '무의미하다'는 것이다. 둘째, 그렇게 하는 것은 '요점 없는 일'이라는 것이다. 셋째, 그렇게 하는 것이 '부적절하다'

는 것이다.

그러한 관계들이 무의미하다는 첫번째 가능성에 오래 붙잡혀 있을 필요는 없다. 통약불가능주의자들은 이해할 수 없는 비교가 아니라 자기들이 잘못된 비교라고 주장하는 것에 초점을 맞춘다. 게다가 전형적으로 통약불가능주의자들은 통약가능주의자들이 인정하는 비교를 부인한다.(그리고 그렇게 비교를 이해한다.) 둘째, 하나의 비교가 명백하게 요점이 없다는 것, 예를 들어 아체베의[†] 소설과 헨리 무어의[††] 조각품을 비교하는 것처럼 각 분야를 넘나드는 미적 평가나 비교 같은 것이 치명적 쟁점은 아닌 것 같다. 그러한 비교들이 필리스틴 사람 같고,[#] 속물적이고, 깐깐하며, 심지어는 어리석고 진절머리 나고, 아둔한[7] 것처럼 보인다는 사실이, 사람들이 비교하고 있는 것이 비교불가능하다거나 심지어 그 비교들이 무시해도 좋을 정도의 실질적 비중밖에 갖지 못했다는 것을 보여주지는 않는다. 그런 비교들은, 역으로 요점 없는 관행들에 중요성을 가질 수도 있다.[8] 하지만 그러한 비교들은, 그것을 비교하는 사람들이 비교하려는 바의 가치에 대해 빈약하거나 왜곡되거나 혹은 부도덕한 이해를 갖고 있다는 것이 드러나면 부적절할 수 있다.

바로 이것이 내가 통약불가능성의 주장을 이해하는 방식이다. 즉 그 주장은 가치를 지닌 양자택일적 선택지의 값어치라는 측면에서 특정한 비

[†] 아체베(Achebe, 1930~)는 나이지리아 출신으로 유네스코 장학금 등으로 미국에 유학한 뒤 미국에 정착해 몇 개 대학 객원 교수로 재직했다. 작품으로는 『모든 것이 떠나버리다』(1958), 『표범은 어떻게 발톱을 갖게 되었나』(1973) 등이 있다.

[††] 무어(Henry Moore, 1898~1986)는 영국 출신의 조각가이다. 1930년대 C.브랑쿠시와 초현실주의 작가들의 영향 아래 전위적 작가로서 추상적 형체를 조각하여 1930년대 말부터 명성을 얻었다.

[#] 옛날 팔레스타인 남부에 살던 민족이며 유대인의 적이었던 사람들을 지칭하는 것으로, 대개는 속물적이거나 교양없는 사람을 표현하는 것이다.

교를 행하는 누군가는 그렇게 함으로써, 적어도 오해(誤解), 그것도 (앞으로 우리가 볼 것이지만) 비난받아 마땅한 오해를 드러낸다는 것이다. 왜냐하면 바로 그 사실은 우리가 가치를 매긴 선택지들을 통약하거나 비교하는 것을 가끔 거부하는 이유이기도 하기 때문이다. 그래서 나는 그러한 통약이나 비교의 거부가 일정한 관계와 책무 속에 포함된 우리의 이해를 드러낼 수 있다는 래즈의 주장이 옳다고 믿는다.[9]

'왜' 우리는 그처럼 가치 비교를 거부하는 것일까? 우정의 가치를 일정량의 돈을 주는 것이나 새로운 교제의 즐거움, 또는 사랑하는 관계를 유지하기 위해 치러야 할 고통이나 불편함과 비교하는 것은 무엇이 잘못된 것일까? 가까운 친척의 임종을 앞두고 어떤 사람이 그 친척을 살리는 데 들어가는 의료비를 결정하는 것이 왜 충격적인 일인가? 혹은 어떤 어촌 공동체가 바다에서 실종된 어부를 찾는 데 얼마나 많은 시간과 물자가 들어갈지 온갖 머리를 다 짜내고 있으면, 그것은 또 왜 충격적인가?[10] 포드사 자동차 회사가 핀토 자동차에서 사고와 죽음을 야기했던 설계상의 결함을 발견한 후에도 사고처리 비용이 설계변경 비용보다도 적게 든다는 이유 때문에 핀토 자동차를 회수하는 조처를 취하지 않았다는 것이 왜 그처럼 큰 분노를 야기해야 했을까?[11] 우리는 죄수들을 매우 위험한 공장에서 작업시키는 일이나 고령 환자에게 혈액투석을[†] 거부하는 일에 왜 그렇게 소스라치게 놀라는 것일까?

이 모든 경우들에서 우리에게 충격을 주는 것은 우리 삶에서 특별한 위치를 갖는 (혹은 갖는다고 가정되는) 가치 있는 관계 및 행동방식을 존중

[†] 혈액투석(haemodialysis)은 투석기, 즉 인공 신장기를 이용하여 혈액에서 노폐물을 거르고 신체 내의 전해질 균형을 유지하면서 과잉의 수분을 제거하는 방법이다.

하는 데 공공연하고도 명백하게 실패했다는 것이다. 그러한 실패는 그 가치 있는 관계 및 행동방식에 대한 존중을 상대적 가치평가의 사안으로 만들겠다는 바로 그런 태세, 즉 그렇게 비교하는 것이 적절한 다른 가치 있는 실행과 동일한 방식으로 그것들을 취급하려는 성향에 의해 표현된다. 우리는 우정, 사랑, 안전 유지, 취약자 보호, 그리고 사람들에 대한 평등한 처우 등이 특별한 방식의 가치를 지니며, 이런 가치들은 단지 그 비중이 더 큰 것이 아니라 특별한 위상을 가진다고 올바르게 생각한다.[12] 우리는 그런 것들을 좀더 세속적인 다른 재화들과 분리시켜 고착시킴으로써 그것들의 특별한 위상을 부각시킨다. 그러므로 통약불가능주의자들은 그 가치들이 '통약불가능할 정도로 고차적'이라든가 '위계적 통약불가능성'이라고 말하는 경향이 있다. 그와 대조적으로 통약가능주의자들은 그런 언사들이란 가치를 지닌 일정한 양자택일적 선택지가 무한하거나 매우 큰 비중을 부여받고 있다는 판단을 강조하는 방식에 불과하다고 주장한다. 통약가능주의자들은 그러한 경우들이 가치와 가치 사이 또는 가치유형과 가치유형들 사이에서 사전에나 나오는 우월성을 보여주는 사례들이라고 말할 수도 있다. 혹은 보다 미묘하게 통약가능주의자들은 그러한 사례들이 (말하자면, 서로 다른 우정을 서로 다른 통화량과 연결하는 것 같이) 판단의 네트워크를 형성하는 특별한 가치 담지자들 사이에서 유지되는 역점적 비교 사례라고 말할 수도 있겠다.[13] 통약가능주의자들은 몇몇 책무나 관계들이 우리에 대해 다른 가치와의 비교평가판단을 하지 말라고 전형적으로 요구하는, 그런 종류의 가치를 가질 수도 있다는 생각을 거부한다.

통약가능주의자들이 통약불가능성이라는 생각에 저항하는 공통된 근거가 세 가지 있다.(다른 근거도 있다는 것은 의심의 여지가 없다.) 첫번째 근거는 선택이라는 것이 삼투성(滲透性), 즉 스며들어 퍼져나가는 성질을 갖고 있다는 것이다. 우리는 결국 우정을 건질 것인가 아니면 금전 제공을 받아들일 것인가, 늘어나는 의료비를 지불할 것인가 하지 않을 것인가, 조난당한 어부를 위해 매일매일 탐색선을 보낼 것인가 말 것인가 하는 등의 선택과 마주해야 한다. 포드사는 설계결함이 자동차 회수를 정당화시켜 주는지 여부를 결정해야 한다. 위험감수 요인들을 분담시키고 의료 자원을 할당하는 선택들은 반드시 단행되어야 한다. 물론 아무것도 하지 않는 것 역시 항상 그런 식의 한 선택일 뿐이다. 그러나 양자택일의 선택지들 사이에서 선택하는 일이 그것들의 비교가(比較價)에 관해 판단하는 것과 동일한 것은 아니다. 선택항 중에서 단지 결정만 한다거나 아니면 해야만 한다는 사실은, 비록 그 결정이 일정 부분 체계적인 방식으로 이뤄지고 또 임의적인 것은 아니더라도, 결정이 그 선택항의 상대적 값어치에 관한 판단에 기초한다는 것을 보여주지는 않는다.

두번째 근거는, 가치란 누구에게나 명확하게 드러난 선호 체계에 의해 전적으로 성립되는데, 그 때문에 양자택일적인 선택지 가운데 하나를 선택한다는 것은 그 가운데 최고의 가치를 긍정하는 일이 전부라는 이론이다. 이 이론이 사회적 결정론의 중심임에도 불구하고 거기에 대해서는 여러 가지 효과적인 비판들이 존재하는 빈곤한 이론이다. 그래서 여기에서는 더 이상 논하지 않겠다.

세번째 근거는, 이유와 추론의 관점으로서, 그에 따르면 선택지들 사이에서 선택이 합리적으로 이루어졌다면, 그 선택에는 통약불가능주의자들이 반대하는 비교평가판단 같은 것이 포함될 수밖에 없다는 것이다. 이러한 관점을 우리는 '스칼라적'이라고[†] 불러왔다.[14] 이 견해에 서면, 가치들은 등급량(等級量)을 가지며 덧셈과 뺄셈 같은 다양한 수학적 연산이 가능해진다. 대상들에는 서로 다른 정도(程度)가 매겨지며, 부(否)가치는 극소화되고 순(順)가치는 극대화될 수 있다.

여기에서 나는 이 이론을 직접 논하지는 않고, 그보다는 학계와 일상생활 모두에 통하는 어조로 양자택일적 선택지 사이의 평가적 선택을 기술할 때 전형적으로 사용되는 삼투적(滲透的) 은유에 관해 논평하고자 한다. 우리들은 가치들끼리 충돌할 때 해야 할 일을 두고 재화의 '비중을 저울질한다'거나, 고려사항들 사이의 '균형을 잡는다'거나, 아주 빈번하게는 '상쇄거래상황'(trade-off)이[††] 발생했다는 말을 한다. 서로 상이하고 양립불가능한 가치들을 구체화하고 있는 일정 가치의 선택지 중에서 선택해야 할 때 그런 얘기들이 오가는 것이다. 실제로도, 이 문제와 관련해 경제적 사고에 기초를 두거나 그것에 영향을 받은 모든 생각들은 전형적으로, 일정 가치를 가진 선택지들 사이의 그런 평가선택이 이루어지는 상황이나 문제에 관한 적절한 성격규정으로 이 상쇄거래상황이라는 (결코 분석된 적이 없는) 관념을 채택한다.

그러나 이러한 은유적 표현들은 간단하지도 단순하지도 않다. 그와 대조적으로 '희생'(犧牲)이라는 비유를 생각해보자. 우리는 자주 다른 선

[†] 스칼라적(scalar): 스칼라는 물리학에서 실수로 표시할 수 있는 수량이라는 의미를 갖는데 등급은 있으나 방향은 고려되지 않고 단위 수치에 따라 표시되는 절대량을 가리킨다.

[††] 상쇄거래(trade-off): 비즈니스계에서는 보통 '트레이드 오프'라는 미국 원어를 그대로 사용하는 것이 통례인데 양자의 거래관계에서 서로 손해를 극소화하고 이익을 극대화하기 위해 균형을 취해야 하는 상황이나 방식을 뜻한다. 구체적으로 말하자면, 2개 이상의 대체안을 분석해서 이점만을 골라내 결정안으로 하는 것, (타협을 끌어내기 위한) 상쇄거래, (교섭의) 교환조건, (특히 타협에 의한) 교환, 거래 등을 총칭한다. 현재 본문의 맥락에서는 두 개의 정책 또는 거래 목표 가운데 하나를 달성하려고 하면 다른 목표의 달성이 늦어지거나 희생되는 경우의 양자 관계를 특징적으로 표현하기 위해 '상쇄거래'라는 번역어를 썼다.

(善)을 위해 하나의 선을 '희생한다'고 말하며, 보통 이 비유와 앞에서 말한 상쇄거래상황의 비유 사이에 아무런 차이도 보지 못한다. 그러나 뒤에서 논증하겠지만, 희생의 비유는 상이한 기원을 가질 뿐만 아니라 선택의 현상학에 관한 양자택일적 사유 방식을 제시하거나 제시할 수 있다.

특히 '상쇄거래상황'과 '희생'의 개념을 비교해보자. 전자는 경제적, 아니 좀더 특별하게 부르면 상업적 비유며, 후자는 종교적 비유다. 상쇄거래는 (화폐에 의한 것이든 다른 것에 의한 것이든) 일정 가치의 대상물들 사이에서 이루어지는 동등한 가격에 입각한 '교환'을 연상시킨다. 즉 최고의 총은 그 총을 얻기에 앞서 한 파운드의 최고품질 버터와 등가의 값어치가 매겨진다. 그와 대조적으로 희생은 가치 있는 대상물의 '포기'를 연상시킨다. 왜냐하면 희생은 권위의 신성한 원천에 의해 요구되는 것이기 때문이다. 여호와는 이삭의 희생을 명령한다. 수도원의 삶은 독신주의를 요구한다. 반면에 상쇄거래는 관점들을 모두 모아 비교·계산·가치측정 하기를 요구한다. 즉 나는 이 총들 혹은 최고의 총 한 자루에 얼마나 많은 가치를 부여하며, 또 버터 혹은 최고품질의 버터에는 얼마나 많은 가치를 부여하는가? 희생은 그것과 결합된 믿음이나 신앙의 배경과 같이 하면서 단 하나의 관점에 대해 총체적이고도 일방적인 책무를 이행한다는 것을 연상시킨다. 나의 신이나 나의 소명은 나에게 얼마만큼이나 고통스런 손실을 요구할까? 그에 반해 상쇄거래는 어떤 척도에 입각하든, 그것이 기수척도이든 순서척도이든, 아니면 정밀하든 대략적이든, 어쨌든 양자택일적인 재화들의 가치를 계산해야 한다는 것을 연상시킨다.[15] 정확하게 말하자면 희생은 우리가 그런 계산을 하지 말아야 한다고 깨우친다. 즉 하나의 가치에 대한 헌신은 다른 가치에 대해 계산하지 말고 손해를 보라고 강박한다.

이 모든 경우는 통약불가능성의 태도가 보호하는 것들이 신성한 가치들이라는 것을 암시한다. 뒤르켕은 "성스러운 것들이란 (…) 금제(禁制)로 보호하고 고립시킨 것들이다. 세속적인 것들이란 이러한 금제들을 적용해 으뜸가는 것에서 거리가 두어져야만 하는 것들"이라고[16] 썼다. 성스럽다는 것은 통약불가능성의 가치가 매겨진다는 것이다. 하지만 이것은 그러한 가치평가가 무조건적이고, 의문시되지 말아야 하며, 일체의 추론도 개입되지 않는 의무사항일 수도 있겠지만 꼭 그래야 한다는 것을 뜻하지는 않는다. 키에르케고르가 관찰했듯이 여호와의 권위에 대한 아브라함의 태도는 이런 의미에서 종교적이었다. 그러나 재화 또한 완전히 반성적이면서도 자기반성적인 방식을 통해 신성한 것으로 가치평가될 수 있다. 간단히 말해 성스러움은 비록 그 근원이 종교적인 것임에도 불구하고 종교적 형태 아니면 세속적 형태를 취할 수 있다.[17] 예를 들어 성스러움은 상호 개인적이거나 공적인 책무와 시민적 책무 모두에 적용될지도 모르며, 세계관과 이데올로기의 스펙트럼을 확장한다. 자기들이 선호하는 가치를 성스러운 것으로 취급하는 사람은 신앙인이나 특수주의자나 보수주의자나 낭만주의자나 전통주의자뿐만이 아니다. 자유주의자들 또한 자기들의 가치를 성스러운 것으로 취급할 수 있다. 따라서 존중에 대한 칸트의 견해와 존엄성과 대가에 대한 그의 구분은 단지 다양한 용도로 인간을 보는 것에서 그 자체 목적으로 간주된 인간들의 성스러움을 보호하려는 의도를 갖고 있다.

뒤르켕은 드레퓌스 사건이[†] 진행되는 동안 반(反)드레퓌스파에 맞선 충격적 논쟁 속에서, 공정한 재판을 받을 드레퓌스의 권리는 반드레퓌스

파가 사회평화의 요구 및 기성 질서의 유지라고 간주하는 것에 비추어 볼 때 그것과 관련되어 있다거나 균형을 취하는 데 큰 비중을 차지하기 때문에 고려되어야 하는 것은 아니라고 논증했다. 왜냐하면 드레퓌스의 권리들이란 현대 산업사회에서 사회적 결착을 위한 유일한 토대인[18] '개인주의라는 종교'에 대해 성스러운 것이면서도 중심적인 것이기 때문이다. 존 스튜어트 밀의 '고차적 쾌락'은 그 가치도 더 많을 뿐만 아니라 심지어는 사전에서의 위치도 앞자리이다. 그러한 쾌락들은 진보적인 자유주의적 질서가 보호하고 장려해야 하지만 '저급의 쾌락들'을 선호하는 어떤 문화가 위협할지도 모르는 바로 그 개성(個性)의 구성요소이다. 내 생각으로는, 이 시대의 자유주의자들도 개별 인간들의 권리와 그 권리의 신성불가침성을 만사형통식 판단들과 전형적으로 분리시키고, 결과주의적[††] 고려 특히 공리주의적[#] 고려를 누른다거나 '마지막 패로 잠재우는' 방도를 모색할 때 신성함이라는 개념을 사용한다.

---

† 1894년 프랑스에서 유대계 대위 드레퓌스가 프랑스군의 기밀을 당시 국가적 원수였던 독일 쪽에 팔아넘겼다는 누명을 쓰고 종신 금고형을 선고받았던 사건이다. 프랑스 국가의 자유민주주의적 정체성을 걸고 수구파와 자유주의 진보파 간에 나라를 양분하는 대논전이 벌어지고 에밀 졸라와 클레망소를 비롯한 지식인 그룹들이 대중들의 반유대주의와 애국주의가 섞인 분노에 맞서 드레퓌스 대위를 위해 운명을 건 석방운동을 벌렸다. 이 사건은 나중 독일 대사관 정보조직에 매수된 프랑스 소령의 조작으로 밝혀져 당사자인 드레퓌스 대위가 10년만에 무죄 석방, 명예회복 및 국가 보상을 받는 것으로 끝났지만 대혁명 이후 반동과 혁명을 오가던 프랑스 사회를 돌이킬 수 없이 민주화시키고 자유화시킨 세기전환기의 대사건으로 기록된다.

†† 결과주의(consequentialism)는 특정 행위나 정책에서 귀결하는 결과들이 그 행위나 정책에 관한 타당한 도덕적 판단의 토대라고 주장하는 도덕 이론들을 가리킨다. 따라서 결과주의적 도덕관에 따르면 도덕적 행위는 좋은 결과의 산출을 목표로 하는 행위이다.

공리주의(utilitarianism)는, 그것에 대한 가장 원초적 관념을 제공한 벤담의 견해를 토대로 하면, 가장 많은 사람들에게 가장 큰 행복 또는 효용(效用. utility. 라틴어의 utilis에서 유래한 영어이며 간단하게 말하면 쓸모 또는 이로움을 뜻한다)을 주는 행위가 가장 바람직한 행위임을 주장하는 도덕 이론이다. 따라서 좋은 결과의 양적 극대화를 규정하는 이 이론은 단일 가치체계를 중심으로 세계를 보는 경향이 강하며 결과주의나 절대주의 윤리의 한 형태로 간주된다. 공리주의에서 추구하는 좋음의 내용은 대체로 행복이나 쾌락 같은 경험적으로 확인가능한 수준의 덕목이긴 하지만, 밀과 같은 사람은 이것을 고차적인 수준의 쾌락으로 해석하려고 시도함으로써 질적 공리주의의 차원을 열었다.

우리가 어떤 가치를 구체화시키고 있는 재화들을 추구하는 데 드는 비용과 대비해 거기에서 얻는 혜택을 통약하기를 빠트리거나 거부함으로써 거기에 포함된 손실을 계산하지 않은 채 그 재화들을 유지하거나 진전시키는 데 헌신할 경우, 우리는 그 가치들을 성스러운 것으로 대우한다. 우리는 또한 다른 사람들이 그러한 계산이나 통약에 열중할 경우, 불안 · 당황 · 충격 · 분노 · 공포 등을 드러냄으로써 그런 가치들을 성스러운 것으로 대우하게 만들기도 한다. 그러면서도 이런 행위나 태도들이 반드시 비합리적이거나 무반성적일 것이라고 추정하는 것은 큰 오산이다. 반대로 사려 깊으면서도 분별력 있게 사고하는 이라면 어떤 주어진 선택 상황에서도, 특히 하나 혹은 그 이상의 가치들이 신성시되는 상황에서는 어떤 가치가 문제되는지를 결정하라고 요구받는다.

창과 앤더슨은 돈 때문에 우정을 버리는 예화에 대한 논의로 이 점을 증명한다. 창이 도입한 사례에서 나는 이브와의 우정을 버림으로써만 죽어가는 내 어머니를 구할 수 있는데, 이 경우 나에게는 두 가지 성스러운 가치들이 서로 충돌한다. 그리고 나는 무엇이 더 가치 있는지를 결정하기 위해 그 가치들을 비교하는 식으로는 이 쟁점이 올바르게 이해될 수 없다는 앤더슨의 의견에 전적으로 동의한다. 오히려 요구되는 것은 '바로 이' 상황에서 자식으로서의 애정과 우정이 각기 요구하는 것이 무엇인가를 면밀하게 분별하는 것이다.[19] (내가 앤더슨에게 거는 유일한 시빗거리는, 그런 경우 비극적이지 않은 해결책을 제시할 의무를 부과해야 한다고 가정하는 경우가 그렇지 않은 경우보다 더 많은 것처럼 보인다는 것이다.)

성스러운 가치들은 한정된 범위를 가져야 한다. 즉 실제로 성스러운 가치들은 오직 성스럽지 않거나 세속적인 배경과 대조될 경우에만 의미를

지닌다. 세속적 세계에서 성스러움은 대부분의 사람들의 삶에서 상대적
으로 소수적인 역할만 수행한다. 게다가, 가치들이 다원적이면서도 충돌
하는 세속 세계에서 우리는 우리가 중심적이거나 우월하다고 여기는 가
치들에 무한정 헌신할 수 없으며, 그런 한계들이 놓여 있는 곳을 계산해
야 하거나 아니면 그것을 계산함에 있어서 다른 이들에게 의존해야 한다.

우정에의 요구는 무제한적이지 않다. 실제로 우리는 이 사실을 깨달을
수 있는 사람들만 친구가 될 수 있다고 말할 수도 있다. 문화적 규범들에
의해 설정된 특정 지점에서 볼 때 한 친구에 대한 계산 없는 헌신은 노예
적 의존이나 착취의 사례로서 병적이거나 부당한 성격을 띨 수도 있다.
어떤 점에서 병든 친척을 돌보는 이들은, 말하자면 자기 아이의 교육이나
건강에 쓸 자원이 감소하는 결과들을 고려해야 할지도 모른다. 여러 날
(얼마나 많은 날이어야 할까?) 아무런 결실도 없는 탐색을 한 뒤 어촌 공
동체는 실종자들의 생존 기회는 점차 줄어가는데도 헬리콥터에 계속 비
용을 지출할 여유가 있는지를 결정해야 할 것이다. 우리는 자동차 회사가
법적으로 허용되고 재정적으로 비용을 충당하는 한계 안에서 가능한 한
안전하게 자동차를 만들 것이라고 가정하고 기대한다. 그런데 핀토 승용
차의 경우가 충격을 준 것은 부분적으로는 인간 생명과 상해에 투입되는
가격이 너무나 낮은 것처럼 보였다는 점, 그리고 부분적으로는 그 가격이
공공연하게 책정되었었다는 점 때문이었다. 우리는 엄청난 액수의 공적
자금을 단 한 건의 광산 사고에서 발생한 몇 명의 특정한 희생자들을 구
하는 데 쓸 수도 있고, 아니면 심장 수술이 필요해 대중적으로 광고된 한
명의 어린이에게 쓸 수도 있다. 하지만 우리가 주의 깊게 계산하여 비용
을 산정하기를 기대한다면, 위험감수의 통제나 의료 자원의 배정에 한정

된 지출만 해도 무방할지 모른다.

간단히 말해서, 성스러운 가치들에 대한 우리의 책무는 규범통치적(norm-governed)이다. 실제 법적으로 성문화될지도 모르는 문화적 규범들은 아주 흥미로운 일련의 다음 질문들에 대해 어떤 경우에도 이의가 제기되지 않는다고는 할 수 없는 답변들을 제공한다. 즉, '어떤' 가치들이 성스러운 것으로 고수되는가? 그것은 '누가' 그렇게 주장하는가? 그리고 '다른 어떤' 가치들과 비교해서 그 가치들이 성스러운 가치라고 보호되는가? '언제' 그리고 '어디에서' 사람들은 그렇게 비교하는 일을 생략하거나 거부하는가? 우리는 '누가, 어떤 상황에서' 그런 거부를 하지 않기를 기대하는가? 그 밖의 비교불가능한 것에 대한 비교들은 '어떻게' 이루어져야 할 것인가?

우리가 성스럽다고 하여 통약불가능한 것으로 취급하는 가치들은 '편파적인 것'일 수도 있고 '공평한 것'일 수도 있다. 특정 가치들을 구체화시킨 재화가 특정 관계나 관습 혹은 생활방식에만 배타적으로 통용될 때 그 가치들은 편파적이다. 이런 가치들을 가치 있게 만드는 것은 이런 특수 관계나 습관이나 생활방식들을 살아남게 하고 번영시키는 것에 대한 그것들의 기여이다. 하나의 편파적 가치를 성스러운 것으로 취급하는 가운데 우리는 지방이냐 지역이냐 민족이냐에 상관없이, 바로 이 직업, 이 우정, 이 결혼, 이 가족, 이 공동체에 최고의 가치를 부여하고 있다. 더욱이 우리는 편파적인 가치들을 '구체적으로' 혹은 '추상적으로' 성스럽다고 취급할 수 있다. 우리는 우리가 가치 있다고 여기는 것이 주어진 관계, 습관 혹은 생활방식에 내재한 실제 기억들, 경험들 그리고 열망들일 때 바로 그런 것들을 '구체적으로' 성스럽다고 취급한다. 한편 우리는 우리

가 가치 있다고 여기는 것이 그런 재화들의 '이념'일 때 '추상적으로' 성
스럽다고 취급한다.

　편파적으로 성스러운 가치들에 대한 우리의 헌신은 통상 엄격한 한계
안에 갇히게 된다. 그러한 한계를 존중하지 않는 사람들을 우리는 광신자
나 극단론자로 보는 경향이 있다. 그러나 몇몇 예언들과는 반대로, 사회
생활과 정치생활에서 그런 가치들의 역할은 감소하는 것처럼 보이지는
않는다. 특히 '진정성'과† '인정'에†† 초점을 두는 이 시대의 정체성 정
치는,†† 그것이 종교든, 성별이든, 종족성이든, 아니면 민족성이든 상관없
이, 이런 편파적 가치들에 새삼 보강된 강조점을 부여할 방도를 모색한
다. 그런 정체성 정치는 그 가치들을 보다 구체적으로, 혹은 보다 추상적
으로, 아니면 보다 이데올로기적으로 취급할 수 있다. 예를 들어 애국주
의와 민족주의를 구분짓는 한 가지 방식은 애국주의를 구체적 가치로 보

---

† 진정성(眞正性, authenticity): 특정 가치를 선행적으로 전제하지 않고 자기 존재에서 요구하는 실존의 양식과
　현존재가 일치하는 상태를 가리킨다. 고전적으로는 현대 사회를 유지하는 핵심적 가치 중의 하나인 개인주의
　에서 유래한 자기실현의 완전성과 완결성을 사상적 원천으로 하지만 최근 현대성에 대한 다각도의 반성과 비
　판이 이루어지면서 현대 사회의 여러 조건으로 제약된 '자기성'(selfhood)의 전면적 실현가능성을 모색하는
　가운데 본격적으로 제기되는 개념이 되었다. 보통 진정성은 자신의 말과 사고와 실천이 일치하는 상태인 진
　실성(sincerity)과 개념적으로 대조된다. 진실성은 보통 이성적 존재로서의 인간을 상정하는 가운데 그 이성적
　능력이 완벽하게 실현된 상태를 가리키지만, 진정성은 이성뿐만 아니라 욕구와 무의식까지 중첩적으로 구조
　화되어 있는 인간의 소질 전체에서 전면적으로 요구되는 것이라는 의미에서 인간의 현대적 실존방식에 대한
　반성적·비판적 개념으로 구도가 잡혀가는 과정 중에 있다.

†† 인정(認定, recognition): '인정'은 '인지'(認知, cognition)보다 한 걸음 더 나아가 단순히 어떤 대상물을 그
　대상물로 확인하는(identifying) 것뿐만 아니라 그 대상물을 '인지하는 나'의 대상물로 받아들여(accepting)
　'나'의 일부로서 승인(承認, acknowledging)하는 인격적 관계의 형성과정을 총칭하는 것이다. 따라서 이 과
　정에서 중요한 것은 대상물(object)이 나의 행위와 삶의 과정의 상대(partner)로 전신하는 것으로서 존중
　(respect, Achtung)은 그것이 완성된 상태를 측정하는 척도이다.

†† 정체성 정치(正體城 政治, identity politics)는 실제 사회관계에서 부정의에 대한 경험을 공유하고 있다고 생각
　하는 특수한 사회집단의 이해관계를 진척시켜 단결력을 확보하고 그것을 바탕으로 일정 범위 내에서 정치적
　권력의 확보를 목표로 한다. 정체성 정치는 단지 사회적 정체성을 확인하고 그것을 중심으로 결사를 형성하
　는 데 그치지 않고 자기결정권을 행사하는 정치적 틀을 조성하려고 하다는 데 특징이 있다. 예를 들어 흑인
　민족주의나 유대 시온주의가 그 대표적인 경우이며, 성별 정체성이나 특징적인 표징은 바로 이런 정치적 결
　속력의 중요한 토대가 된다.

고, 민족주의는 추상적 가치를 가진 것으로 간주하는 것이다.

편파적인 가치들은 두 가지 방식으로 한계지울 수 있다. 하나의 방식은 그 가치들을 공통분모로 통약시켜 탈신성화시키는 것이다. 다시 말해, 다른 가치 재화들과 견주어서 균형을 잡아, 비중을 재고, 상쇄교환해보는 것이다. 이민자들이 주인 나라에 와서 자기네들이 지니고 온 충성심의 가치를 재본 뒤 이민 온 주인 나라에서 요구되는 성공이나 수용과 비교해 그 가치의 축을 후자 쪽으로 옮김으로써 현지에서의 동화를 추진해 나가는 것이 그런 사례에 해당된다. 편파적 가치를 한계지우는 또 다른 방식은, 앞의 것과 완전히 양자택일적인 관계에 있는데, 특정 관계나 습관이나 생활방식을 전혀 편애하지 않는 원칙들의 수용이 그 책무로 요구되는 공평한 가치로써 편파적 가치를 한계지우는 것이다. 공평한 가치들의 측면에서 볼 때 구체와 추상 사이의 구분은 무의미해지거나 아니면 아마도 우리는 오히려 공평한 가치들이 그 가치의 본성상 추상적이라고 얘기해야 할 것이다. 왜냐하면 비록 이 가치들이 구체적이면서도 살아 있는 제도들 속에서 구현되어 있음에도 불구하고 그 가치들에 책무를 진다는 것은 한 집합의 추상적 원칙들에 책무를 지는 것과 다름없기 때문이다.

어떤 이들은 공평한 가치란 있을 수 없다고 논증했다. 즉 그런 가치가 있다는 생각 자체가 일종의 '신화' 라는 것이다.[20] 따라서 자유주의나 그것에 대한 특정 방어책을 성취불가능한 (그리고 아마도 어떤 경우에도 바람직하지 않은) 보편성이나 객관성이나 중립성을 약속한다고 비판하는 것이 유행이 되어왔다. 말하자면, 자유주의는 그 나름의 역사를 가진 단지 또 하나의 편파적 전통일 뿐이며, 양자택일적이며 경쟁자 관계에 있는 생활형태들과 좋은 것의 개념파악들 사이에서 '판결을 내리겠다거나'

혹은 그것들을 정의롭게 처리하는 원칙들을 제공하겠다는 자유주의의 요구들은 허위이며 또 반드시 허위일 수밖에 없다는 것이다.[21]

내 생각으로 이 비판에서의 진실은 공평한 가치들이 항상 문화적으로 명료하게 구분되는 형태를 띠어야 한다는 것, 그리고 그 가치들이 성스러운 것으로 취급될 때, 다시 말해 그 가치들을 구체화하는 재화들에 통약불가능한 가치가 매겨질 때는 항상 언제, 누구에 의해, 그리고 어떻게 그 가치들이 짓밟힐 수 있는가를 알려주는, 가변적이지만 잘 정의된 한계 안에서 그렇게 해야 한다는 것이다. 이 글의 나머지 부분에서 나는 특히 캘러브레시와 보비트의 저작에 의거해 공평한 가치들은 문화적으로 정의되어 현시대 사회들에서 성스러운 것으로 취급되지만, 이런 성스러운 가치들의 추구에는 규범통치적 한계들이 설정된다는 것을 보여주고자 한다. 나는 현대 자유주의 사회들에서 다른 가치들과 통약불가능하다고 간주되는 두 가지 공평한 가치들, 즉 인간 생명의 가치와 평등의 가치 측면에서 이 점을 보여줄 것이다.

인간의 생명은 종종 가격을 매길 수 없다고 얘기되지만, 오직 일정한 맥락 하에서만 그렇다. 어떤 희생을 치르더라도 생명을 구하는 것은 이상적인 일이라고 선언함으로써 인간 생명을 성스러운 것으로 취급하는 것은 어떤 경우에는 적절하지만, 다른 경우에는 거부된다. 인권 헌장이나 시민법 같은 공적 문서들이나 정치인들과 성직자들의 연설에서 상징적으로 단언되거나 암묵적으로 언급되는 이러한 이상은 특정 공공정책들을 제안하는 방식으로 제시되기도 한다. 따라서 어떤 사람의 생명은 구하고 다른 사람 것은 구하지 못하는 것을 포함해 (예컨대 얼마나 많은 인공호흡장치가 제작되어야 하는가에 대한 결정을 포함해) 각종 선택이 이루

어져야 하는 여러 상황 안에서 그 선택이 제안되거나 아니면 그 틀이 성
안되는 것은 '생명의 정당성을 인정하는 것' 으로, 다시 말해 오직 생명을
'구하는 것' 으로서만 가능하다. 왜냐하면 특정하게 규정된 범주 안에 있
는 그런 모든 이들의 생명은 구해지는 것으로 간주되기 때문이다. 제반
결정을 틀 지우는 이러한 양식은 '충분성' 의 인상, 즉 그것은 모두에게
가용(可用)될 수 있는 것으로서 충분하다는 것, 규정될 수 있는 범주 안에
있는 모든 사람은 구해지는 중이라는 것, 그럼으로써 누구는 구하고 누구
는 구하지 말 것인가 하는 괴로운 선택은 회피되어 왔다는 것, 그리고 이
렇게 구할 사람의 범주가 정해지기 전에는 다른 범주 안에 있는 (따라서
지금 당장 구하지 않아도 되는 - 옮긴이) 생명들을 구한 다른 기회들이 먼저
왔었다는 사실로부터 이목을 돌리게 했다는 인상을 준다는 것이다. 캘러
브레시와 보비트가 관찰했듯이, 선택을 틀 지우는 그러한 방식은 인간의
생명에 가격을 매길 수 없는 성질이 있음을 재차 단언하는 것이다.

> 그 밖의 수많은 가치들이 생명을 통약불가능한 것으로 가치 매기는 일에 의
> 존하며, 또한 이 가치들은 사실상 인간 생명에 낮은 가치를 매기는 결정들에
> 의해 항상 침식당하기 때문에, 생명의 무가격성에 헌신하는 사회에 기댄 어떤
> 입증에서도 실질적 혜택은 나오게 되어 있다.[22]

실제로, 이 인용구로 알 수 있듯이, 수많은 맥락들 속에서 생명의 가치
는 비록 공개적이지는 않더라도, 미국의 '직업안전보건청' 에서† 하는 것
처럼 명시적이고도 공식적으로 다른 가치들과 '끊임없이' 비교되거나
상쇄거래되고 있다. 그리핀이 도표로 지적했듯이, 생명가치를 다른 가치

와 비교하는 일은 프랑스 정부에 의해서도 수행된다. 즉 수많은 교통사고에 대한 예방책을 희생시키면서 가로수가 심어진 거리를 옹호한다거나,[23] 정부가 "교육이나 예술을 지원하기 위해 생명을 구하는 의료 절차들에 재원 투여를 중단"할 시기를 전면적으로 결정하거나, "생명을 구하는 일에서 고통을 줄이는 일로 예산을 돌릴" 경우[24] 그런 식의 비교가 행해진다. 그러한 비교는 건강·산업상의 안전·운송 및 도시 계획을 관장하는 부서들의 정책입안자들과 행정가들에 의해, 안전을 특정으로 하는 일에 투자하는 사기업들에 의해, 그리고 보험회사들에 의해 규칙적이고 통상적으로 수행된다.

통약가능주의자들은 우리들 대부분이 별로 알고 싶어하지 않는 방식으로 인간 생명에 대한 비용이 끊임없이 산정된다고 주장한다. 이런 비용 추산은 우리가 실제로 감수하는 위험요인들과 우리가 실제로 행하는 판단들을 보고 확대추정하면 가장 합리적으로 수행된다.[25] 우리가 가치를 매긴 다양한 목표들이 얼마나 많은 생명만큼의 값어치를 갖는지를 산정하는 부담은 통상 그런 생명들을 실제 살아 있는 것이 아니라 통계학적 자료로 취급하면 줄어들긴 하지만, 그래도 우리는 그 부담을 다른 사람에게 떠맡긴다.[26] 우리는 우리의 건강, 우리의 안전, 때로는 우리의 생명을 경제성장, 수익성, 행정적 효율성 및 가로수길 등과 상쇄거래하는 더러운 일을 수행하도록 정치인들을 선출하고 행정 관료들에게는 봉급을 준다.

평등 또한 현 시대 사회들에서 신성한 가치로 취급되지만, 각 사회마다

평등에 부여하는 정치적 · 문화적 해석은 각기 다르다. 사람들을 평등하게 처우하는 것은 그 사람들을 차별하지 않는 것인데, 무엇이 차별로 간주되느냐 하는 것에 대한 이해는 여전히 열린 문제이다. 예를 들어 평등주의는 공정하고 평등한 기회에의 권리, 의료 · 교육 · 복지혜택에의 권리, 최소 수입이나 생활수준 혹은 삶의 질에의 권리 등과 같이 서로 연관된 권리들을 침해하는 차별을 금지함으로써 기초적인 최소의 것을 보장하는 데 따르는 이점, 필요 또는 예비조항에 초점을 맞출 수 있다. 시장 자유주의자들은 개인들이 무엇을 소유하든, 그들이 획득했거나 혹은 운이 좋아 소유하게 되었을지도 모르는 일체의 기술이나 재능을 포함해, 그 개인들의 모든 소유물에서 나오는 일체의 이득을 수확할 평등한 권리를 성스러운 것으로 취급한다. 정체성의 정치는 특정 집단의 뚜렷한 특징으로 주장되는 것에 대한 인정을 표현하는 특별취급에 대해 그 특정 집단 또는 범주의 구성원으로서 각 개인이 누리는 평등한 권리를 성스러운 것으로 취급한다.

캘러브레시와 보비트 교수는 자신들의 책 『비극적 선택』에서 평등의 해석에는 정치적 차이뿐만 아니라 각기 다른 사회들이 평등의 가치를 해석하는 각기 다른 방식과 그럼에도 불구하고 평등을 침해하는 그런 선택을 하는 각기 다른 방식에 중대한 문화적 차이도 존재한다는 점을 상기시킨다. 그들에 따르면 이탈리아는 자기네 법구조를 총체적으로 일신시켰던 프랑스 혁명으로부터 "절대적인 또는 단순한" 평등주의를 물려받았는데, 모든 시민들에게 "신분과 처우의 평등성"을 선언하는 이런 평등주의는 헌법과 법규칙들로 표현되었다. 따라서 예를 들어 일반 군사 훈련은 규칙이고, 공교육에 대한 보편적 권리이다. 그러나 그런 규칙들은 "강령적 지침이 아니라 이상적 목표들을 표현하는 것으로 간주된다. 통상 이탈리아인들은 수많은 법률 아니면 적어도 행정법규 같은 것들은 깨지기 위해 만들어진다"고[27] 농담한다. 왜냐하면 이탈리아 사람들이 일반적으로 법을 준수하지 않는다는 사정을 감안하면 법을 지키는 것처럼 우스꽝스러운 일은 없기 때문이다. 하지만 이러한 "감상적 평등주의에의 충정"은 "화폐 시장에 대한 실질적 불신", 그리고 판사들의 판단력에 대한 불신 및 "무원칙"하고 "명백하게 부패하기 쉬운" 것으로 간주되는 독립적인 의사결정기관들에 대한 불신으로 귀결된다.[28] 그 결과가 "단순한 평등주의의 결과물을 회피하게 만드는 복잡한 평계 체계이다."[29]

그와 대조적으로 저자들은 미합중국을 두고 "효율성을 위해 분투하지만 사회경제적 불이익을 완화시키기 위해 그 효율적인 결과를 교정하는 조건부 평등주의"에 해당한다고 성격 지운다.[30] 그들의 논증에 따라 보다 구체적으로 얘기하자면 "희소한 의료자원의 할당이라는 측면에서 볼 때 미국은 그 할당의 결과들이 인종이나 계급 차별 유형으로 뚜렷하게 인지되지 않는 한, 치료나 기타 효율성 고려사항에 기초한 할당을 일반적으로 허용하는 나라이다."[31] 간략히 말해, 그 원칙은 "만약 사람들이 일반화된 효율성 기준에 따라 유사하다면, 그러나 또한 만약 사람들을 평등한 존재로 취급하지 않는 것이 몇 가지 측면에서 현격하게 냉대받는 집단을 부각시키게 된다면, 사람들은 평등한 존재로 대우받아야 마땅하다"는 것으로 정리되는 듯하다.[32]

저자들은 영국이 "제3의 대안", 즉 "효율적이라는 명칭을 붙일 수 있는 결과를 성취하게끔 고안된 형식적인 평등주의"를[33] 대표하는 것처럼 보인다고 논증한다. 그들은 영국의 경우 관찰 가능한 치료연관적인 외적 기준들의 토대 위에서 별 의미 없는 위험감수요인들은 배제된다고 생각한다. 그 기준들은 확고한 일관성을 갖고 적용되며 일반적 평등이 함축하는 부정적 의미를 압살한다. 따라서 혈액투석은 이용 가능한 신장의 한정된 수를 고려해 가장 높은 성공률을 성취하기 위해 할당된다.[34] 여기에서 작동하는 것은 "한정된 수의 기계들로 가장 많은 수명을 얻는 것으로 환원되는 일종의 기계적 효율성이다. 모든 사람이 살아남아 대우받으면서 살고 싶다는 열망은 평등하다고 상정된다. 사회의 열망이란 것은 각 인간을 이렇게 살게 하는 것이다."[35]

캘러브레시와 보비트는 위에서 지적된 구상들에 대해 "각각의 사회는 독특한 친화력을 갖는다"고[36] 말한다. 더욱이 각 사회는 신장 기계들을 할당하는 비극적 선택을 내림에 있어서 (혹은 그 기계들의 희소성이 별로 중요하지 않을 정도로 그 비용이 충분히 떨어질 때까지) 그 사회의 성스러운 원칙을 타협시키는 서로 구별되는 의사결정 방식을 보여준다. 이탈리아에서 통용되는 전형적인 이탈리아 방식에 따르면, 관료와 공직자들의 관리를 받아 실질적인 분배는 지위와 화폐를 선호하는 "지침 (…) 변용의 복잡한 체계"에 의해 산출된다. 따라서 이탈리아는 "절대 평등의 원칙을 끊임없이 선언하면서도 그것을 적용하지 않음으로써 비극적 갈등을 피하려 했다."[37] 저자들은 미국에 대해서는 시간을 가로질러 연속적 발전을 추적한다. 먼저 신장이식 기계들은 의사들과 병원들에 의해 신장이 가장 잘 기능할 것 같은 사람이나 그 기계에 대해 실험과 관련하여 실질적인 이해관계가 있는 사람들에게 분배된다. 그 다음 기계를 입수해 이용할 수 있는 주기가 넓어지면 "몇 가지 의료상의 방책은 부(富)에서 발생한 예전이나 현재의 이득 때문에 다른 방책보다 더 확실한 것처럼"[38] 보이기 시작한다. 이로 인해 선착자 우선 수혜 체제(a first-come-first-served system)가 수립되지만, 이것이 이번엔 자의적이 되면서 부패의 길을 열어주기에 이르렀다. 그래서 의료 전문가들의 지원을 받는 '다양한 집단들의 선택된 대표자들'로 이루어진 독립적 기구인 '시애틀 위원회'가 세워져 "상대적인 성공 기회를 고려해 살아갈 가치가 가장 많은 사람들"을 선택했지만, 이 위원회는 자신들의 결정에 대해 명시적인 규칙들을 적용하거나 공적인 정당화를 제시한 적이 없었다. 이런 할당 양식은 "눈사태 같은 비판"을 당하기 쉬운데, 그 가운데 주된 것은 생명의 존엄성이 공공연하게 부정되고 있다는 것이다. 제한된 투석기를 할당하는 문제를 두고 다른 접근법들이 논의되고 시도되기도 했지만, 그러는 동안 투석기의 가격이 급격하게 하락해, 캘러브레시와 보비트가 "또 다른 핑계"라고 묘사했던 공식, 즉 "혜택을 받을 모든 사람들에 대한 혈액투석" 조항을 적용할 수 있을 정도가 되었다. 결국 신장 기능의 저하로 죽어가는 사람들의 생명을 살리는 데 들어가는 경비는 다른 질병으로 죽어가는 사람들에게 들어가는 경비와 거의 비슷하게 되었다.[39]

영국식이었더라면 이런 업무는 의사와 병원에 넘겨져 "효율성에 의해 결정되는 일종의 기계주의적이고, 뉴튼주의적인 평등주의"에 기초해 순전히 임상적으로 생각되는 결정이 내려졌을 것이다.[40] 이 시스템이 진짜로 작동하는 것인 한에서, 아마 그것은 단지 '형식적'이거나 '공리주의적인' 평등주의이면서 각각의 인간 생명은 똑같이 가격을 매길 수 없다는 평등관과 미국에서처럼 냉대받는 집단들의 권리에 주목하는 평등관 가운데 하나를 타협시키는 방식으로 보여질 수도 있었다.

결론

다원적 가치들이 충돌하는 세계에서 우리는 사적인 삶과 공적인 삶 모두에서 성스러운 가치들에 특별한 중요성을 부여한다. 우리는 사적으로 그리고 공적으로 성스러운 가치들에 관해 우리들이 얘기하고 공식 문헌으로 선언하는 것 안에서, 또 우리가 특정 맥락에서 그리고 특정 한계 안에서 처신하는 방식에서 모두 성스러운 가치들을 다른 가치들과의 통약으로부터 분리시킴으로써 그 중요성을 부각시킨다. 세속 세계에서 성스러운 가치들에 대한 우리의 책무는 조건적이다. 따라서 성스러운 혹은 통약불가능한 가치들은 상호 개인적이면서도 공적인 우리의 삶에서, 비록 제한되긴 하지만 중심적인 역할을 수행한다. 그 가치들이 그런 역할을 하지 않는다면 결국 더 나아질 일이 없는 것은 아닐까? 우리는 우정이나 생명 구하기나 차별철폐를 포함한 우리의 모든 선택을 마치 보험에 관해 결정할 때처럼 냉정하게 비용분석에 맡기면서 막스 베버가 세계의 탈주술화라고 부른 것을 계속 진척시키거나 토머스 셸링의 충고를 따르는 것이 더 좋은 것은 아닐까?[41] 만일 우리가 열을 내리고 삶의 모든 것이 그 힘들고 비극적인 선택들을 포함해 희생보다는 상쇄거래에 있다고 깨닫는다면 다 함께 더 나아질 일은 없을까? 우리는 칸트에 관해 청승맞게 말한 모든 것을 중단하지 말아야 할까?

통약불가능주의적 입장에서 진실은 그러한 제안이 우리가 성스러운 것으로 취급하는 편파적인 가치들 및 공평한 가치들, 그리고 그 가치들을 체화하는 개인들과 재화에 대해 우리가 관계 맺는 방식에 대한 오해를 표현한다는 것이다. 우리는 그 가치들을 우리가 가장 효과적 수단을 선택해 가장 낮은 비용으로 확보할 방도를 모색하는 전략적 목표로 간주하지 않는다. 만일 우리가 그렇게 한다면, 우리는 그 가치들을 가치 있게 만드는 것에 대해 타락했거나 빈곤하거나 아니면 부패한 이해를 표출할 뿐이라는 것이다. 하지만 통약가능주의자들 또한 옳다. 우정은 계산 가능한 한계 내에서 여러 수요를 만들어낸다. 그리고 셸링이 올바르게 주장하듯이, 공공 정책은 늘 점점 복잡해지는 비용-편익 계산을 요구한다. 이런 비용-편익 계산을 하지 않는다면 의료 자원 같은 자원들은 대단히 부당하게 분배되고 정책 선택은 비합리적으로 이루어질 것이다.

　이른바 근본주의자들에 의한 것처럼 그 한계까지 간 통약불가능주의자의 입장은 상호 개인적인 삶과 공적인 삶을 성스러운 제례처럼 만들기를 제안한다.[42] 통약가능주의자들의 입장을 그 한계까지 밀어붙이면 도구적 이성에 의한 생활세계의 기술화·식민지화의 제안이 된다. 아마 요점은 어떤 쪽이 더 좋은 논증을 하느냐가 아니라 그 두 입장 가운데 하나가 승리하는 세계의 출현을 두려워하면서 거기에 저항하는 것이다.

1) 나는 루쓰 창(Ruth Chang)과 존 스탠튼-이프(John Stanton-Ife)가 이 글의 초고를 보고 행해준 논평들에 감사를 표한다.

2) James Griffin, *Well-Being* (Oxford: Clarendon Press, 1986), 82쪽.

3) Ruth Chang, "Emphatic Comparability and Constitutive Incommensurability, or, Buying and Selling Friends" (미간행 수고).

4) James Griffin, "Incommensurability. What's the Problem?", in Ruth Chang, ed., *Incommensurability, incompatibility and Practical Reason* (Cambridge, Mass. and London: Harvard University Press, 1997), 35~51쪽.

5) Joseph Raz, *The Morality of freedom*, (Oxford: Clarendon Press, 1986), 322쪽.

6) Chang, 앞의 글.

7) 이에 대해서는 Elizabeth Anderson, "Practical Reason and Incommensurable Goods", in Ruth Chang, ed., *Incommensurable*을 참고하라.

8) 앞의 글.

9) Raz, *Freedom*, 345~357쪽.

10) 이 예는 셸링의 "The Life You Save May Be Your Own"에서 나온 것이다. 이 글은 그의 *Choice and Consequence: Perspectives of an Errant Economist* (Cambridge and London: Harvard University Press, 1984). 5장에 수록되어 있다.

11) 이에 대해서는 Richard H. Pildes and Elizabeth S. Anderson, "Slinging Arrows at Democracy: Social Choice Theory, Value Pluralism and Democratic Politics", *Columbia Law Review 90* (8, Dem. 1990), 2121~2214쪽을 참고하라.

12) 이에 대해서는 앞에서 인용된 앤더슨의 글과 그녀의 뛰어난 책, *Value in ethics and Economics*, (Cambridge Mass. and London: Harvard University Press, 1993)을 참고하라. 이 장에서는 나는, 우리의 이상(理想)들이 얼마나 많이 실현되는가라는 매혹적인 의문, 예컨대 얼마나 많은 우정이 우리의 우정에 대한 이상에 부합하는가와 같은 의문은 전적으로 논의하지 않은 채 남겨놓을 것이다.

13) 이에 대해서는 앞에서 인용된 창의 글을 참고하라. 그럼에도 불구하고, 모든 우정이 화폐와 등가관계를 갖는다고 말하는 것은 아니다. 단지 일정한 가치 관계가 우정과 화폐량 사이에서 유지된다는 것이다.

14) 이에 대해서는 위에서 인용된 앤더슨의 글을 참고하라.

15) 비교가 계산을 포함할 것을 반드시 요구하는 것은 아니라고 주장될 수도 있다. 그러나 나는 이러한 주장이 일반적인 경우에는 받아들이기 힘들다는 것을 안다. 만일 X가 Y보다 더 좋다고 주장되는 한, 거기에는 '얼마나 좋은가' 라는 질문에 대한 일정한 답변이 있다. 비록 부정확하다고는 할지라도 말이다. 나는 비교가 계산을 함축한다고 가정한다.

16) Éile Durkheim, *The Elementary Forms of the Religious Life* (London: Allen and Unwin, 1915), 40~41쪽.

17) 여기에서 나는 신성함이라는 용어로 종교를 정의하고, 그에 따라 세속적인 종교들에 대해 (아래를 참고하라) 언급한 뒤르켕에서 출발한다. 나는 '세속적' 이라는 용어를 '신성한' 의 반대말로가 아니라, '종교적' 이라는 용어의 반대말로 사용하고 있다.

18) Éile Durkheim, "Individualism and the Intellectuals", tr. by S. and J. Lukes, *Political Studies, 17* (1969), 14~30쪽.

19) Anderson, 앞의 글.

20) 내가 알고 있는 이 견해에 대한 가장 극단적인 진술은 스탠리 피쉬(Stanley Fish)의 책, *There's No Such Thing as Free Speech and It's a Good Thing Too* (Oxford: Oxford University Press, 1994)에 기술되어 있는 '자유주의란 존재하지 않는다' 이다.

21) 이러한 논증의 흥미있으면서도 반-자유주의적인 견해에 대해서는, 비쿠 파레크를 보라. "Superior People. The Narrowness of Liberalism from Mill to Rawls' ", *Times Literary Supplement* (25 Feb. 1994), 11~13쪽. 나는 이 책 3장에서 이에 대해 좀더 자세히 논의했다.

22) Guido Calabresi and Philip Bobbitt, *Tragic Choices* (New york: Norton, 1978), 135쪽.

23) Griffin, *Well-being*, 82쪽.

24) Griffin, 위의 책.

25) 이에 대해서는 Schelling, "The Life You Save May Be Your Own" 을 참고하라.

26) 그것이 부담이라는 것은 로버트 벨라 등이 쓴 *The Good Society* (New york: Knopf, 1991)에 나온 OSHA 고위 전문 분석가와의 흥미있는 인터뷰에서 확인할 수 있다. 그는 "자기 부서가 표준적인 경제학 테크닉을 구시히여 고비용의 안전한 공학기술과 인간 생명에 대한 위험감수 사이의 상쇄거래를 받아들일 수 있도록 결정하는 데서 상당한 불만이 표출된다' 고 얘기했다. (27~29쪽) 벨라의 책은 이 책 11장에서 논의된다.

27) Calabresi and Bobbitt, *Tragic Choices*, 180쪽.

28) 위의 책, 180~181쪽.

29) 위의 책, 181쪽.

30) 위의 책, 178쪽.

31) 위의 책, 184쪽.

32) 위의 책, 186쪽. 주석에서 저자들은 어떤 집단들이 ‘냉대받는다’ 고 간주하는 것은 불확정적인 문제임을 예의주시한다. 왜 트럭에 치여 죽을 사람들 혹은 암으로 죽을 사람들은 냉대받은 것이 아닌가? 그들은 이 두 집단들이 우리 사회에서 정말 최소한의 호의를 받았는가에 대해 논의할 만하다고 주장한다. 롤스의 차등원칙을 논평하면서, 그들은 그것에 대한 정확한 진술은 ‘어떤 집단이 냉대받고 또 얼마나 많이 냉대받는가는 특별한 주의를 받을 것이라는 점과 관련된 이러한 암묵적인 판단들에 대해 설명해야만 한다’ 고 입장을 밝히고 있다.(232쪽)

33) 위의 책, 178쪽.

34) 위의 책, 184쪽.

35) 위의 책, 185쪽.

36) 위의 책, 178쪽.

37) 위의 책, 183~184쪽.

38) 위의 책, 187쪽.

39) 위의 책, 186~189쪽.

40) 위의 책, 184쪽.

41) 예컨대, ‘작은 변화들을 작은 위험들 속에서 다루는 것은 가치평가를 좀더 인과적으로 만들며, 또 값으로 말할 수 없는 것과 과장된 것을 잠재적으로 두려운 선택을 벗어나서 취하는 것이다.’ , “The Life You Save May Be Your Own”, 144쪽.

42) 이에 대해서는 Martin Risebrodt, Pious Passion, *The Emergence of Modern Fundamentalism in the United States and Iran*, tr. from the German by Don Reneau (University of California Press, 1993)을 참고하라. 근본주의는 ‘모든 삶의 상황들과 영역들’ 을 다음과 같이 규정하는 것으로 묘사된다. 즉 근본주의는 ‘구조적인 다원주의’ 를 부정한다. 그리고 ‘통일된 모든 근본주의를 상징화시키는’ 이러한 부정은 ‘사적인 삶, 가족, 정치, 경제, 정의, 그리고 문화에 의해 형성된 모든 것을 종교적 법률에 종속된 것으로 이해한다. 사회는 특정한 윤리와 함께 특정한 영역들로 구분되지 않는다.’ (181~182쪽)

6

단수적인 것과 복수적인 것

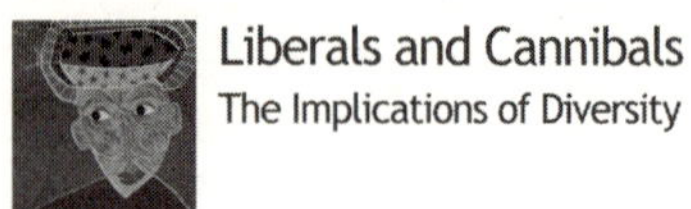

이사야 벌린은[†] 도전적 사상가다. 나는 그의 사유의 도전, 그리고 앞으로 논증하겠지만, 특히 그의 사유 '방식'의 도전이 그 영향력이나 적절성에 있어 지난 반세기 동안 감소하기는커녕 오히려 그 반대로 성장해왔다고 믿는다. 이 글에서는 나는 그러한 도전이 결국 도달한 바가 무엇인지를 확인하고자 노력할 것이다.

첫째, 이는 '어려움'의 문제, 즉 사유의 어려움이나 표현의 어려움에 관한 문제가 아니다. 반대로 벌린의 글은 예외적일 만큼 폭넓은 청중들에게 예외적일 만큼 이해하기 쉽도록 되어 있다. 작가로서 그리고 강연자로서 그는 항상 전문 학자나 역사가, 철학자에서부터 일반 독자나 청중 또

[†] 벌린(Sir Isaiah Berlin, 1909~1997)은 20세기 자유주의 정치사상의 지도적 인물로 꼽히는 정치철학자, 사상사가 및 윤리학자이다. 자유주의 이론에 대한 그의 연구는 20세기 후반기 내내 지속적인 영향을 미쳤는데, 특히 1958년 옥스퍼드대학 사회정치이론 치첼레 교수직 수임 강연 원고로 발제한 「자유주의의 두 개념 Two Concepts of Liberty」은 자유에 관한 이론을 논할 때마다 빠짐없이 거론되는 적극적/소극적 자유의 구분으로 유명하다. 그에 따르면 소극적 자유는 행위자가 할 수 있는 행위에 대한 강제나 방해의 부재를 가리킨다. 이 개념에 따르면, "나는 내가 할 수 있는 행위를 위한 기회를 사전에 차단당하거나 방해받지 않는 정도가 높을수록 소극적으로 자유롭다." 반면 적극적 자유는 자기지배 또는 자기운명을 통제할 수 있는 자기결정 능력이라는 생각과 연관되어 있다. 벌린은 이 두 가지 자유 개념 중 적극적 자유에 대한 강조가 강할수록 정치적 오용의 소지가 높아진다고 보았고, 특히 19세기 민족자결주의 이념이 적극적 자유 개념과 결합하면서 역설적으로 자유에 대한 요구가 집단적 통제와 훈육을 요구하는 이념으로 변질되기 시작했다고 진단했다. 바로 이 때문에 적극적 자유와 정치적 전체주의 사이에는 선택적 친화성이 있다는 것이다. 그 반면 소극적 자유가 정치적으로 더 안전하고 더 자유주의적인 자유관을 반영한다고 보는 그는 이 점에서 벤담과 밀의 사상을 자기 사상의 적극적 선조로 비정한다. 벌린은 현대 전환기의 유럽 사상가들에 관한 연구로 특히 유명한데 『러시아 사상가 Russian Thinkers』(1978) 및 반동계몽주의를 다룬 계몽주의 및 낭만주의 연구가 특히 평가된다. 한국에서 벌린은 마르크스 전기의 작가로 알려졌는데, Karl Marx: his life and environment (Oxford University Press, 1956)는 『칼 마르크스: 그의 생애, 그의 시대』(신복룡 옮김, 서울: 평민사, 1982, 1992)와 『칼 마르크스: 그의 생애와 시대』(안규남 옮김, 서울: 미다스북스, 2001)로 두 차례 번역되었다. 그 밖에도 『계몽시대의 철학』(정병훈 옮김, 서울: 서광사, 1992)과 『비코와 헤르더』(이종흡 · 강성호 옮김, 서울: 민음사, 1997), 그리고 『낭만주의의 뿌리 :서구 세계를 바꾼 사상 혁명』(강유원 · 나현영 옮김, 서울: 이제이북스, 2005)이 번역되어 있다.

는 관념적 취향의 문학애호가에 이르기까지 넓은 영역에 걸친 다양한 사람들의 여러 수준에 맞추어 소통하는 보기 드문 재능을 발휘한다. 그의 산문은 결코 난해하지도 않고 심지어 추상적이지도 않다. 즉 그가 다루는 사상들은 언제나 확인 가능한 시대와 장소 안에 실존하는 개인들의 속성으로 취급된다. 요세프 브로드스키가[†] 주목했듯이, "다른 사람들"의 삶은 벌린 같은 사람의 강점이 된다. (브로드스키는 "이 세계에서 가장 흥미로운 두 가지는 '가십과 형이상학'이다"라고 덧붙인다.)[1] 버나드 윌리엄스의 관찰에 따르면,[2] 벌린이 쓰는 사상들과 논증들은 항상 '누군가의 것'이다. 즉, 그의 생각들과 논증들은 일종의 구체적이며 또한 구체화된 상황에 관한 응답 안에서 전개된다. 예를 들어, 프랑스 계몽주의에 대한 대응으로 이루어진 민족주의의 기원을 "시인과 비평가들로 이루어진 독일 소수 엘리트들의 전망"이라고 한 그의 해명을 고려해보자.

이들은 프리드리히 대제의 서유럽식 개혁이 진행 중이었던 독일(특히 프러시아)에서 사회 변혁에 의해 가장 심각하게 자신의 위치를 위협받는다고 느꼈다. 이들은 모든 실질적 권력에 접근할 수도 없었고, 전통적인 삶의 방식을 강요하는 관료 조직에도 들어갈 수도 없었으며, 자신들의 바탕을 이루는 가톨릭적이거나 프로테스탄트적인 도덕주의적 전망이 프랑스 계몽주의의 과학적 분위기와 상충된다는 것에 대해 극도로 민감했고, 200명이나 되는 영주들의 전

[†] 브로드스키(Joseph Brodsky, 1940~1996)는 러시아 출신의 유대계 미국 시인으로서 15세 때 학교를 나와 노동자로 일하며 독학으로 철학과 영어 등의 여러 언어를 공부했다. 18세 때부터 시를 쓰기 시작했는데, 1956년 헝가리 사태에 충격을 받고 반체제 성향을 띠게 되었으며, 1963년 장시 『존 던에게 바치는 비가』를 발표했다. 1964년 '유한(有閑) 기생충'이란 죄목으로 기소되어 강제노동 5년형을 선고받고 강제노동수용소에 유배되었다가 1965년에 석방되었지만 1972년 강제 추방되어 미국에 정착하였다. 1987년 노벨문학상을 수상했다.

제주의에 시달렸다. 이들 중 가장 재능있고 독립적인 이들은 루이 14세의 군대가 이들의 선조들에게 가했던 모욕과 더불어 점증하는 반란에 의해 시작되었던 세상의 점진적 붕괴에 대응했다. 이들은 독일적 전통의 깊이와 시정(詩情)을 정신적 삶의 무진장하고 형용할 수 없는 다양성에 대한 단속적이지만 진정성 가득한 통찰 능력과 대비시켰으며, 천박한 유물론 즉 공리주의나 프랑스 사상가들이 생각한 세계의 얄팍하고 기계적인 그림자놀이와도 대비시켰다. 이것이 낭만주의 운동의 뿌리이다. 적어도 독일에서 이러한 낭만주의 운동은 합리적 방법들로 발견할 수 있는 규칙들에 의해 속박받지 않는 집합적 의지, 즉 그 행위 또는 비인격적 의지 속에 창조적인 개인들이 참여할 수는 있으나 관찰하고 기술하는 것은 불가능한, 사람들의 정신적 삶을 찬양했다. 이러한 집합적 의지의 표현으로서의 민족의 정치적 삶이라는 개념이 바로 정치적 낭만주의의 본질, 즉 민족주의이다.[3]

이 구절은 벌린 산문의 접근성을 설명하는 데 도움이 되는 몇 가지 측면의 예다. 역사적 언급은 명확성과 정확성을 갖추고 있으며, 그들의 '뿌리'와 '본질'을 찾는 과정에서 복합적인 사상들이 특성화되는 것처럼 보인다. 뿐만 아니라 문제의 사상들을 이해 가능한 것으로 만듦에 있어 (이 특정한 독일인들은 프랑스 계몽주의자들을 어떻게 바라보았는가 하는) "그 내면으로부터의 세계"를 전달하려는 실제적 노력 (즉 왜 그것은 그들에게 그러한 것으로 나타났는가 하는 물음) 또한 상당히 그럴 듯하게 보인다. 더 나아가 이 구절은 문학적 특성을 드러낸다. 브로드스키는 그의 산문에서 "겹겹이 쌓인 종속절들, 여담과 문제들, 19세기 러시아 소설의 절정에 나타났던 냉소적 수사법과 닮은 억양"과 같은 '러시아적 전형'을 발견했다.[4] 벌린 자신은 톨스토이와 "19세기의 중반의 다른 러시아 작가들, 즉 소설가들과 사회 사상가들이 모두 나의 전망을 형성하는 데 상당히 기여했다"고 기록했다.[5]

하지만 벌린의 글이 접근하기에 용이하다는 것은 통속화 또는 단순화라는 대가를 치루고 얻어진 것이 아니다. 그는 사상들이나 논증들 또는 세계관, 즉 자신은 숙고하고 숙달해 있었지만 글에서는 거의 드러내지 않았던 학문적 논쟁들을 독자들이 고찰할 수 있도록 이끈다. 그는 인용을 거의 하지 않으며, 텍스트를 상세하게 분석하지도 않는다. 그보다 그는 한 편으로는 성실하고 호의적인 보고자로서, 다른 한 편으로는 사상가들과 같은 시대를 살아가는 대담가로서, 또 다른 한 편으로는 그 사상가들의 세계관에 대한 고찰로부터 연역되는 그 자신의 입장을 독자들에게 옹호하는 변호자로서, 사상가들의 해석을 전체적으로 드러내는 쪽을 선호한다.

벌린의 에세이는 (마르크스의 생애와[6] 최근 출간된 하만 연구를[7]† 제외하면 그의 글은 모두 에세이지만) 대부분 항상 일종의 영원히 지속될 물음들, 즉 우리들 대부분이 순간순간 되돌아보는 그런 종류의 물음들을 반영한다. 생시몽이나 콩트, 헤겔이나 마르크스가 말했던 것처럼, 역사에는 그 전체적 패턴이 존재하는가? 존재한다면 우리는 그것을 알 수 있는가? 계몽주의 사상가들이 확신했듯이 "무지로부터 앎으로의 운동은 존재하는가? 비록 그것이 아무리 험난한 것일지라도, 미신적 사고와 유아적

---

† 하만(Johann Georg Hamann, 1730~1788)은 독일의 철학자이자 시인으로서 칸트와 같은 쾨니히스베르크(현재 러시아의 칼리닌그라드) 출생이다. 경건주의에서 배태한 신비로운 정서적 감각을 바탕으로 지적인 것에 편중된 계몽주의를 극복하고 전인적 인격을 추구하려고 노력하였다. 이러한 자세는 헤르더에게 깊은 영향을 끼치면서 더욱 체계화되어 괴테와 쉴러의 '질풍노도운동'(Sturm und Drang)으로 이어졌다.

환상으로부터 직접 경험 가능한 실재에 대한 지각으로의 운동, 다시 말해 참된 목표, 즉 사실의 진리들뿐만 아니라 참된 가치들에 대한 앎으로의 운동이 존재하는가?"[8] "인간이 믿어왔던 긍정적 가치들"은 궁극적으로 양립가능한가? 아니면 가치들 사이의 이런 갈등은 "인간 삶의 본래적이며 제거할 수 없는 요소"인가?[9] 흄이 믿었던 바와 같이, 그러나 비코는 부정했던 바, 인간의 본성은 모든 시간과 장소에서 동일한가? 실증주의자들이 주장했던 바와 같이, 그러나 또다시 비코는 부정했던 바, 자연과학의 방법은 윤리·정치·인간관계 일반의 영역에서도 동등하게 성공적으로 적용가능한가? 만일 그렇지 않다면, 왜 그런가? 벌린의 에세이는 그가 질문하고 답을 구했던 이러한 문제들과 각기 관련된 특정 사상가들이 살아 움직이도록 하는 방법을 통해 독자들이 이와 같은 물음들에 관한 논의 속으로 빠져들게 한다.

그의 글 속에서 그리고 그의 강연장에서, 사상가들이 살아 움직인다는 것은 논란의 여지가 없다. 이는 왜일까? 사상들을 생생하게 만드는 그의 독특한 재능은 어디에 있을까? 내 생각에 그 대답의 일부는 적어도 위에서 서술했던 바와 같은 관점의 혼합에서 찾을 수 있다. 벌린의 글에는 해석자로서, 대화자로서, 사고자로서 각기 달리 가질 수 있는 전망들이 한데 섞여 있다. 해석자로서 벌린은 비코가 판타지아(fantasia), 즉 환상력이라고 불렀던 능력을 두드러지게 갖고 있다. 판타지아는 다른 세계관으로 들어가 "그 세계의 사람들이 내는 목소리를 들음으로써 그들의 경험과 그들의 표현 형식, 그들의 가치나 견해, 목적, 삶의 방식들이 어떠했을지를 (우리가 모을 수 있는 만큼의 증거들에 기초해) 판독해내는 능력"이다.[10]

그의 해석은 대개 문제의 사상가들이 구사하는 논증의 논리보다는 그들의 살아 움직이는 핵심적 전망에 초점을 맞춘다. 사상가들에게 이와 같은 방식으로 초점을 맞추는 것은 문제의 사상가들이 사용하는 "방어적 무기, 즉 현실적이고 잠재적인 비판 및 반대 입장들의 관점에서 내놓을 수 있는 실제적이고 가능한 이의 제기에 맞서 대항하는 무기"를 가장 잘 드러내는 접근 방식이다. 왜냐하면 논증은 (물론 항상 그러한 것은 아니지만) 때때로 "단지 장외작업(場外作業)에 불과"하기 때문이다.[11] 대화자로서 벌린은 논의 속에서, 동시대인들이 그 사상가들에 대해 어떻게 이해하는지, 또 어떻게 대응하는지를 그려내기 위해 그의 판타지아를 확장한다. 이러한 방식으로 그의 접근은 스키너 교수가 강조한 이해 가능성의 맥락을 어느 정도 구체화시킨다. 그러나 이때 이해 가능성의 맥락에 관한 과도하게 전일적인 집중은 사상들의 초맥락적 관련성과 지속적 힘을 이해 불가능한 것으로 만든다. 사고자(思考者)로서 벌린은 당연히 보다 거대한 논증이나 현재 진행 중인 일련의 논증에서 그가 논의하는 사상들을 정돈하는 데 관심을 갖는다. 그의 해석은 종종 존 스튜어트 밀이나[12] 조르주 소렐에[13]† 관한 그의 에세이에서와 같이, 논의되는 사상가들이 우리 시대의 쟁점에서 어디쯤 위치하는가를 시사한다. 또는 요셉 드 메스트르에 대한 에세이에서와 같이, 어떻게 그의 사유가 혼란스러운 당대의 분위기를 공격하는지 전한다. 벌린에게 있어 사상의 역사란 단순히 역사적인

---

† 소렐(Georges Sorel, 1847~1922)은 생디칼리슴 운동의 이론을 구축한 프랑스의 사상가로 마르크스, 프루동, 베르그송, 니체의 영향을 받아 『폭력론』(1908)을 썼다. 반민주, 반의회주의가 그의 사상의 요체로서 특히 의회의 부패에 대하여 맹렬하게 비난하면서 이른바 '폭력'의 윤리성을 강조하여 가장 좋은 구체적 형태로서 동맹파업을 찬양하였다. 1910년경부터 의회주의로 기울어진 프랑스 노동운동의 실정에 실망하고 이후 파시즘에 이용되는 사상경향으로 기울어 한때 무솔리니는 그를 '파시즘의 정신적 아버지'라고 불렀다.

것만이 아니라, 동시에 그 사상들의 강점과 약점에 대한 탐구이며, 또한 소렐에 대한 그의 에세이에서처럼, 이러한 사상들이 "우리 시대에 갖는 적합성에 관한 탐구"이다.[14]

그러나 둘째, 그의 사고가 던지는 도전은 야심만만한 총괄적 사고체계를 세우고자 하는 것이 아니다. 그는 체계적인 사상가가 아니다. 그는 (비록 그가 도덕적 판단과 정치적 판단은 인간과 우주의 본성에 대한 관점에 근거한다는 의미에서 일반적으로는 도덕이 형이상학에 기초한다고 주장하긴 했지만) 형이상학을 도덕과 연계시키거나 철학 및 정치학을 경제학과 연계시키는 것, 그리고 일종의 전체론적 진화 개념 안에서 생물학을 사회과학들과 연계시키는 데에도 관심을 갖지 않았다. 그는 다양한 지적 분야들과 사회적 삶의 영역 전반에 걸쳐 폭넓게 적용될 수 있는 원리들을 다듬으려고 애쓰지 않았다. 그는 오늘날 '정초주의자'라고 불리는 사람과는 거리가 멀다. 이후에도 그는 도덕적·정치적 결론들이나 평가적인 가치의 표준이나 그 가치들을 비교하기 위한 측정 기준을 제공할 수 있는 원리나 공리에 굳게 의지하려고 하지 않았다. 그는 심지어 우리 시대를 위해 (그가 명백하게 기술했던 두 가지 가치인) 자유 혹은 평등의 '이론'을 제시하지도 않았으며, 자유와 평등 사이의 관계에 대한 '이론' 조차 제시한 바 없다.

소비에트 연방에서 벌린을 읽었고 1970년대 초에 그를 처음 만났던 브로드스키는 이런 체계의 부재야말로 바로 자유라는 관념에 본질적인 것이라고 보았다. 그는 "내가 왔던 곳에서는 '철학'이란 대체로 음험한 단어였으며, 체계의 개념이 수반되는 것이었다"고 썼다. 『자유에 관한 네 개의 에세이』에서 좋은 점은 그것이 아무것도 진척시키지 않았다는 것이다. 왜냐하면 '자유'와 '체계'란 서로 대립적인 단어이기 때문이다.[15] 그러나 브로드스키의 이러한 관점은 너무 멀리 나아간 나머지 벌린의 자유주의적 특색을 잃고 말았다. 칸트나 아담 스미스, 존 스튜어트 밀, 그리고 오늘날에는 프리드리히 폰 하이에크, 칼 포퍼 경, 다른 방식으로는 존 롤스 등 위대한 자유주의 사상가들의 대다수는 벌린에게 현저하게 결여되어 있었던 '체계정신'(the esprit de système)을 다양한 정도로 발휘했다.

우리가 곧 검토하게 될 벌린의 실증주의적 관점은 사실상 그런 체계건설에는 불리한 관점이다. 또한 그가 좋아하는 자유주의의 영웅들, 즉 벤자멩 콩스탕,[†] 알렉시스 드 토크빌,[††] 알렉산드르 게르첸[✝] 가운데 그 누구도 체계의 건설자가 아니었다. 벌린은 칸트의 "비뚤어진 인간성의 재목으로는 어떤 곧은 것도 만들 수 없다"는 문장을 인용하길 좋아했는데,[16] 이 문장이 담긴 저작 전체의 취지보다는 이 문장 자체를 더 좋아했다. 그 저작은 『세계시민적 관점에서 본 보편사의 이념』으로, 여기에서 칸트는 "자연의 숨겨진 계획"이 "내적으로도 외적으로도 완성된 정치체"

---

† 콩스탕(Henri Benjamin Constant (de Rebecque), 1767~1830)은 프랑스의 정치가이자 소설가로서 한때 나폴레옹에게 협력하여 호민관에 임명되었으나 나폴레옹이 자유사상을 탄압하자 1803년 독일로 망명, 군정(軍政)을 탄핵하는 『정복 정신과 찬탈에 관하여』(1814)를 발표하였다. 당시의 혼란한 정치정세에 따라 정치적 입장을 자주 바꾸었으나, 자유주의적인 입헌군주제를 대체로 지켜나갔다. 그의 저서 중 『아돌프』(1815)는 스탈 부인과의 사랑을 묘사한 자전적 소설이며, 심리소설의 원형이라고 할 수 있는 걸작이다.

†† 토크빌(Alexis de Tocqueville, 1805~1859)은 프랑스의 정치학자, 역사가, 정치가로서 1831년 교도소 조사를 위하여 미국을 여행한 후 『미국의 민주주의 De la démocratie en Amérique』(1835~1840)를 저술하였다. 이 저서에서 근대 민주주의사회로의 이행을 필연적 현상으로 보았으며, 더 나아가 이러한 사회의 부정적 영향인 개인주의나 정치적 무관심 등에 대해서도 언급하여 현대 사회에서 민주주의 이행기의 귀중한 기록을 남겼다. 나중 외무장관도 역임하였다.

✝ 게르첸(Aleksandr Gertsen, 1812~1870)은 러시아의 소설가, 사상가로서 1825년의 데카브리스트(12월당원)의 봉기에 강한 충격을 받아 전제정치에 대한 투쟁에 생애를 바치겠다는 결심을 하게 만들었다. 1829년에 모스크바대학에 입학하여, 평생의 친구인 시인 오가료프 등과 함께 혁명적 집단을 조직하였으나 대학 졸업 후 국사범으로서 몇 차례 유형당했다. 『누구의 죄냐』(1847), 철학논문 『과학에서의 딜레탕티슴』(1843), 『자연연구에 관한 서간(書簡)』(1845~1846) 등의 작품을 썼다. 1848년에 프랑스 6월 혁명의 실패 후 1852년 런던으로 건너가 정치문집 『북극성』을 발간, 당시 러시아의 정치적 발전에 커다란 역할을 하였다.

를 현실화시키며, 또한 시민적 통합은 정확히 반대되는 이미지에 의해 특성화된다고 쓰고 있다.

> 서로 공기와 햇빛을 뺏으려는 숲 속의 나무들은 어쩔 수 없이 위를 향해 뻗어나가야 하듯이, 아름답고 곧은 성장은 그렇게 성취된다. 반면 마음대로 가지를 뻗는 나무들은 고립된 자유 속에서 더디게 자라고, 기울어지며, 구부러진다.[17]

게다가 그가 존경해 마지않았던 존 스튜어트 밀은 지적으로 가장 강력한 그런 체계들 중 하나이며 여전히 우리 시대에도 유력한 체계인 공리주의의 상속자나 계승자 또는 개선자가 아니었다. 벌린은 밀의 사유가 "전통적인, 즉 18세기 공리주의와는 정반대된다"고 지적했다. "전통적인 공리주의는 사물들의 불변적 본성이 존재한다는 견해에 기초해 있었으며, 다른 것들에 대해서와 마찬가지로 사회적인 것에 대한 문제들도 적어도 원칙적으로는 과학적으로 발견될 수 있다고 단호히 대답했던" 것이다.[18] 벌린은 다음과 같이 썼다.

> 고전적 세계와 이성의 시대로부터 계승된 의사(擬似)과학적 모델에 의하면, 결정된 인간 본성은 모든 시대와 모든 장소에서 동일하고 불변적인 필요나 감정, 동기들과 더불어 오직 상황과 자극의 차이에 대해서만 달리 반응하거나 일종의 불변적 패턴에 따라 전개된다. 밀은 바로 이러한 의사(擬似)과학적 모델과 단절했다. 그리하여 그는 (완전히 의식적으로 그런 것은 아니었지만) 인간의 이미지를 창조적이고 자기 완성적이며 따라서 전적으로 예측 불가능한 것

으로 대체했다. 즉, 그러한 인간은 오류에 빠지기 쉬운 존재이며, 대립들의 하나의 복합적 결합이며, 어떤 화해의 가능성이며, 해소되거나 조화될 수 없는 타자들이며, 진리와 행복·호기심·자유에 대한 탐구를 그칠 수는 없지만 그것에 도달하기 위한 어떠한 이론적·논리적·과학적 보증도 얻을 수 없는 존재이다. 또한 그러한 인간은 자유로운 존재이자 불완전한 존재이자 그의 이성과 재능에 적합한 환경 속에서 그 자신의 운명을 결정하는 능력을 지닌 존재이다.[19]

간단히 말해서 벌린이 보기에 밀은 일탈한 공리주의자였다.

사람은 자신의 선택 능력, 즉 악과 선을 동등하게 선택하는 능력에 의해 비로소 인간으로 만들어진다는 열정적 믿음이 밀을 이끌었다. 자기개선 능력의 필연적 결과로서의 오류가능성, 즉 실수에 대한 권리, 균형과 합목적성이라는 자유의 적(敵)에 대한 불신 등, 이러한 것들이야말로 밀이 포기하지 않았던 원칙들이다. 그는 진리의 다양한 측면과 환원 불가능한 삶의 복잡성을 날카롭게 인식했다. 이때 이러한 삶의 복잡성은 구체적인 문제들에 대한 단순한 해답 또는 단 하나의 최종적인 대답의 가능성을 일축한다.[20]

그러나 폐쇄적이고 일반적인 지적 체계들에 대한 불신과 회의, 그리고 그것들을 믿음으로써 나타나는 결과에 대한 공포 등을 공유한다는 점에서 벌린 자신의 자유주의에 짙은 그림자를 드리우면서 영향을 미쳤던 인물은, 그 스스로 인정했듯이, 19세기 중반 "러시아에서 관용적이고 계몽되었으며 개화되었던 모든 인물들의 지도자로 공인받은"[21] 알렉산드르

게르첸이었다. 따라서 벌린은 "그런 모든 일반적인 형식들 자체에 대한 깊은 불신, 즉 모든 정치적 정당의 프로그램이나 강령들에 대한 불신, 진보 · 자유 · 평등 · 국가 연합 · 역사적 권리 · 인간적 연대 등과 같은 거대하고 공적인 역사 목표에 대한 불신, 명분을 앞세워 사람들을 모독하고 학살해 왔으며 앞으로도 그렇게 할 것이 분명한, 그리하여 사람들의 생활 양식을 비난하고 파괴하게 될 원칙이나 슬로건들에 대한 게르첸의 (그러나 그의 동지들 대부분이 공유하는 것은 아닌) 불신"에 대해 쓴다.[22]

게르첸은 "살아 있는 구체적 개인들이 갖는 단기적이고도 직접적인 목표와는 대조적인 추상적 이념의 의미와 가치 그 자체"에 대해 회의적이었으며, 또한 인간 존재가 그 정도에 따라 변화할 수 있는 추상적 이념에 대해서도 회의적이었다. 뿐만 아니라 그는 특히 "서구화된 러시아 친구들의 눈앞에 떠다니는 이상적인 이미지로서의 변화가 비록 지적이고 두려움 없는 혁명가나 개혁가들에 의해 성취된다고 하더라도 사실상 그 변화가 더욱 정의롭고 자유로운 질서를 이끌어낼 수 있을지, 아니면 오히려 반대로 새로운 노예들을 착취하는 새로운 지배자들의 규칙들을 만들어낼 것인지"에[23] 관해서도 회의적이었다. 게르첸은 "열렬한 광신자들이 자신의 동료들을 제물로 학살하는 미명인 정치적 이념과 표어가 공허한 형식으로 판명될" 것을 두려워했다.[24] 게르첸은 "머나먼 목표란 꿈이며, 그들의 그러한 믿음은 파멸적인 환상이었다"고 믿었다. 즉, "현재 또는 직접적이고 예측 가능한 미래를 희생하고 머나먼 목표를 따르는 것은 항상 인간의 희생을 잔혹하고 무익한 형식이 되도록 만들어버린다"고 믿었다. 비록 게르첸이 "이성, 과학적 방법, 개인의 행위, 경험적으로 발견되는 진리"를 믿었다고는 하지만, 그는 인간사의 일반적 형식, 법칙, 규정에 대한 믿음이란 때때로 비극적일 뿐만 아니라 항상 비합리적인 시도이며, 또한 삶의 불확실성과 예측 불가능한 다양성으로부터 벗어나 우리 자신의 균형 잡힌 환상으로 거짓된 안전에 도달하려는 시도라는 것을 알아차렸다.[25]

이러한 과정에서 벌린은 그의 주인공들의 입을 통해 우리 시대에서 지배적 위치에 있었던 지적이고도 정치적인 체계, 그의 많은 학생들과 독자들 그리고 비평가들이 각자 다른 방식과 다른 정도로 매혹되었던 체계, 즉 마르크스주의를 공격했다. 공격된 특징들 다수는 이미 우리에게 친숙한 것들이다. 이러한 특징들은 이미 현대의 다른 자유주의자들 다수, 특히 칼 포퍼 경, 시드니 훅,[†] 야콥 탈몬,[††] 레이몽 아롱,[╫] 노베르토 보비오[‡‡] 등이 야유했던 것이다. 그러나 벌린의 목소리는 이들과 언제나 구별되었다. 미국의 반공적 자유주의자들의 방식과는 달리 (때로는 탈(脫)공산주의자들 스스로의 방식과도 달리) 그의 목소리는 결코 거슬릴 만큼 공격적

---

† 훅(Sidney Hook, 1902~1989)은 존 듀이의 제자로 그의 철학을 계승한 정치철학자인데, 한때 마르크스주의로 기울었으나 1930년대 중엽부터 반(反)마르크스주의로 전향하였다. 교육사상에서는 이른바 '진보주의 교육'을 중시하고, 미국 민주주의의 본령(本領)은 극단적인 보수주의와 공산주의를 모두 배제하는 점에 있다고 역설하였다. 『歷史와 英雄』(1964/1984), 『마르크스와 마르크스주의자들』(1972/1976), 『마르크스주의의 연구와 극복』(1988) 등이 번역되어 있다.

†† 탈몬(Jacob Leib Talmon, 1916~1980)은 폴란드의 정통 유대교 가계 출신으로 나치의 박해를 피해 런던으로 가 영국에 정착하였다. 열렬한 반마르크스주의 성향으로 흔히 "냉전자유주의자"(Cold war liberal)라는 별명을 얻었고 전체주의의 기원을 프랑스 혁명에서 가지친 "정치적 메시아주의"에서 찾으면서 자코벵주의와 스탈린주의의 유사성을 논구하였다. 루소의 입장을 연구하여 "전체주의적 민주주의"(totalitarian democracy)라는 말을 만들어내기도 하였다. 그의 주저로는 『전체주의적 민주주의의 기원』(1952)이 있다.

╫ 아롱(Raymond Aron, 1905~1983)은 프랑스의 정치학자이자 사회학자이다. 제2차 세계대전 중 런던에서 드골의 '자유 프랑스 운동'에 참가, 같은 이름의 기관지 주필이 되었다. 전후 사르트르 등과 함께 『현대』(1945)를 창간했으나, 후에 사르트르와 결별하고 반마르크스주의로 일관하면서 마르크스주의적 경제사관 비판, 공업사회 분석 등에 관한 저서를 발표하였다. 『지식인의 아편』(1972), 『마르크스주의와 실존주의자들』(1981), 『사회사상의 흐름』(1984), 『산업사회와 사회계층』(1983), 『自由냐 平等이냐』(1983) 등이 번역되었다.

‡‡ 보비오(Norberto Bobbio, 1909~2004)는 이탈리아의 법철학자, 정치철학자, 정치사상사가였으며 투린 소재 일간지 『라 스탐파』지의 정기기고자였다. 그는 보통 자유주의적 사회주의자로 규정되며, 독일 법학자 한스 켈센(Hans Kelsen)과 경제사회학자인 파레토(Vilfredo Pareto)로부터 큰 영향을 받았다.

인 논쟁을 펼치지도 않았으며, '이데올로기의 종언'에 대해 자기만족적인 찬사를 보내지도 않았다. 그는 대개의 경우 과거 사상가들에 대해, 또는 그 사상가들을 통해 말했지만, 이러저러한 사상가들이 전체주의적 공포를 불러올 수도 있다는 점에 대해 결코 미숙하거나 조잡한 방식으로 비난하지도 않았다. 벌린은 항상 포퍼나 탈몬보다 더욱 미묘한 뉘앙스와 정교한 해석을 구사했다. 더구나 그의 독자와 청중들은 자신들의 사유 패턴 속에서 스스로 대조점과 유사점을 찾는 자유를 가질 수 있었다. 결국 아롱과는 달리, 그러나 보비오와 (또한 밀이나 게르첸과도) 유사하게, 벌린은 친구들이나 동지들이나 학생들에게 바로 어디에서 사상의 특정 방식과 패턴이 사태를 이끌어갈 수 있는지를 경고하려고 신경 쓰면서도, 경계심을 기울여 조심스럽게 살펴보면 오해의 여지없이 좌파 사람이었으며,[†] 뉴딜의[††] 열광자였고, 전후 복지국가의 지지자였다. 그는 높이 올라간 소리들, 즉 불관용, 귀에 거슬리는 단순화, 그리고 세상을 해석하기도 하고 그것을 변화시키겠다고도 하면서 실제로는 기성 질서를 유지하는 데 목적이 있는 통 큰 도식들에 대해서는 자기 소리를 높였다. 그는 "우리는 자연과 역사의 깊고 추상적인 지혜에 대해 충분히 경탄해왔다. 이제는 자

[†] 좌파 사람(a man of the left): 여기에서 '좌파'(左派)란 과거 공산당이 집권했던 현존사회주의 국가들의 노선을 추종하는 이데올로기 신봉자를 뜻하는 것이 아니며, 우리나라에서처럼 북한 정권이나 그 지배이데올로기를 지지하는 사람이나 세력을 지칭하는 것은 결코 아니라는 점을, 쓸데없이 그러나 빼놓고 지나가지 않을 심산으로, 강조해 둔다. 세계 공론장에서 '좌파'는 현상태를 비판적으로 보는 가운데 그 개선이나 개혁을 추구하는 사고태도를 견지하고 그것을 정치적으로 실천하려는 사회성향을 가진 인물이나 세력으로서 우리나라 어법으로 얘기하면 진보파 정도가 어느 정도 그 의미에 해당된다. 반면에 '우파'는 현상태 또는 사회적 지배층의 장점을 살리려는 입장에서 사회정치적 문제를 대하는 인물이나 세력인데, 무조건 과거 질서와 기득권을 고수하려는 수구파와 내용상으로는 겹칠 수 있어도 활동 성향상으로는 일정 정도 구분되는 파당을 가리킨다.

[††] 뉴딜(New Deal)은 미국 제32대 대통령 프랭클린 루스벨트의 지도 아래 1929년 이래 지속되었던 대공황의 극복을 위해 추진하였던 제반 정책으로서 정부의 개입을 통해 자유방임경제의 폐해를 극복한 역사상 획기적인 시도였다. 긴급은행법, 관리통화법(管理通貨法) 도입, 농업조정법 제정, 전국 산업부흥법 실시 등으로 경제에 대한 정부의 규제력을 강화시켜 이른바 수정자본주의의 모델을 정착시켰다.

연과 역사가 우연적이고 무의미하며 또한 뒤죽박죽이고 실수투성이로 가득 차 있다는 것을 깨달을 때다"라는 게르첸의 주장에 동의한다.[26]

셋째로, 벌린 사상의 도전은 어떤 특정한 일련의 정치적 원리나 계획 또는 강령을 옹호하려는 것이 아니다. 하이에크의 '시장질서', 포퍼의 '점진적 사회 공학', 노직의 '최소 국가', 다양한 원칙들에 의해 지배되는 다소 사회민주주의적이고 자유주의적인 롤스의 '잘 질서 잡힌 사회', 정의의 영역들로 구획되는 월저의 '복합 평등' 가운데 벌린이 옹호한 것은 아무것도 없다. 그는 입헌정치나 대의민주제, 또는 정치경제학에 대해 어떤 특정 견해도 제시하지 않는다. 그의 사유는 잘 기능하는 자유주의적 질서에 대해 해석적인 이론을 제공하지도 않고 규범적인 모델을 제안하지도 않는다. 또한 그의 사유는 오크쇼트에 따라 "전통이 암시하는 것"을 따라하자고 서두를 떼는 것, 즉 정치 생활 그 자체에서 합리적 원칙들을 발전시키자는 "정치에서의 합리주의"에 대항하기 위한 논증이 아니었다. 뿐만 아니라 그의 사유는 또한 도덕성을 정당화하려는 계몽주의적 기획이 실패했다고 추정하면서 매킨타이어식으로 "야만과 암흑의 시대 임박"에 대비하자는 결론에 안주하려는 것도 아니다. 마지막으로 그는 인식과 도덕에 있어 통 큰 주장들을 불신하고 회의하고 두려워했음에도 불구하고, 정치이론의 중심 문제들에 관한 논의에서 이성과 이성성에 호소하는 일을 해체시킨다든지 서서히 훼손시키는 것을 목적으로 하는 포스트 모던적이고 상대주의적인 입장의 선구자가 된 것도 아니었다.

벌린의 도전은 특수한 설명이론이나 규범이론, 즉 콜링우드가 우리의 세계 이해 방식을 다스리는 '절대전제들'이라고 불렀던 것들의 집합이나 그런 이해 방식에서 나온 특정한 명제집합이라기보다는 도덕적 · 정치적 문제들에 관한 특정 '사고방식'을 방어하고 변호하는[†] 일생에 걸친 노력에 있다.[27] 콜링우드의 주장에 따르면 이러한 전제들은 명제들처럼 참되거나 옳거나 증거에 기초하거나 입증할 수 있는 것이 아니라 오히려 우리가 어떤 명제들이 참이거나 옳거나 설득력 있는지를 판단할 때 의거하는 뼈대의 일부를 형성한다. 다시 말해 이 전제들은 주어진 문화와 시기에 있어 우리가 어떤 명제와 이론을 '참'이거나 '옳다'고 간주할 준비가 되어 있는지를 결정하는 각종 기대를 인도하는 주관가설(主管假設)이다. "어떤 주어진 사회, 어떤 주어진 역사국면에서도 그 절대적 전제들은 중압(重壓)받는 하나의 구조를 형성"하는데, 만약 "이 중압들이 너무 크면, 그 구조는 붕괴되면서 다른 구조로 대체될 것이다."[28] 벌린 저작의 대부분은 다른 틀이나 구조로 대체시키려는 목적으로 현재의 틀이나 구조를 훼손시킨다는 과제를 진척시키는 데 바쳐져왔다.

벌린은 공격당하는 이런 틀을 여러 가지 명칭으로 부른다. 우선 "일원론"으로 흔히 부르고, "영원의 철학"이라고도[29] 하며, "궁극적인 조화를 실현시킬 가능성에 대한 오래되고 영원한 믿음"으로도[30] 부른다. 그가 "플라톤적 이상"이라고 할 때 뜻하는 바는 "과학에서처럼 모든 진정한 물음들은 하나의 참된 답을 찾아야만 하고 오직 하나의 답만이 참이며 나머지 모든 답들은 필연적으로 오류일 것이라는 믿음, 이러한 진리들의 발

[†] 이론/명제/사고방식(theory/proposition/way of thinking): 이 문장은 이론, 명제, 사고방식 사이의 관계를 파악하고 있어야 그 취지가 이해된다. 여기에서 '이론'은 관련된 문제현상이 일어나는 세계에 대한 일관된 설명의 틀이다. 반면에 '명제'는 그런 이론에 입각하여 구체적이고도 예시적인 문제현상에 관하여 도출된 기술(記述)문장들이다. 이 이론과 명제 모두에 대하여 그것을 산출하는 주관적 사고 과정의 구조와 방향이 '사고방식'이다. 자유주의에 연관시켜 얘기하자면, '자유'에 관한 일반적 진술들은 자유주의 이론에 해당되며, 자유주의를 구현하는 각종 제도적 실천방안들은 자유주의적 명제에 속하고, 그런 이론들과 명제를 거론하는 자유주의 신봉자들의 태도는 자유주의적 사고방식이라고 할 수 있다.

견을 향한 하나의 신뢰할 수 있는 경로가 반드시 있을 것이라는 믿음, 참된 답들은 그것들이 발견되었을 경우 다른 진리들과 양립할 수 있어야 하기 때문에 필연적으로 서로 양립 가능하면서 다 합쳐 하나의 전체를 형성한다는 믿음, 그리고 이런 점들을 우리는 '선험적으로' 알 수 있다는 믿음" 등을[31] 가리킨다.

벌린에 따르면, 이러한 믿음들이 도덕과 정치에 적용되면 "모든 시대와 장소에서 모든 사람들에게 참인, 객관적으로 참인 목적들을 발견할 수 있으며 그것들은 조화를 이룰 수 있다는 유토피아적 믿음"이 된다.[32] 이러한 플라톤주의적 교의가 가장 웅변적으로 기술되면서 공격되는 가장 표준적인 구절은 그의 강연 「자유의 두 개념」 마지막 절이다. 거기에서 그는 다른 어떤 믿음보다도 그런 플라톤주의적 교의야말로 "사회의 자유를 위해 개인들의 희생을 요구하는 '자유 그 자체'"를 포함해 "위대한 역사적 이상의 제단 위에서 벌이는 개인들의 학살"에 대해 더 큰 책임이 있다고 주장한다. 그것은 "과거 혹은 현재, 신성한 계시 또는 개별적인 사상가의 정신, 역사나 과학의 판결, 타락하지 않은 좋은 사람의 단순한 마음 등 그 어딘가에 '최종해결책'이† 있을 것"이라는 믿음이다. 이러한 고대적 신앙은 "인간이 믿어왔던 모든 긍정적 가치들이란 결국엔 양립할 수 있으며 심지어는 서로를 필요로 하여 서로 포용할 것이라는 확신"에 터 잡고 있다고 그는 쓴다. 나아가 이러한 믿음에 대한 계몽주의의 연관

---

† 최종해결책(final solution): 이 말은 그냥 평범한 말처럼 보이지만 실상은 나치 독일이 유럽 각국에 거주하는 약 1000만 명의 유대인을 독일 동부와 동유럽에 소재하는 수용소(Konzentrationslager)로 집중시켜 순차적으로 절멸시킴으로써 유럽을 완전히 유태인 없는 땅으로 만든다는 구상을 가리킨다. 1941년 12월 초 이 문제와 관련된 나치 독일 통치기구의 실무책임자들이 베를린의 반제호수변의 한 별장에 모여 작성한 이 정책은 그 뒤 독일군 점령지에서 유대인 정책의 기조로 착실하게 집행되어 유럽 각처에서 이송된 약 600만의 유대인이 수용소에서 학살되는 비극으로 귀결되었다. 2차 대전 이후 이 말의 독일어 원어인 Endlösung이라는 단어는 독일어에서 완전히 금기시하는 나치 전용어 중 하나로 간주되어 왔다.

을 기술하기 위해 그는 "지금까지 태어난 가장 훌륭한 사람들 중 하나"라
고 그가 간주하는 콩도르세를 인용하는데, 콩도르세는 "자연은 진리와
행복과 덕을 마치 사슬로 그런 것처럼 함께 묶는다"고 쓰면서 자유 · 평
등 · 정의에 관해서도 마찬가지라는 얘기를 했다.[33]

따라서 이런 식으로 이해된 일원론에 대항해 벌린은 정치과학자나 사
회학자들이 쓰는 그런 의미가 아니라 '가치다원주의' 라는 의미의 '다원
주의' 를 옹호하고 변호한다. 가치다원주의란, 일상적 경험의 세계 안에
서 우리는 동등한 궁극성을 가진 목적들과 동등한 절대성을 가진 주장들
사이의 선택에 직면하는데, 그런 가치들 가운데 몇 가지를 실현하려면 불
가피하게 다른 가치의 희생을 수반할 수밖에 없다는 믿음, 인간의 목적은
다수이며 그것들 모두가 원칙적으로는 양립 가능할 수 없기 때문에 개인
적 삶이든 사회적 삶이든 인간의 삶에서 갈등, 나아가 비극의 가능성을
완전히 제거하는 것은 불가능하고 절대적 요구들 사이에서 선택한다는
필연성은 인간 조건의 피할 수 없는 특성이라는 믿음, 따라서 인간적 목
적들 모두가 통약가능한 것이 아니며 서로 영원히 지속될 경쟁 관계에 놓
여 있다는 믿음이다." 왜냐하면

결국 사람들은 궁극적 가치들 사이에서 선택했기 때문이다. 즉, 그들은 그
정도가 어떤 수준이든 시간과 공간의 긴 연속에 걸쳐 자기네들의 존재와 사고
와 정체감의 일부가 되어 자신들을 인간으로 만들어준 것의 일부인 근본적 범
주와 구상들에 의해 자기 삶과 사고를 결정해온 그대로 선택했다.[34]

벌린은 다수의 자료들에서 이러한 다원주의 개념을 끌어낸다. 실제로

그의 가장 뛰어난 저술들 중 다수는 그가 다원주의의 선구자나 대변자라고 보았던 사상가들에 대한 해석이다. 그는 현재와 과거 인류에 의해 추구되었던 최상 가치들 모두가 필연적으로 양립 가능하지는 않다는, 마치 충격처럼 자신에게 다가왔던 그 깨달음을 자기 정신 속에 심어준 것은 마키아벨리에 관한 독해였다는 얘기를 우리에게 들려준다.[35] 벌린에 따르면 마키아벨리의 "독창성"은, 기독교도와 이교도라는 두 가지 "도덕적 사고태도", 즉 "가치의 체계들"이나 "덕의 체계들"을 병렬시키고 그것들이 "단순히 실제적으로가 아니라 원칙적으로 양립 불가능하다"는 것을 보았다는 점,[36] 그러므로 "평범한 인간 상황들과 마찬가지로 (…) 동등하게 궁극적이고 동등하게 신성한 목적들은 서로 모순적이며, 가치의 전체 체계는 합리적 중재가 불가능한 상태에서 충돌하게 될 것이라는 그의 인식"으로부터 "후대가 걸어갈 행로에 영원한 의무부호를 놓았다는 점"이다.[37] 콜링우드가 그에게 읽어보라고 강권했다는 비코의 『새로운 과학 La scienza nuova』과 다른 비체계적 저작들로부터 그는 이와 유사한 메시지를 도출했다. 그가 비코에서 가치 있다고 본 점은

　　문화의 다양성에 대한 그의 강조, 또 실재의 구조는 오직 단 하나로서만 존재하고 계몽된 철학자들만이 그러한 구조를 그것이 있는 그대로 참되게 알 수 있다는 생각이란 결과적으로 불합리하다는 그의 주장이다. (…) 사람들은 우주에 대해 다양한 질문을 던지고 그 나름의 답들이 고안된다. 이러한 답들을 표현하는 그러한 질문들, 상징들, 행위들은 문화가 발전하는 과정 속에서 변경되거나 쓸모없게 된다. 이 답들을 이해하기 위해 우리는 한 시대나 한 문화를 사로잡고 있는 그런 질문들을 이해해야 한다. 그 질문들은 우리에게 덜 친숙

한 다른 질문들보다 우리 자신들의 질문과 더 비슷한 것일 뿐이기 때문에 불변
적인 것도 아니고 필연적으로 더 심오한 것도 아니다. 비코의 상대성은 몽테
스키외보다 더 나아갔다. 만일 그의 견해가 옳다면, 그것은 절대적 진리나 완
전한 사회라는 바로 그 개념을 단지 실제적으로뿐만 아니라 원칙적으로도 뒤
집어엎는 것이었다.[38]

이러한 견해는 문화적 민족주의, 그리고 결국은 정치적 민족주의의 위
대한 고취자가 되었던 헤르더에게서 더욱 심화되고 급진화되었는데, 특
히 "각 문화의 개체적 본질과 취향에 대한 상대주의적 열정"에 불탔던 초
기 헤르더가 더욱 그러했다. 진보의 절대적 기준을 거부하면서 파리의 철
인들 사이에서 유행이 되었던 헤르더는 다음과 같은 문화관을 역설했다.

어떤 문화도 다른 문화를 지향하는 단순한 수단일 수 없다. 인간의 모든 성
취, 인간의 모든 사회는 그 자신의 내적 표준들에 의해 판단되어야 한다. (…)
통약불가능한 복수의 문화들이 존재한다. 주어진 공동체에 속하는 것, 공통의
언어, 공통의 역사 기억, 공통 습관, 공통 전통 및 공통 감정이라고 하는, 소멸
할 수도 감지할 수도 없는 끈으로 연결되는 것은 음식, 음료, 안전, 그리고 번
식에 대한 욕구에 못지않게 자연스러운 인간의 기초적 욕구이다. 한 민족이
다른 민족의 제도를 이해하고 공감할 수 있는 것은 오직 그 민족이 자기네 제
도가 자기 자신에게 얼마만큼 유의미한지를 알기 때문이다. 세계시민주의란
인간을 가장 인간적으로, 가장 자기 자신으로 만들어주는 모든 것을 벗어던지
는 것에 지나지 않는다.[39]

이 필생의 중심적 주제가 벌린이 썼던 실질적으로 모든 사상가들에 대한 독해에서 중심적 성격을 지니는 방식은 진짜 눈에 두드러진다. 따라서 그는 영원한 인간적 관심에 기초하는 '절대가치들'과 구체적 상황에서 그 가치들이 갖는 '시공간적 상대성의 의미' 사이에서 몽테스키외의 사유가 펼치는 '계속적 변증법'을 주목한다. 또한 그는 몽테스키외가 "지식이나 기능이나 논리적 힘이 어느 정도에 도달하더라도 사회적 문제들에 대해 최종적이고도 보편적인 종류의 해결책을 자동적으로 만들어낼 수 없다는 사실을 매우 명백하게 지각했다"고 논평한다.[40] 벌린은 독일의 계몽주의 반대자들, 특히 흄의 회의주의가 "이성주의적 대건축의 파괴할 수 없는 타당성을 보증하는 데 필요한 선험적 끈"을 제거했다고 본 하만이나 야코비와[†] "독특한 관계"를 맺었다는 주로 그 이유 때문에 흄에게 관심을 둔다.[41] 이 낭만주의 창시자들과 반동-계몽주의 전반에 대한 벌린의 변치 않는 집중적 관심은 동일한 집합의 문제의식에 의해 동기 부여된 것이다.

이 모든 연구를 추동하는 것은 계몽주의적 일원론의 가장 위험하고 무자비한 적들의 사상을 참고함으로써 그 약점을 정확하게 지적하고, 또한 다원주의의 모든 풍부한 다양성으로부터, 때로는 의외의 곳에서 다원주의의 원천을 발견하며, 다원주의가 취했던 태도 중 극단적이고 때때로 기괴하기까지 한 부분들과 더불어 다원주의가 이끌어냈던 결론들을 추적

---

† 야코비(Friedrich H. Jacobi, 1743~1819)는 독일의 철학자로서 '신앙철학', '감정철학'을 제창하였고 니힐리즘이란 말을 처음 사용하였다. 계몽적 합리주의의 이성에 의한 간접적 인식을 불충분하다고 주장하고, 외계의 인식에서나 초감각적·신적 세계의 인식에서 직접적인 지(知)로서의 감정 혹은 신앙을 계몽적 합리주의의 이성과 대치시켰다. 흄과 루소의 영향을 아래 형성된 그의 비합리주의는 독일 낭만파를 거쳐서 현대의 실존철학으로까지 계승되었다. 『스피노자의 학설』(1789)과 『신적 사물과 그 계시』(1811) 등이 주요 저서이다.

하려는 충동이다.

그러므로 그는 드 메스트르를 단지 극단적이고 반동적인 가톨릭으로서가 아니라 "이성주의, 개인주의, 자유주의적 타협 및 세속적 계몽주의 등 18세기의 빛(lumières)이 상징했던 모든 것들에 비타협적 적대자"로[42] 이해했다. 드 메스트르는 "현대의 전투적인 반이성적 파시즘 최초의 음조"를[43] 울렸으나 그 세계는 "낭만주의적 세계보다는 더욱 현실주의적이고 더욱 잔인했고,[44] 그의 천재성은 "사회와 정치의 행태에 있어서 별다른 주목을 끌지 못하나 실은 결정적 중요성을 가진 보다 암울한 요인들에 대한 통찰의 심오성과 정확성"에 있었다.[45] 드 메스트르에게 자연이란 심연을 알 수 없는 신의 목적과 "깜박깜박 꺼질 듯한" 빛에 지나지 않는 이성에[46] 의해 지배되는 "잔인함과 고통, 혼돈의 무대"였다. 그의 독창성은 "비합리적 본능의 끈질김과 그 정도, 신앙의 권력, 맹목적 전통의 폭력, 그리고 이상주의적 사회과학자들, 정치와 경제의 무자비한 계획자들, 기술지배체제에 대한 열정적 숭배자들 같은 진보파의 인적 자원에 관한 고의적 무지"를 핵심적으로 부각시키는 것이었다. "극심한 과장과 뒤틀린 즐거움을 갖고" 드 메스트르는 "자신을 희생하려는 욕구, 순교하려는 욕구, 그것이 어디에서 나오든 실제로 우세한 권력으로서의 권위 앞에 자신을 굴복시키려는 욕구를 강조했으며, 또한 지배하려는 욕망, 권위를 발휘하고자 하는 욕망, 자신을 위해 권력을 추구하고자 하는 욕망을 강조했다. 이러한 욕망들은 적어도 평화나 번영, 자유, 정의, 행복, 평등에 대한 욕구만큼이나 강력한 힘이라는 것이다."[47]

소렐에 대한 연구 역시 이와 유사하게 "18세기의 얄팍한 특성인 피상적 낙관론"을 관통하는 비판에 초점이 맞추어져 있다. 소렐은 "모든 궁극적 문제들이 기술적 문제로 환원될 수 있을 뿐 아니라 적절한 기술로써 해결될 수도 있는 조화로운 사회 체계에 대해 의심 없이 만족했던 합리주의적 이상"에 반발했던 사상가였다.[48] 그는 신화가 "집합적으로 저항하고 창조하며 그들의 의지로 세계를 형성하는 (…) 자유로운 도덕행위자"를 가능하게 하는 "직접적 힘이자 고취의 행위"라고 믿었으며, 그를 이러한 교의로 이끌었던 것은 "인간의 사유와 행위에 있어서 비합리적인 것의 힘"에 대한 강조였다.[49] 그의 정치학은 산만하고 변덕스러우며 레닌과 무솔리니 모두에 대한 찬양으로 끝을 맺는데, 소렐은 드 메스트르와 마찬가지로 "실재란 조화로운 전체이다"라는[50] 가정을 거부한다. 그러나 또한 드 메스트르와는 달리 소렐은 "우리가 자연의 세계와 사고의 세계에서 찾을 수 있는 형식을 혼돈에 부여하는 바로 그것이 예술과 과학 모두의 목적이며, 인간 그 자체의 본질에 속한다는 것"을 믿었다.[51] 괴짜 환상가, 의회민주주의와 부르주아 인도주의에 대해 폐부를 찌르는 잔인한 비판가인 소렐은 자기 생애의 그 모든 뒤틀림과 반전을 헤쳐 나오면서 일관되게 "어떤 변증법적 패턴이나 그 외의 어떤 역사적 패턴으로부터 독립된 절대적인 도덕적 목적들과 자유롭고 사려 깊은 집단의지가 합주하는 힘들에 의해 이 도덕적 목적들을 실현할 수 있는 가능성과 인간이 스스로 창조할 수 있는 조건들을 믿었으며, 인간은 그 자체 자유의 합의된 힘과 숙고하는 집합적 의지로써 이러한 목적들의 현실화를 창조할 수 있는 조건 속에 놓여 있다는 가능성"을 믿었고,[52] 그럼으로써 "민주주의 즉 부르주아 공화정 및 무엇보다도 인텔리겐치아의 합리주의적 전망과 자유주의적 가치에 대한 혐오"와 함께 "유럽의 급진적 전통이 갖는 반(反)지성적이고 반(反)계몽주의적 흐름을 함양할 수 있다고 믿었다."[53]

그러나 낭만주의에 대한 다양한 에세이, 특히 헤르더 연구나 하만에 대한 작은 책에서 벌린이 가치다원주의의 정식화와 선전에서 주요한 역할을 부여한 것은 낭만주의, 무엇보다도 독일 낭만주의였다. 우리가 이미 보았듯이 "통약불가능한 문화들의 다양성"을 발견한 것은 헤르더였다. 그러나 벌린에 따르면 "사실적이든 규범적이든 모든 앎과 모든 가치의 출처가 되면서 모든 행위를 그것에 의해 시험할 수 있는 객관적 질서 즉 '자연의 본성'† 같은 것이 존재한다는 생각에 대한 거부, 즉 낭만주의의 위대한 반란에 이르는 도화선에 불을 댕긴 것은 하만이었다.[54] 그러나 하만의 "뿌리 깊이 비합리적인 정신적 비전", 즉 "몽매주의적(蒙昧主義的) 특수주의, 그리고 체계적 사고에 대한 폄훼"는 "모호한 것, 신비적인 것, 악마적인 것, 암흑의 구역과 신비주의적인 심연"을 옹호하면서 "영감에 가득 찬 통찰을 동반하고 있었다."[55] 즉 그의 세계관은 "도저히 순서를 매길 수 없는 에피소드들의 연속"으로서, 오직 직접 경험해봐야 알 수 있는 것이었으며, 이 경험을 "통해 살아나는 것"으로서 다른 이들이 이런 것들을 보고했다면 도무지 이해할 수 없는 죽은 얘기가 되어버렸을 것이다.[56] 하만은 "그가 살았던 체제의 가장 끔찍한 폐해에는 눈을 감아버렸으며", "이성이나 진보, 자유, 평등의 이상이라는 공허한 추상화의 이름으로 살아 있는 모든 남녀를 파괴하고자 했던 '위대한 단순가들'의 악덕"만을[57] 주시했다. 벌린은 이 점을 인식하고 있었다.

---

† 자연의 본성(rerum natura): 본래는 기원전 1세기경 헬레니즘 시대의 시인 루크레티우스의 동일 제목 철학시이다. 자연과 우주에는 어떤 인간적 능력이나 경험으로도 변화시킬 수 없는 영원한 질서가 있다는 스토아적 배경 세계관과의 연관에서 의미 있는 개념인데, 켈수스(Celsus)의 유명한 법언인 "Quae rerum natura prohibentur, nulla lege confirmata sunt."(사물의 본성에 의해 금지되는 것은 어떤 법규범으로도 승인되지 않는다)는 우주법 또는 영원법과 인간법 사이의 관계에 대한 당시 헬레니즘 세계의 사고방식을 단적으로 드러내준다.

하만의 증오와 맹목적 반합리주의는 특히 우리 세기(20세기 – 옮긴이) 독일
에서 사회적 · 정치적 반합리주의로 이끄는 흐름을 사육해주었으며, 또한 지
식을 증대시키고, 공통의 이상을 수용하는 것에 기초해 자유로운 협동의 조건
들을 창조하고, 일찍이 그 이름에 값했던 오직 한 가지 유형의 진보를 촉진하
기에 이를 수 있는 대부분의 사람들에게 이해될 수 있는 원칙들에 의거해 합리
적 토론에 호소하는 것을 불신시키면서 몽매주의를 위해 암흑 속에서 흥청망
청 흐드러지게 즐길 흥행거리를 제공했다.[58]

이 구절에서 명백하게 드러나듯이, 벌린의 도전은 이상한 역설적 논증
에 다다른다. 왜냐하면 여기에서 "다른 어떤 믿음보다도 (…) 위대한 역사
적 이상의 제단 위에서 벌이는 개인들의 학살에 더 큰 책임이 있다"는 일
원론과 짝짓고 있는 것은 "그 이름에 값했던 유일한 유형의 진보"의 원천
이자 바로 그 '좌파' 이념의 기원인 계몽주의라고 하는 듯이 보이기 때문
이다. 가치다원주의를 탄생시켰으며, 관용을 "본래적 가치"로† 만들었
고, 18세기 서구에서 오늘날 논의되는 것과 같은 그런 모양의 자유와 인
권 개념을 사고와 감정에 새겨 이룩한 위대한 돌연변이의 일부였던 것은
"현대의 전투적인 반이성적 파시즘"이라는 그림자를 여러 가지로 미리
드리우는 원칙을 제시하고 반지성적 급진주의와 특히 독일에서 "사회적

---

† 본래적 가치(本來的 價値, intrinsic values): '본래적'이라는 것은 한 존재물이나 행위의 성격이나 특성이 그와
연관된 다른 대상이나 행위 또는 그 결과에 의해 기술되지 않는 상태를 가리킨다. 칸트의 동기주의 또는 의무
론적 윤리학에서는 행위의 본래성이 특히 강조되어 한 행위의 옳고 그름은 그 자체에서 판단되어야지 그것이
결과하는 것의 좋고 나쁨에 의존하지 않는다는 점을 강조한다. 윤리학 또는 도덕철학 및 가치론에서 보통 본
래적 가치라고 하는 것은 그것의 존립이나 정당화를 위해 다른 가치의 개입을 요구하지 않는 것으로서 참(眞,
truth), 좋음(善, goodness), 옳음(正, righteousness), 아름다움(美, beauty), 성스러움(聖, sacredness), 행복(幸
福, happiness), 쾌락(快樂, pleasure) 등을 본래적 가치의 예로 꼽는다. 이들 가치를 통약할 수 있는가 없는가
에 따라 여러 가지 가치론이 나올 수 있으며, 경우에 따라서는 무정의용어로 취급되며, 개념화가 원천적으로
불가능하고, 오직 직관에 의해서만 접근할 수 있다는 주장도 있다.

· 정치적 비합리주의"의 흐름을 사육했던 반동계몽주의였다.[59] 모든 인간적 가치들이 단 하나의 조화로운 통일 안에서 화해할 수 있으리라는 믿음을 갖게 해 궁극적으로는 "최종해결의 가능성"이라는 위험한 환상, 다시 말해 인류가 영원히 정의롭고 행복하고 창조적이며 조화롭게 만들어질 수 있기 때문에 아무리 비싼 값을 치르더라도 아깝지 않다는 전망을 갖도록 만든 것은 낙관주의와 세계시민주의의의 사명에 불타는 합리주의 철인들이었다.[60] "서구 사상의 중심적 전통에 대항한 심오하고도 근본적인 반란"과 삶과 사고에 내재하는 "다양성의 덕목"에 대한 첨예한 감수성을 갖고 "현대 자유주의 문화"의 기초를 놓은 것으로 입증된 것은 낙관주의와 세계시민주의의 얄팍한 이상들을 경멸했던 신권주의적(神權主義的) 반동과 특수주의자들, 그리고 종종 비합리주의적인 낭만주의 사상가들이었다.[61]

이는 매우 뒤는 논증으로, 그 안하무인격의 뻔뻔함은 '최종 해결책'이라는 나치식 용어를 계몽주의적 합리주의와의 관계에다 (무의식적으로든 부주의하게든) 반복적으로 사용함으로써만 강화될 수 있는 것이었다. 하지만 그 논증은 어느 정도나 확신을 주는 것일까? 이에 답하려면 우리는 그 논증을 구성하는 다양한 주장과 그 주장들 사이의 연결 강도를 보다 면밀하게 살펴볼 필요가 있다고 믿는다. 벌린을 따를 경우, 일원론은 부정하는데 가치다원주의는 긍정하는 것은 정확히 무엇인가? 일원론이 제기하는 위험들로부터 가치다원주의를 보호하는 방법은 정확히 무엇인가?

벌린이 반복적으로 기술했던 것처럼, 가치다원주의를 완성하기에 이르는 몇 가지 뚜렷한 요소들이 있다. 첫째, 구별해야 마땅한 가치들의 몇 가지 특징들이 있다. 가치들은 복수적(複數的)이며, 단일가치 혹은 고정된 가치집합의 형식이나 파생물이 아니다. 따라서 자유는 "평등이나 정의, 행복, 앎, 사랑, 창조, 또는 그 밖에 사람들이 자신들을 위해 구하는 여타의 목적들"과 동일하지 않다.[62] 가치들은 '양립불가능' 할 수 있다. 즉, 단일한 삶이나 단일한 사회 속에서 한꺼번에 실현되지 않을 수 있다. "한 개인이 자기 삶 속에서 진지하게 고려할 수 있거나 한 사회가 그 시민들의 다양한 삶 속에서 존중하게 되는 가치들의 범위에는 논리적·심리학적·사회학적 한계들이 존재한다."[63] 가치들은 '비교불가능' 할 수 있다. 다시 말해, 심지어 '현실적으로' 한 개인이나 한 문화가 여러 가치를 앞에 놓고 선택해야만 하는 경우에도 한 가치를 다른 가치와 관계시켜 판단할 수 있는 연관된 측면이 전혀 없을 수도 있는 것이다. 또한 가치들은 '통약불가능' 할 수 있다. 즉 누군가 무엇인가를 다른 것에 비해 높다든가 낮다든가 동등하다고 판단해야 하는데, 기수적(基數的)이든 서수적(序數的)이든, 비율이든 미터든, "그것들 사이에 등급을 매기게 할 공통의 표준"이란 일체 없을 수도 있다.[64]

둘째, 벌린의 가치다원주의는 가치들이 사회적 또는 문화적 전체 속에서 차지하는 위치를 강조한다. 가치들은 그러한 전체 안에 '통합' 되어 있다. 이상(理想)이란 "그것을 생성하는 삶의 형식에 속하는 것이며 (…) 가치, 즉 목적은 그 가치를 본래적 부분으로 삼아 형성되는 사회적 전체와 함께 살고 죽는다."[65]

셋째, 이와 밀접하게 관련해 때때로 벌린은 이러한 통합이 '상대주의적' 함축을 갖는다고 암시한다. 즉, 가치는 사실상 문화특정적일 뿐만 아니라, 그 가치들의 타당성 또한 문화의 속박을 받는다는 것이다. 따라서 각각의 '집단적 개성'은 유일무이하며, 윤리 · 사회 · 미학에서의 다른 목표나 가치로 그 자체가 불가피하게 대체될 그 나름의 목적과 표준을 갖는다. 이러한 체계 각각은 모든 것이 지나가는 '자연의 긴 세월'이 경과하는 동안 그 나름의 나날 안에서는 객관적으로 타당하다. 신의 눈 아래에서, 각기 자신의 시간과 공간 안에서는 모든 문화가 동등하다.[66]

최종적으로 벌린은, 앞에 나온 모든 생각들을 모아놓고 보면 "최소한 원칙적으로는 가치문제들이 보편적이고 초시간적인 해결가능성을 갖는다는 것", 즉 '완벽성의 거부'를 함축한다고 주장한다. 다원주의를 믿는 사람이라면 "이상적인 인간 존재가 그 잠재성을 있는 그대로 충분히 실현한다는 '완벽한 문명화'라는 개념"이 "뻔한 우스갯거리, 즉 단지 정식화시키기 어렵다거나 실현시키기 불가능할 뿐만 아니라 정합적이지도 않고 도무지 무슨 말인지 알아들을 수도 없다"는 것을 발견할 것이다.[67]

거꾸로 일원론자들은 인간 존재가 추구하는 다양한 재화들이란 모든 것을 포괄하는 단 하나의 최우선적 선(善)의 형태들이거나 그 도출물이라는 견해를 고수한다.[68] 이들의 생각에 따르면, 그 재화들이 함께 결합되어 실현될 수 있는 것이 아니라면 그것들은 완전하고도 일관성 있는 순서에 맞춰질 수 있다. 혹은 만약 그들이 "도덕적 유토피아주의자들"이라면, 마르크스나 엥겔스가 그랬듯이, 비교불가능성은 그것을 산출하는 조건을 극복함으로써 극복될 수 있다고 믿는다. (일원론자들이라면 반드시 가치의 '복수성'과 그 빈번한 '양립불가능성'을 모두 부정해야 하는지는 분명하지 않으나, 일원론자들은 가치들 사이에서의 선택을 인도할 몇 가지 포괄적 척도에 따라 가치들 사이의 등급을 매길 수는 있다고 주장하므로 그들은 가치의 '비교불가능성' 그리고 확실히 '통약불가능성'을 부정한다.) 일원론자들은 사회적·문화적 전체 안에서 가치가 차지하는 위치에 거의 또는 전혀 의미를 부여하지 않으며, 오히려 인간 본성은 변경불가능하기 때문에 인간은 동일한 욕구, 정서 및 동기를 갖고 다른 상황과 환경에 반응한다고 믿는다. 그러므로 일원론자들은 (필연적은 아닐지라도) 아마도 그들 자신의 문화 표준을 보편타당한 것으로 여기는 절대주의자일 것이다. 따라서 그들은, 적어도 원칙적으로는, "가치문제들에 대한 보편적이고 초시간적인 해결"의 가능성 쪽으로 이끌린다. 일원론자들은 이러한 믿음으로 무장한 채 무자비한 광신자들로서, 현실에 완전히 눈 감을 수 없는 사람들만 가질 수 있는 의혹이나 고통은 알지 못한 채 포괄적이고 일관된 견해에 신들려 "유일단심"에 매몰될 것이다. 그들은 "직접적으로 논증되거나 직접적으로 직관될 수 있는 규범적 문제들과 진리들에 관해 객관적이고도 최종적인 해답이 반드시 존재할 것이라는 개념, 모든 가치들이 일치하는 조화로운 모범을 발견하는 것이 원칙적으로 가능하다는 개념, 우리가 이루어야만 하는 것은 이러한 단 하나의 목적을 향해 있다는 개념, 즉 우리는 이러한 견해를 형성하는 단일한 중심 원리를 밝혀낼 수 있으며, 일단 한 번 발견된 원리는 우리의 삶을 지배하게 될 것이라는 개념 등에 몸을 맡긴다."[69]

이러한 논증에는 몇 가지 문제가 있는데, 여기에서 진술한 것은 그 가장 극단적인 형태이다. 다원주의의 상이한 구성요소들은 분리될 수 있으며 서로서로를 포함하지는 않는 것처럼 보인다. 우리는 몇몇 가치가 비교불가능하다거나 통약불가능하다는 것을 (경우에 따라서는 전혀) 고수하지 않더라도 가치들의 복수성과 양립불가능성은 믿을 수 있다. 또, 우리

가 심지어 가치는 복수적이며 양립불가능하고 비교불가능하며 통약불가
능하다는 것을 믿는다 하더라도, 우리는 문화들 사이의 통약불가능성은
말할 것도 없고 각 문화들 사이의 차이조차 진지하게 인정하지 않을 수도
있다.[70]

게다가 이 마지막 생각에는, 벌린이 비코와 헤르더로부터 찾아냈던 것
과 마찬가지의 어려움이 존재한다. 만일 우리가 가치는 문화적 전체에 본
래적으로 내재한다는 생각을 지나치게 글자 그대로 받아들인다면, 우리
는 문화가 정도 차이는 있지만 가지각색의 원천을 갖는 이질적 요소들의
덩어리 혹은 조립물이라는 것을 너무 쉽게 오인하게 된다. 그 이질적 요
소들 사이의 경계는 어디에 놓였는가? 내가 이 책의 처음 세 장에서 반복
적으로 강조했던 것처럼, 문화마다 열린 정도는 물론 다양하지만 문화는
열린 체계다. 모든 문화는 각기 차례로 분화되면서, 이번에는 자체 안에
서 여러 정도로 혼성되고, 파편화되고, 경합을 벌인다. 헤르더식의 전체
론적 문화관은 한때 인류학자들의 판박이 견해였고, 오늘날에도 대중이
나 철학자들의 담론, 그리고 또한 정체성 정치 개업자들 사이에서는 폭넓
게 통용되고 있다. 하지만 그 그림은 인류학자들 사이에서는 더 이상 상
식이 아니라 정반대다.

좀더 심오하게 들어가 매우 중요한 질문을 던져보자면, 진정 문화들이
란 '어떻게' 다른가 하는 것이다. 만일 "자기 시대에 객관적으로 타당한
것"이 항상 교체되어 삶의 "윤리적·사회적·미학적" 영역을 감당하는
"목적과 표준"이 각 문화마다 실제로 다르다면, 우리는 문화를 관통하는
상호이해가능성 그 자체를 이해할 수 없게 만드는 일종의 문화상대주의
에 바짝 다가간 셈이다. 그런데 바로 이 결론이야말로 벌린이 명시적으로

거부했던 것이었으며, 그의 다원주의 교의 전체가 아예 사전에 배제하려고 의도했던 것이었다. 왜냐하면 추론은 물론이려니와 공통의 개념과 성향, 공통의 믿음과 습관을 평가하는 '표준' 이나 참/거짓의 '기준' 을 배경으로 공유하지 않고, 벌린이 그토록 강조했던 바, 즉 믿음과 습관이 문화마다 차이난다는 사실을 이해(理解)까지는 아니더라도 지각(知覺)이라도 할 수 있으려면 우리는 어떻게 해야 하는가? 유명한 예를 들자면, 그리스인들은 아버지의 송장 먹기를 혐오했지만 칼라티애 사람들은 시체를 불에 태운다는 생각에 그리스인 못지않게 공포에 질렸다는 것을 발견했던 페르시아왕 다리우스의 이야기를 전하는 헤로도토스의 역사를 우리는 어떻게 이해할 수 있을까? (그러면서도 다리우스는 시체를 높은 탑 위에 놓아 독수리가 먹도록 하는 것이 '올바른' 일인 줄로 알고 있었다.) 그런 것들을 이해하려면 여러 다른 문화들 속에서 이처럼 다른 형식들을 취하면서도 '죽은 자를 존중한다' 는 공통 개념은 전제되어 있어야만 하는 것이다.[71]

더군다나, 만일 가치다원주의가 상대주의 쪽으로 방향을 튼다면 이것은 자유주의적 관용과의 어떤 연결도 깨뜨리고 마는 것이다. 왜냐하면, 만일 "객관적으로 타당한 것, 이성적인 것, 합리적으로 정당화되는 것" 등이 항상 주어진 문화적 "전체"의 내부에 있는 것이라면, 어떤 문화도 다른 사람들, 심지어는 자체 구성원들을 학대하고도 비판의 대상이 될 수 없기 때문이다. 게다가 자유주의적 관용을 '나타내기는커녕' 그런 상대주의는 "그들" 에게 객관성, 합리성, 정당성에 관한 "우리" 의 표준에 접근하는 것을 사실상 거부하는 종족중심주의의 은폐된 형식에 불과하다.

마지막으로, 벌린에 따르면, 다원주의가 우리에게 면역시켜줄 수 있다고 하는 일원론의 위험이 있다. 이 부분의 논증에 걸린 문제 중 하나는, 그것이 "위대한 역사적 이상의 제단 위에서 벌이는 개인들의 학살"을 설명함에 있어 이상(理想)의 역할을 배타적으로 강조하는 데 있다. 다른 한편으로, 벌린의 특기는 사상분석과 사상사인데, 일원론이란 적어도 한 종류의 무자비한 광신자들을 장려하거나 조장한다는 그의 가설은 확실히 연구할 값어치가 있다. 그가 스탈린주의적 공산주의를 염두에 두고 있었던 것은 분명했다. 하지만 벌린이 그토록 혐오했던 완벽주의적 결론들을 도출하는 것과는 거리가 아주 멀었던 그런 일원론자들을 생각해내기란 그다지 어려운 일이 아니다. 공리주의 같은 것도 어느 편인가 하면 일원론적 사상체계지만, 셸던 월린 교수가 옳다면 초기 공리주의자들은 고통과 희소성에 열중하면서 괴로움과 불안의 극소화 방안을 모색하고 있었다.[72] 그리고 벌린 자신의 해명에 입각하자면 일원론이란 너무 폭넓게 정의되면서 ("일원론이란 고대에서부터 전승되어 수많은 전통적 사상과 행위와 철학적 믿음들이 그 위에 터 잡고 있는 거의 보편적인 믿음이다"라고 쓸 정도로) 사방에 편재하는 것으로 묘사되었기 때문에 "때에 따라서" 일원론이 이론에서는 부조리함으로, 실천에서는 야만적인 귀결에 이른 적도 있었다는 것은 그다지 놀라운 일이 아니었다.[73]

벌린이 그토록 웅변적으로 옹호하는 다원주의가 자연스럽게 자유주의적 결론으로 나아간다는 생각도 명백한 것은 아니다. 모든 측면을 포괄적이거나 중립적이거나 객관적으로 본다면 어떤 경우에도 갖다 쓸 것이라고는 하나도 없을 것이라는 점을 근거로 다원주의가 광신적인 일면성으로 치닫지 말아야 한다는 보장이라도 있는가? 벌린은 '직업으로서의 정치'라는 막스 베버의 말을 이 경우의 고전적 진술로 인용했지만,[74] 베버의 자유주의는 명백함과는 거리가 있다. 철저하게 가치다원주의적이면서도 '결정주의적' 반(反)자유주의를 고수한 가장 극적인 사례는 칼 슈미트의[†] 경우가 될 것이다. 칼 슈미트는 정치를 친구와 적의 대립으로 환원시켰고 또 자유민주주의에 대한 혐오에 있어서는 현대 세계의 어떤 주요 사상가도 그와 필적할 수 없었던 친나치적 법이론가였다.

물론 벌린은 이러한 문제들을 어느 정도 알고 있었으며, 또한 자신의 저작이나 인터뷰에서 그 문제들을 해결하려는 행보를 보이기도 했다. 나는 일원론을 반대하고 다원주의를 옹호하는 벌린의 중심적인 주도논증이 그런 문제들에 뚫리기 쉬운 것처럼 보이는 원인이 정확하게, 내가 위에서 언급했던 바, 그의 글들을 그다지도 명료하게 만드는 바로 그 해석적 방법에 있다고 생각한다. 해석적 방법에 충실해 여러 관점들을 뒤섞다 보면 어느 때 가서는 독자들이 누구 목소리를 듣고 있는지 헛갈리는 경우가 발생한다. 말하자면 독자가 전해 듣고 있는 것은 벌린 자신의 인격 안에서 그대로 재생된 하만인가, 헤르더인가, 아니면 비코인가? 또는 그들은 벌린이 해석한 것인가 아니면 벌린이 전하는 그 인물들의 동시대인들의 평인가? 벌린이 논하는 사상가들은 대체로 자유주의와 다원주의 사이에서 내가 개괄했던 어려움들이 발생하는 것을 깨닫지 못했으며, 실제로 몇몇 경우에는 그런 문제들을 자기 이론의 반론이 아니라 포용의 대상으로 대하려고 했었다. 이 사실은, 반동계몽주의에 기묘하게 사로잡힌 상태

[†] 슈미트(Carl Schmitt, 1888~1985)는 독일의 공법학자·정치학자이다. 그의 학설은 제2차 세계대전 종말까지 나치스 학계에서 확고한 지위를 누렸다. 전후 한때 투옥되었다가(1945~1947) 다시 학계로 복귀하였다. 그는 법과 정치질서가 정당화될 수 있는 근거는 주권적 권위자의 '결단' 속에서 찾아진다고 하여 나치스의 권력투쟁을 정당화시켰지만, 헌법제정권력과 의회주의 분석 등에 있어서는 오늘날에도 그의 학설이 통용된다. 『정치의 개념』(1977), 『政治神學』(1988), 『大地의 노모스』(1995), 『파르티잔』(1998) 등이 번역되어 있다.

와는 부관한 용어로, 벌린이 다원주의를 위한 경우를 개발해 자유주의와
의 연결을 보여주려 했던 일을 더욱 중요하게 만든다. 벌린은 그런 사례
들을 그래프식으로 그려보았다. 그러나 어쨌든 그것들이 아무리 자유주
의를 가능하게 하는 데 기여한 바가 중요하다고 하더라도 자유주의적 다
원주의의 경우는 전(前)자유주의적 사상가들이나 반(反)자유주의적 사상
가들과 독립적인 것으로 부각될 필요가 있다.

내가 암시했듯이, 그러한 경우에 들어가는 요소들은 벌린의 저작에 그
대로 드러난다. 첫째, 가치 있는 삶이 가치 있게 되기 위한 절대적이고 보
편적인 전제조건인 자유의 우선성을 생각해보자. 그의 강연 「자유의 두
개념」에서 이미 벌린은 자유의 최소영역을 보존하는 것이 다른 어떤 것
과 비교해서도 가장 우선적인 가치임을 명백히 했다. 더구나 이는 '우리'
문화에 내재적이기 때문에 '우리'에게 단순히 객관적으로 강요되는 것
이 아니다. 그는 거기에서 "인간 존재의 어떤 부분은 반드시 사회적 통제
의 영역에서 독립적인 것으로 남아 있어야 한다"고 썼다. 그는 콩스탕,
제퍼슨, 버크, 페인,† 밀을 예로 들면서 "만일 우리가 우리의 본성을 타락
시키거나 부정하려는 것이 아니라면, 우리는 인간이 자기 본성의 본질을
거스르지 않고서는 결코 포기할 수 없는 개인적 자유의 최소 영역을 보존
해야만 한다"고 논증했다. 그리고 벌린은 계속해서 묻는다. 이러한 본질
이란 무엇인가? 그리고 그 본질이 함의하는 표준은 무엇인가? 그는 이것
이 "무한히 논쟁되어왔던 문제였으며, 아마도 항상 논쟁적인 문제일 것"

---

† 페인(Thomas Paine, 1737~1809)은 미국의 작가, 국제적 혁명이론가로서 영국 출생이며 미국 독립전쟁과 프
랑스혁명 때 활약하였다. 런던에서 만난 벤자민 프랭클린의 소개로 1774년 필라델피아로 이주했고, 1776년 1
월 『상식론 *Common Sense*』을 출판하여 독립이 가져오는 이익을 논증해 큰 영향을 끼쳤다.

이라고 답한다.[75] 요점은 그가 이 문제를 터무니없는 것이라고 거부하지 않았다는 것이다. 그가 『자유에 관한 네 개의 에세이』 서론에서 주목했던 것처럼 "인간이 선택할 수 있는 영역을 축소시키는 것은 공리주의적 의미에서뿐만 아니라 칸트적인 본래 의미에서도 인간에게 해로운 것이다."[76] 또 그는 게르첸에 의거해 이렇게 쓴다. 즉, "특정 장소. 특정 공간에 존재하는 실제적 개인들 하나하나의 자유는 절대적 가치이다."[77]

그러므로 벌린은 불변하는 인간 본성의 실존을 사변할 준비가 되어 있다. 진짜로 벌린은 불변하는 인간 본성이란 상호 이해가능성의 전제이자 그 한계라고 보면서 인간 집단, 계급, 종교, 인종 또는 문화 등을 가로지르는 인간 본성에 대한 사고를 하기도 한다. 그에 따르면 "아무리 그 목적들이 양립불가능하더라도 그 다채로움이라는 것에 한계가 없을 수 없을 것이다. 왜냐하면 인간의 본성이란 아무리 다채롭고 가변적이라고 하더라도 그것이 인간적이라고 불리려면 반드시 몇 가지 종(種)적 특성을 지녀야 하기 때문이다."[78] 의사소통의 가능성이 붕괴된 곳에서 우리는 "광란이라든가 불완전한 인간성"을 거론한다. 그는 나와의 대담에서도 유사한 통찰을 내비쳤다. 즉, "결국 인간본성이라 불리는 그 무엇인가가 존재한다. 인간본성은 변용될 수 있으며, 다른 문화에서 다른 형태를 취하지만, 만일 인간본성이라는 것이 존재하지 않는다면, 인간 존재라는 바로 그 개념은 이해할 수 없는 것이 되고 말 것이다."[79] 적어도 이런 의미에서 인류란 실로 "모든 시간과 장소에서 같은 점이 많은 것이다."

더 나아가 벌린은 상대주의를 명시적으로 거부했다. 먼저 그는 1980년의 논문에서 비코와 헤르더를 상대주의자로 특징지었던 자신을 비판하면서, 그들은 모두 "우리 자신의 문화, 국가, 계급, 또는 상대주의자들 일부가 우리를 가두려는 창 없는 상자 같은 가치들을 초월하는 우리의 욕구 (필요)와 능력을 견지했다”고 확언한다.[80] 그는 상대주의란 “인간들의 사고태도는 자기들이 흔히 깨닫지 못하는 힘에 의해 불가피하게 규정”되고,[81] 이러한 사고태도들은 오직 안으로부터 이해되고 판단되는 “주관적인” 것이라는 견해로 본다. 이와 대조적으로 “다원주의란, 삶이 동등한 진정성, 동등한 궁극성, 동등한 객관성을 가짐으로써 무시간적 위계에 따라 질서 지워지거나 하나의 절대적 표준에 의해 판단되는 것이 불가능한 가치들의 다원성을 감내할 여유가 있다”는 견해이다. 벌린에 따르면,

> 유한한 수의 다양한 가치와 태도들이 존재하면서, 그 중 몇 가지는 이 사회에서, 다른 몇 가지는 저 사회에서 자기들이 추구할 가치나 태도로 삼는다. 자기들 나름의 가치체계의 관점에서 한 사회에서 지키는 가치나 태도를 다른 사회 구성원들이 존경하거나 비난할 수는 있지만, 만약 그들이 충분한 상상력을 갖고 열심히 시도한다면, 언제나 그들은 결국에는 서로를 이해할 수 있을 것이다. 즉 그들은 상대방 사람들이 처했던 것과 동일한 상황에 놓인다면 그들이 인간 존재로서 추구하는 삶의 목적들을 이해할 수 있는 것으로 볼 수 있을 것이다.[82]

하지만 이 가운데 어떤 것도 문화 내부로부터, 그리고 문화를 가로지르는 비판을 예방하지 못한다.

> 비코가 호메로스 시대 사회의 사회적 부정의와 무자비성에 대해 절대적 용어로 저주할 때 비코는 지적으로 어떤 불안감도 경험하지 않았고, 또 그럴 필요도 없었다. 헤르더가 알렉산더, 카이사르, 샤를마뉴 같은 위대한 정복자이

자 지역문화의 파괴자들을 비난할 때 그는 일관성이 없지는 않았다.[83]

문제의 비판은 벌린이 "경험적 계몽"이라고 부르는 시도의 형식을 취한다. 또한 우리는 "어떤 문화를 도덕적으로나 미학적으로 혐오스럽다는 이유로 거부할 수도 있다."[84]

더 나아가 벌린은 그런 가치다원주의의 범위와 영역을 제한하는 몇 가지 방도를 취하기도 했다. 첫째, 그는 "시간이 더 많이 갈수록 더 많은 나라의 더 많은 사람들이 우리가 흔히 믿고 있는 것보다 더욱 많은 공통가치들을 받아들인다"는 생각을 과감히 내걸기도 했다.[85] 둘째, 그는 "호소된 해결원리가 (고통을 최소화한다거나 너무 많은 사람들의 궁극적 목적을 좌절시키지 않는다) 아주 넓은 의미에서의 공리주의적인,[86] 특별하게는 공공정책의 영역에서 양립불가능한, 심지어는 통약불가능한 가치들 사이의 수많은 갈등은 '상쇄거래'를 통해 해결이 가능하다"는 생각을 이미 아그넬리 강연에서 암시했고 바로 앞서 언급한 인터뷰에서는[87] 더욱 발전시켰다. 나쁜 짓을 하지 않을 도리가 전혀 없는데도 어떤 선택이든 선택 자체가 '도덕적 구속력'을 갖는 딜레마 상황이야말로 진짜로 어려운 경우이다.

나는 이 모든 것이 일원론에 반대하여 위에서 윤곽을 그렸던 다원주의를 옹호하는 주도 논증의 특질을 강화하고 제한하는 반대논증 또는 하위맥락으로 읽힐 수 있다고 생각한다. 그 결과는 벌린이 항상 옹호했던 자유주의, 더 일반적으로는 좌파적 가치들과 조화하게끔, 그가 항상 자임하는 가치다원주의를 정련하기 시작한다는 것이다. 벌린은 수많은 문제들을 제기했다. 즉, 그것은 모든 것을 압도하는 절대적이고 보편적인 자유의 가치, 공통적인 인간 본성의 실존, 합리적 비판, 그리고 공적·사적 생활에서 일어나는 모든 것은 아니지만 많은 가치갈등에 대한 취급용이성 등과 양립할 수 있도록 의도된 다원주의다. 가치판단은 판단이 아니라 자신이 자신에게 몰두하는 임의적 행위가 아닌가? 인간에 관한 과학들은 정치적 목적과 전혀 상관없는 것이 아닌가? 인류학, 심리학, 사회학 등이 우리에게 가르쳐줄 수 있는 것은 수단이나 기술에 관한 것뿐 아닌가? 가치들이란 충돌하기 때문에 저것보다 이것을 선택할 이유는 없으므로, 만약 사람들 또는 사람들의 집단이 서로 다른 사고태도에 사로잡혀 있다면, 그것으로 이 문제는 끝난 것인가 아닌가? 따라서 서로 다른 사고태도들 사이의 전쟁은 그 어느 쪽의 믿음도 완전히 만족시키지 못하는 중재안을 찾아내려는 시도보다 더 명예로운 조처인가? 하지만 이렇게 자기가 씨름했던 문제들에 대해 벌린이 모호하지 않으면서도 단언적인 대답을 내놓지 않은 것은 확실하다,

　게르첸과 마찬가지로 벌린은 "이성, 과학적 방법, 개인적 행위, 경험적으로 발견되는 진리"를 믿었다. 하만과는 달리 그는 "지식의 증대, 공동의 이상을 의식적으로 수용하는 데 기초하는 자유롭고 협동적인 행위의 조건 창출, 이러한 이름에 상응했던 진보의 오직 한 가지 유형에 대한 장려 등을 이끌어낼 수 있으며 대부분의 사람들이 이해할 수 있는 원리들을 통해 합리적인 논의에 호소할 수 있다는 것"을 믿었다. 벌린의 사유에서 궁극적인 도전이란 요컨대, 과거 또는 현재의 허무주의자들과 상대주의자들을 단호하게 거부하면서 계몽주의의 중심 취지를 보존하는 가치다원주의를 전개하고 지지하는 것이다.

1) Joseph Brodsky, "Isaiah Berlin: A Tribute", in Edna and Avishai Margalit, eds, *Isaiah Berlin: A Celebration* (London: Hogarth, 1991), 214, 211쪽.

2) *Introduction to Isaiah Berlin, Concepts and Categories: Philosophical Essays*, ed. Henry Hardy, (London: Hogarth, 1978), xii쪽.

3) Isaiah Berlin, "Nationalism: Past Neglect and Present Power", 그의 저작 *Against the Current: Essays in the History of Ideas*, Henry Hardy 엮음/저자전기 (London: Hogarth), 348~349쪽.

4) Brodsky, 앞의 글, 212쪽.

5) Isaiah Berlin, "The Pursuit of the Ideal", 그의 저작 *The Crooked Timer of Humanity: Chapters in the History of Ideas*, ed. by Henry Hardy (London: John Murray, 1990), 2~3쪽.

6) Isaiah Berlin, *Karl Marx: His Life and Environment*, (London: Oxford University Press, 1939, 초판/1978, 4판)

7) Isaiah Berlin, *The Magus of the North: J.G. Hamann and the Origins of Modern Irrationalism* (London: John Murray, 1993).

8) Isaiah Berlin, "The Pursuit of the Ideal", 7쪽.

9) Isaiah Berlin, "Two Concepts of Liberty", 그의 저작 *Four Essays on Liberty* (London: Oxford University Press, 1969), 167쪽.

10) Isaiah Berlin, "Giambattista Vico and Cultural History", 그의 저작 *The Crooked Timber of Humanity*, 64~65쪽.

11) Isaiah Berlin, "Joseph de Maistre and the Origins of Fascism", 그의 저작 *The Crooked Timber of Humanity*, 161쪽.

12) Isaiah Berlin, "John Stuart Mill and the Ends of Life", 그의 저작 *Four Essays on Liberty*.

13) Isaiah Berlin, "Georges Sorel", 그의 저작 *Against the Current*.

14) 위의 글, 296쪽.

15) Brodsky, 앞의 글, 212쪽.

16) 예를 들어 "The pursuit of the Ideal"의 19쪽을 보라.

17) Perry Anderson, *The Pluralism of Isaiah Berlin, A Zone of Engagement* (London: Verso, 1992), 234쪽의 번역 인용.

18) "John Stuart Mill and the Ends of Life", 182쪽.

19) 위의 글, 205쪽.

20) 위의 글, 192쪽.

21) Isaiah Berlin, "Herzen and his Memoirs", 그의 저작 *Against the Current*, 202쪽.

22) 위의 글, 196쪽.

23) 위의 글, 197쪽.

24) 위의 글, 208쪽.

25) 위의 글, 211쪽.

26) 위의 글, 206쪽.

27) R. G. Collingwood, *An Essay on Metaphysics, Lanham* (University Press of America, 1972), V장 참조.

28) 위의 책, 48쪽.

29) "The Pursuit of the Ideal", 8쪽.

30) 위의 글, 17쪽.

31) 위의 글, 6쪽.

32) Isaiah Berlin, "The Apotheosis of the Romantic Will: The Revolt against the Myth of an Ideal World", 그의 저작 *The Crooked Timber of Humanity*, 211쪽.

33) "Two Concepts of Liberty", 167쪽.

34) 위의 글, 168, 169, 171~172쪽.

35) "The Pursuit of the Ideal", 8쪽.

36) Isaiah Berlin, "The Originality of Machiavelli", 그의 저작 *Against the Current*, 69쪽.

37) 위의 글, 74쪽.

38) Isaiah Berlin, "The Counter-Enlightenment", 그의 저작 *Against the Current*, 69쪽.

39) 위의 글, 12쪽.

40) Isaiah Berlin, "Montesquieu", 그의 저작 *Against the Current*, 159쪽.

41) Isaiah Berlin, "Hume and German Anti-Rationalism", 그의 저작 *Against the Current*, 186쪽.

42) "Joseph de Maistre and the Origins of Fascism", 106쪽.

43) 위의 글, 150쪽.

44) 위의 글, 158쪽.

45) 위의 글, 166쪽.

46) 위의 글, 132, 122쪽.

47) 위의 글, 166~167쪽.

48) "Georges Sorel", 302, 332쪽.

49) 위의 글, 320, 323쪽.

50) 위의 글, 302쪽.

51) 위의 글, 299쪽.

52) 위의 글, 329~330쪽.

53) 위의 글, 316쪽.

54) *The Magus of the North*, 122~123쪽.

55) 위의 책, 115쪽.

56) 위의 책, 114쪽.

57) 위의 책, 125쪽.

58) 위의 책, 121~122쪽.

59) "Nationalism: Past Neglect and Present Power", 333쪽.

60) "The Pursuit of the Ideal", 15쪽.

61) "The Apotheosis of the Romantic Will", 208쪽.

62) "Introduction: *Four Essays on Liberty*", lviii쪽.

63) Bernard Williams, "Introduction to *Concepts and Categories*", xvii쪽.

64) Isaiah Berlin, "Herder and the Enlightenment". 그의 저작 *Vico and Herder: Two Studies in the History of Ideas* (London: Hogarth, 1976), 212쪽.

65) 위의 글.

66) 위의 글.

67) 위의 글.

68) 아리스토텔레스가 플라톤주의자들에 대해 이의를 제기했던 것과 비교해보라. 아리스토텔레스는 "명예, 지혜, 쾌락에 대한 설명들은 모두 서로 다르고 다양하다. 그러므로 좋은 것이란 하나의 이데아에 부합할 수 있는 일종의 공통적인 요소가 아니다"라고 말했다. Aristotle, *The Nicomachean Ethics*, 1, 6, 1069b (Sir David Ross 서론, London: Oxford University Press, World Classics, 1954), 9~10쪽.

69) "Introduction to *Four Essays on Liberty*", lv쪽.

70) Adam Kuper, *Culture: The Anthropologist's Account* (Cambridge, Mass. and London: Harvard University Press, 1999)를 보라.

71) 이 책의 1장 참조. 이러한 이야기의 함축에 대한 탁월한 논의에 관해서는, 미즐리(Midgley)의 *Can't We Make Moral Judgements?*를 참조.

72) Sheldon S, Wolin, *Politics and Vision* (London: Allen and Unwin, 1961), 314~331쪽.

73) "Introduction to *Four Essays on Liberty*", lvi쪽.

74) 위의 글.

75) "Two Concepts of Liberty", 126~127쪽. 더불어, 맥(Mack)의 위의 책 또한 참조하라.

76) "Introduction to *Four Essays on Liberty*", lii쪽.

77) Isaiah Berlin, "Herzen and Bakunin on Individual Liberty", 그의 저작 *Russian Thinkers*, Henry Hardy/ Aileen Kelly 엮음 (Harmondsworth: Penguin, 1979), 87쪽.

78) Isaiah Berlin, "Alleged Relativism in Eighteenth Century Eropean Thought", 그의 저작 *The Crooked Timber of Humanity*, 80쪽.

79) "Isaiah Berlin in conversation with Steven Lukes", *Salmagundi*, 120 (Fall 1998), 120쪽.

80) "Alleged Relativism", 85쪽.

81) 위의 글, 78쪽.

82) 위의 글, 79쪽.

83) 위의 글, 86~87쪽.

84) 위의 글, 87쪽.

85) "Isaiah Berlin in conversation with Steven Lukes", *Salmagundi*, 120 (Fall 1998), 119쪽.

86) 벤담(Bentham)은 "그러나 정부 전체는 희생들의 연속이다"라고 썼다. Wolin, *Politics and Vision*, 326쪽에서 인용.

87) "Isaiah Berlin in conversation with Steven Lukes", *Salmagundi*, 120 (Fall 1998), 106쪽 이하.

7

다원주의자는 반드시 상대주의자인가?

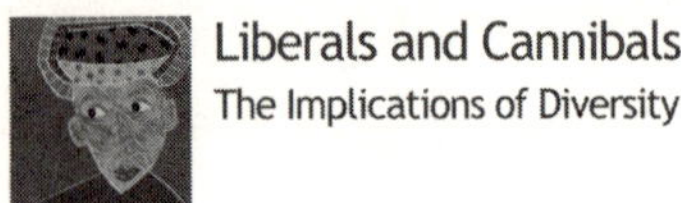

1980년대 이사야 벌린 경은 「18세기 유럽 사상에서 추정된 상대주의」라는[1] 논고를 하나 발표했다. 거기에서 그는 다음과 같이 쓰고 있다.

> 객관적 목적들의 통약불가능성, 그리고 때에 따라 그것들의 양립불가능성의 주장으로 요약되는 다원주의는 상대주의가 아니며, 후천적으로라도 주관주의가 될 수 없을 뿐더러, 서로 다리 놓을 수 없다고 추정해 현대의 실증주의자, 정의주의자,[†] 실존주의자, 민족주의자, 그리고 사실상 상대주의적 사회학주의자와[††] 인류학주의자[††] 몇몇이 자기들 주장에 득이 된다고 생각했던 정서적 태도의 차이들을 가리키는 말도 아니다.[2]

[†] 정의주의(情誼主義, emotivism): 도덕적 판단이란 그것을 발화하는 개인의 감정, 태도. 또는 의도 등을 표현한 것이라고 주장하는 메타윤리학의 한 조류로서 특히 언어분석철학과 논리실증주의 과학철학의 세례를 받은 20세기 중엽의 영미계통과 스칸디나비아 강단철학에서 강세를 띠었다. 인지주의 윤리학과 달리 정의주의 윤리학자들은 참/거짓이나 옳고/그름을 기준으로 도덕적 판단이나 명제를 비판적으로 평가하는 것은 불가능하거나 무의미하다고 보면서, 도덕적인 담화에서 중심되는 것은 듣는 이로 하여금 특정 태도나 행태양식을 수긍하도록 설득하는 것으로 보았다. 영국의 에이어나 미국의 스티븐슨이 대표적인 정의주의자로 꼽힌다.

[††] 사회학주의(社會學主義, sociologism): 인간의 사고와 정서 및 행위와 행태를 설명하는 데 있어서 가장 중요한 것은 그 인간이 생활하고 활동하는 사회적 관계와 구조 및 맥락에서의 위상과 관계라고 하여 사회학적 사고를 모든 학문적 사고의 기본으로 간주하는 입장이다. 사회학주의를 의식적으로 이론화시켜 부각시킨 사람은 뒤르켕이다. 그는 개인을 초월하면서도 개인에게 끊임없이 작용하는 '집합표상' 이 있다고 보고 이것을 기반으로 모든 인간 현상을 설명하려고 시도했다. 따라서 가장 광범한 의미에서의 사회학주의라는 명칭은 사회현상을 설명함에 있어서 생물학적, 심리학적. 경제학적 요인들에 의거하지 않고 직접 사회학적인 요인을 강조하는 입장을 말한다. 20세기 들어와 사적 유물론에 기반한 마르크스주의 계열 사상가들이 상당히 이 경향과 연결되었으며, 과학철학에서는 폴 파이어아벤트가 과학에서의 패러다임을 부정하면서 여기에 합류했고, 기술철학에서의 구성주의는 특히 사회학주의를 전형적으로 구현한 입장으로 평가된다. 뒤르켕 자신은 교육을 그 기원에 있어서나 그 기능에 있어서 절대로 '사회적인 것' 으로 보고 교육적 사실을 다양한 사회와의 관계로 기술하는 것이 교육과학의 과제라고 하여 교육학을 바로 사회학에 의거하여 해명하려고 노력했다.

왜냐하면

　한 문화의 가치는 다른 문화의 가치들과 양립불가능하다는 사실, 또는 한 문화나 집단 안에서, 또는 한 개인 내면에서라도 각기 다른 시점에, 아니면 하다못해 똑같은 시간에도 그런 가치들이 서로 갈등을 일으킨다는 사실은 가치상대주의가 아니라 위계적 구조를 갖지 않은 가치들의 다원성이라는 개념 정도만 함축할 뿐이기 때문이다.[3)]

　벌린의 이 견해는 그의 친구 아르날도 모미글리아노가 자기 책 『비코와 헤르더』에[4)] 관해 쓴 서평에[5)] 대응하는 과정에서 표명된 것이었다. 거기에서 벌린은 "이 탁월하고도 학식 풍부한 비평가는 과연 내가 비코와 헤르더 자신들도 인지하지 못했으면서도 이들 기독교적 사상가들의[‡] 역사적 사

[†] 인류학주의(人類學主義, Anthropologism)는 인간 본성이 오직 한 개인이 생활하고 있는 문화에 의해 결정된다는 관점으로서 인간행위자의 역할에 대해서 큰 비중을 두지 않는 입장이다. 이 관점에서 보면 인간이 성장하여 성인이 된다는 것은 그가 태어난 문화를 습득하는 것에 좌우되며 그 안에서 자신이 가용할 수 있는 '역할'을 수용하는 일이며, 사회적 변화라는 것 역시 역사법칙이나 사회의 내적 모순과 같은 사회구조 그 자체의 동력 또는 외부의 힘에 의해 일어난 결과이다. 이 인류학주의의 가장 전형적인 캐치프레이즈는 포이에르바하의 "신학은 인간학이다"라는 명제에서 찾아진다. 20세기 철학에서 인간의 모든 사고와 심리 및 행태를 문화인류학적 맥락에서 설명하려는 가장 고전적인 시도로서 20세기 인문학과 사회과학의 철학에 큰 영향을 미친 것은 비트겐슈타인 후기철학에서 찾아진다. 그는 논리학, 사회과학, 심리학 모두가 인간이 영위하는 생활양식과 연관시켜 해명될 수 있다고 믿었다.

[‡] "이들 기독교적 사상가들"이란 바로 비코와 헤르더를 가리키는 말인데, 더 말할 것도 없이 기독교적 전통과 문화 속에서 사고하고 활동했던 이들 두 사상가에다 벌린이 굳이 "기독교적"이라는 형용사를 붙인 것은 이들을 "상대주의자"로 보고 그들의 사상을 재해석하려고 한 자신의 시도에 대해 모미글리아노가 굉장히 의아스럽게 여기고 있다는 것을 재치있게 부각시킨 것이다. 왜냐하면 비코와 헤르더는 전제 없는 이성적 사고에 의거해 인간이 가진 모든 지식을 재구성할 수 있다고 믿었던 데카르트와는 달리 인간의 사고와 성향이 형성됨에 있어서 문화와 전통의 중요성을 강조했음에도 불구하고 그 문화와 전통이 시대와 지역에 따라 역사적으로 달라진다는 것, 다시 말해서 상대적이라는 것을 꿈에도 생각하지 않았다. 그것은 비코와 헤르더가 역사와 문화와 전통을 전체론적 입장에서 진화하는 것으로 생각했기 때문이다. 물론 비코에게는 순환론적 역사관이 두드러지지만, 계몽주의 시기에 그 조류를 비판적으로 본 이들도 근본적으로는 각 시대의 역사를 보편사의 한 분절로, 각 지역의 상이한 문화를 보편문화로의 진전 과정 또는 순환과정으로 본 보편주의자라는 데서 해명된다. 이런 사상적 정황에도 불구하고 이사야 벌린은 비코와 헤르더가 역사와 문화의 비중을 강조했다는 점에 역점을 두고 그들을 20세기적 의미에서의 상대주의의 비조 정도로 "추정"한 것이다.

고태도를 지배했고 오늘날까지도 이어져 내려오는 문제의 하나인 역사적 상대주의가 바로 이들에 의해 제시되었다는 것이 무엇을 함축하는지 충분히 알고 있기나 한 것인지 몹시 미심쩍어 한다"고[6] 말하고 있다.

모미글리아노는 벌린의 책이 "어떤 문명이든 각 문명의 독특성을 옹호하고 영광스럽게 찬미하는 일이 도덕적 (또는 논리적) 상대주의와[†] 본래적으로 밀접하게 연관되어 있는가"라는 문제를 중심적으로 다룬다고 파악했다. 모미글리아노는 벌린이 "패배를 인정해야 한다"고 단언했다. 왜냐하면 "비코와 헤르더에 있어서 문화적 다원주의와 절대적 가치들 사이의 화해란 전혀 존재하지 않으며", 만약 문화적 다원주의를 받아들인다고 가정한다면 "벌린은 도덕적 상대주의의 불가피성에 관해 아직 여러 해결 가능성이 열려 있는 미해결 문제를 우리에게 남기는 셈이기" 때문이다. 모미글리아노의 견해에 따르면 헤르더는 비코가 알지 못했던 문화적 경험의 다양성을 그대로 체험할 수 있었는데, 비코와 비교해서 "가치의 다양성에 훨씬 더 많이 관여하고 있었으면서도 (…) 가치들 사이의 선택에 대한 준비는 덜 되어 있었고," "시적 감정에 훨씬 더 민감했기 때문에 훨씬 더 주관적이었으며," "성스러운 역사와 세속적인 역사에 대한 그어떤 분리도 사실상 포기함으로써 상대주의에 끌렸는데," "역사에 관한

[†] 도덕적/논리적 상대주의(moral/logical relativism): 상대주의의 철학적 기원은 고대 그리스 소피스트들, 그 가운데서도 프로타고라스의 인간척도론이다.("인간은 만물의 척도다.") 그렇지만 상대주의는 그것이 함축하는 회의주의적 귀결 때문에 명시적으로 논증되기는 힘든 입장이지만 현대 들어 문화적 다양성에 대한 체험이 증대하면서 일상적 세계관의 일부로 광범하게 수용되는 경향이 있다. 상대주의도 그 쟁점의 층위에 따라 크게 두 가지로 구분되는데, 그 중 도덕적 상대주의란 "모든 가치와 규범의 타당성은 그것을 판단하는 구체적 준거점, 즉 예를 들어 '관점' '문화' '시대' 또는 자신이 생활하는 사회의 성격 또는 구조에 따라 상대적이다"라는 입장이다. 이에 반해 논리적 상대주의란 일종의 인식론적 주장으로서 "모든 명제의 진리값은 그 명제가 놓인 준거현장, 즉 판단의 맥락 또는 언어 도식에 따라 상대적이다"라는 입장이다. 상대주의의 또 다른 측면을 보여주는 것으로는 의미론적 상대주의(semantic relativism)가 있다. 이것은 "한 언어적 표현의 의미는 그것이 사용되거나 발생된 언어적 맥락과 상황에 상대적이다"라는 주장이다. 도덕적 상대주의는 논리적 또는 인식론적 상대주의를 함축하지만 그 역은 아니다.

비코의 사변에 몇 가지 방향과 질서를 부여했던 사적 소유와 다른 제도들의 발전에 대한 관심은 거의 전적으로 결여"하고 있었다. 그러나 아마 결국 비코는 "민족적·부족적 독특성의 표현인 언어에 관해 모든 것을 말해보자면, 모든 언어는 번역 가능하고, 여러 문화는 구두(口頭) 의사소통으로 서로 빌려오는 것이 많으며, 궁극적으로 인간은 언어를 통해 보편적으로 의사소통할 수 있다"는 확신을 통해 "상당 정도 자기 자신의 발상이기도 했던 상대주의에 대한 저항수단"을 우리에게 제공한다고 모미글리아노는 결론 내린다. 모미글리아노는 이런 사상을 탐구하는 것이 "벌린이 쓴 이 논고의 다음 행보"일 것으로 생각했다.

벌린은 이에 대해 두 가지 방식으로 대응했다. 첫째, 그는 다원주의와 상대주의를 예리하게 구분하고자 했다. 그는 「자유의 두 개념」에서 "규율된 권위주의적 거대구조들 안에서 계급이나 인민이나 아니면 전체 인류에 의해 '적극적' 자기우월의 이상을 모색하는 자들의 목표보다 '소극적' 자유의 척도를 함축하는 다원주의가 나에게는 더 참되고 더 인간적인 이상으로 보인다"고[7] 썼다. 그의 많은 글은 이 생각을 변호하고 과거 그런 사상을 표현한 사상가들을 추적하는 데 바쳐진다. 그러나 이러면서 벌린은 다원주의가 상대주의는 아니며 상대주의를 함축하는 것도 아니라고 주장한다.

둘째, 이제 벌린은 계몽주의의 중심 교의에 대한 비코와 헤르더의 반대를 상대주의의 한 형태라고 기술했던 것이 자신이 "과거 범죄적으로 저질렀다고 인정하는" 실책이었다는 것을 보여주려고 시도했다. 그의 글에 따르면, 진정한 상대주의는 "독일 낭만주의의 비합리주의, 쇼펜하우어와 니체의 형이상학, 사회인류학파의 성장, 윌리엄 그레이엄 섬너와 에드워드 웨스터마크의[†] 교의, 아주 유명하게 마르크스나 프로이트처럼 자기들 자신이 반드시 상대주의자는 아닌 사상가들이 상대주의적 사고방식을 조장하는 데 미친 그 모든 영향 등과 같이" 계몽주의가 지나간 이후 다른 원천에서 발전되었다.[8] 이 요점은 벌린에게 계속 중요성을 가진다. 1988년 아그넬리 강의로 행한 「이상의 추구」에서 그는 모미글리아노가 상대주의를 비코와 헤르더가 한 것으로 비정했던 것은 "잘못된" 일이었다고 진술했는데,[9] 그러면서도 벌린은 자기의 헤르더 논고를 다시 출판하면서 붙인 새 각주에다 그 글의 몇 군데에서 자신이 헤르더를 상대주의자로 기술한 사실을 설명하려고 시도하면서 결국 그런 구절들이 "자기 견해에 대한 모미글리아노의 오해"를 불러왔다고 시인했다. 하지만 그 글에서 자기가 "상대주의"라고 한 것은 "윤리적이거나 인식론적인 주관주의의 한 부류가 (…) 아니라" "나로서는 보다 명료하게 희망하는 바이지만, 내가 다른 곳에서 그 어떤 주관주의(主觀主義)의 오점에서도 자유로운 객관적 다원주의(客觀的 多元主義)라고 확인했던 것"을 의미했다는 것이다.[10]

이 모든 것은 두 가지 질문을 제기한다. 벌린은 자기가 그렇게 고집스럽게 주장했던 다원주의를 얼마나 정확하게 자기가 그렇게 완강히 거부하던 상대주의와 구별했는가? 그리고 그는 상대주의에 더럽혀지지 않은 다원주의에 해당된다고 설득력 있게 보여지는 경우들을 일관성 있게 옹호했는가?

「자유의 두 개념」에서 다원주의는 "인간의 목적들은 다수인데, 그것들

모두가 통약가능한 것이 아니라, 서로 영속적 경쟁 관계에 있다는 사실"
을 인정하는 것이라고 언급된다.

결국 인간들은 궁극적 가치들 사이에서 선택한다. 즉 그들의 삶과 사고는 그 정도야 어떻든 긴 시간과 공간에 걸쳐 자기 존재와 사고와 자기 자신의 정체성 감각의 일부가 되어 있는 근본적인 도덕적 범주들과 개념에 의해 결정되기 때문에 그들은 자기들이 선택하는 그대로 선택한다. 바로 이런 선택과정의 부분 부분들이 인간들을 인간답게 만든다.[11]

「추정된 상대주의」에서 벌린은 그는 다원주의에 대해 삶은 다음과 같은 것을 제공한다고 설명한다.

유한한 수의 다양한 가치와 태도들이 존재하면서, 그 중 몇 가지는 이 사회에서, 다른 몇 가지는 저 사회에서 자기들이 추구할 가치나 태도로 삼는다. 자기들 나름의 가치체계의 관점에서 한 사회에서 지키는 가치나 태도를 다른 사회 구성원들이 존경하거나 비난할 수는 있지만, 만약 그들이 충분한 상상력을 갖고 열심히 시도한다면, 언제나 그들은 결국에는 서로를 이해할 수 있을 것이다. 즉 그들은 상대방 사람들이 처했던 것과 동일한 상황에 놓인다면 그들이 인간존재로서 추구하는 삶의 목적들을 이해할 수 있는 것으로 볼 수 있을 것이다.[12]

이렇게 갈등하는 "객관적 목적들"이나 "궁극적 가치들"은 양립불가능할지도 모르지만,

그 다채로움이라는 것에 한계가 없을 수 없을 것이다. 왜냐하면 인간의 본성이란 아무리 다채롭고 가변적이라고 하더라도 그것이 인간적이라고 불리려면 반드시 몇 가지 종(種)적 특성을 지녀야 하기 때문이다. 경험칙상 이 점은 전체 문화들 사이의 차이에 대해서도 통하는 것이다. 어떤 주어진 피조물이 과연 그 피조물인지를 알기 위해서 그 피조물이 어떤 행태를 취할 때 따르는 규칙이나 그 몸짓이 의미하는 바와 같이 우리가 더 이상 넘을 수 없는 한계가 존재한다. 의사소통의 가능성이 붕괴된 상황 안에서 우리는 광란이라든가 불완전한 인간성을 거론한다.[13]

"상대주의"라는 말로 벌린이 의미했던 것은 "한 인간 혹은 집단의 판단이란 취향이나 정서적 태도 또는 사고태도의 표현 혹은 진술이기 때문에 참이나 거짓을 결정하는 객관적 상관물 없이 단지 지금 그대로의 것이 그대로 참이라고 주장하는 교의"라는 것으로서, 벌린에 따르면 "이러한 가정들 위에서 참이나 거짓을 운위한다는 것은 실로 글자 그대로 무의미하다."[14] 적어도 두 가지 형태의 상대주의가 있는데, 그 가운데 하나는 "객관적 사실인식의 가능성 바로 그것"을 부정하는 사실판단의 상대주의이고,[15] 다른 하나는 가치판단의 상대주의인데, 여기서 쟁점이 되는 것은 바로 후자, 즉 가치판단의 상대주의이다.

현대적 형태의 상대주의는 사람들의 사고태도가 자기들도 종종 깨닫지 못하는 힘들에 의해 불가피하게 결정된다는 견해에서 튀어나오는 경향이 있다. 다시 말해, 쇼펜하우어의 비합리적인 우주의 힘, 마르크스의 계급 연관적 도덕성, 프로이트의 무의식적 충동, 대체로 인간이 통제하지 못하는 환경들에 의해 조건지어진 서로 환원불가능한 관습과 믿음의 다채로움에 대한 사회인류학자들의 파노라마 등이 바로 그런 깨달아지지 않은 힘들을 가리키는 말들이다.[16]

그러나 그 모든 변형판에도 불구하고 상대주의가 주장하는 것은 이런 것이다. 즉,

> 객관적 가치란 것들은 없다. 상대주의의 어떤 판본은 사람들의 사고태도가 너무나 자연적 요인이나 문화적 요인들에 조건지어지기 때문에 사람들로 하여금 다른 사회나 다른 시기에도 자기들이 추구하는 것에 못지않은, 만약 자기들이 추구하지 못한다면 다른 사람들이라도 추구할 만큼 값어치 있는 가치들이 있다는 것을 보지 못하게 만들어버린다고 주장한다. 문화상대주의라는 가장 극단적인 판본은 문화들 사이의 광범한 차이들을 강조하는데, 한 문화는 다른 문명들이 무엇으로 살고 있는지를 이해하는 일을 거의 시작조차 할 수 없으며 다른 문명의 행태는† 기술할 수 있지만 그 행태의 목적이나 의미는 안 된다는 견해를 견지한다. (…) 만약 이 생각이 맞는다면 문명의 역사라는 생각 자체가 풀 수 없는 퍼즐이 되어버린다.[17]

따라서 다원주의와 상대주의는 세 가지 방식으로 갈라선다. 첫째, 다원주의자들은 가치의 선택이 사람들의 존재 · 사고 · 정체감의 일부인 근본

---

† 행태(行態, behaviour)는 전문 용어에서 행위(行爲, action)와 구분해서 이해하는 것이 무난할 것이다. 행태는 특정 '조건'(condition) 아래서 어떤 대상체에게 일어나는 '반응'(reaction)의 양상을 가리키는 것으로서 외부적 관찰자에 의한 관찰과 실험에 의해 확증 또는 검증가능한 현상이다. 그에 반해 행위는 행위자가 자신의 의도와 목적에 따라 기획하여 예감한 관념에 따라 결정한 것을 실행하는 것으로서 단순한 관찰이나 실험이 아니라 행위자의 내면에 대한 '이해'를 통해 동의되어야 하는 것이다. 따라서 행태의 객관적 관찰은 행위의 상호주관적 이해를 위한 선행작업은 될 수 있어도 그것만으로는 상대의 활동상을 충분히 정확하게 파악할 수 없다.

적인 도덕적 범주와 개념들에 의해 결정되는 것으로 간주하는 반면, 상대
주의자들은 전체적 사고태도가 사람들이 깨닫지 못하는 힘들에 의해 결
정된다고 보는 경향이 있다. 둘째, 다원주의자들은 문화적 차이들 사이에
다리를 놓을 수 있다고 보는 반면, 상대주의자들, 그 가운데서도 좀더 강
경한 부류는 그렇게 보지 않는다. 그리고 셋째, 벌린에 있어 가장 중요한
것인데, 다원주의자들은 문화, 집단, 그리고 개인들을 나누는 가치들이
객관적으로 존재한다고 간주하는 반면 상대주의자는 그렇지 않다.

그런데 이런 지적은 설득력이 있는가? 다원주의자와 상대주의자들 모
두가 가치들이란 복수적이고 양립불가능하며 심지어 통약불가능하다는
것을 받아들인다. 그러나 다원주의자는 가치들이 '객관적' 일 수 있다고
주장하지만 상대주의자는 그것을 부정한다는 것이다. 이것은 무엇을 의
미하는가? 벌린의 논의는 몇 가지 가능성을 제기할 수 있다. 그 하나는 인
지가능한 인간적 가치들의 영역에 대한 한계가 객관적으로 설정되어 있
다는 것이다. 즉 가치들이 아무리 다채로워도 그 수는 유한하며, 인간 본
성(그리고 사회적 조직화의 경험적 가능성)이라는 객관적 사실에 의해
그 한계들이 고정된다. 둘째로 가치 갈등이라는 사실은 객관적이라는 것
이다. 즉 가치 갈등을 체험하는 사람들은 그것을 마치 압박을 가해 회피
할 수 없는 그 무엇인 것으로 체험한다. 어떤 '객관적' 갈등과 대면한다
는 이런 감각은, 도덕적 딜레마에 직면했을 때처럼, 갈등 중에 있는 각각
의 가치들이 '그 나름으로 처한 위치에 있어' 타당성을 가지며, 따라서
갈등하고 있지 않다고 선언함으로써 가치 갈등을 목전에서 치워버리고
자 하는 상대주의자의 시도에 저항한다. 셋째 가능성은 각 문화나 한 문
화의 어떤 국면을 특징적으로 부각시키는 가치들은, 벌린이 적절하게 풀

었듯이 "단순한 심리적 사실이 아니라 객관적인 사실"이라는 것이다.[18] 아마 이것은 가치들이 규칙에 지배되는 사회적 실천 안에서 실현되고 문화적 대상물로 구체화되므로 이런 의미에서 외부적이고도 압박을 가하는 것으로 각 개인들과 대면하고 있다는 것을 뜻할 것이다.

이런 발상들은 호기심을 자아내면서 풍성한 결실을 예고한다. 그러나 벌린의 논증, 다시 말해 가치들은 그 자체 객관적이라는 주장에 대한 옹호, 즉 가치들의 참과 거짓을 결정하는 '객관적 상관물'이 있으며, 그 객관적 상관물이라는 것을 참과 거짓이라는 용어로 운위하는 것은 유의미하다는 주장을 옹호하려면 더 많은 것이 필요하다. 하지만 한 다원주의자는 가치들이 복수로 존재하고, 서로 갈등하며, 심지어 통약불가능하다고 주장하면서 그런 가치들이 "우리에게는 참이다"라든가 "트로브리안드 사람들에게는[†] 참이다"라는 식으로 깨지지 않는 그런 (객관적 – 옮긴이) 의미에서의 참이나 거짓일 수 있다고 생각할 수 있는가? 이 치명적인 지점에서 벌린은, 모미글리아노가 관찰했듯이, 우리에게 미해결의 문제를 남겨두는 것이다.

나는 이 글의 논의에서 살아 움직이면서도 벌린이나 모미글리아노 그 누구도 따로 구분하지 않은 '상대주의'의 두 가지 의미를 구분함으로써 한 걸음 더 앞으로 나아가자고 제안한다. 상대주의의 첫번째 의미는 문화들을 가로지르는 상호 이해가능성의 쟁점에 관련된다. 문화관통적 이해의 한계는 어디에 놓여 있는가? 이러한 쟁점에 관해 상대주의자는 급진

---

† 뉴기니 동쪽에 있는 트로브리안드 제도의 멜라네시아계 주민으로서 마를 비롯한 농작물을 재배하고, 집돼지를 기르며, 물고기를 잡는다. 이들은 모계 중심의 토템 씨족으로 구분되며 부락이 주요 사회단위이다. 트로브리안드인은 브로니슬라프 말리노프스키가 쓴 인류학의 고전 『서태평양의 모험가들』(1922)에 나타나 있듯이 부족 간의 정교한 교역제도로 잘 알려져 있다.

적으로 회의적인 입장을 취한다. 비트겐슈타인식 어구를 사용하자면, 여러 생활형태들은 "서로 다리 놓을 수 없는 차이들"을 창출하면서 문화관통적 이해에 도저히 넘어설 수 없는 장애물들을 설치한다. 그러나 이런 종류의 상대주의는 많은 사람들을 유혹해왔음에도 불구하고 역시 도저히 넘어설 수 없는 몇 가지 난점들과 조우한다. 한 가지 난점은 그런 상대주의의 자기논박적 성격이다. 다시 말해 그런 상대주의가 '우리' 문화 안에서만 참인가 아닌가 하고 물으면 그 대답은 실로 난감해진다. 또 다른 난점은 그런 상대주의가 터 잡고 있는 '문화' 개념의 물화적 성격이다.† 왜냐하면 모미글리아노가 강조했듯이 문화란 모두 끝없이 다른 문화로부터 서로 빌려주고 빌려오는 것이기 때문이다. 스탈 부인이 통찰했듯이 헤르더는 확실히 이런 종류의 상대주의를 고수하지 않았다. 모미글리아노는 헤르더의 번역에 대한 스탈 부인의 칭찬과 "독일어는 각 나라의 나이브한 언어 표현들을 정제하는 데 적절하다"는 그녀의 『독일론 *De l' Allemagne*』 논평을 인용한다. 벌린과 모미글리아노 모두 비록 근거는 다르지만 (문화적 이해에 관한 – 옮긴이) 상대주의를 거부하는 것은 분명하다. 벌린에 있어서 (문화적 상호이해의 – 옮긴이) "교두보"는 충분히 인지할 수 있을 정도로 인간적인 "삶의 목표들"의 공유에 있다. 모미글리아노에게는 비코가 제시한 "정신의 보편적 어휘"가 그것에 해당된다. 그러나 올바르게도 둘 중

---

† 물화적(物化的, reifying): 물화(reification, Verdinglichung)란 어떤 대상의 현재 상태를 그 자체의 자연형체를 본래부터 갖춘 사물의 영구적 모양으로 보면서 그것을 자신의 임의적 처분권 안에 있는 물건으로 취급하는 사고방식을 특정화시킨 개념이다. 인격적인 노동자의 인간적 실존을 무시하고 그를 단지 '노동력 상품'으로만 취급하여 착취나 비하의 대상으로 보거나 얼마든지 가변적인 인간의 사적, 사회적 관계들을 고정불변의 것으로 간주하여 일체의 실천적 변혁 대상으로 보지 아노는 것 등이 대표적인 물화된 태도이다. 마르크스주의 전통 안에서 루카치가 자본주의 사회 안에서 이루어지는 모든 사회관계들이 상품교환관계에 종속되거나 아니면 그 자체 상품교환관계처럼 운영되는 맥락을 부각시키면서 사회비판의 중요한 개념 가운데 하나로 적용되어 왔다.

누구도 그런 상대주의가 다원주의와 같다거나 다원주의에 함축되어 있다고 짐작조차 하지 않는다.

그러나 상대주의의 두번째 의미, 즉 실천적 판단의 상대주의는 어떤가? 이런 경우 상대주의자의 회의주의는 평가적인 문제, 그리고 특히 윤리적 문제를 결정하는 데 있어 문화초월적 기준 혹은 심지어 개인초월적 기준을 가용할 수 있다는 주장을 겨냥한다. 이런 부류의 상대주의자는 (고인이 된 나의 친구 마틴 홀리스를 다시 한번 인용하자면) "자유주의자에게는 자유주의를, 식인종에게는 식인주의를"이라고 말한다. 다원주의자는 이런 부류의 상대주의자에 대한 그 어떤 방어책이라도 있는가? 여기에서는, 예를 들어 문화들 사이의 '현실적' 대결과 '개념적' 대결을 구별하자는 버나드 윌리엄스의 제안을[19] 발전시키는 것이 유용하다고 증명될지도 모르겠다. 만약 어떤 대결이 '현실적인' 것이라면, 그 대안은 사람들이 직면하고 있는 중인 것으로 예견될 수 있는 '현실적 선택권'이다. 만약 그 대결이 '개념적인' 것이라면, 그것은 실제 사람들에게는 너무나 멀리 떨어져 있어 그것들을 둘 다 체험할 수 없는 사고태도들을 우리가 비교하고 있기 때문이다. 윌리엄스가 쓰듯이, "청동기 시대의 추장이나 중세의 어떤 사무라이의 삶, 그리고 이 삶들과 동반되는 사고태도들은 우리가 실제적으로 규정할 수 있는 현실적 선택권이 아니다. 이런 과거 시대를 살 도리는 전혀 없는 것이다."[20]

벌린의 다원주의는 현실적 대결을 포함하는 실천적 판단의 상대주의에 반대하는 방어책이 필요하다. 자유주의적 다원주의자는 도덕적이고 정치적인 쟁점에 관해서 (단지 기계적인 중립이 아니라 – 옮긴이) 그 어느 쪽의 편을 드는데, 그런 편을 단지 자기의 '자유주의적인 문화' 안에서만 드는 것은 아니다. 그리고 점자 지구화되어가는 우리 세계 안에서 그런 현실적 대결로부터 면역된 곳이 어디에나 있다고 생각하는 것은 환상이다. 상대주의는 과거, 특히 아주 먼 과거에 대해는 의미가 있을 수 있지만, 현재와 미래를 위해서는 아무런 의미도 없다. 만약 '자유주의자'라고 하는 사람이, 말하자면 버마 같은 곳에서 국제사면위원회의 활동을 지원할 것인가, 또는 어떤 절박한 재난에 직면하여 무엇을 해야 할 것인가와 같은 문제에 맞닥뜨렸을 때 다원주의의 이상에 책무감을 느끼는 사람으로 생각된다면, 그리고 '식인주의'가 사멸해가는 이국적 생활방식을 대표하여 그것을 연구하면 많은 가치를 배울 수 있는 것이라면, 논증의 대상이 되는 경우를 "자유주의자에게는 다원주의를, 식인종에게는 상대주의를"이라고 바꾸는 것이 차라리 더 나을 것이다.

원주(原註)

1) Isaiah Berlin, "Alleged Relativism in Eighteenth Century European Thought", in: *Crooked Timber of Humanity* (London: John Murray, 1990).

2) 위의 글. 87쪽.

3) 위의 글. 80쪽.

4) Berlin, *Vico and Herder* (London: Hogarth Press, 1976).

5) Arnaldo Momigliano, "On the Pioneer Trail", *New York Review of Books*, 11 (November 1976), 35~38쪽.

6) Berlin, "Alleged Relativism", 76~77쪽.

7) Berin, *Four Essays on Liberty* (Oxford: Oxford University Press, 1969), 171쪽.

8) Berlin, "Alleged Relativism", 77쪽.

9) Berlin, "The Pursuit of the Ideal", in: Berlin, *The Crooked Timber of Humanity; Chapters in the History of ideas* (London: John Murray, 1990), 10쪽과 77쪽을 보라.

10) Berlin, "Herder and the Enlightenment", in: Berlin, *The Proper Study of Mankind: An Anthology of Essays*, ed. by Henry Hardy with an introduction by Roger Hansheer (New York: Farrar, Strauss and Giroux, 2000), 390쪽.

11) Berlin, "Two Concepts", 171~172쪽.

12) Berlin, "Alleged Relativism", 79쪽.

13) 위의 글, 79~80쪽.

14) 위의 글, 80쪽.

15) 위의 글, 74쪽.

16) 위의 글, 79쪽.

17) 위의 글, 81쪽.

18) 위의 글, 80쪽.

19) Bernard Williams, "The Truth in Relativism", in: *Moral Luck* (Cambridge: Cambridge Press, 1981).

20) 위의 글. 140쪽. 그러나 Michele M. Moody-Adams, *Fieldwork in Familiar Places* (Cambridge, Mass. and London: Harvard University Press, 1997), 특히 2장에서 윌리엄스가 제기한 구별에 반대하는 강력한 논증을 참조.

8

유행에 맞지 않는 여우

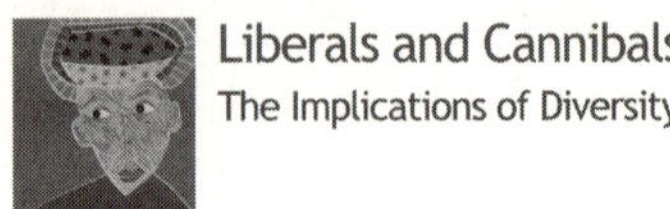

'개인주의'에[1] 대한 책을 저술하는 동안, 나는 이사야 벌린에 대해 언급하면서 이 변화무쌍한 개념의 의미가 열한 가지로 구별된다는 것을 기억해냈다. 벌린은 "그것쯤은 아무것도 아니다!"라고 말하며 나를 한 수 앞질러 버렸다. 나는 이번에 그때와 어느 정도 똑같은 마음으로 (그리스 시인 아르킬로쿠스의 우화에 등장하는) 고슴도치와 여우에† 관한 그의 유명한 구별에 주목하면서 시작하고 싶다. 나는 세상에 단 한 종류의 고슴도치와 단 한 종류의 여우만 있으며 이들에 대한 오직 한 종류의 구별만 존재한다는 마치 고슴도치 같은 견해를 거부한다. 인간들 중에는 수많은 종류의 고슴도치와 여우들이 있기 때문이다. 이들 중 몇몇에 대해 벌린은 고슴도치의 제한된 견해를 채택하는 데 따르는 도덕적 혹은 정치적 대가를 폭로하는 한편, 그가 동료 여우로서 인정했던 사상가들의 세계관을 탐구하는 데 그의 관심을 고정시킨다. 그러나 세상에는 그가 동료로 인정하지 않았던 다른 종류의 (즉시 유행을 쫓아가는) 여우들도 있으며, 그들과 벌린 사이에는 어떠한 친화성도 존재하지 않았다. 나는 이러한 고슴도치들과 여우들에 대해 이야기하고 난 다

---

† 벌린은 고대 그리스 우화를 토대로 "많은 것을 알아 복잡한 전략들을 무수히 짜낼 줄 아는 교활한" 여우와 "어기적어기적 점심거리를 찾아다니고 집을 돌보며 단순한 일상에 열중하는" 고슴도치에 비유해 여러 사상가들을, 여러 가지 목적을 동시에 추구하며 세상의 복잡한 면들을 두루 살피는 '여우'와 모든 것들을 한데 모아 안내하는 단 하나의 체계적인 개념이나 기본원리로 단순화하는 '고슴도치'로 나눈다. 고슴도치는 자신의 컨셉에 부합하지 않는 것들에는 전혀 관심이 없다. 프로이트와 무의식, 다윈과 자연선택, 마르크스와 계급투쟁, 아인슈타인과 상대성, 아담 스미스와 분업에서 그들은 복잡한 세계를 해석해 단순화하는 고슴도치였다.

음, 질문을 던져야 한다. "벌린은 어떤 종류의 여우인가?"

예비적으로 고슴도치들의 유형을 일별해보자. 벌린의 말에 의하면 고슴도치들은 "하나의 단일하고 중심적인 전망, 즉 어느 정도 무모순적이고 정교한 하나의 체계에 모든 것을 관계시키고 또한 그러한 전망에 따라 이해하고 생각하고 느끼는 사상가들이다. 현재 그들이 존재하고 있는 그 모든 것, 그리고 그들이 말하는 모든 것은 오직 그런 단일하고 보편적이며 유기적인 원리에 의할 때에만 중요성을 가질 수 있게 된다."[2] 나는 이런 부류에 적어도 네 가지의 상이한 종류가 있다고 생각한다.

첫째, 우리가 '실증주의적' 고슴도치라고 부를 수 있는 종류가 있다. 그들은 '역사'란 자연과학의 모델에 따라 (혹은 자연과학에 호소하는 모델에 따라) "과학적으로 밝혀질 수 있다(혹은 밝혀져야만 한다)"고 믿는다. 따라서 벌린에 따르면, 오귀스트 콩트는 "역사를 사회학으로 전환시키려고 시도"했다. 그러나 모든 사상가들 중에서도 특히 마르크스는 "역사의 진화를 지배하는 일반적 법칙을 발견하려는, 설사 가장 성공적이지는 못했다 하더라도 가장 용감했던 시도"를 감행함으로써 이러한 기획을 가장 진지하게 수행했던 사람이었을 것이다. (이는 어디까지나 벌린의 설명이다. 나는 이로써, 마르크스가 실증주의자라는 해석에 대해 논박하고 싶다는 유혹을 비껴가려고 한다.) 벌린은 톨스토이에 대해 언급한다.

톨스토이는 만약 역사가 과학이라면 그 과학은 역사에 대한 일련의 참된 법칙을 발견하고 형식화하는 것이 가능해야만 한다는 것을 간파했다. 그러한 참된 법칙은 경험적으로 관찰된 자료들과 결합하여 미래를 예측하고 과거를 재연할 수 있도록 할 것이다. 그러나 그는 또한 (…) 사실상 이러한 성취가 불가능하다는 것을 간파했으며, (…) 이러한 목표를 성취할 가망이 전혀 존재하지 않는다는 것을 보여주기 위해 고안된 논증으로써 자기의 테제를 강화했다. 그리고 이러한 과학적 희망을 성취한다 하더라도 결국 우리가 아는 그대로의 인간 삶은 끝날 것이라는 점을 관찰함으로써 그는 자신이 다루는 사안과 서로 엉켜 꼼짝도 못하게 되었다.[3]

톨스토이는 (벌린의 설명에 따르면) 천성이 여우였지만 자신은 고슴도치라고 믿었는데, 자기가 보았던 것이 "영원히 과학 영역 밖에 있는 것"임을 간파했다. "그것은 사회적이고 도덕적이며 정치적이고 정신적인 세계, 즉 어떠한 과학에 의해서도 분류되거나 기술되거나 예측될 수 없는 세계인데, 왜냐하면 이러한 세계 안에서의 삶은 '밑바닥에 깊이 가라앉아 있어' 우리가 도무지 검토할 수 없는 부분이 너무나 크기 때문"이다. 이런 세계의 본성과 구조에 대한 통찰은 이해의[†] 형식을 요구하는데, 그 형식은 "실재를 거품에서 구별해내어, 행해질 수 없거나 생겨날 수 없는 무가치한 것으로부터 가치 있는 것을 구별해낸다. 그리고 이러한 구별에는 어떠한 합리적인 근거도 주어지지 않는다."[4]

[†] 이해(理解, understanding): 일상적으로 이해는 자기에게 닥친 사태의 진상이라고 생각되는 것을 파악한 상태를 가리키지만, 철학적으로 논구하면 상당히 복합적인 의미층위를 갖는다. 우선 가장 전형적으로 '이해한다'는 것은 예전에 가지고 있던 지식에 의거하여 해당되는 시점에서 사물들, 인간들 및 관념들 사이의 맥락들을 포착하는 것을 뜻한다. 이럴 경우 사람이 이해에 동원하는 것은 이미 갖고 있는 인지적 도식의 활성화, 규칙의 준수, 목적이나 의도의 추적 등이다. '이해한다'는 것의 두번째 의미는 특히 다른 인간들의 감정이나 동기와 같은 인간의 영혼 상태들에 관해 그 있는 상태 그대로라고 생각되는 것을 재구성하거나 자기 입장에서 바꾸어 재현하는 것을 가리킨다. 이 차원에서 행해지는 이해는 단지 개별행위뿐만 아니라 연설, 텍스트, 역사적·사회적 담설맥락 및 행위맥락 등 그 행위가 이루어지는 전체 맥락들을 포괄하는 묘출가능성을 제시해야 한다. 흔히 이런 종류의 이해에 투입되는 학문적 노력은 '해석학'(hermeneutics)의 영역에 속한다. 마지막으로 거론될 수 있는 이해로는 특정 상징체계나 규칙체계에 대해 그것을 언어화시킬 수 있는 의미를 포착하는 일이 들어간다. 흔히 '의미이해'라고 불리는 이런 작업에서 이해의 핵심은 해당되는 상징이나 규칙을 작동시키는 도식의 활성화, 규칙의 적용 및 의도의 실현이다. 일반적 법칙에 의한 설명을 위주로 하는 자연과학과 대비하여 이 두번째와 세번째 의미의 이해를 기준으로 정신과학 또는 인문학의 특징을 규정하기도 한다.

그러나 벌린은 반(反)실증주의적인 종류의 또 다른 여우들을 찾는다. 이런 여우들의 우두머리는 물론 비코로서, "참으로 그는 문화 및 우리가 문화적 다원주의라고 부를 수 있는 것의 현대적 개념을 낳은 아버지였다. 비코에 따르면 진정한 문화들은 각기 그 자신의 독특한 시각, 즉 그 자신의 가치 척도를 가지며, 그러한 시각은 전개 과정 속에서 다른 시각과 가치들로 대체되기도 하지만 결코 완전히 대체되어버리는 것은 아니었다." 비코는 또한 역사인류학과 "독일 역사학파의 잊혀진 예감자들"의 아버지이기도 했다. 이들은 우리 자신의 것과는 다른 언어와 행위의 의미를 판독해내기 위해 상상적 통찰이라는 독특한 방법을 사용했다. 상상적 통찰 즉 '판타지아'(fantasia)라는 기능은, 우리가 "다른 사람들의 목소리를 듣기 위해 (우리가 모을 수 있는 만큼의 증거들에 기초해서) 다른 사람들의 경험과 표현 형식, 가치, 사고방식, 목적, 삶의 방식 등을 판독"하는 데 사용하는 기능이었다.[5] 벌린의 주장에 따르면 비코는 "이전에는 명백하게 식별되지 못했던 앎의 종류를 드러냈다. 즉 비코는 나중에 감정이입적 통찰, 직관적 공감, 역사에의 감정이입 등과 같이 독일 역사주의에서 '이해' 라는 야심적이고 풍요로운 나무로 자라나게 될 맹아를 드러냈다." 즉 비코는 "모든 인문학 연구에서 기초가 되는 앎"이 무슨 뜻을 가지는지, 다시 말해 "빈곤하다는 것, 대의를 위해 싸운다는 것, 어느 한 민족에 속한다는 것, 교회나 정당에 합류하거나 탈퇴한다는 것, 향수(鄕愁)나 공포 또는 신의 편재를 느낀다는 것, 몸짓이나 예술 작품, 농담, 또는 우리를 우리 자신으로 변형시키거나 우리 자신으로 있게 하는 인간적 특성을 이해한다는 것 등이 무엇인지를 내가 안다는 것이 무슨 뜻인지"를[6] 발견했다. 이것은 실증주의적 고슴도치의 헤게모니로부터의 탈출 경로를 제공한 최초의 명령이었다고 벌린은 주장했다.

둘째, '보편주의적' 고슴도치라고 이름붙일 수 있는 유형, 또는 아마도 더 낫게는 (러브조이의 용어를 사용하자면) '획일주의적' 고슴도치라고 부를 수 있는 유형이 있다. 이들은 흄과 함께 "인간 종(種)은 모든 시대와 장소에서 동일한 것이 많다"고 주장하며, 로크와 함께 "선과 악은 (…) 대부분 모든 곳에서 동일하다"고 주장하고, 또한 볼테르와 함께 "도덕성은 모든 문명화된 국가에서 동일하다"고 주장한다. 그들은 볼테르와 마찬가지로 과거나 현재 사회들에서 발견되는 대단히 다양한 관습들을 분류한다. 그러나 이는 단지 문명과 야만, 즉 더 계몽된 것과 덜 계몽된 것의 불변적인 대조를 기술하려는 목적에서 비롯된 것이었다. 벌린이 보기에 계몽에 대한 볼테르의 개념은

그것이 성취되는 곳에서는 어디에서나 본질적으로 동일한 것으로서, 이러한 개념은 불가피한 결론, 즉 바이런은 공자와 함께 식탁에 앉아 있을 때 행복할 것이며, 소포클레스는 15세기 플로렌스에 있을 때, 그리고 세네카는 마담 뒤 데팡의 살롱이나 프리드리히 대제의 궁정에 있을 때 완전한 편안함을 느낄 것이라는 결론이 도출되는 것처럼 보인다.

보편주의적 고슴도치에게 문화적 차이란 단지 불변하는 문화초월적 관심이나 동기, 그리고 행위방식을 숨기는 것일 뿐이다. 또한 그들은 우리의 도덕적·미학적·정치적 판단과는 전혀 관계하지 않는다. 그러한 판단들은 비록 특수한 문화적 맥락에서 발생할 수밖에 없다 하더라도 맥락에서 자유로운 용어들로 추상화될 수 있으며, 그에 따라 삶의 여러 방식

과 그 실천을 평가해 등급을 매길 수 있게 한다. 벌린이 보기에 이러한 일련의 생각들을 논파했던 여우가 바로 헤르더였다. 헤르더에 따르면,

> 통약불가능한 복수의 문화들이 존재한다. 주어진 공동체에 속하는 것, 공통의 언어, 공통의 역사 기억, 공통 습관, 공통 전통 및 공통 감정이라고 하는, 소멸할 수도 감지할 수도 없는 끈으로 연결되는 것은 음식, 음료, 안전, 그리고 번식에 대한 욕구에 못지않게 자연스러운 인간의 기초적 욕구이다.[7]

따라서 문화적 차이는 사고, 지각, 믿음의 모양새를 만들면서 깊이 심화된다. 또 18세기 파리에서 인정되었고 심지어 헤르더 자신도 반쯤 받아들였던, 문화로부터 독립적인 진보의 기준이란 전혀 존재하지 않는다. 즉, 모든 인간적 성취와 모든 인간 사회는 그 자신의 내적 표준들에 의해서만 판단되어야 한다. 헤르더에게 세계시민주의란 개인을 인간으로 만드는 것과의 결별을 의미했으며, '인간성'(Humanität)의 모든 이미지는 문화적으로 '특수한'(sui generis) 것이었다.

벌린은 이러한 여우와 같은 전망을 좇아 남부 헝가리 및 터키와 러시아 제국의 문화적 민족주의로 나아갔으며, 거기에서 오스트리아와 독일 및 그에 영향을 받은 다른 지역들의 정치적 민족주의로 나아갔다. 이는 명백히 우리가 오늘날 정체성 정치라고 부르는 것의 뿌리이다. 내 생각에는 여기서 벌린은 문화에 대한 헤르더의 끈질긴 전체주의적 관점을 너무 무비판적으로 이어받은 것 같다. (이러한 종류의 빈곤한 사회학은 모두 오늘날 문화적 차이에 깊은 인상을 받은 작가들 사이에서는 너무나 일반적인 것이다.) 벌린은 문화들이 항상 다양한 기원을 갖는 이질적 요소들의

덩어리나 집합을 이루게 되는 것은 과연 어떤 정도의 범위에서인지, 각 문화란 국경으로 나뉘는 민족국가와 같은 것이라기보다는 생태계나 기후 지역과 같은 것으로서 다른 문화들과 다르게 되는 것은 과연 어떤 정도의 범위에서인지를 결코 묻지 않았다. 적어도 이런 사고 영역에서는 벌린의 문화관은 뒤죽박죽이라기보다는 모자이크나 누더기 기우기에 가까운 것이었다.[8]

셋째, '합리주의적' 고슴도치라고 불러야 할 유형이 있다. 이것은 대부분의 철인들이 해당하는 유형이기도 하다. 이들 대다수는 "참된, 오직 단 하나의 참된 목적이란 모든 현명한 사람들이 모든 시대에 걸쳐 예술에서, 사고에서, 도덕이나 관습에서 구했던 것"이라고 믿었으며, 또한 "진리의 빛, 즉 자연의 빛(lumen naturalis)은, 사람들이 그것을 발견하기에는 때때로 너무나 사악하고 어리석으며 약한 존재이든, 아니면 사람들이 그것을 발견하여 그 광채에 따라 자신의 삶을 이끌어가든, 언제 어디서나 항상 동일한 것"이라고 믿었다.[9] 물론 볼테르나 루소와 같은 몇몇 인물들은 진리, 덕, 행복을 향한 진보에 비관적이었다. 진리, 덕, 행복이 "끊어지지 않는 사슬"로 한 데 묶여 있다고 생각한 콩도르세나 또는 엘베시우스[†] 같은 이들은 훨씬 낙천적이었다. 벌린은 심지어 철인들 사이에까지 널리 퍼져 있던 18세기 회의주의의 다양한 형태들을 언급하면서 그들의 낙천성

---

† 엘베시우스(Claude A. Helvétius, 1715~1771)는 스위스 혈통의 프랑스 철학자이자 문학가로서 은행 전문가로 교육받았으나 왕실 재정업무로 부를 쌓은 후에는 몽테스키외나 볼테르 같은 당대 계몽주의 유명 지식인들과 교분하면서 문학과 학문을 즐기고 시골로 들어가 빈민을 구제하고 농업을 장려하며 산업을 일으키는 사회사업을 벌렸다. 1758년에 출간한 『정신론 De l'esprit』은 몽테스키외의 『법의 정신』과 겨룰 심산으로 저술했는데, 그 핵심적 요지는 이른바 유물론적 부류의 감각주의(sensualism)와 원시적 형태의 공리주의로 요약된다. 즉 인간의 모든 정신적, 신체적 기관들은 물리적 감각으로 환원되며, 오직 외적 조직의 차이만 인간을 동물과 구분되게 만들고, 쾌락을 추구하고 고통을 두려워하는 인간의 자기관심이야말로 판단과 행위와 애증의 유일한 동기라고 강조했다.

을 풍자적으로 기술한다. 그러나 또한 벌린은 그가 "계몽주의의 중심 전통"이라고 부르는 것이 그러한 희망에 대규모의 투자를 감행해버렸다고 주장했다.

여기에서 우리는 벌린이 좋아하는 여우들과 만나게 된다. 하만은 기독교의 열정적인 경건파 교도였으며, 모든 추상적이고 개념적인 사유에 맹렬하게 반대했고, 신앙을 통한 느낌과 직접적 지각의 전도자였다. 또 드 메스트르의 세계는 "낭만주의의 세계보다 더욱 현실적이고 더욱 흉포한 세계"였다. 드 메스트르에게 이성은 단지 "꺼질듯이 깜박거리는 빛"일 뿐이었다. 그는 사물들의 심층부에 있는 폭력의 교의와 어두운 힘의 능력에 대한 믿음, 그리고 인간의 자기 파괴적 본능을 억제하기도 하지만 그러한 본능을 자기 구원을 위해 사용하기도 하는 구속, 이성과 대립하는 맹목적인 신앙에의 호소, 오직 신비로운 것만이 살아남을 수 있다는 믿음, 유혈낭자한 자기희생적 교의 등을 노골적으로 찬미하면서, 자유주의적 개인주의의 불합리한 교의와 또한 무엇보다도 통제되지 않는 비판적 지식인들의 파괴적인 영향에 대한 교의를 드러냈다. 벌린에게는 이 모든 것이 현대 전체주의의 중심에 있는 것으로서 현대의 전투적인 반(反)이성주의적 파시즘에 대한 최초의 주목으로 보였다.[10]

또한 이 밖에도 하만을 비롯한 독일의 반이성주의적 낭만주의 사상가들과 함께 하거나 계승한 이가 있었는데, 그것은 물론 소렐이다. 소렐에게 폭력은 부활의 전조였으며, 또한 신화에 대한 비이성적 감수성은 집단 행위로부터 분리될 수 없는 것이었다. 뿐만 아니라 그는 "의회 민주주의와 부르주아적 인본주의의 악덕에 대한 날카롭고 잔인한 비판가"였다.[11] 나와 함께 한 인터뷰에서 벌린 스스로 표현했듯이 이들은 모두 그가 흥미를 느꼈던, 틀림없는 그의 동료 여우들이었다. 왜냐하면 이들은 "적대적 사상가들이기 때문이다. 나는 그들에 대해 반대하지만, 그들은 우리를 생각하게 만드는 것들에 관해 말했다." [12] 마이클 이그나티에프의 말처럼, "벌린은 거리낌 없이 기꺼이 자유주의의 공공연한 적들의 정신세계로 들어가 실제적 결론을 이끌어냈던 유일한 자유주의적 사상가였다." [13]

넷째, 우리가 '일원론적' 고슴도치라고 부르게 될 유형이 있다. 여기에서 우리는 아마도 벌린이 가진 편견의 중심처럼 보이는 것, 즉 그가 "일원론" "영원의 철학" "궁극적인 조화의 실현가능성에 대한 끊임없는 믿음" 등으로 다양하게 불렀던 것에 이르게 된다. (여우에게는 이 중심적 편견을 갖는 것이 허용될 수 있다. 물론 벌린이 분명히 여우라는 것은 곧 드러날 것이다.) [14] 벌린에 따르면 일원론자가 믿는 것은 "사람들이 믿어왔던 모든 긍정적 가치들이 결국에는 양립가능해야만 하며, 어쩌면 서로를 포함해야만 한다"는 것이다. 또한 이러한 믿음에 대한 계몽주의의 헌신을 기술하기 위해 벌린은 콩도르세를 예로 든다. "지금까지 살았던 최고의 인물들 가운데 하나"인 콩도르세는 "자연은 끊어지지 않는 사슬로 진리, 행복, 덕을 함께 묶는다"는 유명한 글을 남겼다. (한편 벌린은 이런 문제들에 관한 콩도르세의 미묘한 견해에 대해 자신이 공정하지 못했다는 것을 깨닫게 되었다.) [15] 벌린은 다른 철인들 역시 자유, 평등, 정의에 대해 유사한 생각을 가졌다고 주장한다. 그가 생각하기에 이러한 믿음에 담긴 함축은 몹시 위험한 것이었다. 즉, 이 믿음은 "모든 가치들이 화해할 수 있는 조화로운 범형(範形)의 발견이 원칙적으로 가능하다는 것, 우리는 바로 이러한 유일무이한 목표를 향해 있어야만 한다는 것, 다시 말해 우리는 이러한 견해를 구체화하는 단일한 중심적 원리를 밝혀낼 수 있다는 것, 그 원리는 한번 밝혀지고 나면 우리의 삶을 지배하게 된다는 것"을 함축한다는 것이다.[16] 또한 이런 원리에 대한 믿음에는, 그의 유명한 주장에 따르면, 자유 그 자체에 대한 믿음도 포함되는데, 그런 일원론적 믿음은 "위대한 역사적 이상의 제단 위에서 희생된 개인들에 대해 다른 어떤 것보다 더 큰" 책임이 있다.[17] ("다른 어떤 것 보다 더 크다"는 것은 벌린이 드 메스트르나 낭만주의 또는 소렐과 비교해서 현대 전체주의의 이데올로기적 뿌리를 두고 하는 언명으로서 자유에 대한 공공연한 반대자보다 그것의 과장된 지지자가 개인의 자유를 더 심각하게 훼손시킬 수 있다는 것에 대한 경고이다.)

이러한 일련의 믿음들에 반대해 그는 자신이 '가치다원주의' 라고 부르는 것, 즉 우리는 "궁극적으로 동등한 목적들과 궁극적으로 절대적인 주장들 사이에서 선택에 직면하게 되며, 그러한 선택의 실현은 불가피하게 다른 것의 희생을 필요로 한다"는 입장을 지지했다. 즉 그의 입장은 "사람들의 목적은 여러 가지이며, 원칙적으로 그들 중 어떤 것도 서로 양립할 수 없다. 그리하여 갈등의 가능성과 비극의 가능성은 개인적인 삶이든 사회적인 삶이든 인간의 삶에서 결코 전적으로 제거될 수 없다"는 것이다. 또한 이때 "절대적인 주장들 사이에서 이루어지는 선택의 필요성은 인간 조건의 피할 수 없는 특성"이며, "인간의 모든 목적들은 통약불가능하고, 또한 서로 끊임없는 경쟁 상태에 놓여 있다." 왜냐하면 결국 "인간은 궁극적인 가치들 사이에서 선택"하기 때문이다. 다시 말해 "사람들은 그들이 선택하는 대로 선택한다. 왜냐하면 사람들의 삶과 사유는 근본적인 범주와 개념들에 의해 규정되기 때문이며, 그 범주와 개념들이야말로 기나긴 시간과 드넓은 공간에 걸쳐 그들의 존재와 사유 및 그들 자신의 정체성이 갖는 의미를 이루는 한 부분, 즉 그들을 인간으로 만드는 주요한 부분이기 때문이다."[18]

벌린이 호감을 갖는 여우들 중 다수가 가치다원주의의 입장을 드러냈다. 마키아벨리는 기독교와 이교도라는 덕에 대한 두 가지 관점 및 태도는 군주에게 "단순히 실제적으로뿐만 아니라 원칙적으로도 양립불가능"하다고 보았으며, 그럼으로써 "영원히 해결될 수 없는 물음"을 후대에 남겨놓았다. 그는 "동등하게 궁극적이고 동등하게 신성한 목적들은 서로 모순될 것이라는 인식에서, 평범한 인간 조건들의 일부로서 (…) 가치의 전체 체계는 합리적인 중재의 가능성 없이 충돌하게 될 것"이라는 점을 도출했다.[19] 한편 존 스튜어트 밀은 "양떼들을 남기고 조용히 떠났던 사도"였다. 그는 "진리의 다양한 측면들과 단순화시킬 수 없는 삶의 복잡성을 날카롭게 깨달았다." "그의 인간관은 (…) 공리주의적 선배들과 자유주의적 후배들에 비해 더욱 깊이 있었으며, 그의 역사관과 인생관 또한 그들보다 더욱 폭넓고 단순하지 않았다."[20]

일원론과 다원주의의 구별에 관해 말해야 할 것은 더욱 많다. 그러나 여기에서 나는 단지 (여우와 같은 마음으로) 다양한 여러 생각들이 있으며 그 생각들은 명백히 서로 일치하지 않는다는 것만을 주목하고 싶다. 따라서 적어도 다음에 언급할 여러 사항에 대해 일원론자들은 부정하고, 다원주의자들은 옹호할 수 있을 것이다. 가치들은 다원적이다. 즉, 가치들은 다양하며, 그 가치들은 단일한 가치 혹은 단일한 일련의 가치들을 형성하지도 않고 단일한 가치로부터 유래하거나 단일한 가치로 환원되지도 않는다. 또한 가치들은 양립불가능하다. 즉, 가치들은 단일한 삶의 경계 혹은 단일한 사회의 경계 안에서 다함께 실현되지 않는다. 게다가 군대의 영광이 기독교적인 온순함과 모순되고 위계에 대한 복종이 동지적 평등과 모순되듯이, 가치들은 서로 모순될 수 있다. 뿐만 아니라 가치들은 비교불가능할 수 있다. 즉, 선택할 만한 가치가 하나 있다면, 그 가치의 타당성은 다른 가치들과의 관계 속에서 판단될 수 있는 것이 아니다. 더 나아가 가치들은 두 가지 의미에서 통약불가능할 수 있다. 즉 첫째, 가치들을 평가하기 위한 어떤 공통적 표준도 없다는 의미에서 통약불가능할 수 있다. 둘째, 가치들을 평가하는 것은 그 가치들을 오해하는 것이거나 왜곡하는 것이라는 의미에서 통약불가능할 수 있다.

그러므로 벌린은 실증주의와 과학주의의 비판자였다. 그러나 그는 자신이 초기에 가졌던 경험주의적 시야에 여전히 충실했다. 벌린은 모든 사실들이 이론담지적(理論擔持的, theory-laden)이며, 해석들은 서로 맞물려 있고, 그 해석들은 미결정적(未決定的, indeterminate)이라고 주장하는 탈경험주의적 과학철학이나[†] 해석학적 순환에는[††] 전혀 신경 쓰지 않았다. 오

[†] 탈경험주의적 과학철학(post-empiricist philosophy of science): 과학(science)의 정체성 또는 경계를 논할 때 어떤 이론이나 가설이 경험적으로 검증가능한가 아닌가, 또는 언젠가는 경험에 의해 반증가능한가 아닌가 하는 것처럼 '경험'과의 연관성을 중심으로 과학, 특히 자연과학의 본성을 논하는 과학철학을 광범하게 경험주의적 과학철학이라고 한다. 그 대표적인 학파로는 과학적 명제로서의 유의미성 기준을 경험적 검증가능성에 놓은 논리실증주의와 그것을 부인하고 경험적 반증가능성을 제기한 포퍼의 비판적 합리주의가 있다. 이에 반해 과학적 명제 또는 이론의 유의미성은 그것이 경험적으로 검증될 수 있는가 없는가라기보다는 그것을 갖고 문제현상들을 어디까지 정합적으로 설명할 수 있는가 하는 '문제해결력'에 있다고 보는 것이 탈경험주의적 과학철학이다. 이 입장에 따르면 과학적 패러다임의 가치는 기존의 문제들에 대해 계속 설명하면서 새로운 문제들에 대해 해결책을 제시하는 능력 및 그 예측력에 있다. 반면에 사이비과학은 그 패러다임 안에서 이런 설명을 제시하는 데 실패한 것으로 규정된다. 과학적 작업의 중심을 경험에서 설명으로 옮기는 직접적 계기는 토머스 쿤의 『과학혁명의 구조』에서 직접적으로 비롯되었는데, 그후 인식론 철학에도 쿤 영향을 미쳐 언어의 이해가능성을 해명하는 데도 단어 의미의 미결정성(indeterminateness)을 전제하고 나서 의미이해를 위해서 전체적인 이해를 상정하기를 요구하는 콰인이나 데이비슨의 탈분석철학(post-analytical philosophy)을 자극하기도 했다.

[††] 해석학적 순환(hermeneutic circle): 한 사물이나 상징이나 행위 또는 관념의 의미를 정확하게 이해하기 위해서는 그것들이 놓인 맥락 전체가 먼저 포괄적으로 이해되어야 하고, 역으로, 이 이해가 이루어져야 하는 맥락 전체가 정합적으로 구성되려면 그 구성부분들이 특징적으로 먼저 규정되어야 하므로, 부분과 전체 사이에는 양측의 올바른 상호이해를 지향하는 순환적 탐색과정이 전개된다. 바로 이런 올바른 이해를 지향하는 부분과 전체의 상호작용을 해석학적 순환이라고 한다.

히려 이러한 문제들에 대한 그의 견해는 사실상 포퍼주의적이었다. 스튜어트 햄프셔가 잘 표현했듯이, 그는 "개인적 경험에서든 정치적 경험에서든 우리의 일상적 경험 내용은 실재의 참된 내용이라고 주장하는, 확신을 가진 냉정한 경험주의자"로 남았다. "(…) 벌린은 이 세계에 놓인 모든 가구들이란 그것들이 자연에 놓여 있든 사회에 놓여 있든 인간의 척도에 맞는 중간 크기의 대상물들로서 완전히 실재하고, 우리가 그것들을 지각하는 바로 그 크기대로 조금 많거나 조금 적은 상태로 실존한다고 간주했다."[21] 따라서 비록 그가 사회학의 주제에 대한 편견을 가졌다고는 하지만, 그는 결코 파이어아벤트나[†] 기어츠 같은 여우들에 휩쓸려 과학 일반은 말할 것도 없고 사회과학에서의 객관성을 의문시하는 급진적 무정부주의나 '반(反)-반(反)-상대주의'로 빠진 적이 전혀 없었다.

그는 획일주의적 보편주의에 반대했다. 그러나 헤르더에 대한 그의 극단적으로 호의적인 설명에도 불구하고, 그는 결코 사회구성주의와 유사한 어떤 것, 이를테면 로티의 견해와 같은 것에 매혹되지 않았다. 로티의 주장에 따르면 "우리는 반드시, '인간 존재'란 (…) 불변하는 본질, 즉 영속적인 일련의 본래적 특징과 더불어 비역사적이고 자연적인 성질을 가리키는 것이라는 보편주의적 주장의 거북스러움을 피해야" 하며, "인간적인 것에 관한 규정력을 갖는 것 중에 역사에 선행하거나 사회화의 '저변에 묻힌' 것은 전혀 없고" "자아, 즉 인간 주체란 그것이 무엇이든 문화

---

† 파이어아벤트(Paul Karl Feyerabend, 1924~1994)는 오스트리아 태생의 과학철학자로서 영어로 씌어진 포퍼의 『열린 사회와 그 적들』을 독일어로 번역할 정도로 포퍼주의자였으나, 그 이후 『방법에 반대하여』(1975), 『자유사회의 과학』(1978), 『이성이여 안녕』(1987) 등의 저서를 통해 과학에서의 보편적 방법의 존재와 의의를 전면 부정하는 급진적인 주장을 펴면서 과학에 대한 이론적 아나키스트로서 국제적 주목을 받았다. "무엇이라도 다 좋다!"(Anything goes!)는 표어는 그의 이런 입장을 압축하는 표어로 유명하다.

적 적응이 만들어낸 어떤 것이다."[22] 그러나 벌린은 인간의 본성이 인간 존재가 추구할 수 있는 이해 가능한 목적들에 한계를 설정한다고 믿었기 때문에, 나와 함께 한 인터뷰에서 그는 "인간 존재가 추구할 수 있는 수많은 목적들은 무한하지 않다. 만일 목적들이 무한하다면, 실제로 인간 존재는 인간일 수 없을 것이다"라고 말했다.[23]

그는 자신이 파악했던 그대로의 계몽주의적 합리주의에 대한 비판자였으며, 현대 자유주의 사상가들 가운데 일부 과도한 합리주의라고 여겨지는 사람들, 특히 존 롤스에 대해 비판적이었다.[24] 그러나 그는 윤리와 가치의 객관성에 있어서 이성의 위치를 확고히 믿었으며, 그리하여 윤리적 주관주의나 주정주의의 여러 가지 변종들이나 그 이후에 전개된 실존주의에 결코 빠지지 않았다. 뿐만 아니라 벌린은 "말하는 것은 싸우는 것"이라고 말하면서 담론과 서사들을 가로지르는 환원불가능한 통약불가능성이 존재하는데, 이는 담론과 서사들이 "그 자체의 문화 안에서 옳은 행위와 옳은 말일 수 있는 것들을 규정하고, 그 자체 자신이 속한 문화의 일부인 까닭에 자신들의 그러한 규정 작업을 스스로 규정한다는 바로 그 단순한 사실에 의해 정당화된다"고 주장함으로써, 벌린 자신보다 훨씬 더 나아간 통약불가능성의 개념을 받아들이는 리오타르 같은 현대의 후기 니체주의적이며 포스트모던적인 여우들에 대해 어떤 공감도 표하지 않았다.[25]

그리고 그는 가치다원주의자였지만 자신의 견해를 상대주의와 구별하는 데 커다란 중요성을 부여했다. 그는 다원주의는 상대주의가 아니라고 주장했는데, 우리는 "자유주의자에게는 자유주의를, 식인종에게는 식인주의를"이라는 홀리스의 유쾌한 명구에 따라 그의 이런 입장을 요약할 수 있을 것이다.[26) 나는 벌린의 최종적 입장이란 이런 것이라고 믿는다. 즉 우리는 우리의 실천적 생활의 커다란 영역들에 걸쳐, 무엇보다도 특히 공공정책의 영역에서, 여러 재화의 비중을 견주기도 하고 불관용스러운 대안들의 발생을 막아주는 타협들에 관여하기도 하면서 상쇄거래에 매진한다. 그러나 도덕적 딜레마와 비극적 선택은 제거될 수 없는 것이다. 이그나티에프가 말했듯이 "벌린은 인간 내부와 외부에 걸친 바로 그 분열성을 자유주의 정치의 기본 근거로 만들었다. 자유로운 사회는 인간적 재화들 사이의 갈등을 수긍하면서 그 민주적 제도들을 통해 이러한 갈등이 평화롭게 관리될 수 있는 광장을 유지하기 때문에 좋은 사회이다."[27)

그러나 나는 벌린에 대해 자아가 "불안정하고 다면적이며" "첨예하게 분열되어 있었다"고 하면서, 그는 "고슴도치가 되기를 열망한 여우"였다고[28) 평가한 이그나티에프의 견해에 동의하지 않는다. 오히려 나는 벌린이 우리 고슴도치들은 통상 보려고 하지 않았던 많은 점들을 보면서 이 시대에는 마치 유행에 맞지 않는 여우처럼 보였던 것들에 천착했던 경험주의자, 실재론자, 객관주의자, 반(反)-비(非)합리주의자, 반(反)상대주의자였다고 말하고 싶다.

1) Steven Lukes, *Individualism*, (Oxford: Blackwell, 1973).

2) Isaiah Berlin, *The Hedgehog and the Fox*, (New York: Mentor Books,, New American Library, 1957), 7쪽.

3) 위의 글, 25~26쪽.

4) 위의 글, 106~107쪽.

5) Isaiah Berlin, 'Giambattista Vico and Cultural History', in: Berlin, *The Crooked Timber of Humanity: Chapters in the History of Ideas*, ed. by Henry Hardy (London: John Murray, 1990), 59~60, 62~63쪽.

6) Isaiah Berlin, 'Vico's Concept of Knowledge', in: Berlin, *Against the Current: Essays in the History of Ideas'*, ed. with a bibliography by Henry Hardy (London: The Hogarth Press, 1979), 116쪽.

7) Isaiah Berlin, 'The Counter-Enlightenment', in: Berlin, *Against the Current*, 12쪽.

8) 이 구별에 관한 상세한 고찰에 대해서는 C. Joppke and S. Lukes, eds, *Multicultural Questions*, (Oxford: Oxford University Press, 1999)를 참조하라. (이 고찰은 함축적으로 루시디의 "뒤죽박죽인" 관점에 대한 견해를 지시한다.) 이 책의 2장과 3장 역시 참고가 될 것이다.

9) Isaiah Berlin, 'Giambattistas Vico and Cultural History' in: Berlin, *The Crooked Timber*, 52쪽.

10) Isaiah Berlin, 'Joseph de Maistre and the Origins of Fascism', in: Berlin, *The Crooked Timber*, 158, 22, 127쪽.

11) Isaiah Berlin, 'Georges Sorel', in: Berlin, *Against the Current*, 327쪽.

12) Isaiah Berlin in Conversation with Steven Lukes', *Salmagundi*, 120 (Fall 1998), 90쪽.

13) Michael Ignatieff, Isaiah Berlin: *A Life*, (London: Chatto and Windus, 1998), 249쪽.

14) Isaiah Berlin, 'The Pursuit of the Ideal', in: Berlin, *The Crooked Timber*, 17쪽.

15) Isaiah Berlin, 'Two Concepts of Liberty' in: Berlin, *Four Essays on Liberty* (London and New York: Oxford University Press, 1969), 167쪽. 그는 엠마 로스차일드(Emma Rothchild)에게 설득되었다. 그녀의 책 *Economic Sentiment: Adam Smith, Condorcet, and the Enlightenment*의 7장, 'Condorcet and the Conflict of Values'를 보라.

16) Introduction to Berlin, *Four Essays on Liberty*. lv쪽.

17) Berlin, 'Two Concepts of Liberty', 167쪽.

18) 위의 글, 168~169, 171~172쪽.

19) Isaiah Berlin, 'The Originality of Machiavelli', in Berlin: *Against the Current*, 69, 74~75쪽.

20) Isaiah Berlin, 'John Stuart Mill and the Ends of Life', The Council of Christians and Jews (London, 1959), 6, 21, 34쪽.

21) Stuart Hampshire, address delivered at the Commemoration in the Sheldonian Theatre, Oxford, 21 March 1998.

22) Richard Rotty, *Essays on Heidegger and Others* (Cambridge: Cambridge University Press, 1991), 7쪽; 'Feminism and Pragmatism', *Radical Philosophy*, 59 (Autumn 1991, 5쪽; *Contingency, Irony, Solidarity* (Cambridge: Cambridge University Press, 1989), xiii, ck쪽. 이 책의 2장을 보라.

23) 'In Conversation with Steven Lukes', pp. 104~105. 이 주제에서 이그나티에프는 벌린에 대해 다음과 같이 언급한다. 즉, "우리는 도덕적 존재다. 만일 우리의 숙고에 아무리 거짓되거나 부적절한 것일지라도 도덕적 고려가 전혀 존재하지 않는다면, 우리는 인간으로서의 자격을 얻지 못하게 될 것이다. 또한 도덕적 논의의 공통된 몸과 공통된 언어라는 공통적인 근거로부터, 우리는 비인간적인 것과 마주치는 순간 그 비인간적인 것을 알게 된다. 괴테나 쉴러를 통해 서구적 보편주의의 문화를 흡수해왔던 사람들이 어째서 그들의 동료들을 기생충으로 취급해왔는지에 대해, 벌린은 아무런 설득력 있는 논증도 갖지 못했다. 그가 말할 수 있었던 전부는, 인간 존재를 기생충으로 취급하는 것은 논증적으로 잘못된 전제로부터 추론하는 것이라는 점뿐이었다. 그러나 왜 그러한 추론이 거대한 국가의 정치 계급 전체에 대해, 그리고 그들을 지지하는 수만 명의 유럽인들에 대해 설득력 있을 수 있는지, 그는 전혀 말할 수 없었다. 하지만 그렇다면, 누가 할 수 있을까?" (*Isaiah Berlin: A life*, pp. 249~250)

24) 'In Conversation with Steven Lukes', 113쪽을 보라.

25) Jean-Françis Lyotard, *La Condition postmoderne* (Paris: Les Editions de Minuit, 1979), 23, 42~43쪽.

26) 상대주의에 오염되지 않은 다원주의를 정의하려는 벌린의 반복적인 시도는, 아날도 모니글리아노(Arnaldo Mornigliano)가 *New York Review of Books* (11 November, 1976)에서 『비코와 헤르더』를 논평했던 데 대한 그의 대응으로부터 시작한다. 이 논의와 그에 대한 간략한 평가에 관해서는 앞 장을 참고하라.

27) Michael Ignatieff, *Isaiah Berlin: A Life*, 203쪽.

28) 위의 글.

9

사회정의: 하이에크의 도전

20년도 더 전에 프리드리히 하이에
크는[†] '사회정의' 란 신기루이며, 그것을 추구하는 사람들의 환상적 목표
이고, 게다가 오직 재앙으로 이끌 뿐이라고 확신에 차서 선언했다. 그는
'사회정의' 라는 표현이 사회주의의 핵심에 있는 열망을 묘사한다고 생
각했다. 실로 "널리 퍼져 있는 사회정의라는 믿음은 현재 자유 문명의 다
른 가치들에 대한 가장 중대한 위협일 것이다".[1] "사회정의에 대한 믿음
이 정치적 행위를 지배하는 한 이러한 과정은 반드시 점진적으로 전체주
의적 시스템에 가까워질 것" 이라고[2] 그는 적었다. '사회정의' 라는 경구
는 우리 시대의 거의 새로운 종교라고 할 수 있는 준종교적 믿음의 구체
화이지만, 그것이 무엇이든 어떤 내용도 갖지 않고, 우리가 몇몇 특정 그
룹의 요구에 동의해야 한다는 생각을 은근히 심어준다.[3] 하이에크는 "사
회정의의 옹호자들은 사회구성원들의 노력과 공정하다고 간주된 분배의
특정 유형을 획득하려는 목적을 조화적으로 통합시킬 것을 약속한다. 그
러나 자유로운 개인들의 사회에서 이렇게 하려고 노력하는 것은 반드시
사회를 작동불가능하게 만들 것" 이라고[4] 주장했다. 이렇게 논증하는 중

[†] 하이에크(Friedrich August von Hayek, 1899~1992)는 오스트리아 태생의 영국 경제학자로서 1920년대까지는
오스트리아 빈에서 활약하다 1931년 영국으로 옮겨 런던대학교 교수가 되었고 1938년 영국시민권을 취득하
였다. 1936년까지 화폐의 순수이론·경기순환의 제원인 등에 관한 J. M. 케인스와의 대논쟁으로 명성을 쌓았
고, 1950년대 부터는 금융학파의 아성인 미국의 시카고대학교에서 연구생활을 하였다. 화폐금융론에서의 경
험을 사회학적으로 일반화시킨 급진적 경제자유주의 사상을 주장하여 『법, 입법, 자유』(1973~1979)를 집필하
였다. 1974년에는 스웨덴의 K. G. 뮈르달과 함께 화폐와 경제변동의 연구가 인정되어 노벨경제학상을 수상
하였다.

에 하이에크는 자신이 "다른 사람들로 하여금 자기들이 사용하는 용어의 의미를 필수적으로 반성하게 만든 도전"을 제기하고 있다고 보았다.[5]

이제부터 나는 이러한 결론들에 대한 하이에크의 논증에 전체적으로 초점을 맞출 것이다. 나는 엄격하게 필요한 지점을 제외하고는 철학, 정치 및 경제에 대한 그의 광범위한 사상들을 고찰하지 않을 것이다. 나의 목적은 사회정의에 반대하는 그의 논증의 강도, 따라서 이 사회정의라는 이념의 관점에서 사고하고 행위하는 성향이 있는 모든 사람에게 제기하겠다는 뜻을 가진 그의 논증의 강도를 평가하는 데 제한된다. 하이에크는 사회정의의 이념이 일종의 침투성 있는 헤게모니를 획득해 모든 종류의 사회주의자들뿐만 아니라 가톨릭 교인들, 그리고 실질적으로 이 시대에 나타난 정치적 관점의 발안자들 모두에게 영향을 미치고 있다고 관찰했다. 그러므로 사회정의라는 이념을 전복할 방도를 모색한다는 것은 논증을 통한 승리의 신념이 현실적인 정치적 충격력을 가질 수 있다고 하이에크가 믿었던 이데올로기 전쟁에서 대담하게 감행한 전형적 역습이었다.

그 충격이 무엇이었는지를 알기란 어렵다. 하이에크의 사회정의 비판이 1980년대 초반 이래 전 세계에 걸쳐, 특히 중앙유럽과 동유럽에서 아주 명확하게 되었던 시장토대적 '신자유주의' 이념과 처방이 폭넓은 호소력을 발휘하는 데 무슨 기여를 했는지 사변해보는 것은 흥미 있는 일이다. 예를 들어 혹자는 마거릿 대처의 몇몇 선언에서[6] 하이에크의 사회정의 비판의 영향을 분명하게 찾아낸다. 하이에크적 비판은 아마도 하이에크의 영향 아래 들어온 사람 중 몽펠레렝 협회와 관계를 맺었던 경제학자들과 다른 학자들 및 정책자문가들을 설득시켰을 것이고, 다양한 국가들의 정책입안에 대한 이들의 영향은 이제 도표로 만들 지경이 되었다.

이와 비교해볼 때 학계 내에서의 하이에크의 영향력은 오히려 제한적인 것처럼 보일 것이다. 1970년대 중반 이래 사회정의는 대체로 존 롤스 저작의 영향력 아래 영어권 세계에서 진정 규범적 정치철학의 중심적 초점이 되었으며 점차 영어권을 넘어서고 있다. 하지만 롤스나 그의 추종자들, 그리고 지난 20년 이상 번성해 오면서 여러 가지로 갈라졌던 논쟁들에 기여한 이들도 하이에크의 도전에 크게 주의를 기울이지 않았다. 대체로 이 정치철학자들은 사회정의에 대한 하이에크의 입장을 도전이 아니라 상도를 벗어난 정치적 입지점의 표현으로 바라보았다. 심지어는 로버트 노직의 『아나키, 국가, 유토피아』 같이 그 결론이 하이에크의 것에 거의 수렴해 들어가는 다른 자유지상주의적 저술도 그런 결론을 내림에 있어 하이에크에 의존하지 않는다.

물론 하이에크주의자라면 "조직의 구성원으로서 보호막 속에서의 삶을 사는 강단철학자들은" "합리주의적 구성주의"에 경도되어 "'위대한 사회'를† 한데 묶는 세력들에 대한 모든 이해를 상실했다"고 치부하면서 그렇게 무시당하는 것에 별로 개의치 않을지도 모르겠다.[7] 하지만 하이에크가 정당한 논거라고는 전혀 갖지 못하는 경우도 있을 수 있으며, 무시당해 온 것이 오히려 공정할지도 모른다. 나는 하이에크적 비판의 강점과 약점이 어디 있는지를 살펴본다는 목적과 함께 그 비판의 다양한 구성요소들을 개별적으로 분리시킴으로써 하이에크에게 어떤 논거도 없을 가능성을 탐구해보겠다. 그런 시험에 비추어 우리는 이 시대의 사회정의

---

† 위대한 사회(Great Society): 1960년대 중반경 사회적 약자에게 대규모의 복지를 시행하고 인종주의적 차별을 극복하여 인권 상황을 개선하기 위해 미국의 존슨 행정부가 실시했던 사회정책을 총칭하는 명칭이다. 미국 사회의 보수적 사회분위기를 혁신하고 베이비붐 세대의 성장에 맞는 문화적 여건을 조성하는 데는 성공했으나 월남전에 대한 반전 여론이 비등하면서 정치적 통합을 창출하는 데는 한계가 있었던 것으로 평가된다.

이론이 어느 정도나 하이에크의 도전을 해결하거나 회피할 수 있는지 규정할 입장에 있어야 할 것이다.

여섯 가지 주장

하이에크의 첫번째 주장은 의미론적인 것이다. "'사회정의' 라는 용어는 전적으로 공허하며 무의미하다"고[8] 하이에크는 서술한다. 사회정의는 오류 범주가 아니라 '도덕적 돌' 이라는[9] 용어처럼 난센스 범주에 속한다. 따라서 첫번째 주장은 다음과 같다.

(1) 사회정의의 이념은 무의미하다.

하이에크는 사회정의가 특정 조건에서만, 다시 말해 "자유로운 인간들의 위대한 사회"라는 조건에서만 무의미하다고 논증하면서 보통 이 주장을 좀더 그 특성이 잘 드러나는 형식으로 진술한다.[10] 따라서 그 구성원들이 자신의 고유한 지식을 자신의 고유한 목적들에 사용하는 것이 허용되는 자유로운 인간들의 사회에서 사회정의라는 용어는 전적으로 의미나 내용을 결여한다.[11] 보다 특정적으로 말하자면, "다양한 종류의 노동과 다른 생산요소들에 대해 반드시 지불되어야 할 가격이 시장경제에서 결정되는데 (…) 정의를 고려한다는 것은 전혀 의미가 없다."[12] "비인격적†

---

† 인격적/비인격적(personal/impersonal): 이 장에서 많이 나오는 이 말은 인간의 도덕적 성격(moral character)과는 무관하게 대상의 운동과 구조를 기술하고 해명함에 있어서 '인간의 구성요인들' (human constitutives)과 연관시키는지 여부를 갖고 그 의미가 규정된다. 따라서 여기에서 시장과정이 비인격적이라는 말은 시장과정이 부도덕하다는 뜻이 아니라 시장메커니즘을 인간의 주관적 구성요인이나 성격과 무관하게 그 자체의 작동방식과 법칙으로 설명할 수 있다는 뜻이 된다.

시장과정"에 지배되는 자유로운 사회에서 "보수의 차이를 놓고 단순히 정의롭다거나 부정의하다고 기술하는 것은 의미를 가질 수 없다."[13] 그와 대조적으로 "사회정의는 오직 개인들에게 무엇을 해야 하는지 명령하는 군대 같은 감독경제나 '지휘' 경제에서만 의미를 부여받을 수 있다."[14] 그러므로 하이에크의 첫번째 주장을 변용하면 다음과 같다.

  (1a) 사회정의의 이념은 시장에 기초한 자유 사회에서는 무의미하다.

  그러나 몇몇 구절에서 하이에크는 결국 사회정의가 특정한 종류의 의미를 가진다는 것을 인정하며, 심지어 자유로운 사회에서도 "종교적"이거나 "준종교적"이거나 "미신적인" 의미를 가질 수 있는데, 그것은 "마녀나 유령에 대한 일반적 믿음"과[15] 비교될 수 있다는 것이다. 그는 사회정의가 "아직 이 원시적 개념들로부터 벗어날 만큼 성장하지 못한 우리 정신의 미성숙의 표시"라는 견해를 견지한다.[16] 하이에크는 "사회정의의 요구 속에서 표출되는 도덕적 감정들은 보다 원시적인 조건에서 자기가 속한 소집단의 구성원을 향해 개인이 발전시켰던 태도에서 유래한다."[17] 따라서 그의 두번째 주장은 다음과 같다.

  (2) 사회정의의 이념은 종교적이다.

  하이에크는 또한 다음과 같은 관점을 발전시킨다. 정의 혹은 부정의는 아마도 "인간 행위의 의도된 결과를 단정짓는 것이지 인간에 의해 일부러 일으켜지지 않은 환경들을 단정짓는 것은 아닐 것이다."[18] 정의 혹은 부정의는 "의도되지 않거나, 예견되지 않고, 어느 누구에게도 전체가 알려지지 않는 환경들의 무수함에 의존하는"[19] 비개인적 과정들의 결과에 귀속될 수 없다. 따라서 정의 혹은 부정의는 자연발생적인 과정의 결과들에 적용할 수 없다. 만약 부정의가 있다고 주장된다면 "누가 불공정하기로 되어 있는가?"라고[20] 묻는 것이 사리에 맞아야 할 것이다. 즉, 보다 명확하게 말하자면, "혜택과 부담이 시장메커니즘에 의해 할당되는 방식"은 불공정하지 않으며 그렇다고 공정하지도 않다.[21] "비인격적인 시장할당과정" 속에서 이루어지는 개인들의 행실이 "정의롭거나 부정의한" 것은 당연하다. 그러나 "개인들의 전적으로 정의로운 행위들은 타자들에 대해 의도되지도 않고 예견되지도 않았던 결과들을 가질 것이기 때문에 그로 인해 이러한 효과들이 정의롭거나 부정의하게 되지는 않는다."[22] "시장의 자연발생적 질서형성의 결과들"은 정의로울 수도, 부정의할 수도 있다는 그와 반대되는 추정은 모두 나이브한 사고들이 모든 자생적 질서형성 과정들을 해명할 때 동원하는 일종의 의인화 또는 인격화에서 유래한다.[23] 사회라는 것은 "만약 그것이 창출한 기대들을 충족시키지 않는다면 그것을 상대로 우리가 불평하고 그 모든 것을 새로 만들라 성화를 부리는 새로운 신성(神聖)이 된다.[24] 그러나 자유로운 사회에서는 "인간 운명의 차이들"에[25] 책임져야 할 "인간적 행위자"가 없으며, "자기의 의지나 선택이 각기 다른 개인과 집단의 상대적 위치를 결정하는 인격적 분배실행자"도 없고,[26] 그에 따라 "고통받는 자들이 정의로운 불평불만을 제기할 상대가 되는 개인이나 서로 협동하는 인간들의 집단"도 없으며, "기능을 발휘하는 질서를 안전하게 보호함과 동시에 그러한 실망을 예방해줄 정의로운 개인 행위의 규칙들도 전혀 있을 법하지 않다."[27] 요약하자면 사회적 과정들은 비인격적인 반면에 정의는 개인 혹은 개인들이라는 사려 깊은 행위자를 전제하기 때문에 하이에크의 세번째 주장은 다음과 같다.

(3) 사회정의의 이념은 자기모순적이다.

이 주장의 귀결명제로서 하이에크는 (『법, 입법 그리고 자유』의 부록에 나오는 사회정의에 관한 장에서) 비록 우리가 "개인의 영역을 보호하는 (…) 소극적 권리들"과 정부조직의 방향설정에 참여하는 "적극적 권리들"과 같이 유서 깊은 정치적·시민적 권리들을 가지고 있음에도 불구하고 "'사회적이고도 경제적인' 적극적 권리들"이나 "모든 인간 존재가 단지 인간이라는 이유로 그 권리가 부여되었다고 추정되는 특수한 혜택들에 대한 요구들"은 존재하지 않는다는 견해를 견지한다.[28] 누구도 "그것을 제공하는 것이 그 사회의 의무가 되는 특수한 물건들을 준비하라고 정의의 이름으로 '사회'에 요구"하지 못한다. 즉 정의라고 해서 "우리의 동료들에게 우리를 위해 제공하라는 일반적 의무를 부과하지 않으며, 그런 의무 조항에 대한 주장은 오직 그러한 목적을 위한 우리가 조직을 유지하고 있는 범위에서만 존재할 수 있을 뿐이다." "우리 욕구의 대부분을 충족시키기 위한 수단을 생산하는" 사회란 것은 "의식적인 의지에 의해 지휘되는 조직이 아닌데, 만약 사회가 그런 조직이라면 그것이 생산하라고 명령내린 것을 전혀 생산할 수 없을 것이다." 따라서 "아무도 그렇게 할 의무가 없을 뿐더러 아마도 그럴 힘조차 없는 조건에 대한 권리를 운위한다는 것 자체가 무의미하며", "그 누군가가 사회 같은 우주(宇宙)를 일종의 조직(組織)으로 변형시켜 그 결과를 통제할 권력을 장악할 의무를 가지고 있음을 함축한다는 뜻이 아니라면 사회 같은 자생적 질서에 대해서 그 어떤 요구를 제기한다는 의미의 권리를 운위하는 것 역시 똑같이 무의미하다."[29] 사회는 "자생적 질서"이고 "그것의 안전을 확보한다는 것이 그 누군가의 의무가 아니라면" 누구도 "특정한 사태에 대한 권리를 갖지" 않는다. 따라서 하이에크의 그 다음 주장은 다음과 같다.

(3a) 사회적·경제적 권리들이라는 관념 또한 자기모순적이다.

하이에크는 더 나아가 가면을 벗기거나 폭로하는 정신으로 사회정의에의 호소하는 것은 진정 "몇몇 특수집단의 요구"를[30] 표현하는 가장된 방식이라고 주장한다. 따라서 "특수집단들을 이롭게 하라고 정부의 행동을 요구하는 거의 모든 것들"은 사회정의의 이름으로 제출되며, 그 결과 "그런 요구에 대한 반대는 급속도로 약화될 것이다."[31] 정부는 "'사회정의'를 '열려라 참깨' 식으로 사용하는 것을 배워왔던 특수한 이해사안들이 점점 더 많은 수의 요구를 만족시키라는" 압박을 체감하게 된다.[32] 사회정의는 "조직된 이해집단의 대행자들이 선의의 사람들과 아울러 그 효과성을 성공적으로 착취하는 것을 배운" "일종의 사기행각"이 된다.[33] 사회정의는 "가장 불운한 사람들을 향한 선의의 순수한 표출"이기는커녕 "어떤 실질적 이유도 제시할 수 없는 몇몇 특수한 이해관계의 요구에 누구나 동의해주어야 하는 부정직한 암시"가 되었다.[34] 요약하자면, 하이에크의 네번째 주장은 다음과 같다.

(4) 사회정의의 이념은 이데올로기적이다.

하이에크는 또한 "수행 평가 또는 각기 상이한 개인 또는 집단들의 욕구에 대한 평가에 기초한 몇 가지 보상 유형을 그것을 강제할 권력을 가진 권위에 의해 (사회정의나 아니면 여타 구실로) 시장 질서에 부과하면서 동시에 시장 질서를 유지한다는 것"[35]은 불가능하다고 주장한다. 이 주장을 위해 하이에크는 두 개의 논증을 수행한다. 첫번째는, 자유로운 사회의 경우 사회에 대해 만족스러운 수행, 필요, 이득, 값어치 혹은 가치로 간주되는 것이 무엇인지에 대한 동의는 결코 확보될 수 없다는 것이다. 보다 진지하게 말하자면, 이러한 것들에 어떤 등급을 매길지에 대해서도 동의가 있을 수 없다. "목적들 사이에 단 하나의 위계"만 있는 것도 아니며, "서로 다른 서비스에 대해 서로 다른 집단의 사람들이 부여하는 가치들"도 통약불가능하다.[36] 나아가 그러한 동의가 확보될 수 있다고 할지라도 어떤 정부나 계획당국자도 그러한 패턴을 성공적으로 이행하는 데 필요할 지식들에 접근할 수 없을 것이다. 만약 이런 구상이 실현 가능하다면, 그것은 "사회과정들이 도덕적 원칙의 인도를 받을 수 있는 의식적 정신을 갖춘 한 주체에 의해 특수한 결과들이 나올 수 있는 방향으로 사려 깊게 지휘되어야 한다는 것"을 함축하지만, 이것은 불가능하다.[37] 그러므로 하이에크의 다섯번째 주장은 다음과 같다.

(5) 사회적으로 정의로운 시장질서란 실행불가능하다.

마지막으로 하이에크는 너무나 있을 법한 모든 것은 정부에 의해 "분배적 정의의 인지 가능한 도식" 몇 가지를 강압적으로 부과하여 그것을 성취하려는 아주 잘못된 시도뿐이라고 주장한다.[38] 그러나 "정부가 사전에 구상된 몇 가지 바람직한 분배 유형을 실현하려고 많은 시도를 하면 할수록 서로 다른 개인과 집단의 지위를 점점 더 많이 정부의 통제에 예속시켜야 할 것이다. 사회정의에 대한 믿음이 정치적 행위를 지배하는 한, 이 과정은 반드시 전체주의 체제에 점진적으로 점점 더 가까워질 것이다."[39] 하이에크는 "오늘날 대부분의 국가에 실존하는 고도로 개입주의적인 '혼합' 경제는" "'사회정의' 에 의해 요청된다고 생각되는 것을 목표로 하는 정부 조치들" 의[40] 결과물이라고 시인한다. 그의 어두운 예언은, 이러한 방향으로 더 나아가는 것을 목적으로 하면 오직 "개인의 자유가 부재한 전체주의체제" 에[41] 도달할 뿐이라는 것이다. 그러므로 하이에크의 여섯번째 주장은 다음과 같다.

(6) 사회정의를 추구하는 것은 재앙을 부르는 일이다.

하이에크의 사회정의 비판에 대한 평가

하이에크 논증의 실낱 하나하나는 얼마나 강하고 그것들로 짠 천은 또 얼마나 질길까?

우선 논증 구조 전체를 고려해보자. (1)과 (2)의 주장이 (3)의 주장에 의거한다는 것은 명확해 보인다. 다른 말로 하면, 사회정의가 난센스거나 종교적이라는 주장은, 만약 그 의미가 올바르게 이해된다면 적정하게 결합시킬 수 없는 용어들을 결합시켜 만든 것이 바로 사회정의라는 단어라는 생각에 의존한다. 따라서 사회정의에 관해 말하는 것은 '도덕적인 돌' 에 관해 말하는 것과 같은데, 이것은 길버트 라일이 '범주착각' 이라고 부르곤 했던 오류, 즉 "개념들을 그것이 속하지 않은 논리적 유형" 에[42] 적용하는 오류를 범했거나, 아니면 도저히 이해할 수 없는 미스터리를 지껄이는 것이다. 하지만 (1)~(3)의 주장들이 (4)~(6)의 주장들과 모순관계는 아니더라도 적어도 긴장관계에 있다는 것 역시 분명한 것처럼 보인다. 왜냐하면 후자의 주장들은 사회정의에 관해 말하는 것이 잘못 이끌어가고, 잘못 이해되고, 개념적으로 잘못 포착된 일이라는 말인데, 바로 그 때문에 사회정의를 이해하는 것만은 가능하다는 것을 함축하기 때문이다. 진실로 하이에크 논증의 주된 요점은 독자들로 하여금 사회정의를 추구하는 근거를 받아들이지 말라고 확신시키는 것이지 사회정의를 추구할 근거를 이해할 수 없다는 사실을 납득시키려는 것은 아니다.

그러나 (1)과 (1a)의 주장을 액면 그대로, 즉 '사회적' 이라는 말과 '정의' 라는 말을 연결시키는 것이 범주착각이라는 비난이 과연 정당한지를 검토해보자. 이러한 비난이 이루어질 수 있는 이유는 '사회' 를 '자생적' 이고 '비인격적 시장과정' 에 의해 지배되는 것으로 정의하고, '정의' 는 비인격적 과정의 결과에 대해서는 적용할 수 없는 것으로 규정하고 있다는 데 있다. 그러나 관련 용어들에 대한 이런 정의는 '논리적 유형' 이 아니라, 우리가 살펴볼 것처럼, 그 진의가 매우 의심되는 일종의 약정에 지나지 않는다.[43]

사회정의가 결국 종교적 의미를 가지고 있다는 (2)의 주장과 관련해서도 세 가지가 지적될 필요가 있는데, 그 가운데 처음 두 가지는 '인간에 호소하는 오류' (ad hominem)에 해당된다. 첫째, 하이에크가 종교를 미신이나 원시적 관념, 그리고 마녀와 유령에 대한 믿음과 동일시하는 것은 계몽주의적 영감을 받은 과학주의에 대해 그의 저서 『과학의 대응혁명』에[44] 나오는 에드먼드 버크 식의 비판과 적어도 긴장 관계에는 있는 것 같다. 그리고 둘째, 좀더 충격적인 것은, 그런 식의 종교관이 종교적 믿음들이 갖는 진화상의 혜택들에 관해 나중 그가 명시적으로 진술한 것과 모순된 것처럼 보인다는 점이다.

풍습과 전통은 둘 다 모두 환경에 대한 비합리적 적응인데, 토템이나 터부 (금기) 또는 마술적이고 종교적인 믿음들의 지원을 받을 때 집단적 선택을 지도할 개연성이 더 많아진다. 이런 믿음들은 그 자체가 사람들이 조우하는 어떤 질서든 애니미즘적 방식으로 해석하려는 경향에서 성장했던 것이다.[45]

후기 하이에크에 따르면 "우리의 문명뿐만 아니라 우리의 생활 그 자체를 제공해왔던 전통, 그리고 우리의 도덕은 사실에 관해 과학적으로는 수긍할 수 없는 그런 주장들에서 기인한다."[46] (바로 그런 믿음들과의 단절로 열린 사회와 확장된 질서를 정의한 칼 포퍼 경과 대조해보라.) 요약하자면, 하이에크에게 왜 사회정의의 '종교적' 의미가 그 자체로 사회정의에 대한 반대 이유가 되는지 명확하지 않다.

세번째로, 왜 사회정의에 종교적 의미를 부여하는 것이 어떤 경우에 있어서도 반대할 만한 점이 되어야 하는지 명확하지 않다. 사회정의에 종교적 의미를 부여한다고 했을 때 그것으로써 뜻하는 바가, 사회정의란 단지 상쇄거래의 대상이라기보다 특정 한계 내에서는 (특정의) 다른 가치들을 '희생' 하면서까지 추구해야 할 '성스러운' 가치로 취급되어야 할지도 모른다는 것이라면, 사회정의에 '종교적' 이거나 '준종교적' 의미를 부여한다고 해서 해가 될 것은 전혀 없어 보인다.[47]

그리고 (3)의 주장에 대해 우리가 말하고자 하는 바가 과연 정의와 부정의라는 속성을 그 어디엔가 귀속시키려고 했을 때는 의도되고 예견된 효과를 낳는 숙고된 행위가 전제된다는 것, 그러므로 사회적이거나 비인격적 과정들의 결과물들은 정의와 부정의에 의한 판단으로부터 면역되어 있다는 바로 그런 것인가? 이런 문제제기에 대해서는 두 가지로 반응하는 것이 적절하다. 하나는 개인의 '사회적' 의무를 다루는 것이고, 다른 것은 비인격적 규칙체계에 대한 평가와 관련된 것이다. 무엇보다 먼저 하이에크의 논증은 '무엇' 이 판단되고 있는지와 관련해 모호성을 내포하고 있다는 데 주목하라. 즉, 그가 판단한다고 했을 때 '상황' 을 판단하는 것인가 아니면 상황에 대한 우리의 '반응' 을 판단하는 것인가? 그럼에도 불구하고 아무도 의도하거나 예견하지 않은 사태는 고통이나 손실을 완화시키는 행동을 필요로 할지도 모르고, 이런 경우 그러한 행동을 취하지 않고 방기한다면 그런 것은, 아주 정의롭게도, 부정의하다는 비난을 면치 못할지도 모른다. 주디스 쉬클라는 이 점을 훌륭하게 부각시켰다.

그 원인이 무엇이든지 간에 우리가 고통받는 것을 완화시킬 수 있을 때 수수방관하며 아무 일도 하지 않는 것이 수동적으로 부정의하다는 것은 명백하다. 재난에 직면해서 우리로 하여금 어떤 일이 과연 정당화할 수 없는 수동성인지 아닌지를 판단하도록 만드는 것은 재난으로 인한 피해의 기원이 어디에 있는지 하는 문제가 아니라 그 피해로 인한 비용의 지출을 예방하고 경우에 따라서는 감소시킬 수 있는 가능성 여부이다.[48]

하이에크는 "시장에서 적합한 생계책을 마련할 능력이 없어 스스로를 도울 수 없는 자들을 도와주는 것은, 조직된 공동체 안에서라면 누구에게나 명백한 도덕적 의무로 느껴질지도 모른다"고 논증하면서, 정부가 최소소득보장의 형식으로 혹독한 손실에 대한 보장책을 제공해야 한다는 점을 수긍했는데, 이것은 쉬클라가 지적한 요점을 받아들인 것이다.[49] 어떤 이가 적절한 소득을 벌지 못할 정도로 무능하다는 것은 확실히 자기 자신의 소행이거나 아니면 그(녀)가 들어가 있는 시장질서의 '결함' 때문이지, 하이에크가 상황을 치유하라고 강제했다고 보았을 그런 것들(예를 들어, 부정의한 질서의 개선이나 개혁을 요구하다가 그것을 핑계로 특권화되어 일하지도 않고 복지혜택을 받을 것으로 예상되는 이해집단이나 아니면 복지와 정의를 핑계로 무소불위의 권위를 확보하여 전체주의의 길을 가게 될 것으로 우려된 국가권력 – 옮긴이)의 소행은 아닌 것이다. 그러므로 하이에크는, 심지어 서로 돕도록 의무 지워진 사람들 때문에 이제 경감되어야 할 재난이 발생한 것도 아니고, 또 이런 재난이 비인격적인 자생적 질서의 결과일 때라도 사람들이 서로 도울 의무를 가질 수 있다는 것을 시인한 셈이다.

두번째로, 우리는 어떤 경우에도 반드시 하이에크가 그런 것처럼, 행위자들에 의해 의도되거나 예견되지 않은 행위들에서 귀결된 상황들이 정의와 부정의라는 용어를 사용해서 행해질 도덕적 평가로부터 면역된 상태라고 논증하는 것이 과연 납득할 수 있는 일인지를 재차 물어봐야 한다. 다른 틀 안에서 획득할 수 있는 대안적 소득보다 훨씬 더 나쁜 소득을 만인에게 돌아가게 만든 규칙틀 안에서 정책을 입안해야 하는 그런 전형적인 경우를 생각해보자. 공유지에다 사적으로 담장을 쳐서 사유지로 만들어버린 영국의 엔클로저 운동의 유해한 효과나 자기 수역(水域) 내부의 어로권을 분배한 결과 그 수역 밖에서는 물고기의 남획을 야기한 조처 등이 그런 경우의 전형이다. 자기들의 특수한 이해관계를 추구하는 개인들을 다스리려고 부적절한 규칙을 시행한 결과 정반대되거나 별로 적절하지도 않은 효과가 나온 경우는 무수히 많다. 그런 경우, 아주 정당하게도, 부정의하다고 판단될지도 모르는 것은, 그 어떤 한 개인에 의해 의도되었거나 예견된 것이 아닐 뿐더러 여러 의지가 합주해서 일으킨 결과도 아니면서 그 모든 것들이 결합되어 나쁜 효과들을 야기한, 바로 그 규칙틀 자체이다. 그런 판단들이 적절하기 위해 요구되는 것이 있다면 더 좋은 결과들로 이끌어갈 실행 가능한 대안규칙들이 실제 있다는 것이 전부이다. 시장은 항상 법적 규칙들과 비공식 규범들이라는 규제적 틀 안에서 작동하는데, 이 규제의 양축은 서로 다를 수도 있다. '자생성'과 '탈규제'라는 말은 잘못된 곳으로 생각을 이끌어갈 수 있는 말들인데, 이 말들은 너무나 쉽사리 시장이 일정 규제틀 안에서 작동한다는 이런 기초적 진리를 전적으로 흐리게 만들고 있다. 이미 오래전에 뒤르켕은 계약의 자유란 "오직 계약의 규제 때문에 가능하다"는 사실을 관찰함으로써 이런 기초적 진리를 표현하고 있었다.[50]

문제를 유발하지 않았으면서도 그 문제의 부정적 결과들을 완화시킬 의무를 개인들에게 과연 강제적으로 부과할 수 있느냐 하는 문제에 관해 하이에크는 자생적 질서의 패러다임적 사례가 되는 시장을 정당화하기 위해 비로 그런 표준(즉 이 경우에는 공리주의적 표준)을 사용함으로써 정의의 표준에 비추어 비인격적 질서들을 판단해서는 안 된다는 자신의 주장과 모순을 일으키고 있다.[51] 그는 시장이 "인간의 어떤 숙고된 조직이 이룰 수 있었던 것보다 훨씬 더 큰 인간 욕구의 만족을 가져오고 있다"고 쓰고 있다. 즉 시장은 "모든 사람 또는 대부분의 사람들에게 자신들의 욕구를 충족되게 만들 전망"을 개선시키고 있다. 시장은 "우연이나 기능이 각 개인에게 할당할 몫의 현실적 등가물이 그것을 만들 우리의 방법만큼 커질 것임을 보증해주는 전체 산출물의 크기와 구성"을 결정한다.[52] 이것은 첫째, 하이에크에 따르면, 시장 과정의 총결 효과가 결국 예견 가능하다는 것, 그리고 둘째, 하이에크 자신의 입장에서 볼 때, 시장과정의 이런 총결 효과야말로 정의와 부정의라는 측면에서 이루어질 판단의 대상이라는 것을 보여준다.

사회정의라는 이념은 태생적으로 이데올로기적이다, 다시 말해, 사회정의는 형식에서는 보편적이지만 언제나 몇몇 당파의 특수이익만 증진시킨다는 하이에크의 네번째 주장은 아래에서 고찰할 주장(5)와 주장(6)의 추론 결과, 즉 사회정의의 어떤 도식도 실행 불가능하다고 추정된다는 주장(5), 그리고 사회정의를 실행하려는 시도가 전체주의적 결과에 도달할 것으로 추정된다는 주장(6)에서 도출된 것으로 볼 수 있다. 여기에서 암시하는 바는 사회정의 이념의 변론자들이란 이런 사정을 알면서도 그들의 청중에게 사기를 침으로써 그 어떤 이득을 취하려고 한다는 것이다. 하지만 검사를 통해 (5)와 (6)의 주장이 별 다른 확신을 주지 못한다고 밝혀지면 이 암시는 그것이 지녔을지도 몰랐을 설득력을 상실할 것이다.

(4)의 주장을 대안적으로 본다면 그것은 과연 어떤 사람이, 아무 요점 없이 "자기 운명의 부정의에 대해 신이나 자기 운에 대고 불평할지도" 모르지만, 어쨌든 순전히 더 위대한 분배적 정의를 확보하겠다는 순수한 욕구를 동기로 행위하겠는가 하는 일반화된 회의를 표현하는 것으로 해석될 수 있다.[53] 로버트 노직이나 어빙 크리스톨[†] 같은 여타 대다수 자본주의의 옹호자들과 대조적으로 하이에크의 공식적인 입장은, 자유로운 사회에서 이익과 부담의 분배는 기술, 산업, 그리고 행운 등이 결합된 결과

[†] 본래 트로츠키주의로 출발한 급진사회주의 혁명논객이었던 어빙 크리스톨(Irving Kristol, 1920~)은 1960년대부터 네오리버럴로 전향하고 다시 레이건 시대 네오콘으로 노선을 바꾸면서 미국 보수주의의 공격성과 미래 지향성을 선도해왔다. 그의 온 가족이 '네오콘의 전사(戰士)'로 유명한데, 뉴욕시립대학 재학 시절 트로츠키주의자 독서 그룹에서 만난 부인 힘멜파브는 저명한 역사학자이자 사회비평가다. 그녀는 신보수주의 입장에서 미국 사회의 분열상을 통렬하게 분석한 베스트셀러 『하나의 국가, 두 개의 문화』의 저자다. 그들의 아들 윌리엄 크리스톨은 미국 신보수주의의 대표적 정치주간지로 부시 행정부에 커다란 영향력을 행사하는 『위클리 스탠더드』의 발행인이자 텔레비전 시사 프로그램의 단골 토론자로 활약하고 있다.

로 '설명'은 될 수 있지만 결코 '정당화'는 될 수 없다는 것이다. 이런 식으로 하이에크는 모든 사람들이 이성적으로 승복할 수 있는 사회정의의 불편부당한 원칙들에 호소하는 사람들의 동기들을 체계적으로 의심하게 만든다.

이제 이런 동기가 사회적 협동의 혜택과 부담의 분배를 결정하는 제도들의 측면에서 사실상 이 시대 모든 사회정의이론가들에 의해 광범하게 가동하는 것으로 상정되고 있다는 것은 사실이다. 롤스는 정상적인 사회 여건 아래에서라면 "필요한 지적 능력을 지닌 특정 연령 이상의 각 개인"은 그가 "정의감"이라고 부르는 극도로 복합적인 도덕적 능력을 발달시킨다고 가장한다.[54] 토머스 스캔론은 "어떤 사람이 자기가 받아들일 만하다고 생각하는 근거들 위에서 자신의 행위(와 제도들)을 정당화할 수 있다는 욕구는 대부분의 사람들 안에 매우 강력하게 자리 잡고 있다. 사람들은 자기들의 행위와 제도들이 정당화될 수 없다는 것을 피하기 위해 꽤 무거운 희생까지 포함해 상당한 짓도 서슴지 않는다"고 언급한다.[55] 브라이언 배리는 "사회 구성원들 모두가 그 사회의 정의규칙들과 주류 제도들을 자유로이 받아들이는 사회에서 살고자 하는 욕구"를 "동의동기(同意動機, the agreement motive)"라고 부른다.[56] 찰스 라모어는 그런 동의라면 아마도 자기들의 차이는 일단 접어두고 중립적 자세를 받아들이는 시민들에 의해 획득될 수 있다고 상정한다.[57] 제레미 월드론은 자유주의자들이 "사회질서가 각 개인의 이해라는 법정에서 설명될 수 있기를 요구한다"고 믿는다.[58] 위르겐 하버마스는 자기주장을 정의롭다고 내세우는 중에 우리는, 이상적 조건 아래에서라면, 그 주장이 관련된 다른 모든 이들의 강요되지 않는 찬동을 받아야 한다는 점을 함축한다는 견해를 고수한다. 충격적인 것은 하이에크가 "정의의 원칙들이란, 만약 제도나 활동에 참여하는 사람들이 그런 것들에 전혀 불만을 갖지 않으려면 그 제도들과 협동적 활동들이 만족시켜야 하는 치명적 강제들을 정의해야 한다"는 롤스의 견해와 그 어떤 불화도 없다고 자처하고 나설 때 그도 이런 추론을 받아들이고 있다는 점이다.[59]

우리가 이미 살펴본 것처럼 하이에크는 어떤 종류의 사회정의를 실현하는 것도 불가능하다는 (5)의 주장에 대해 두 가지의 논거를 제시한다. 첫째는 가치의 통약불가능성에 대한 단언과 목적들의 위계에 대한 거부이다. 그러나 이런 단언과 거부는 현 시대 대부분의 정의이론가와 그 가운데서도 대부분의 자유주의 이론가들이 취하는 공통 근거이고 공통 출발점이다. 따라서 롤스, 그리고 특히 『정치적 자유주의』에서의 후기 롤스는 '좋은 것'(the good)을 둘러싸고 경합하는 여러 개념구도들 가운데서 정의의 이념이야말로 공적으로 불편부당하거나 중립적인 것이라고 강조하는 데 특별한 관심을 가졌다. 그의 개념화에서 정의로운 편제라고 했을 때 그것은 "서로 다른 개인이나 집단들의 수행이나 욕구들"을 평가함에 있어서 그 어떤 특별한 기준을 선호하여 미리 적용하는 것이 아니며, 또 좋은 것에 관해 "포괄적"으로 개념화시킨 그 어떤 틀 안에다 이런 것들을 배열하는 것에 의존하는 것도 아니다. 물론 모두가 롤스의 해법에 동의하지는 않으며, 몇몇 이론가들은 중립성 혹은 불편부당성 그 자체의 목표에 대해 시비를 걸기도 한다. 그러나 어느 누구도 하이에크와는 달리 가치의 통약불가능성과 가치다원주의가 사회정의라는 바로 그 이념을 전도시킨다고 보지 않으며, 왜 그래야만 하는지도 이해하기 어려워한다.

어떤 정치적 권위도 그 어떤 형태의 정의로운 재분배 형식을 실현하는

데 필요한 지식에 접근할 수 없다는 (5)의 주장에 대한 다른 논거는 하이에크를 뚜렷하게 두드러지게 만든 그 자신의 주된 지적 공헌과 가장 분명하게 연결되어 있다. 이 공헌의 가치에 대한 최종 판단이 무엇이든 간에 이것은 사회주의자들 및 다른 이론가들, 그리고 경제 계획의 집행자들이 시장의 인식론적 의미를 과소평가했으며 시장을 피해 우회할 수 있다는 자신들의 능력을 과대평가했다는 것을 확실하게 보여주었다. 그러나 사회주의에 반대하는 논거를 혼합경제에 반대하는 논거로 연장하는 것은 단지 수사(修辭)에 지나지 않는다.[60] 왜냐하면 하이에크는 정부 혹은 계획당국자가 관련된 정보에 대해 근본적으로 너무나 무지하기 때문에 시장과정에서 귀결하는 보상의 분배를 수정하려는 그들의 어떤 시도도 언제나 무용지물일 수밖에 없다는 사실을 보여줄 수 없기 때문이다. 그 이유 하나는, 하이에크가 접근 불가능하다고 선언하는 (의도되지 않은 결과들의 상호작용에 관한) 바로 그 지식에 하이에크는 접근했다는 것을 보여줄 것이 요구되리라는 것이다. 그리고 또 다른 점을 들자면, 하이에크의 논거는 보다 큰 사회정의의 실행이 오직 "명령경제"의 형식을 취할 수밖에 없다고 가정하고 있는데, 이 가정은 그의 주장(6)과 마지막 주장에 연결된다.

하이에크는 "'사회정의'란 오직 지휘받는 '명령' 경제에서만 어떤 의미를 부여받을 수 있다"고[61] 명시적으로 진술한다. 그것은 정부가 "한 사회에서 (…) 몇몇 사람들을 골라내 특수한 몫에 대한 권리를 부여"하고, "그 밖의 다른 개인들과 집단을, 골라낸 몇몇 사람들의 통제를 받는 지위"로 예속시키는 것을 포함한다.[62] 정부는 "무엇을 할 것인지 사람들에게 말해주는 업무를 수행"해야 할 것이며, 따라서 사람들은 "지휘하는 권위체의 명령에 복종"하게 될 것인데, 이 권위체는 개인들을 위한 특수한 결과를 성취하기 위해 요구되는 결과를 성취하는 데 필수적으로 보이는 일을 할, 본질적으로 자의적인 권력을 부여받아야 한다."[63] 간단히 말해서, 만약 "사회정의"가 실행되어져야 한다면, 개인들은 단지 일반적인 규칙뿐만 아니라 오직 자기들에게 지령되는 특수한 수요들에도 복종하기를 요구받을 수밖에 없다는 것이다.[64]

하이에크는 이런 악몽을 그가 유일한 대안이라고 주장하는 것, 즉 '법의 지배'와 대조시킨다. "법의 지배"는 "미지(未知)의 숫자의 미래 사례들에도 적용 가능한 총괄적 규칙을 강화할 때를 제외하고는 그 어떤 강압도 사용되지 말아야 한다는 포괄적 정식"의 지배를 받는 것을 의미한다. 법치주의에 가해지는 이런 제약은 "어떤 특수한 사태를 조성할 의무를 정부에 지울 수 없다"는 것을 의미한다.[65] 하이에크가 이해한 바에 따르면, 법의 지배란 일반적 규칙에는 찬성하지만 자유재량적 권력에는 반대하는 것으로 추측된다.[66] 이것은 아마 하이에크 정치 철학 전체를 여는 열쇠일 것이다. 즉 그는 공정함으로서의 정의가 아니라 자의적인 강압으로서의 정의를 염두에 두고 있는 것이다. 자유에 대한 하이에크의 정의가 "한 인간이 또 다른 형태나 다른 사람들의 자의적인 의지에 예속되지 않은 상태"라는[67] 것을 상기해보자. "자유의 헌법"이란 일반적인 추상적 규칙들이 만인에게 평등하게 적용될 수 있는 체제이다. 하이에크는 이러한 형식적 규칙들이 당파성이나 편견에 눈멀지 않은 그런 모든 사람들의 찬동을 받을 좁게 제한된 범위만 선별할 것이라는 칸트적 가정을 수립한다. 그는 또한 이 영역 안에서는 인간적인 목적을 가장 잘 촉진시킬 규칙체계가 선택될 수 있다는 흄의 가정도 채택하면서 이 체계가 자유의 보호에

최우선권을 부여하기에 충분할 것으로 판명되리라고 믿는다.[68]

하지만 이러한 가정들은 유지될 수 없다. 자유를 보호하는 규칙들이 효용성도 극대화하는 것은 청명한 기상의 특별한 호조건 아래에서만 있는 일이다. 적용의 일반성, 추상성, 평등성이라는 형식적 요건들만으로 비자유주의적 입법을 배제시키기는 충분치 않다. (하이에크의 찬동 테스트도 이 문제를 해결하지 못한다. 사람들이 억압적 입법에 찬동하는 경우를 생각하기란 그다지 어려운 일이 아니다.) 과거 남아프리카공화국의 흑백분리정책을 압축했던 아파트헤이드(Apartheid)의 경우에서 볼 수 있듯이, 압제적이고 자의적인 법들이라도 추상적이고 일반적인 형태를 취할 수 있으며 평등하게 적용될 수 있다. 왜냐하면, 새뮤얼 브리턴이 언급했듯이,

> 일반적 규칙들은 추상적 범주들을 언급하지 않을 수 없기 때문이다. 교통법은 '원동기 자동차'를 다루고, 판매세법은 '상거래자들'을 복종하기 편하게 만드는 것 등이 이런 점과 연관되어 있다. 일단 이 점이 받아들여지고 나면, 우리의 특정한 직업이나 산업을 규칙으로 꼭 집어내는 것을 어떻게 예방할 수 있는지 보기 어려운데, 그렇게 꼭 집어내는 것을 예방해야 하는 것이 반드시 언제나 바람직한 것만도 아니다. 하지만 우리가 자칫 이런 편한 길을 따라가다 보면 아주 일반적이라고 생각되던 법률만 가지고도 특정 집단이나 심지어는 특정 개인을 집어내 가혹하게 다루는 것이 얼마든지 가능하다는 것을 알게 될 것이다.[69]

더 중요한 것은 하이에크가 "상이한 개인과 집단들"을 선별하는 "특정지령"까지 포함하여 사회적 정의나 분배적 정의가 자의적이 될 '수밖에

없다’ 는 것을 보여주지 않았다는 점이다. 하이에크가 정당하게 반대한 것은 정부와 계획당국자들이 서로 다른 직업들의 이득이나 값어치나 “사회에 대한 가치늘”을 평가하려는 시도이다. 그리고 아주 올바르게도 하이에크는, 어빙 크리스톨 같은 다수의 자본주의 이데올로그들의 마음에 꼭 들게, 자본주의 아래서 차등적 보수를 시행할 값어치가 있다는 생각에 경멸을 보낸다. 하지만 그의 논거는 이 선을 훨씬 넘어서 순전히 사회보장 최소치에 지나지 않는 것에 대한 예비수준을 넘는 소득과 재산의 분배에 대한 그 어떤 공적 조처도 불신할 방도를 모색한다는 것이다. 그가 보여주는 데 전면적으로 실패한 것은 재분배가 “자기가 아는 것을 자기 자신의 목적을 위해서만 사용하고자” 시도하는 개인들로 인해 자의적으로 방해받을 수밖에 없을 것이라는 사실이다.

　왜냐하면 재분배 정책은 (적극적이거나 소극적인) 조세, 사회보장비 지급, 재산법과 상속법 같은 정책 도구들을 사용함으로써 이득이나 직업 또는 특정 집단이나 개인에 대한 특별한 언급이 전혀 없이 소득이나 재산의 형태를 변용하는 형태를 취할 수 있기 때문이다. 그런 방책들의 효과는 단지 조세제도를 적용해 소득과 재산의 분배를 압박하는 것뿐인데, 여기에는 그 어떤 ‘자의적 방해’ 같은 것이 함축되어 있지 않다. 그리고 두번째, 소득과 부에 대한 기존의 등급 안에서 사람들의 지위를 바꾸려고 시도하는 ‘재할당’ 정책들이 그런 함축을 가질 수밖에 없다고 주장하는 것도 제대로 된 이유를 제시하는 얘기가 아니다. 그런 정책들을 ‘자의적’ 이라고 부르는 것은, 어떤 표적도 몇 가지 기준에 따라 선택될 수밖에 없다는 그 이유 말고는 더 좋은 이유도 없이, ‘표적’ 으로 택해진 모든 정책들에 반대하는 자기 성향을 드러내는 것에 다름 아니다. (‘자의적’ 이라는 말을 그렇게 쓰다보면 전체주의 체제에 대해서도 완전히 자의적인 표준을 적용하는 미끄러운 행로를 밟아갈 수밖에 없을 것이다.) 실제로 하이에크 자신은 비록 매우 일반적이기는 하지만 재분배 정책을 목표로 하는, 다시 말해 사람들로 하여금 "자기가 아는 것을 자기 목적을 위해서만 쓸 수 없게" 만들도록 여건을 개선하는 적절한 표준을 제안한다. 그러나 어디에서도 하이에크는 시장경제 모든 곳에 생득적으로 존재하는 자원과 기회의 불평등이 끈질기게 점차 커가고 있다는 것을 수긍할 수 있도록, 다시 말해 사회정의의 근거 위에서 정당성을 부여할 수 있도록 만들기 위해 두 종류의 재분배 정책 모두가 어느 정도 필수적인지를 묻는 결정적으로 중요한 질문에 그 어떤 대답도 주지 않고 있다.

우리는 언뜻 보기에 영향력이 많아 보이는 이 축복받는 하이에크의 논증이, 사회정의라는 이념은 무의미하고, 종교적이며, 자기모순적이고, 이데올로기적이라는 것을 확증하지 못했다고 결론지을 수밖에 없다. 어떤 정도의 사회정의라도 실행 불가능하다거나 그렇게 하려는 모든 시도가 자유를 파괴할 것이라는 것은 입증되지 않는다. 사회정의는 아직 신기루로 보여지지는 않았다. 현대 자유주의 국가에 대한 하이에크의 도전이 확신을 주려면 아마 그것은 다른 어느 곳을 향할 수밖에 없을 것 같다.

1) Friedrich A. Hayek, *Law, Legislation, and Liberty, Vol. 2: The Mirage of Social Justice* (Chicago: University of Chicago Press, 1976), 65, 66~67쪽.

2) 위의 글, 68쪽.

3) 위의 글, xi~xii.

4) 위의 글, 64, 96쪽.

5) 위의 글.

6) 예를 들어, " '사회' 같은 그런 것은 전혀 없다"는 그녀의 유명한 의견표명이 있었을 때처럼.

7) Hayek, *The Mirage of Social Justice*, 105쪽.

8) 위의 글, 11쪽.

9) 위의 글, 78쪽.

10) 위의 글, 67쪽.

11) 위의 글, 96쪽.

12) 위의 글.

13) 위의 글, 70쪽.

14) 위의 글, 69쪽.

15) 위의 글, 66쪽.

16) 위의 글, 63쪽.

17) 위의 글, 88쪽.

18) 위의 글, 70쪽.

19) 위의 글.

20) 위의 글, 67, 93쪽.

21) 위의 글, 64쪽.

22) 위의 글, 70쪽.

23) 위의 글, 62~63쪽.

24) 위의 글, 69쪽.

25) 위의 글, 68쪽.

26) 위의 글, 72쪽.

27) 위의 글, 69쪽.

28) 위의 글, 103쪽.

29) 위의 글, 102쪽.

30) 위의 글, xii쪽.

31) 위의 글, 65쪽.

32) 위의 글, 67쪽.

33) 위의 글, 90쪽.

34) 위의 글, 97쪽.

35) 위와 글, 37쪽.

36) 위의 글, 76쪽.

37) 위의 글, 79쪽.

38) 위의 글, 68쪽.

39) 위의 글.

40) 위의 글, 81쪽.

41) 위의 글, 76쪽.

42) Gilbert Ryle, *The Concept of Mind* (London: Hutchinson, 1949), 17쪽.

43) "규정적인 단어-사물 정의에 의해 (…) 나는 어떤 단어와 어떤 대상 사이의 의미-관계를 제정하는 명백한 것과 자기-의식을 의미한다. 그것은 하나의 대상에 하나의 이름을 (혹은 하나의 이름에 하나의 대상을) 배당하는 행위이지, 이미 존재하는 배당을 기록하는 행위는 아니다. Richard Robinson, *Definition* (Oxford: Clarendon Press, 1954)

44) Friedrich A. Hayek, *The Counter-Revolution of Science* (Glencoe, III: Free Press, 1952)

45) Friedrich A. Hayek, *The Fatal Conceit: The Errors of Socialism*, ed. W. W. Bartley, III (London: Routledge, 1988), 136쪽.

46) 위의 글, 137쪽.

47) Steven Lukes, "On Trade-Offs between Values", in: Francesco Farina, Frank Hahn and Stefano Vennuci, eds, *Ethics, Rationality and Economic Behavious* (Oxford: Clarendon Press, 1966). 이 책의 5장 참조.

48) Judith Shklar, *The Faces of Injustice* (New Haven: Yale University Press, 1990), 81쪽.

49) Hayek, *The Mirage of Social Justice*, 87쪽.

50) Éile Durkheim, *The Division of Labor in Society*, tr. W. D. Halla (London: Macmillan,

[1893], 1984).

51) 하이에크가 채택하는 공리주의의 해석은 평균 기대들을 최대화하는 입장이다. 그렇기 때문에, 좋은 사회는 임의대로 선택된 사람의 기회가 될 수 있는 대로 훌륭한 것에 가까운 사회이다. (Hayek, *The Mirage of Social Justice*, 132) 이 원리는 롤스가 자신의 원리의 주요한 경쟁자로 고려했던 것 중의 하나이다.

52) 위의 글, 63, 64~65, 72쪽.

53) 위의 글, 81쪽.

54) John Rawls, *A Theory of Justice* (Oxford: Clarendon Press, 1972), 46쪽.

55) Thomas Scanlon, "Contractualism and Utilitarianism", in: Amartya Sen and Bernard Williams, eds, *Utilitarianism and Beyond* (Cambridge : Cambridge University Press, 1982), 117쪽.

56) Brian Barry, *A Treatise on Social Justice, Vol. 2 : Justice as Impartiality* (Oxford: Clarendon Press, 1995), 164쪽.

57) Charles Larmore, *Patterns of Moral Complexity* (Cambridge: Cambridge University Press, 1987)

58) Jeremy Waldron, *Liberal Rights* (Cambridge : Cambridge University Press, 1993), 61쪽.

59) John Rawls, "Constitutional Liberty and the Concept of Justice", in: C. J. Friedrich and John Champman, eds, *Nomos IV : Justice*, 1963, 102쪽, quoted in Haiyek, *The mirage of Social Justice*, 100. 이후에, 하이에크는 롤스에 대한 그의 마음이 변한 듯 보인다. see Hayek, *The Fatal Conceit*, 74쪽.

60) see Albert Hirschman, *The Rhetoric of Reaction : Perversity, Futility, Jeopardy* (Cambridge, Mass: Harvard University Press. 1991).

61) Hayek, *The Mirage of Justice*, 69쪽.

62) 위의 글, 65, 68쪽.

63) 위의 글, 86, 82, 83쪽.

64) 위의 글, 85쪽.

65) 위의 글, 102쪽.

66) Cf. Samuel Brittan, *The role and Limits of Government : Essays in Political Economy* (London: Temple Smith, 1983), 63쪽.

67) Friedrich Hayek, *The Constitution of Liberty* (London : Routledge and Kegan Paul,

1960), 11쪽.

68) Cf. John Gray, "Hayek on Liberty, Rights and Justice", in: 같은 저자, *Liberalism: Essays in Political Philosophy* (London: Routledge, 1989).

69) Samuel Brittan, *The Role and Limits of Government*, 64쪽.

10

치욕, 그리고 정체성의 정치

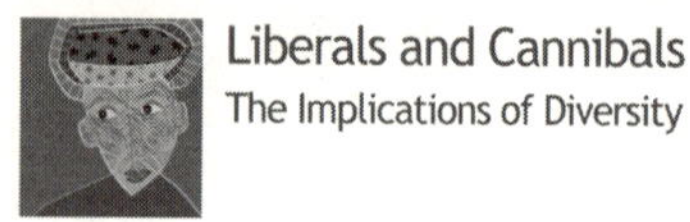

사람들을 학대하는 방식들도 여러 가지이며, 학대 방식들에 대한 분류법 역시 여러 가지이다. 최근의 도덕 이론과 정치 이론은 학대의 주요 유형을 고통야기, 자유제한, 권리침해, 불의자행 등 네 가지로 나누어 주목해왔다. 물론 이것들은 상호배타적 범주가 아니다. 그리고 각기 해석되는 바에 따라 서로 다양한 방식으로 겹친다. 우선 첫째, 고통을 야기하는 범위에는 잔혹하게 고통을 가하는 것이나 물리적 상해에서부터 무자비한 태도에 다양한 종류의 정당한 욕망들을 좌절시키는 것까지 포함된다. 둘째, 자유제한의 범위는 행위자들의 긴급한 목표 실현을 방해하려는 의도적 개입부터 행위자들의 선택 가능성들에 관한 비의도적 제한까지 해당된다. 셋째, 권리침해의 범위는 자유지상주의적 권리인 자발적 양도와 교환이라는 개인 권리에 대한 제한에만 한정되어 있을 수 있다. 그러나 또한 그 범위가 사회적 권리, 경제적 권리, 문화적 권리 그리고 이에 더해 집단에 기초한 권리의 침해 혹은 그런 권리의 결여 상태를 포괄하는 데까지 뻗을 수 있다. 넷째, 불의자행의 범위는 재화나 자원 혹은 능력에 대한 불평등 분배에 제한되거나 사람들이 자기 책임을 회피하는 여러 다른 방식들을 포함할 수도 있다.

이러한 범주들이 철저하게 함께 작용하는지도 분명하지 않다. 최근 어떤 다른 분야의 이론가보다 도덕 이론가와 정치 이론가들은 적절하게 포괄적으로 해석하면 위의 네 범주 가운데 어느 하나에 들어가는 것으로 확인될 수도 있겠지만 사실상 이 시대의 모든 사회에서 정치적으로 점점 더 두드러지고 있는 또 하나의 범주를 정식화하고자 해왔다. 특히 문화적 다양성, 집단에 기초한 새로운 사회 운동 및 정체성 정치의 점증하는 영향으로 인해 많은 사람들이 옛 방식에서는 초점을 맞추지 않았던 새로운 유형의 학대를 성격짓는 새로운 방식을 모색하기에 이르렀다. 확실히 학대는 새롭지는 않지만 그에 대해 이론적으로 초점을 맞추려는 것은 새로운 일이다. 따라서 "인정하지 않기 또는 불인정(不認定)" 아니면 "잘못 인정하기 또는 오인(誤認)",[1] "문화적 불의",[2] "주변화"와 "문화적 제국주의"를 포함하는 "억압의 얼굴들",[3] 사회적 배제 등과 같은 다종다양의 대안적 개념들에 의거해 이러한 관심사안에 다시 초점을 맞추려는 다양한 시도가 이루어져왔다. 이 모든 시도들은 흥미롭지만, 각각은 서로 구별되는 뚜렷한 난점들을 가지고 있다. 이 중에는 이를테면 다음과 같은 문제들이 있다. 지금까지 무시되어오거나 혹은 차별받아온 집단들의 구성원들은 '인정' 받기를 주장하겠지만, 만일 (분배적) 정의의 원리에 의하지 않으면 그러한 주장의 강도는 어떻게 비교·평가될 것인가? 인정 문제에서의 불의나 문화적 불의는 상징적 평가절하에 있지만 보통 유리한 특권 상황을 재분배하는 방식 말고 다른 식으로는 어떻게 고칠 수 있는가? 주변화와 배제는 이미 알려진 악(惡)일 것이지만 그러나 이들 용어들은 줄곧 오래 되고 친숙한 악들을 위한 코드들로 사용된다. 따라서 이 용어들을 사용하게 되면 우리는 단지 선 너머에 있는 국외자(아웃사이더)들을 안으로 끌어들이거나 경계선들을 재조정하는 것에만 초점을 둘 뿐, 이 시대의 국민국가 안에서 벌어지는 것과 같은 '포함과 배제'의 기존 유형은 건드리지도 못하고 방치하게 된다.

아비샤이 마갈리트는[†] 치욕(恥辱)이라는 개념을 통해 이런 시도들의 사례가 될 수 있는 또 다른 도전적 방법을 우리에게 제공했다. 그는 어떤 사회의 제도들이 그런 식으로 사람을 학대한다면 그 사회는 아무래도 버젓하다고(decent) 할 수 있는 수준에 미달한다고 말하게 되는 학대 방식을 치욕이라는 개념으로 묶자고 제안한다. 그의 제안은 설득력이 있는가?

치욕에 관해 그가 해명한 것을 모두 모아보면 거기에는 초점을 흐리는 효과가 있기는 하지만 시사성이 많은 네 가지 난점이 있다고 생각된다. 다시 말해 내가 위에서 제시하고자 했던 인간 학대의 또 다른 특징적 방식이 논의의 대상이라는 것을 상정하면 그렇다는 것이다. 지금부터 나는 이 난점들을 검토하고 그 원천을 진단할 것이다. 그 다음 나는 논의되는 화제에 날카롭게 초점을 맞추어 치욕과 버젓함의 도덕적 중요성에 관해 어느 정도 이단적인 사고로 결론 내릴 수 있으려면 이 두드러진 종류의 치욕을 상세하게 특징짓는 수밖에 없다고 제안한다.

네 가지 난점 중 첫번째는 마갈리트가 해석한 대로 치욕의 외연과 관련된다. 『버젓한 사회』를 써가면서 그는 만약 그 사회가 버젓한 사회라면 도저히 허용하지 않았을 종류의 치욕을 제시하면서 직관적으로 강한 흥미를 끌려고 의도한 것이 분명한 많은 사례들을 보여준다. 그 예 중에는 톰 아저씨 이야기,[††] 토하기와 말더듬기를 흉내 내는 일까지 포함하는 이

[†] 마갈리트(Avishai Margalit)는 예루살렘 히브리대학교 철학 교수인데, 이 글에서 언급하는 『버젓한 사회』에서 '버젓한 사회' 란 '제대로 문명화된 사회' 로서, 제도가 그 권위로 사람들에게 치욕을 주지 않고, 시민들이 서로에게 치욕을 가하지 않는, 자유와 평등이 조화된 이상적인 사회다. 이 책에서 이런 사회를 이루기 위해서는 도덕적 게으름을 촉진하는 그 어떤 위험에도 저항해야 한다고 주장하고 있다. 이사야 벌린의 생각에서 많은 영향을 받았고, 조지 오웰의 인간적 사회주의의 영향을 받았다.

[††] 톰 아저씨는 스토우의 『톰 아저씨 오두막』에 나오는 인물로, 정직하고 신앙 깊은 흑인 노예였다. 셸비 집안의 노예였다가 노예 상인에게 팔려갔지만 항상 켄터키의 옛집을 그리워했다. 하지만 주인의 학대를 받다가 그의 손에 죽는다.

스라엘 군대 신병들의 '거칠게 길들이기', 이산지 유대인들에 대한 박해
와 특정 구역에 안으로의 유태인의 차별적 유폐,[†] 식민체제에 의한 신민
에 대한 거부 반응, 즉 피식민지인들에 대한 이등시민 취급과 시민적 권
리에 있어서 체계적 차별, 미국 내에서 인종주의의 횡포로 보였던 것에
의한 흑인 학생에 대한 모욕, 프랑스 학교에서 이슬람 여학생들에게 강제
한 머리 스카프 착용 금지,[††] 카테리나 블룸의 사생활에 대한 언론 매체들
의 침범,[‡‡] 사생활 · 친족관계 · 친우관계에 대한 스탈린주의의 침해,[‡‡] 죄
수들에 대한 비인간적 취급, 빈민들의 구빈원 위탁, 노숙자 및 극빈자에
대한 위신 격하, 테러에 대한 굴복, 마피아의 강압적 불법 후원 행각,[‡] 성

[†] 이산지(離散地, Diaspora): 팔레스타인 외부 지역에 흩어져서 전세계 곳곳에 무리를 이루어 유대 종교와 생활
  방식을 유지한 집단, 혹은 그 지역을 디아스포라라고 한다. 디아스포라로 인해 널리 퍼진 유대인이 여러 도시
  들에서 경제적 번영을 누리면서 세계 곳곳에 반유대주의가 확산되었다.

[††] 1905년 이래 프랑스 헌법에 적시된 세속주의 지침에 근거하여 프랑스의 공립학교에서는 무슬림의 '히잡
  (hijab)'을 연상시키는 종교적 상징물인 머리 스카프를 부착할 수 없는 관행이 있어 왔다. 그런데 1989년 파리
  교외의 크레이에서 무슬림 여학생 두 명이 학교에서 머리 스카프를 벗으라고 요구받았음에도 그에 응하지 않
  음으로써 스카프 착용 문제가 여론의 도마에 오르게 되었다. 2004년 초, 당해 9월부터 공립학교에서 스카프
  착용을 금하는 '법안'이 프랑스 하원과 상원 모두에서 통과됨으로써 종교적 · 여성주의적 관점에서 찬성과
  반대 여론이 비등한 상태에 있는 사안이다.

[‡‡] 독일 작가 하인리히 뷜의 소설 『카테리나 블룸의 잃어버린 명예』에 대한 언급이다. 카테리나 블룸은 평범한
  가정부였으나 우연히 축제에서 만난 탈영 군인을 숨겨준 일로 인해 선정적인 기사를 쓰고자 하는 기자들의
  펜에 의해 난도질당하면서 아버지 없이 자라고 알코올 중독 어머니를 두었으며 결혼까지 실패한 타락한 여자
  로서 범죄자와 통할 수밖에 없는 삶을 살아왔다고 사방에서 보도됨으로써 미디어에 의해 사생활과 자존심이
  여지없이 짓밟혔다는 줄거리다.

[‡‡] 스탈린주의는 사회주의의 역사에서 동유럽의 실정에 맞는 사회주의가 아니라 소련 중심의 사회주의를 강제
  한 것으로 악명이 높다. 이로 인해 스탈린주의에 반대한 다양한 사상들이 나타났으며, 다양한 고발의 글이 발
  표되었다. 이 중 특히 조지 오웰은 소설 『1984년』에서 스탈린주의를 비판하면서, 사생활이 당에 의해 감시되
  며, 권력자가 감시하기 좋은 방식으로 언어까지 단순화되고, 사랑과 개인성, 비판적 사고가 억압된 사회가 스
  탈린주의에 의해 야기되었음을 풍자했다.

[‡] 마피아는 이탈리아의 중앙 정치가 강력하지도 안정적이지도 못한 결과, 정치가 후견주의를 통해 사유화됨으
  로써 만연하게 된 현상이다. 마피아는 마약 거래로 조직을 유지했기 때문에 정치와 손을 잡을 필요가 있었다.
  마피아와 정치를 매개하는 것은 이탈리아 국내뿐만 아니라 국제적으로 활동하는 프리메이슨 조직인 '롯제'
  이다. 가장 큰 롯제는 피아짜 델 제수와 비밀조직인 P2가 있으며, 이 롯제들은 합법적으로 활동할 수도 있다.
  이탈리아 총리 베를루스코니는 마피아의 후원을 받은 혐의(이외에도 탈세, 뇌물 공여 혐의 등이 더 있음)로
  재판이 진행되고 있다.

경에 있는 다윗 왕과 아도니 베섹에 의한 고통스런 처벌,† 이스라엘의 키부츠 거주자에 의한 아랍인 임대노동자 또는 멕시코 이민자에 대한 미국 고용주들의 처우 등이 그러하다.

이 목록이 제기하는 문제는 순전한 이질성(異質性)의 문제이다. 이 모든 학대의 예들이 공유하는 것을 포착해내는 근저의 개념이 실제로 있는가? 그리고 그럼으로써 그들이 그들의 다양한 희생자들에게 자행한 단일한 잘못이 있다는 것을 드러내는 근저의 개념이 실제로 있는가? 이 문제에 답하기 위해 마갈리트는 (세번째 및 네번째 난점처럼) 자신이 제안한 치욕이라는 개념의 내포와 관련된 두번째 난점을 제기한다. 그의 답은 다음과 같다.

치욕을 구성하는 세 요소, 혹은 '치욕'이라는 용어의 세 가지 의미가 있다. (1) 인간을 마치 인간 아닌 것처럼, 요컨대 짐승이나 기계나 인간 이하의 존재로 취급하기. (2) 기본적인 절제의 상실을 드러내거나 상실하게끔 몰아가는 행위들을 수행하기. (3) 한 인간 존재가 '인간대가족'에 끼는 것을 거부하기.[4]

그는 이 세 가지가 "서로 별도의 의미들이 아니라, 밀접하게 상호 연관되어 있는 세 가지 서로 다른 의미들"이라고[5] 주장한다. 이 주장에 대한

---

† 다윗은 이스라엘의 제2대 왕(기원전 11세기경)으로, 다윗 왕과 관련된 치욕의 요소로는 다윗이 왕이 되기 전 골리앗과의 싸움에서 골리앗의 병사를 말뼈로 내리친 것이라든가, 골리앗을 돌팔매로 죽인 것을 칭하는 것으로 보인다. 아도니 베섹은 가나안 원주민의 한 부족 베섹의 왕이었다. 여호수아(여호수아의 활동기는 기원전 13세기 말경)는 이스라엘 백성을 가나안땅으로 인도하여 대부분의 지역을 점령하였으나 하나님이 약속하신 허락받은 땅을 다 점령하지 못했을 때 세상을 떠났다. 여호수아를 잃은 뒤 이스라엘 백성은 가나안족과 브리스족과의 전쟁을 치르게 되었다. 이 전쟁에서 가나안과 브리스 사람 1만 명을 도륙했다. 이때에 아도니 베섹 왕을 사로잡아 엄지손가락과 엄지발가락을 끊었는데, 성경의 사사기에 따르면 아도니 베섹은 과거 자기가 정복한 70명 왕들의 엄지를 자르는 체형을 가한 사실을 기억하며 아도니 베섹 자신이 응분의 대가를 치른 것이라고 고백하였다. 아도니 베섹은 예루살렘에 끌려와 죽게 된다.

마갈리트의 논증에는 두 측면이 있다. 먼저 (3)은 (2)를 '포함' 한다. 이때 (3)은 가해자의 관점을 강조하며, (2)는 '치욕당하는 자의 관점' 을 강조한다. 두번째로, (3)과 (1) 사이에는 '밀접한 연관' 이 있다. 나는 이 주장들 혹은 이 논증들을 확신하지는 못한다. 왜냐하면 축출(즉 '무례의 극단적인 경우')은 '철저한 자유박탈 및 사람들의 생명적 관심 통제에 대한 숙의적 처벌' 을 포함하거나 포함할 수도 있고 안 할 수도 있기 때문이다. 반면에 숙의적 처벌이 축출을 수반한다고 말하는 것은 단지 그러한 처벌이 인간의 존엄성에 대한 위법적 침해라는 것을 단언할 뿐이다. 그리고 이와 유사하게 (1)은 사람들의 '인간성' 이 부인되는 방식들을 구성할 수도 있고 안 할 수도 있을 것이며, 더욱이 마갈리트가 인정했다시피 사람을 극장에서나 운동 경기 같은 데서 동물이나 기계(혹은 숫자)로 취급하는 것은 적절하면서 동시에 바람직한 특정 맥락들이 있다. 더 나아가 (1)이나 (2)도 마갈리트가 자기 책의 요점이라고 주장했던 것, 즉 '사회 제도에 의한 포괄적 집단들의 치욕' 을[6] 더 명석하게 하는 데 아무런 도움도 주지 못한다.

이 점은 나를 세번째 난점으로 곧장 인도한다. 이 난점은 치욕의 관념을 제도적 습관들에는 적용하지 못하게 제한함으로써 치욕 관념을 '개인들 간의 관계' 와 대립해 있는 것으로 협애화하려고 시도한다는 데 있다. 그는 자신의 관심이 '전체로서의 사회 구성' 과[7] 관련되어 있음을 암시하면서, 이것이 거시윤리적 개념 및 미시윤리적 개념 간의 구분이라고 언급한다.(만일 이 개인들이 치욕을 가하지 않는다면 '버젓한' 사회라기보다는 '문명화된' 사회를 함축한다). 언뜻 보기에는, 그도 인정했듯이, 대학교의 교수가 초중고교의 선생님처럼 말할 때처럼, '화자(話者)들이 그 자신의 이름으로 말하고 있는지 혹은 제도의 이름으로 말하고 있는지가 불분명한 경계선상의 경우들'이[8] 있다고 하더라도, 이러한 구분 및 개념적 선택은 충분히 온당한 것으로 보인다.

그러나 이러한 인정과 논쟁적 예시의 배후에는 더 깊은 논제가 가로놓여 있다. 왜냐하면 치욕이 실행되는 곳에서는 있게 마련인 갈등들은 종종 개인들의 말과 행동들이 어떻게 생각되고 있는가에 대한 경쟁적 해석들을 포함하기 때문이다. 의심할 바 없이 전전(戰前) 오스트리아나 폴란드에 있던 유대인들은 그 당시 널리 퍼져 있던 다양한 형태의 반(反)유대주의가 그토록 많은 개인들의 견해가 되어 있었다고 생각은 하면서도 거기에서 상대적으로 별다른 인상을 얻지 못했다.† 그런 생각에 매몰된 사람들의 관점에서 보면 치욕은 또렷하게 통일되어 있는 것처럼 보일 수 있다. 물론 그런 통일성은 과장된 것일 수 있고, 심지어 고안된 것일 수 있다. 나는 분명히 모든 해석이 다른 해석이나 마찬가지라든가, 여기서 획득되는 사안에 일말의 진리 따위가 전혀 없다든가 하는 것을 암시하고 있지 않다. 다른 한편으로 치욕은 '제도들에 대한 구체적인 기술(記述)'로만[9] 제한될 수 없으며, 또한 만일 개인들의 말과 행동이 다양하게 해석될 수 있다고 하더라도, 문화적으로 일정한 모양을 갖춘 것 또한 포함해야 할 것이다. 제도들은 '사회 전체의 구성'을 모양지으면서, 미시행태로부터 거시효과를 산출하는 유일한 주요 인자가 아니며, 심지어 종종 주요

---

† 독일에서 나치즘이 반유대주의를 고무하여 강화시키면서 제2차 세계대전 와중에 유대인을 독일에서 몰아내려는 시도의 일환으로 1938년의 오스트리아 진군, 1939년의 폴란드 점령 때 유대인을 오스트리아나 폴란드로 내몰았다. 이로써 독일뿐만 아니라 유럽 전역에 반유대주의가 급속도로 확산되었다. 그러나 이 대목은 이런 단일한 방식의 반유대주의 확산 이전에도 제2차 세계대전 전에 이미 개별적 의견으로 다양한 반유대주의적 양상들이 있었다고 지적하고 있다.

인자 자체가 아니기도 하다. 가령, 조지 오웰이 『버마의 나날들』에서 식민 지배적 치욕에 대해 풍부하게 묘사했던 것 가운데 유럽인들에게 있었던 다양한 인종주의와 버마인들에게 있었던 다양한 부패, 이 양자가 오히려 유럽인 클럽에서 백인 아닌 자를 치욕적으로 배제했던 관행보다 더 중요하고 설명에 도움이 된다는 점을 고려하라.†

　네번째 난점은 이미 세번째 난점에 대한 논의 중에 제기되었다. 우리는 치욕을 어떤 관점에서 확인할 수 있을까? 우리가 치욕적 경우와 마주하게 되었다는 결정적 증거로 꼽을 수 있는 것은 무엇일까? 그 증거가 잘못을 범했다고 추정되는 자의 의도에 있는 것은 아닌 것 같다. 왜냐하면 마갈리트는 다음과 같이 쓰고 있기 때문이다.

　우리는 사무원, 경찰, 군인, 교도관, 선생님, 사회적 노동자들, 재판관들, 혹은 그밖에 다른 권위의 수행자들이 치욕을 가하는 자가 되어 있는 제도적 치욕에 관심을 기울이고 있기 때문에, 우리는 그들의 행위가 상대방을 비하하는 것인지 아닌지를 검토할 때 치욕을 가하는 사람의 주관적 의도 정도는 무시할 수 있다.[10]

　(다른 한편, 이와 모순되게, 그는 "자비 사회를 촉진하는 연민이라는 치욕적 계기"에 관해 쓴다.)[11] 이 사안은 또한 치욕당한 것 같다는 느낌들로

---

† 오웰(George Orwell, 1903~1950)은 인도 벵골 출생으로 영국에서 명문 이튼고등학교를 졸업한 뒤 인도 제국 경찰로 미얀마에 갔으나 대영제국 지배의 추악한 이면을 갈파한 『버마의 나날들』(1934)을 썼다. 여기에서 주인공은 편협한 애국주의에 사로잡힌 동료 영국 식민주의자들로부터 탈출구를 찾는 하급관리인데 버마에 대한 동정은 뜻하지 않은 개인적 비극으로 끝난다는 이야기이다. 오웰은 제국주의에 대한 혐오감으로 부르주아의 생활방식을 거부하고 정치적 노선까지도 사회주의로 바꾸었다. 대표작은 『동물농장』과 『1984년』이다.

결정되는 것이 아니다. "심리적인 치욕감은 치욕당했다고 느끼는 사람이 이 느낌에 대해 건전한 이유를 가진다는 점을 수반하지 않는다."[12] 따라서 가령 "문제는 가난한 사람이 치욕당했다고 느끼는지 아닌지가 아니라 그들이 그런 식의 느낌에 대해 건전한 이유를 가지고 있는지 여부이다."[13] 결국 사람들이 치욕당했다고 주장하는 것은 편집증적이거나 전략적일지도 모른다. 그리고 거꾸로 그들은 유대인 거주지의 유대인처럼 그러한 느낌을 부인하는 정교한 방식들을 갖고 있을지도 모른다.

그렇다면 우리는 그러한 "건전한 이유들"을 어떻게 확인할 수 있을까? "희생자가 자신을 치욕당했다고 간주하는 데 있어서, 즉 그 자기 눈으로 보았을 때 자존심이 점차 줄어가는 횟수를 헤아리는 데 있어서 건전한 이유를 가지고 있는지 없는지"를[14] 우리는 어떻게 알 것인가? 마갈리트의 대답은 그 사람의 치욕감은 규범적인 것이지 심리적인 것은 아니며, 위에서 적절한 기준을 이루는 것이라고 지적되었던 비(非)인간, 혹은 인간 이하로 취급하기, 극단적인 자유 박탈, 그리고 인간 가족으로부터 쫓아내기 등과 같은 '치욕'의 요소들 혹은 의미들을 지적하는 것이다. 그러나 이것은 단지 이 문제를 한 걸음 뒤로 되돌릴 뿐이다. 물론 위에서 인용된 종류의 사례들처럼 틀림없이 치욕임에 분명한 예들을 들기란 쉽다. 그러나 이렇게 쉽게 든 예들은 이 문제 속에서 나쁜 법칙을 만든다. 어려운 문제는 다음과 같은 것이다. 줄어든 자존심에 대한 건전한 이유들이 있다는 것이 그리 분명하지 않은 지점에서 우리는 여러 경우들을 어떻게 결정할 것인가? 거친 취급, 제한된 자유, 혹은 사회적 배제를 어떻게 해석할 것인가 하는 물음이 논쟁되고 있는 지점에서 우리는 여러 경우들을 어떻게 결정할 것인가?

이 물음은 우리가 마갈리트의 치욕 개념의 더 중요한 양상, 즉 그 개념의 상징적 특성에 주목할 때 비로소 더욱 첨예화된다. 그는 절제력 상실로서의 치욕이 "희생자의 종속상태를 표현하는 상징적 요소"를[15] 갖는다는 점을 관찰한다. 희생자 집단들은 소수자들이 "불가피하게 사회에 의해 적극적으로 축출되었다고 느낄 수밖에 없도록" 하면서 여러 상징들이 "그 소수자들에게 거슬리게끔 하는 쪽으로 향해져" 있을 때 "상징적 시민권"으로부터[16] 배제될 수 있다. 그리고 종교적 제식들은 누가 그 공동체의 충분한 구성원이고 누가 충분한 구성원이 아닌지를 결정하는 상징 권력 때문에 (롤스주의적인 공정한 사회에 대한 기본적 직관들과 대조적으로) 버젓한 사회에서는 매우 중요하다는 점을 마갈리트는 통찰한다. 그러나 상징 기호는 (특히 종교적 상징 기호는) 계열적으로 다양성에 종속되어 있고, 경합하는 해석들에 따라 달라진다. 그리고 따라서 우리의 물음은 한 번 더 제기된다. 만일 상황이 이렇다면, 우리는 어떤 해석이 옳은지 혹은 '건전한지'를 어떻게 결정할 것인가? 우리가 한 사회의 습관들이 어떤 경우 치욕을 가하는 종속, 거절 혹은 배제를 상징화한다고 주장할 때 그 주장이 맞는다는 것을 어떻게 결정할 것인가?

이 네 가지 난점은 모두, 자율성을 위축시키며 자존심을 감소시키는 그 모든 배제적 관행들의 공통점에 '치욕'이라는 이름을 붙이고 있으며, 시공간에 걸친 모든 사회를 가로질러 그런 습관들을 조망해봄으로써 그런 관행들이 치욕스럽다는 것을 확인할 수 있고, 이런 다종다양의 관행들이 자존심을 감소시키는 것이라고 한다면 바로 그와 똑같은 방식이나 그와 연관된 방식으로 우리는 인간인 것과 인간 아닌 것 또는 인간 이하인 것을 규범적으로 의미 있게 구분할 수 있다는 가정들로부터 유래한다. 나는 이것이 유익한 가정들의 집합이라고 확신하지 않는다. 이러한 가정들의 기저에 놓여 있는 것은 마갈리트의 휴머니즘인데, 그는 이 점을 드러내는 각주에서[17] 인류에게 도덕적 의미를 부여하기 위해 "인간대가족"이라는† 구절을 사용한다고 단언함으로써 이 용어를 놓고 롤랑 바르트가 "휴머니즘적 감상성"에 지나지 않는다고 혹평한 것에 대항해 자신의 '인간주의'를 옹호하고 있다. 따라서 마갈리트는 "평등한 척도에 의거해 모든 사람이 가질 값어치가 있는 명예"로서의[18] 자존심과 인간 존엄성이라는 평등주의적 개념을 등급의식이 개재된 자만심이나 사회적 명예와 구분한다. 치욕은 "인간 존엄성에 대한 훼손"이다.[19] 이제 나는 여기서 감상적이라는 비난을 피할 더 좋은 방법은 "치욕이란 무엇인가?"라는 물음보다 추상성이 덜한 질문을, 그것도 여러 가지 관행과 제도들이 치욕을 주고받는 빌미가 되는 이 시대의 생생한 갈등들에 보다 근접한 관점에 서서 그 이유와 함께 묻는 것이라는 점을 제안한다. 이는 추상적인 원칙들을 분명히 할 필요가 없다고 논증하려는 것이 아니라, 오히려 추상적 원칙들이란 덜 추상적인 질문을 둘러싼 해석과 논증의 충돌에서 가장 잘 등장할 수 있을 것이라는 점을 제안하는 것이다.

그러한 질문들 중에는 다음과 같은 것이 있다. 치욕 없는 사회는 구성원들이 속한 집단과 집합을 어떻게 취급할 것인가? 그러한 사회를 어떤 집단이 정당성이 있다고 인정하며, 어떤 식으로 인정할 것인가? 그런 사

---

† '인류는 한 가족'이라는 의미를 담은 원래의 영어 표현은 "Family of Man"인데, 축자적으로 옮겨 보았다. 롤랑 바르트는 『신화론』에서 '인간대가족'이라는 사진전에 개재되어 있는 신화를 폭로하면서, 전세계인의 동일한 일상을 담은 사진들이 실상 모든 인간 행위의 보편성, 즉 탄생, 죽음, 노동, 지식, 놀이와 같은 일상적인 생활 구조를 반복해서 강조함으로써 '보편적 인간'에 대한 신화를 만든다고 폭로했다. 그런데 마갈리트는 오히려 '도덕'이라는 요소가 인간의 보편성이라는 점을 강조함으로써 같은 구절을 사용해 롤랑 바르트의 견해에 정면으로 도전하고 있다.

회를 어떤 집단이 거부하며, 어떤 식으로 거부할 것인가? 자신을 둘러싼 집단 중 최소한 한 집단의 검인(檢印)도 없이 인간인 것이 가능한가? 사실상 이 모든 물음이 제기되며, 이 중 마지막 질문은 명시적으로 『버젓한 사회』 중에서 제기되었다.[20] (반복하자면) 저자에 따르면 이 책의 초점은 "사회 제도들에 의한 내포집단 치욕가하기"에 관한 것이었다. 그러나 여기서 제시된 대답들은 실망스러울 정도로 빈약하다. 왜냐하면 비록 그 책 속에는 이 문제들에 관해 더 많이 반성하도록 우리를 도울 수 있는 면들이 많이 있음에도 불구하고 그 대답들은 그토록 급박한 물음들에 관한 이 시대의 정치적·학문적 논쟁들에서 현재 제공되는 대안들에 대해 너무나 불충분하게 간여하고 있기 때문이다.

첫번째 물음에 대한 마갈리트의 대답은 "취약점을 가진 소수자들을 향한 몸짓에는 치욕을 가하는 본성이 있다는 점을 감안하여 그들이 내놓는 해석에 호의적인 (…) 추정"을 동반하는 문화적 관용이다.[21] 두번째 물음에 대한 그의 더욱 폭넓은 대답은 그가 "내포집단들"이라고 부른 것이다. 내포집단이란 그 구성원들에 의해 획득되고 그들의 생활스타일을 특징짓는 삶의 수많은 측면들을 내포하는 하나의 공통된 성격 또는 문화를 가지고 있는 익명의 여러 집단으로서 그 집단의 구성원이 된다는 것은 부분적으로 상호인정의 사안이기도 하겠지만, 타자들에 대해 그 구성원의 자기정체성 확인에 중요한 문제로서 인정보다는 귀속 여부가 더 관건이다.[22] 헤르더주의적인 마갈리트의 견해에 따르면 "상이한 내포집단들은 인간으로 존재하는 상이한 방식을 반영한다."[23] 그러나 마갈리트는 그런 집단들 중 어떤 집단(그리고 인간 본성을 규정하는 어떤 방식)이 정당하다고 인정되어야 할 것인지를 결정할 그 어떤 원리도 제공하지 않았으며,

적절한 인정을 구성할 수 있을 실천적 척도들(특정한 자원 배치, 집단에 기초한 권리들, 특정한 정치적 대표 형식 등)로는 어떤 것이 있을지를 지적하지도 않았다. 거꾸로 그는 (가령, 나치나 범죄로 가득 찬 사회 하층 같은) 어떤 집단이 다른 집단보다 '가치 없다'고 간주되어야 할 것인지, 혹은 그런 사회들이 그렇게 취급되어야 할 것인지 아닌지, 혹은 어떤 식으로 그렇게 취급되어야 할 것인지에 대해 어떻게 판단할지를 지적하지도 않았다. 마지막 질문에 대해서도 그의 대답은 "전자악기 예술가가 있는 것처럼, 그 어떤 내포집단에도 속하지 않는 세계시민주의자인 사람들이 있다"는[24] 점을 인정하지만, 세계시민주의자인 사람들은 그의 책 299쪽에서 단지 한 문장에서만 인용될 뿐이다.

아마도 이런 물음들의 접근에 도움되는 길은 '귀속적 치욕'이라는 개념을 통한 방식일 것이다. 내가 이 개념을 사용하는 의도는 구분되는 종류의 불의가 귀결하는 지점인 지배 속에 있는 학대의 일종을 드러내려는 것이다. 내가 '지배'라는 말을 사용할 때 그 의미는 불평등한 권력 관계의 사회적 맥락에서 권력의 체계적 사용을 가리킨다. 그러한 맥락에서 귀속적 치욕은 고전 사회학에서 사용된 그 용어의 뜻대로 귀속에 의해 사람들을 학대하는 것이다. 즉, 귀속적 치욕이란 개체들에게 이 개체들이 어떤 존재인가 하는 정체성을 확인할 때, 그들이 무엇을 하는지가 아니라 "성별, 연령, 지능, 신체 특성, 관계체계 속에서의 지위, 가령 집합 구성원 자격 같은 속성들"을[25] 통해 그들의 정체성을 확인해 할당된 지위들을 지적함으로써 사람들을 학대하는 것이다.[†]

이것의 더욱 공공연한 형식은 '차별'이다. 차별이란 불공정한 취급을 위해 개인들의 특정한 귀속적 범주들을 두드러지게 표시하는 조처들을 통해 사회적 가치가 있는 이점이 돌아가는 것을 부정하는 것이다. 이러한 조처들은 적극적인 행위일 수도 있고 적극적인 누락일 수도 있으며, 숙고된 것일 수도 있고 숙고되지 않은 것일 수도 있고, 틀에 박힌 것일 수도 있다. 한 여성이나 흑인이 편견 때문에 일자리나 승진, 혹은 아파트 입주를 거절당했을 때라든가, 혹은 한 국가가 기금 분배에 있어서 어떤 종족 공동체를 선호하지 않았을 때, 혹은 (한 가지 더 말하자면) 오웰의 소설에서 유럽인 클럽이 계속해서 비(非)백인들을 선출하지 않았을 때처럼, 인종주의적인, 혹은 성적이거나 다른 특정한 종류의 차별적인 행동들이 그 사례들이다. 이들 중 대부분은 특이체질 또는 체제와 관련됐다고 주장될지도 모른다. (그리고 위에서 암시되었듯이 특이체질 쪽인지, 체제 쪽인지를 결정하는 것은 더 깊은 해석적 논제일 수 있다.) 그리고 만일 체제 쪽이라면 우리는 구조적 차별에 대해 말할 것이다. 조직들이 의과대학 입학에서와 같이 본래 편견이 개재되지 않은 선택 절차들을 사용할 때, 그러나 이 절차가 사실상 귀속적으로 동일시되는 집단들에 관해 불균형적으로 불리한 효과를 가질 때, 구조적 차별이 발생한다. 표준화되어 있는 시험, 개인적 연결망을 통한 고용, 그리고 연장자라는 이유로 종용되는 은퇴 등은 종종 그러한 불리한 효과를 갖는다. 이러한 차별의 형식들 각

---

† 파슨스는 행위 체계의 가변적 특성들을 나타내는 '유형 변수' 개념을 도입해 문화유형의 변인으로 1) 타인에 대한 태도에 있어 '감정성과 감정중립성', 2) 상호작용 상황에서 의무나 책임이 미치는 범위와 정도에 있어 '발산성과 특정성', 3) 타인에 대한 평가나 판단 기준이 미치는 범위에 있어 '보편주의와 특수주의', 4) 타인에 대한 평가 근거가 업적 혹은 실적인가 아니면 혈연, 성, 인종, 가문 같은 선천적 요인인가 하는 문제에 있어 '성취와 귀속', 5) 행위 이익의 고려에 있어 '자기지향과 집단지향' 등 다섯 가지 이항대립항을 설정했다. 또한 보편주의와 특수주의라는 유형 변수와 귀속형과 성취형이라는 유형 변수를 결합하여 네 가지의 문화 유형을 제시한다. 귀속적인 것과 보편주의가 결합하여 연공서열과 장유유서를 중시하는 사회(나치 이전 사회), 귀속주의와 특수주의가 결합하여 혈족을 중시하는 사회(전통적 동양사회), 성취형과 보편주의가 결합하여 성취를 중시하는 사회(미국), 성취주의와 특수주의가 결합하여 특별한 관계나 멤버십을 중시하는 사회(스페인계 아메리카)로 나눈다. 룩스는 '귀속'이라는 개념을 사용할 때에 파슨스의 개념을 염두에 두고 있다.

각은 다른 형식을 재강화한다. 제도적 차별이 편견에 입각한 행동을 더욱 바람직한 것으로 만드는 반면 과거의 차별 행동들은 편견 없는 절차들을 거의 효과가 없도록 만든다.

차별은 인정(認定)에 대한 억압으로 보일 수 있다. 따라서 어떤 귀속적 속성의 결과 '정상적인' 개인들로 받아들여지지 못한 사람들은 그들이 다른 식이었다면 갖게 되었을지 모르는 사회적 이점으로부터 주변화되고 불공정하게 배제된다. 다른 한편, 위계적으로 분화된 사회에서 위계적 정의 원리에 의해 지배되어 불가촉천민 정도로 차별당하는 사람들이 있다면 그런 사람들은 그 사회에서 '정상적인' 맨 밑바닥 사람으로 취급된다. 차별로 인한 (직업, 승진, 아파트, 기금, 유럽인 클럽의 입회 허가, 혹은 의과대학 같은) 이득의 부인(좀認)도 문제이지만, 심지어 차별받은 자들에게는 이런 이득의 부인에 더해 특정한 위해까지 가해지기도 한다. 왜냐하면 이렇게 사회적 이득을 부인하는 이유가 차별당하는 이들의 품위를 깎는 것이기 때문이다. 그들은 (위계적으로 분화된 사회에서 공식적으로 인정된 것은 아닐지 모르지만) 상호인정의 지배적 문화로부터 축출당하는 이런 부가적인 불의로 고통받는다. 더욱이 차별이 창출하는 물질적 불이익은 그것이 야기한 귀속적 치욕을 상징한다.

이런 종류의 차별들을 교정하기 위해 취할 수 있는 형식들로는 세 가지가 있다. 첫번째 형식은 희생자들에게 부당하게 거부되었던 것들을 되돌려주는 개인 지향적인 것일 수 있다. 그런데도 통상 이 형식은 그 어떤 확인 가능한 희생자도 없는 제도적 차별에는 적용되지 않을 것이다. 두번째 형식은 집단 지향적인 것으로서, 소수민족 차별철폐조치처럼 희생자들에게 귀속되는 위상의 두드러진 특징들을 재강화하고 영속화시키는 데 초점을 둠으로써 결과적으로 그렇게 되게끔 돕는 효과를 갖는다. 세번째 형식은 '형태변형적인' 것을 목표로 하는데, 그 사회의 문화와 제도들 속에 있는 차별생성적인 귀속들의 역할을 해체하거나 덜 강조하는 방도를 모색하는 것이다.

보다 덜 공공연한 형식의 귀속적 치욕은 때때로 '식민지화' 라고 지칭되고, 때때로 '문화 제국주의' 라고 지칭된다. (안토니오 그람시의 의미에서는 '헤게모니' 로[†] 불리곤 한다.) 이는 "한 지배적 집단의 경험과 문화, 혹은 한 민족의 경험과 문화를 보편화시켜 이를 규범으로 확립하는 것"이다. 이와 동시에 억압받는 쪽을 '타자' 로[26] 고정 관념화하면서 억압받는 자의 견지를 비가시화(非可視化)한다. 식민지배적 맥락 속에서 흑인 시인 에메 세제르가[††] "나는 두려움과 열등 콤플렉스와 떨림과 굴종과 절망과 치욕을 정교하게 주입받아온 수백만의 사람들에 대해 말하고 있다"고 썼을 때, 그가 관찰했던 것처럼, 이렇게 비가시적인 형식의 치욕은 마치 갑옷으로 완전무장한 것 같은 권력메커니즘을 가동시킨다. 이 문장은 프란츠 파농의[†††] 『검은 피부, 흰 가면』의 첫머리에 인용되어 있다.[27] 이 책을 비

[†] 헤게모니는 지적·도덕적 지도력에 의한 자발적 동의를 근간으로 하는 지배의 한 형태이다. 여기에 물리적 폭력이나 강제력을 의미하는 지배가 결합된 통치 체계 혹은 지배 상황을 나타내는 개념으로 쓰이기도 하다. 그람시의 헤게모니 개념은 지배적 가치가 대중들에게 완전히 내면화된 것이 아니라 사회 현상이 불공정하지만 다른 사회 형태가 있을 수 없기에 불쾌하면서도 잠정적으로 이를 받아들이고 있는 상황을 가리킨다. 따라서 대중은 이런 이중 의식과 항상 대항 헤게모니를 추구하는 역동적 상황에 놓여 있다.

[††] 세제르는 1913년 마르티니크 출생으로 프랑스어를 사용한 시인이자 극작가이다. 아프리카 흑인 문화의 정체성 회복 운동(네그리튀드 운동)에 앞장섰다. 제헌의회 국회의원으로 활동하는 등 정치 활동도 수행했다. 『귀향 수첩』(1939) 같은 격한 시와 『콩고에서의 한 철』(1966) 같은 희곡이 대표작이다.

[†††] 프란츠 파농은 1925년 마르티니크 출생의 정신분석학자이자 사회철학자이다. 37세에 백혈병으로 사망할 때까지 알제리, 앙골라, 콩고 등 아프리카 해방 운동에 헌신했다. 에메 세제르의 동료이자 지지자였던 파농은 흑인으로서 프랑스 시민권을 가지고 프랑스 여자와 결혼해서 살면서 자신이 백인에 의해 주어진 흑인 의식 속에서 살고 있다는 모순을 자각하여 여기에서 벗어나려고 시도하면서 내면화된 식민주의의 통찰에 중대한 과학적 기여와 철학적 성찰을 남겼다. 『검은 피부, 흰 가면』(1952) 이외에 그의 불후의 대표작으로 『대지의 저주받은 자들』이 있다.

롯해 여러 책에서 파농은 이런 비가시적 치욕 형식이 지닌 심리적 · 정치적 · 사회적 차원을 폭로했다. 그리고 알제리와 아프리카 다른 곳에서의 독립과 탈식민적 경험을 위한 투쟁의 맥락에서 언어, 인격, 성별 관계들과 정치적 경험 간의 깊은 관계들을 폭로했다.

그러나 식민지화는 더욱 일반적인 의미를 부여받을 수 있는데, 해석 수단과 의사소통 수단을 통제함으로써 지배 집단들이 그들 자신의 경험을 인간성 자체의 대표로 투사하고 있는 사회들에서도 나타날 수 있다. 문화적으로 지배받는 자들은 역설적이게도 비가시화되면서 또한 고정관념들에 의해 표시되기도 한다. 이들은 자신들이 내면화하기도 하고 동시에 거부하기도 하는 지배 문화에 의해 규정된다. 그리고 이들 문화적 피지배자들은 미국의 정치 사상가 뒤 보이스가[†] "다른 사람의 눈을 통해 자기 자신을 항상 주시한다는 느낌, 즐거운 경멸과 동정으로 자신을 바라보는 세계의 줄자에 의해 그 자신의 영혼을 재는 듯한 느낌" 이라고 묘사했던 (그람시가 주목했듯이) 일종의 "이중의식"을 경험한다.[28] 집단의 구성원들을 가치 절하하고 고정 관념화하는 세계 해석의 내면화 방식들이 구성원들에 의해 불분명하게나마 의문시되었을 때 이러한 이중의식이 나타난다. 그리고 이러한 의문시가 일단 공공연해지고 일반화되면, 우리는 대안적 인정 문화들을 위한 토대를 가지게 된다.

이런 종류의 귀속적 치욕에서 유래하는 불의란 희생자 입장에서 본 지배 문화에 의한 권리 침해이다. 이것은 아이리스 마리온 영에[††] 의해 다음과 같은 사실로 잘 묘사되었다. 즉, "사회적 삶에 대한 억압받는 집단들

[†] 뒤 보이스(W. E., B. Du Bois)는 1868년 미국 매사추세츠주 출생의 저술가이자 흑인 운동가이다. 유색인종의 지위 향상을 위한 운동을 했다. 1909년에 전국유색인종협회(NAACP)를 창설했다.

자신의 경험과 해석은 지배 문화와 겨룰 만한 표현을 거의 아무것도 발견하지 못하는 반면, 지배 문화는 억압받는 집단에게 사회적 삶에 대한 자신의 경험과 해석을 부과한다."[29] 지배 문화에 대한 교정은 의심할 바 없이 귀속적 기반을 둔 문화적 자기주장과 정체성 정치를 포함하면서 지배 문화의 객체를 주체로 바꿀 수 있게끔 하는 일을 포함할 수 있다.

귀속적 치욕에 대한 이러한 분석을 통해 위에서 제기된 물음들로 돌아가 보면 다양한 대답들이 제안된다. 치욕 없는 사회는 각 구성원이 소속되어 있는 집단들과 집합들에 반하는 방향으로 이루어지는 차별들, 즉 문화적으로 일정한 모양을 갖춘 차별과 제도적 차별 양자를 모두 피할 것이다. 물론 차별이 버젓이 현존하는 곳에서 그런 차별을 어떻게 치료하려고 시도할 것인가 하는 문제는 정치적 논란거리이다. 특히 낸시 프레이저가[+][+] 논증했듯이,[30] 귀속촉진 정책과 귀속초월 정책 간에는 긴장이 있다. 치욕 없는 사회는 또한 식민화의 영역을 축소한다는 목표를 가질 것이다. 지금까지 식민 지배를 받아왔거나 혹은 부분적으로 식민 지배를 받아온 영역의 문화적인 자기주장과 정치적 자기주장은 물론 귀속적 가치들의 역할

[+][+] 영(Iris Marion Young)은 사회주의적 여성주의자로서, 정치 영역을 공적인 것, 가족 영역을 사적인 것으로 보는 이분법을 해체함으로써 사적인 영역으로 배제된 여성의 삶을 공적인 차원으로 지향시키고자 했다. 영은 공적인 것이 개방적이고 접근 가능하며 배제적이지 않은 것을 의미한다고 규정한다. 접근 가능한 열린 공적 공간 속에서 서로 다른 사회적 입장과 경험을 지닌 사람들이 의사소통할 수 있어야 한다는 것이다. 또한 공적인 것과 사적인 것 이분법에 대한 도전은 기존의 남성중심적 '정의' 개념에 도전하는 것이라고 생각한다. 정의란 개인적 요구, 감정, 욕망과 대립되는 것이라기보다는 사람들이 요구를 충족하고 욕망을 표현하게 하는 제도적 조건이라고 주장했다. 이렇게 새롭게 기존의 개념을 재규정하는 작업이 곧 여성 객체를 주체로 전환하는 작업의 일환이라고 할 수 있다.

[+][+] 프레이저(Nancy Fraser)는 사회주의적 여성주의자이다. 여성의 삶을 해방하기 위해서는 한편으로는 귀속적 속성을 확인하는 정치가 필요하고 다른 한편으로는 차별을 구조화하는 귀속적 속성을 넘어서려는 정치가 동시에 필요하다고 보았다. 프레이저는 이를 긍정대책과 변형대책으로 개념화했다. 가령 동성애 정치의 경우에 적용시켜보면, 긍정대책은 동성애 혐오와 이성애 차별주의에 기초한 게이 정체성의 정치(gay-identity politics)와 관계가 있다면, 변형대책은 게이 정체성을 강화시키기보다는 동성애/이성애라는 이분법을 해체하고 고정된 성 정체성을 불안정하게 하는 퀴어 이론의 정치와 관계가 있다.

을 신장시키려 할 것이다. 국가 정책들이 관련되어 있는 한, 여기서도 귀속적 차이들의 성장을 북돋우려는 정책들과 그들의 영역을 축소시키려고 하는 개체주의적 정책 및 엘리트 지배 정책 간의 정치적 선택이 있다.

치욕 없는 사회는 어떤 그룹들을 정당하다고 인정할 것인지, 그리고 어떤 식으로 인정할 것인지에 대한 물음에 대해서 적절한 답은 마갈리트의 답보다 더 넓으면서도 더 좁다. 더 넓다고 말하는 것은 우리가 단지 '내포집단' 들뿐만 아니라 개인들이 스스로 속해 있다고 귀속하는 모든 집단들을 지칭하기 때문이다. 그러나 더 좁다고 말하는 이유는 지배 집단에 의해 지정되긴 했지만 사람들이 스스로 거기에 들어가는 데 동의하지 않은 집단은 치욕 없는 사회에서는 그 정당성을 인정받지 못할 것이다. 치욕 없는 사회라면 타인에 대한 차별이나 헤게모니를 행사해 귀속적 치욕을 가하는 집단을 호의적으로 바라보지는 않을 것이다. 인정이 허용되는 방식들에 관한 문제에 관해서, 이 문제는 다시 한번 정치적 격전 중에 있다고 보아야 하는데, 어떤 이들은 집단에 우호적인 선택적 정책과 심지어는 (소수민족 경우에서와 같이) 견고하게 다져진 권리들을 옹호하는 논증을 하는 반면[31] 그와 견해가 다른 사람들은 헌법이나 법률, 심지어는 국가 정책들조차도 가능한 한 귀속 문제에 대해서는 눈을 감는 것이 좋을 것이라고 논증한다.

어떤 종류의 집단들이 정당하지 않은가? 그 대답은 다음과 같다. 즉 공식적이거나 지배적인 상표가 달린 구성물에 지나지 않은 자들과 그들 스스로가 귀속집단에 따라 치욕을 가하는 자들뿐만 아니라 자기 사회의 구성원과 다른 사회 구성원들의 시민적·정치적 권리들을 제약함으로써 다른 식으로 부정하게 행위하는 자들도 정당하다고 간주되지는 않을 것이다. 그런 자들에 대해 어떤 척도가 취해져야 하는가 하는 문제도 정치적으로 논쟁 중인데, 그들이 부당하다고 선언하는 근거들에 따라 그 척도가 달라질 것이다. 따라서 예를 들어 킴리카가[†] 논증했듯이,[32)] 어떤 집단에 대해서는 다른 집단이나 더 넓은 사회로부터 대외적 방어를 위해 자기 구성원들에 대한 통제의 자격을 인정해야 하는 경우가 있는 반면에 국가가 나서서 그 집단이 자기 구성원들에게 내부 제한을 강화시켜 나가는 것을 억제할 필요도 있는 것이다.

마지막으로 세계시민주의에 대한 물음은 어떠한가? 인류는 최소한 국민국가와 같은 하나의 내포집단에 속해야 하는가? 인류는 번영하기 위해 하나의 언어와 하나의 문화 공동체에 대한 깊은 유대를 가져야 하는가? 인간의 진보를 위해 민족 공동체들은 점진적으로 소멸할 필요가 있다고 하는 대립된 가정이 콩도르세와 볼테르 같은 계몽주의적 세계시민주의자들이나 비교적 최근의 많은 자유주의자들, 마르크스주의자들, 여타 사회주의자들 사이에서 공통적으로 제기되었다. 민족 원리에 대한 그들의 공통된 적대감은 귀속적 집단 정체성에 대한 특수주의적 집중에 반대하는 방향으로 맞춰진다. 자유주의자들은 민족 원리가 개인의 선택권 증진과 개인 자율성의 가치와 양립할 수 없는 것이라고 간주하곤 했다. 다른 한편으로 자유주의자들은 종종 실제로 민족주의자이고자 하는 경향을 띠었으며, 최근 마갈리트로 대표되는 몇몇 저자들은 민족적 맥락이 개인적 자유와 양립 가능할 뿐만 아니라 심지어 개인적 자유의 전제조건이기

[†] 킴리카(Will Kymlica)는 자유주의자로서, 소수 집단을 위해서는 집단에 특징적인 권리가 요구되며, 이는 자유주의와 모순되지 않는다고 주장했다. 차별적 권리와 자유주의에 대해 킴리카는 소수의 권리가 다른 집단들을 지배하거나 그 집단 내의 성원들을 억압하는 데 사용되지 않는다면, 집단 간의 평등을 조장하고 집단 내의 자유와 평등을 도모함으로써 자유주의적 정의의 실현에 유의미한 역할을 할 수 있다고 보았다.

도 하다고 논증하면서 자유주의적 민족주의의 일례를 형성했다. 제레미 월드론은 이 관점에 도전한다. 월드론은 현대 세계에서 "사람들은 문화 의 만화경 속에 살고 있다"면서 "세계시민주의적 대안"을 주장한다.

> 모든 사람들이 그들과 그들의 조상이 의식주를 필요로 했던 그런 방식으로 자기들을 양육했던 특수문화 안에 자기 뿌리를 내릴 필요가 있다고 이제 더 이 상 말할 수 없다. (…) 그런 매몰 상태는 몇몇 특정한 사람들이 좋아하고 즐기 는 그 어떤 것은 될 수 있어도 자기들이 필요로 하는 것이라고 주장할 수는 없 는 것이다. (…) 인간적이라는 것에 특징적인 '필요'에 기초한 헤르더주의적 논증의 붕괴는 소수자 문화가 특별한 지원이나 원조나 예외적인 급부나 관대 함을 요구할 수 있다는 생각을 심각하게 약화시킨다. 대략적으로 말하자면, 기껏해야 그것은 종교적 자유에 대한 권리가 서 있는 것과 동일한 입지점을 문 화에 대한 권리에 남겨줄 뿐이다.[33]

월드론의 주장대로, 문화들이란 어떤 경우에도 각기 그 면모를 뚜렷하 게 구분해낼 수 있는 전체들이 아니다. 문화적 교환이 끊임없이 이루어지 며 지구화하는 세계 속에서 우리는 우리 문화가 어디서 시작하고 다른 문 화들은 어디서 끝나는지를 말할 수 없기 때문에 문화들을 공통된 종족적 원천으로 정의하고 문화적 풍부화와 다양화로부터 절단시키게 되면 기 껏해야 그것들을 확실치 않고 인위적인 모습으로 보존할 수 있을 따름이 다.[34] 이에 대해 킴리카는 민족문화들이 반드시 그런 (폐쇄적 – 옮긴이) 토 대를 가져야 한다는 생각을 거부하고, 민족문화들에는 새로운 발상과 실 천에 개방되고 다원화될 수 있는 역량이 있다고 주장하면서, 자유와 민주주의라는 계몽주의적 가치들을 위한 가장 좋은 맥락으로 그런 문화들을 보호하고 긍정하자는 견해를 논증한다.[35]

　나는 여기서 사방으로 가지치기할 수 있는 이 중요한 논증을 새삼 논의하지 않고 단지 정체성 정치에 대한 관심이 점증하는 맥락 속에서 내가 귀속적 치욕이라고 불렀던 것이 주목할 만한 가치가 있을 정도로 달리 해석될 수 있다는 것을 관찰할 뿐이다. 왜냐하면 귀속에 따라 어떤 집단화가 이루어지든 그것은 다종다양한 상이한 유형의 개인들로 이루어질 것이기 때문이다. 정체성을 견지하는 사람들이 있을 것이지만 그것에 거의 준할 정도만 정체성을 가진 이도 있을 것이고, 반만 가진 사람, 전혀 갖지 않은 사람, 그것과는 별개의 정체성을 가진 사람, 여러 개의 정체성을 가진 사람, 아예 정체성을 가지는 것에 반대하는 사람 등 정체성을 둘러싸고 여러 종류의 집단과 개인이 나타날 것이다. 정체성 정치의 신봉자들은 단지 정체성을 견지하는 첫번째 부류의 사람들을 위해, 오직 그들만을 상대로 얘기할 것이지만, 귀속 집단들이 철저하게 다원적이고 여러 가능성에 열려 있는 상태가 유지되지 않는다면, 정체성 정치 신봉자들은 우리 가운데 나머지 사람들에게는 상당한 위험을 대변하는 것으로 비칠 수도 있다.

　나는 치욕이나 버젓함을 너무나 심각하게 취급하는 것의 위험에 관해 몇 마디 언급하는 것으로 결론을 맺고자 한다. 온당하게도 마갈리트 교수는 "상호경쟁하는 생활형태들을 고무하는 다원주의적 사회들은 비판과 거부 사이에서 지속적인 긴장 상태에 놓일 가능성이 아주 많다"고 주장한다.[36] 그러면서 그는 또한 "취약점을 가진 소수자들을 향한 몸짓에 치욕을 가하는 본성이 있다는 점을 감안해 버젓한 사회에서는 그들이 내놓는 해석에 호의적인 추정이 있어야 한다"고 주장하지만,[37] 내가 보기에 이 주장은 앞의 것에 비해 그다지 온당한 것 같지 않다. 다시 한번 우리는 누가 이 교묘한 해석 문제를 결정해야 하는가 하는 물음에 직면한다. 나는 내가 취약한 이들이 사태를 올바로 본다는 것에, 항상 혹은 보통 신뢰를 갖고 있다고 확신하지 못한다. 무엇이 그들을 취약하게 만드는가? 한 번 더 말하자면, 그러한 추정에 대해 의심의 여지없는 주장을 한다고 보이는 인종주의의 희생자 또는 여타 종류의 박해에 의한 희생자들의 사례를 목록화하는 것은 쉬운 일이다. 그러나 그러한 취약성이 자신들의 독단적 믿음, 열정적 기질, 혹은 그런 취약성으로 인해 제공되는 동원의 기회 때문에 치욕과 공격에 특히 취약한 사람들에 대해서는 어떠한가?

많은 형식의 비판들은 공세를 가할 때 상당한 위험을 감수한다. 풍자적인 유머라고 해서 그런 점을 회피할 수 없다. 버젓한 사회라면 그런 비판의 형식들이 없이도 잘 되어가야 하는 것일까 아니면 그런 비판들을 엄격하게 통제해야 할까? 혹은 버젓한 사회라면 채신없는 작태의 여지, (따라서 딘 스위프트나[†] 레니 브루스,[††] 그리고 『포트노이의 불평 *Portnoy's Complaint*』이나[‡‡] 『버자이너 모놀로그 *The Vagina Monologue*』를[‡‡] 위한 공간), 그리고 대안적 생활방식들에도 불구하고 유행에 맞지 않는 건강한 자기확신이라는 덕을 고무 · 격려할 공간을 만들어야 할 것인가?

[†] 조나단의 애칭이 딘으로, 『걸리버 여행기』 등의 풍자 소설을 쓴 조나단 스위프트를 가리킨다.

[††] 레니 브루스(Lenny Bruce): 미국의 코미디언으로 소수자를 옹호하는 풍자를 주로 했다. 검열에 대한 저항을 한 것으로도 유명하다.

[‡‡] 필립 로스의 소설로, 유대 가정의 촉망 받는 아들이 이민해서 사는 유대인 부모와 겪는 갈등과 외상(外傷)적 경험을 그렸고, 유대인적 어린 시절을 묘사했다. 심리적 갈등이 강한 성욕으로 표출되는 상태에 놓였던 포트노이를 통해 외설적 표현을 동원해 이런 경험을 그려갔기 때문에 극단적인 논평을 받은 소설이다.

[‡‡] 이브 엔슬러의 작품이다. 200여 명의 여성과 인터뷰한 내용에 기반해 여성의 질(膣)에 대한 16개의 에피소드를 담고 있다. 연극으로 올려져 큰 화제를 모았다.

원주(原註)

1) Charles Taylor, "The Politics of Recognition", *Multiculturalism and 'The Politics of Recognition': An Essay by Charles Taylor*, (ed.) Amy Gutmann (Princeton, Princeton University Press, 1992), 25쪽. *Multiculturalism: Examining the Politics of Recognition* (Princeton, Princeton University Press, 1994. 개정 증보판)

2) Nancy Fraser, "From Redistribution to Recognition? Dilemmas of Justice in a 'Post-Socialist' Age", New Left Review 212 (July/August 1995), 71쪽.

3) Iris Marion Young, *Justice and the Politics of Difference* (Princeton: Princeton University Press, 1999), 39~65쪽.

4) Avishai Margalit, *The Decent Society* (Cambridge, Mass. and London: Harvard University Press, 1996), 144쪽.

5) 위의 책, 146쪽.

6) 위의 책, 277쪽.

7) 위의 책, 2쪽.

8) 위의 책, 171쪽.

9) 위의 책, 1쪽.

10) 위의 책, 128쪽.

11) 위의 책, 235쪽.

12) 위의 책, 12쪽.

13) 위의 책, 226쪽.

14) 위의 책, 121쪽.

15) 위의 책, 147쪽.

16) 위의 책, 158, 169쪽.

17) 위의 책, 295쪽.

18) 위의 책, 43쪽.

19) 위의 책, 262쪽.

20) 위의 책, 142쪽.

21) 위의 책, 183쪽.

22) 위의 책, 138~140쪽.

23) 위의 책, 143쪽.

24) 위의 책.

25) Talcott Parsons, *The Social System* (London: Routledge and Kegan Paul, 1951), 64쪽.

26) Young, *Justice*, 59쪽.

27) Frantz Fanon, *Black Skin, White Mask*, tr. Charles Lam Markmann (London: Paladin, 1970), 7쪽. 최초 영역판은 (Grove Press inc., 1967)로 출간되었다. 원래의 판본은 *Peau noir, masques blancs* (Paris: Éditions de Seuil, 1952)이다.

28) Young, *Justice*, 60쪽에서 재인용.

29) 위의 책, 90쪽.

30) Fraser, "From Redistribution to Recognition?"

31) 가령 Will Kymlicka, *Multicultural Citizinship: A Liberal Theory of Minority Rights* (Oxford: Clarendon Press, 1995).

32) 위의 책.

33) Jeremy Waldron, "Minority Cultures and the Cosmopolitan Alternative", ed. Will Kymlicka, *The Rights of Minority Cultures* (Oxford and New York, 1995), 99~100쪽. 원래의 출판 판본은 *The University of Michigan Journal of Law Reform* 25 (1992), 751~793 (minus 766-77).

34) 위의 글, 107.

35) Will Kymlicka, "From Enlightenment Cosmopolitanism to Liberal Nationalism", *Politics in the Vernacular. Nationalism, Multiculturalism and Citizenship* (Oxford: Oxford University Press, 2001), 203~220쪽.

36) Margalit, *The Decent Society*, 181쪽.

37) 위의 책, 183쪽.

11

공동체주의자의 목소리

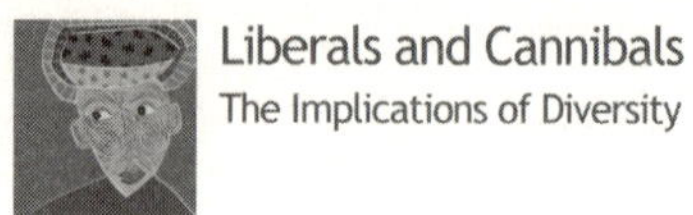

공동체주의 설교단에 서서

  '공동체주의' 라는 말이[†] 도입된 지는 20년이 채 안 되었다. 당신은 1975년판 웹스터 사전에서 그 단어를 찾지 못할 것이다. 단 '공동체주의자' 라는 말을 찾아보면 '그 사회에서 공산주의를 실천하는 구성원' 이라는 정의는 나온다. 이 새로운 '주의' 가 의미하는 것은 무엇일까? 1835년 토크빌이 '개인주의' 라는 말을 썼을 때처럼 새로운 관념이 새로운 단어를 낳은 것일까? 아니면 아주 오래된 관념과 구분되는 새로운 변종에다 이름을 붙인 것일까? 그 관념은 (만일 한 가지라면) 어떤 이론일까? 아니면 하나의 관점일까? 어떤 교의일까? 그게 아니라면 생태주의처럼 하나의 관점에 입각해서 관념, 이론, 교의를 발전시킨 것일까? 그와는 반대로 그 자체로 정의되는 어떤 입장일까? 그것은 어떤 쟁점들과 연결되며, 그 쟁점들을 어떤 맥락 속에서 틀 지울까? 그것은 누구에 의해 다뤄지며, 누구를 다룰까? 아미타이 에치오니와[††] 3명의 학계 동료들이 창간한 『공동체

---

† 공동체주의(Communitarianism)는 20세기 후반기 미국에서 자유주의, 자본주의, 사회주의에 반대하여 시민사회 쪽의 자발적 시민운동을 옹호하는 방향으로 대중적 사고를 이끌려고 한 철학적, 사회적, 정치적 사상의 한 흐름이다. 자유주의에 대해 비판적이기는 하지만 반드시 적대적이라고 할 수 없는 관점에 서서 공동체주의는 개인보다는 사회와 공동체에 대한 관심에 역점을 두는 쪽으로 사고방향을 바꾸는 방식으로 논조를 전개한다고 평가된다. 따라서 공동체주의의 가장 두드러진 특징은 그 철학적 패러다임이라기보다는 실질적인 사회문제 또는 공공정책상의 논점에 대한 윤리적 접근을 강조한 것인데, 보건 문제, 낙태 문제, 다문화주의 등에 대한 논의에서 두각을 드러냈다. 자유주의와 대비되는 사상이라는 관점에서 공동체주의를 포괄적으로 조명한 개론서로 추천할 만한 것은 스티븐 멀홀(Stephen Mulhall), 『자유주의와 공동체주의』(서울: 한울, 2001)가 번역되어 있다.

의 응답: 권리와 책임 *The Responsive Community: Rights and Responsibilities*』
은[1] 이런 문제들의 해답을 기대할 만한 곳일까?

우리가 마지막 질문에 '예'라고 대답한다면, 아마도 그 위의 질문들에
답변하는 가장 호소력 있는 접근법은 1994년 매리 앤 글렌든에 의해 정식
화되었다.[2] 1994년 그녀는 "민주주의 세계 안에 있는 모든 사회"가 직면
한 일반적인 문제인 "민주주의 경제 안에서 최대한의 혼합을 성취하고,
개인의 자유, 평등 그리고 사회적 연대 간의 적정한 균형을 획득할 방법"
을 찾는 문제에 관해 썼다. 말하자면, 그 문제는 두 개로 토막 난 자유주의
의 영혼, 즉 개인의 자유에 대한 우리의 사랑과 우리의 공동체에 대한 공
동책임감을 어떻게 함께 견지할 것인가라는 엄청난 딜레마에 대한 것이
다.[3] 그녀가 제시한 바에 따르면 "공동체주의는 시민의 덕이 자라나는 발
판의 정치적 중요성 및 멸종위기에 처한 조건을 자각시키는 데 일조하는
민주주의의 환경운동으로 이해될 수 있다."[4] 이 설명에 따르면 공동체주
의는 자기들이 "자유주의적 권리체제와 온정적인 복지국가를 동시에 유
지하게 하는" 열쇠를 쥐고 있다는 가정 아래서 "멸종 위기에 빠진 미국의
사회적 환경"에 관심을 갖는다.[5] 그녀가 주장하길, "우리들 자신의 전통
에 대한 반성"은 "그토록 많은 미국인의 법률 및 사회 정책에 관한 생각에
깔려 있는 정치혐오"를 극복하게끔 도울 수 있으며, 정치는 "자기이익을

---

†† 에치오니(Amitai Etzioni, 1929~)는 독일 태생의 이스라엘계 미국 사회학자로서 1990년대 초 공동체주의 운동
을 활성화하고 운동의 아이디어를 보급 및 상호교환하기 위해 '공동체주의자 네트워크'(Communitarian
Network)를 창립하였다. 그는 권리와 의무, 자율과 질서 사이의 정교한 균형을 강조하면서 사회생활을 공동
체 단위로 운영하는 여러 가지 방안을 제안하였다. 1978~1980년간 카터 대통형의 국내문제 자문교수로 백악
관에 근무하였으며 20년간 컬럼비아대학 사회학과를 관장하였다. 『능동적 사회』(1969), 『도덕적 차원』
(1988), 『공동체의 정신』(1993), 『새로운 황금률』(1996), 『프라이버시의 한계』(1999), 그리고 최근작으로는
『애국법은 얼마나 애국적인가: 테러시대에 비추어 본 자유 대(對) 안보』(2004), 『제국에서 공동체로』(2004) 등
의 저술이 있다.

증진시키는 방법일 뿐만 아니라 그것을 넘어서는 방법"일 수도 있다.

요약하면, 공동체주의는 새롭거나 낡은 어떤 관념이나 이론 혹은 교의가 아니라 최소한 『공동체의 응답』의 편집자, 기고자, 독자들에게 알려진 어떤 관점이다. 이들은 자신들이 어떤 '네트워크'를 형성하고 있으며, 또 그것을 넘어 정치적 열망을 안고 사회운동을 꽃피우는 것이 자신들의 주요 목적이라고 자처하는데, 이는 정치의 의미 자체를 변형시키는 것이다. 이 관점은 주로 학계의 다양한 공감자들에 의해 승인 및 보증된 1991년의 '공동체주의강령'에서 출발했다. "도덕적 목소리를 재건하자" "가족에서 출발하자" "제2차 방어선으로서 학교들" "정치를 정화하자" "인간 공동체" 등의 구절들에서 알 수 있듯이 그것은 고상한 정신을 피력하고 선언적이다. 창간호에서 편집자들은 자신들이 "우파도 좌파도, 자유주의자도 보수주의자도 아니지만 우리 모두의 관심사라고 믿는 쟁점들을 다루고, 그것에 관해 표현하는 목소리를 공급하는 데 기여하는 그룹"이라고 천명했다.

그 목소리는 누구의 귀에 대고 말하는 것일까? 한 가지 분명한 대답은 일찍부터 등장했다. 1992년 에치오니는 "공동체주의 운동은 클린턴 행정부의 정신을 끌어가는 투쟁에서 핵심적 역할을 수행해야 한다. (…) 클린턴과 고어는 강력한 공동체주의적 공약들을 제시했다"고 썼다.[6] 1994년에는 다음과 같이 기분 좋은 어조로 기록되어 있다. "클린턴 대통령은 아미타이 에치오니의 최근 저서로서 공동체주의적 가치를 고양하는 『공동체의 정신 *The Spirit of Community*』을 읽었다."[7] 그리고 1995년에 주목받은 힐러리 여사의 "미국의 가장 큰 위기에 관한 용기 있는 연설"과 클린턴, 윌리엄 베네트, 그리고 제시 잭슨 목사 등 여타 정치적 연설들은 『공

동체의 응답』이 공공연하게 "공동체주의 설교단"이라고 부르는 것에 입각해 있다.[8]

그 이후 초점은 "고도의 정치적 수사(修辭)"에서 지역 활동에 대한 "공동체 뉴스"로 이동한다. 즉 몬태나 주 미줄라에서 있었던 납세자들의 시민운동과 "시애틀의 생계원조: 시민적 책임 모델" "복지 개혁: 밀워키의 새로운 희망" "세인트 바울의 이웃 노인 지켜주기" "할렘지역의 모닝사이드공원 프로젝트" 등의 뉴스가 그것이다. 요약하면 『공동체의 응답』은 시민과 공동체 활동가들의 목소리들을 기록하고 확산시키는 것을 선호함으로써 자기 진리를 권력에 말하는 것에는 흥미를 잃은 것처럼 보인다.

하지만 더 큰, 혹은 공동체주의자의 목소리가 더 높아질 법한 목적은 살아남는다. 그것은 정치철학자, 사회학자, 정치학자, 변호사, 공공적·사회적 정책전문가, 의료행위자, 상담원 등 다양하지만 결속력 있는 『공동체의 응답』의 단골논객들이 쓰는 기고문들로부터 어떤 응집성을 일구어내는 것이다.

권리에 관해 생각하는 방식, 공적인 것과 사적인 것의 분리, 중립성의 쇠퇴, 의료윤리의 문제, 평등과 차이, 인권의 보편성 등과 같은 몇몇 고전적인 철학적 주제들과 그와 유사한 사회학적 문제들(즉 복지국가는 자신의 정당성과 효율성을 허물지 않고도 보편적 인권을 확립할 수 있는가? 자발적인 결사체들은 끝내 쇠퇴하고 말 것인가? 미국에서 역동적 민족성은 어떻게 이론적으로 확립될까? 미국과 캐나다의 법문화와 정치문화들은 공동체에 대한 개인의 관계에 관점에서 어떤 차이가 있을까? 등)이 이 잡지에서 취급된다. 역으로 때때로 철학자들이 사회과학적이면서 정책적인 쟁점들을 다루기도 한다. 그래서 현대성 이론을 다루는 찰스 테일리, 양(兩)부모 가정을 옹호하는 윌리엄 갤스턴, 공동체주의적 자유주의를 옹호하고 정의에 관해 이론화하는 필립 셀즈닉을 기고자로 둔다.

변호사들은 수정헌법 제1조와 제4조, 즉 소유권, 복지를 누릴 권리, 무주택자의 권리, 가족법의 규제철폐 등 『공동체의 응답』과 관련된 공동체의 역할과 같은 문제들 및 법윤리의 쟁점들을 서술하고 검토한다. 하지만 가장 넓은 의미에서 『공동체의 응답』이 최근 7년간 발간한 내용들의 주요 골자는 "무엇이 괜찮은 도시 공원을 조성하는가?"에서부터 "기업 연합들이 공동체의 참된 건설자일 수 있는가?" "책임 소재를 보다 명확하게 하기: 연방/지역간 새로운 노동분업과 자원분배"에 이르는 정책적 쟁점들에 맞춰져 있다.

이 모든 것과 나란히 『공동체의 응답』은 서평, 지속적인 논평(너무 적대적이지는 않은 비(非)공동체주의자의 글도 간간이 실린다), '공동체의 동향'을 살펴보기 위한 사회학적 자료, 지구 곳곳의 단신 뉴스들을 다루는 '만화경', '자유지상주의자'나 '권위주의자'가 공동체주의 도덕과 대립점에 서 있음을 강조하는 선별된 뉴스 기사 등을 제시한다.

더 크고 더 높은 목적은 어느 정도까지 성취되었을까? 『공동체의 응답』은 에치오니가 말하는 "대지를 가로지르는 도덕적 목소리들"을 화합이나 조화나 아니면 적어도 이해할 만한 불협화음 정도로 끌고 가는 데 도움이 되어왔을까? 우리는 공동체주의자들이 표방하는 바에 대해 얼마만큼이나 분명한 대답을 얻고 있을까?

우리는 『공동체의 응답』이 반대하는 것이 무엇인지는 알게 되었다. 즉 자유지상주의와 권위주의에 대한 반대가 그것이다. 그렇다면 (자유주의가 자유주의자가 아닌 사람들에게도 매우 중요하다는 것을 근거로 삼는다면) 공동체주의는 자유주의에 대한 하나의 해석일까? 초기의 쟁점들에서 토머스 스프라겐스는 다음과 같이 주장하면서 "자유지상주의의 한계들"이라는 두 부분의 비판을 제시했다. 즉 "최선의 자유주의는 결코 자유지상주의자들이 선전하는 식의 단순소박한 개인주의의 먹이로 전락하지 않았다." 이 주제는 셀즈닉이 발전시켰지만 에치오니는 "공동체주의자들은 근본적으로 상이한 패러다임을 확립했다"고 주장함으로써 이것을 쟁점으로 삼았다. (예를 들어 불쌍한 롤스 교수는 에치오니가 이상하게도 롤스의 자유지상주의적 입장이라고 부른 것을 포기하지 않을 때에만 이 주장에 경의를 표할 수 있다.) 에치오니는 "청교도주의 없는 도덕적 재(再)각성"을 예언한다. 그는 이 책과 자신의 저서들에서 새로운 관념의 예언자처럼 기술한다. 어쩌면 그러한 (세속적) 신념이 잡지를 운영하고, 네트워크를 조직하고, 미국 대통령과 (흔히 얘기되는 것처럼) 영국 총리의 귀를 사로잡고, 사회운동을 고취시키는 데 필요한 에너지를 제공할지도 모른다.

그러나 『공동체의 응답』의 지면에서 모아진 증거를 보건대, 공동체주의는 새로운 관념이 아니며, 심지어는 오랜 관념의 새로운 변종도 아니다. 위에서 인용된 글렌든 교수의 진술은 이러한 사실을 올바르게 이해한다. 공동체주의는 시장경제를 신봉하는 자유민주주의 체제의 가망 없는 조건들에서 어떻게 연대의 동기와 행동을 산출할 것인가라는 오래되고 일반적인 자유주의의 딜레마에 답하려는 또 한번의 노력일 뿐이다. 공동체주의는 인종분열, 대량이주, 경제의 전지구화, 문화적 자본의 침식, 사회민주주의는 그만 두고라도 일체의 사회주의적 전통의 부재 등이 더욱 급성으로 악화시키고 있는 오늘날 미합중국의 딜레마와 대면하려는 정력적 시도들의 범위를 가리키는 집합적 명칭이다.

이 때문에 1991년 매킨타이어가 자신은 공동체주의자가 아니며, 결코 공동체주의자였던 적도 없었다고 해명한 것은 전적으로 옳았다. 그는 "근본적인 도덕적 갈등"이 너무 광범위하고 또 정치적으로 무력해서 공동체는 오로지 "특정 제도들의 수준에서만" 건설될 수 있다고 믿는다. 공동체주의자들은 공동체가 사회 전역에 걸쳐 존재한다는 희망에 매달리는 반면(에치오니는 그것을 '공동체들의 공동체'라고 부른다), 정확하게 '공동체'가 어디에 위치해 있는가에 대한 모호함은 의도적으로 건드리지 않으며, 또 자원과 의무를 두고 경쟁하는 공동체들 간의 갈등에 관해 대면이나 대답을 회피한다.

『공동체의 응답』은 정치적 공동체주의자들이 실제로는 (의사표현의 자유를 보호하고, 간섭적인 복지 정책들 및 정체성 정치의 월권들에 저항하는 등) 자유주의적 자유를 지키려 한다는 점에서 자유주의자임을 분명하게 한다. 공동체주의자와 자유주의자는 적어도 다양한 관심사의 대상에서 일치하며, 또 자유지상주의와 권위주의의 해결책들을 거부한다는 점에서도 일치한다. 하지만 현실적으로 그 대상이 우파나 좌파도, 자유주의나 보수주의도 아닌 관점에 따라 이론적으로나 실천적으로나 적절하게 다뤄질 수 있다고 가정하는 것이 의미있는 일일까?『공동체의 응답』의 지면들에서 상세히 설명되었듯이 나는 그러한 가정이 세 가지 상호 연결된 결론을 갖는다고 믿는다.

첫째, 그러한 가정은 다뤄질 주제를 과감하게 한정한다. 그때 빠지게 되는 것 중 중요한 것은 경제다. 시장에서 상품교환의 도덕적·문화적 귀결들은 아주 적게 다뤄지며, 경제적 불평등으로 인한 결과들은 사실상 거의 다뤄지지 않는다. 이런 결격점은 『공동체의 응답』 자체에서 찰스 더버가 1996~1997년에 걸쳐 세밀하게 다뤘다.[9] 공동체주의자들은 고용을 심각하게 파괴하고, 노동자와 회사의 유대뿐 아니라 노동자들 간의 결속도 깨뜨리는 "기업들의 네트워크와 불확실한 노동 시장"에 대해서는 침묵해왔다. 또한 그들은 공동체, 육아, 가족적 가치들을 난폭하게 파괴하는 (특히 밑바닥 제3노동력의) 고용 저하와 임금 하락에 대해서도 침묵했다. 요약하면, 공동체주의자들은 우리들 공동체의 파괴라는 구조적 측면에는 초점을 두지 않았다.

둘째, 이와 같은 입장 설정은 정치나 사회를 망라해서 그러한 공동체의 파괴를 설명하려고 시도하는 공동체주의자들을 다음과 같은 결론에 이르게 한다. 즉 그러한 입장 설정은 좌파를 우파와 엄밀하게 구분하려는 시도를 회피하게 하며, 문화와 '가치들' 대신에 기껏해야 연대를 가로막는 법적 · 제도적 장벽들로 초점을 옮겨놓는다. 개인들을 저항하게 만들며 또 종종 도덕적 재각성과 상호관심에의 요청을 사라지게 하는 권력과 부속물의 관계를 폭로하려던 관심은 체계적으로 회피된다.

좌파라는 개념의 정의상 구조적 불평등과 권력관계는 정치적 행동을 통한 교정이 필요한 반면, 우파에게 그것들은 바람직한 것으로 옹호되거나 아니면 다른 목적을 위한 불가피한 지불 비용으로 치부될 필요가 있다. 하지만 공동체주의자들은 그러한 불평등과 권력관계를 철저히 무시하는 것처럼 보인다. 왜냐하면 그것들에 주의하는 것은 자신들의 관점에 (즉 '우리의 전통 속에') 내재해 있으며 또 (실현이) 절박하다고 전제하는 바로 그 도덕적 합의를 잠식할 우려가 있기 때문이다. 따라서 공동체주의자들이 전형적인 쟁점으로 다루는 용어들 속에서 사회적 행위자는 이해관계와 가치들의 충돌로 인해 제어되지 않는 상태로 분리되어 있기보다는 도덕적 설득에 잠재적으로 개방되어 있다고 낙관적으로 전제된다.

이런 점에서 에치오니는 여러 기고자들이 다양한 형태로 표현한 바를 극단적이거나 순수한 형태로 예시한다. 즉 그의 믿음은 '다원적 공동체'의 다양한 가치들 모두는 너무 과도한 긴장관계 없이도 실현될 수 있으며, 부의 창출, 사회적 연대, 개인의 자유 그리고 상이한 모든 종류의 '공동체들'이 추구하는 다양한 목적 등은 한꺼번에 최대한의 조화를 이룰 수 있다는 것이다. 낙관주의를 이처럼 최대화하는 것과는 반대로 독자들은, 이사야 벌린 경의 글은 말할 것도 없고, 『공동체의 응답』 1995년 여름호에 대안적 체제 하에서 이루어지는 고통스런 거래와 그 희생에 대한 예행연습을 다룬 랄프 다렌도르프의 말을 경청해야 한다.

이것은 우리로 하여금 공동체주의의 결연한 비당파성, 즉 그들 '논조'의 세번째이자 마지막 측면에 이르게 한다. 그들의 목소리는 자유주의적이고, 낙관적이며, 화해적이고, 보편적이며, 그리고 무엇보다도 진지하다. 실제로 『공동체의 응답』을 읽는 것은 진지한 작업이며, 내가 강조하려했던 것처럼, 기고자들은 매우 진지한 쟁점들을 다루려고 애쓴다. 그러나 진지하고자 하는 데에는 다양한 방식들이 있게 마련인데 (정치적으로 올바른 사유에 대한 내트 헨토프의 논평과 같은 소수의 관점을 예외로 한다면) 공동체주의적 방식은 성실하며 고상한 축에 속한다. 하지만 그러한 고지식한 고상함은 우울해질 수도 있다. 그렇다면 공동체주의적 역설 혹은 풍자라는 생각은 자기모순적인가?

두꺼운 합의라는 수사적 표현

베버에 따르면, 가치는 반드시 충돌하며 우리를 항상 분리시킬 것이다. 왜냐하면 "삶을 지향하는 가능한 최종적 태도들은 서로 화해할 수 없고", "개인은 어떤 것이 자기를 위한 신이고 악마인지를 결정해야" 하기 때문이다. 뒤르켕에 따르면, 가치들은 일치할 수 있으며, 결국 우리를 통일시킬 것이다. 우리의 근대적 병리학 안에는, 즉 아노미로 찢겨진 사회 내부에는 우리의 공적이고 사적인 질병을 치료할 사회적 도덕성이 잠복해 있다. 벨라 교수와 그의 동료들은 이런 점에서 최후의 뒤르켕주의자들이다. 그들은 또한 토크빌주의자들처럼 주장한다. 그러나 또한 그들의 '마음의 습관' 10) 및 이처럼 그 초점이 제도에 맞춰진 뒤의 귀착점은, 보다 분명하게 미국의 '공식 철학' 의 전통을 사례로 든 것이다. (그들이 가장 자주 인용하는 저자들은 존 듀이, 라인홀트 니버 그리고 월터 리프먼 등이다.) 그들은 다음과 같이 믿고 있다. 즉, "우리의 문제는 새로운 도덕적 반성 형식 속에서, 그리고 그 문제를 구현하는 실천 속에서 해결될 것이다. 말하자면 제도에서의 변화들로 (…) 해결될 것이다." 그리고 "우리의 도덕적이며 정치적인 근본 문제들은 공적 토론과 민주적 의사결정 방식으로만 해결될 수 있다." 그들은 자신들의 글이 "교육받는 보통 사람"이 접근할 수 있는 방식으로 씌어졌다고 말한다. 그것은 전도사인 양 하는 사회학자처럼 고상하고, 훈계적이며, 어떤 때는 도덕적이며, 또 어떤 경우는 광신적이기까지 하다. 그들이 제시하는 것은 "'함께 살기' 라는 일치하는 삶의 유형"에 대한 사회적 진단과 미래에의 약속이다.

그들이 제시하는 진단의 주된 노선은 충분히 명백하다. 마음의 습관에 따라 그들은 미국인들이 "더 이상 말이 필요 없는 제도적 세계에서 로크적 개인주의의 언어에 따라 살려고 애쓰고 있다"는 것을 논의 주제로 삼는다. 이것이 "문화, 공동체, 역사는 긴 안목에서 보면 별 문제가 없다고 가정하는 문화적 전통"으로, 그 전통은 다음과 같은 '경제주의적 사고방식'을 선호한다. "(경제주의적 사고방식은) 선과 이해관계가 문화적으로 구성되고 또 역사적으로 변화무쌍하다는 진실을 차단하며, 사회의 제도적 삶 속에서 구현된 어떠한 공동선 관념도 환상적인 것이라고 배제한다." 그와 같이 "과도하게 추상적"이며 "도덕적으로 빈약한" 개인주의는 인간존재를 "자기이익의 최대치를 추구하는 원자화된 존재"로 묘사하며, "우리의 새로운 상호의존성 차원과는 맞지 않다." 그러한 개인주의는 "사람들이 무엇을 원하는지는 그 사람들 자체의 제도적 경험에 따라 정해진다"는 사실에 맹목적이다.

이러한 입장은 오늘날 사회과학 내부에서 수세적인 위치에 설 수밖에 없으며, 강력한 이론적 대안들과 마주칠 때는 강도 높은 논증을 필요로 한다. 가령 제임스 콜맨에 대해 "그에게는 사회적으로 공유되고 규범집행력을 가진 것으로 생각되는 제도들이 어떻게 장기간의 공동의 이해관계와 충돌하는 단기적 사적 이해에 따라 움직이는 개인들에 의해 창출되는가 하는 것이 문제가 되지만, 우리에게 이러한 갈등은 우리가 살고 있는 제도들의 본성에 의해 만들어진 것이다"라고 말하는 것은 콜맨을 반박하는 것이 될 수 없다. 벨라 교수와 그의 동료들은 이러한 쟁점에 관한 논증을 제출하기는커녕 그런 쟁점들을 구성하는 데 섞어 들어간 '로크적 개인주의'를 편협하고 왜곡된 이데올로기로 취급하고 만다. 이런 기질에 잠겨 그들은 다른 어떤 점보다도 삶의 가치에 적용된 비용편익분석을 비난하는 데 큰 흥미를 갖고 있다. 그들이, 합리적인 사회적 선택과 관련된 '선호', '집단' 그리고 '상쇄교환'이라는 언어들이 지적된 바와 같이 이데올로기적이라고 생각하는 것은 확실히 옳다. 그리고 그들은 "인간 생명에는 가격을 매길 수 없다는 이론은 어떠한가" 하는 어떤 환경보호국 경제학자의 물음에 "우리는 그 점을 입증할 어떤 데이터도 갖고 있지 않다"고 대답할 때처럼 부적절함이 두드러지는 사안에 대해 다양한 이야깃거리를 제공한다.

이러한 진단에는 다른 두 가지 주제가 밀접하게 연결되어 있다. 한 주제는 "우리의 제도는 부패되어버렸다. 부당하게도 수단이 목적으로 바뀌어버렸다"는 것이다. 그리고 다른 주제는 "경제적 제도들이 (정치, 종교, 가족 등) 다른 제도들을 침범함으로써 원래 그 제도들이 하려고 의도했던 일들을 하기 어렵게 만든다." (이것은 참으로 이상한 목적론적 정식화, 아니면 신학적 정식화가 아닐까?) 가족생활은 분란에 휩싸이고 황폐해졌으며 개인적 만족을 위한 도구가 되었다. 시장은 "폭군"이 되어 왔고, "책무감 있는 민주적 시민의식"이 요구되는 기업들이 그러는 것처럼, 공동선에 대한 고려 같은 것에서 완전히 면역된 상태이며, 노동을 변형시키는 첨단기술이 많은 호기를 제공함에도 불구하고 수많은 노동이 무의미하게 되고 있다. 조절기능을 발휘할 것으로 기대되는 국가는 "과도기적이고 검토되지 않은 열망들이 제대로 논쟁도 거치지 않은 획일적 국민투표"에 좌우되며, 정당은 "수요자 정치"를 구현하는 이익결탁체에 불과하고, 법은 권리의 요구와 강화에 국한되어 선택지의 상호의존성을 검토할 수 있는 능력도 없이 공적 논쟁을 위한 제한된 광장만 제공한다. 교육은 기술적 지식의 인지패러다임에게 지배되어 "삶의 능력을 공급하는" 통합적 역할을 상실했다. "서구의 종교적·철학적·문학적 유산들에 의거한 좋은 삶과 좋은 사회에 대한 윤리적 성찰"은 "더 이상 고등교육의 핵심이 아니다." 교회들은 "도덕적 비전과 사회적 사명감"을 상실했다. 그리고 국제 영역에서 미국은 군사적·경제적 우선권이 더 이상 보장되지 않는 새로운 "전지구적 곤경"과 마주하면서 새로운 국제기구를 포함해 새로운 "전지구적 뉴딜정책"을 주조할 필요성이 있게 되었다.

그 저자들이 인정하듯이 그러한 진단은 다른 누구보다도 위르겐 하버마스나 R. H. 토니에게서 영감을 얻은 것이다. 그러나 다음과 같은 문제가 생겨난다. 즉 '그 진단의 규범적 토대는 무엇인가? 이렇게 일일이 호명한 나쁜 것들과 대조되는, 그 잠재되어 있다는 "공생의 정합적 패턴"이란 무엇인가? 우리는 다음과 같은 몇 가지 시사적인 이분법을 제공받는다. 즉 '사적 취득' 대 '인류적 총체성', '도구적 이성' 대 '의사소통적 이성', '수요자의 정치' 대 '공민의 정치', '혼란스러움' 대 '신중함', '착취' 대 '양육', '자기이익을 추구하는 편협한 개인주의' 대 '생성적인 상호의존성의 보편적 철학' 등이다. 하지만 뒤쪽에 놓인 듣기 좋은 용어들은 정확히 무엇을 가리키는가? 현재 시점에 잠재해 있다는 그 '좋은 사회'를 특징짓는 것은 무엇인가? 물론 좋은 사회는 민주적일 것이다. 이때 민주주의는 "사람들이 중요한 무엇인가에 능동적으로 참여하는 정치체제"를 일컫는다. 좋은 사회는 "보다 깊은 도덕적 합의" "더 큰 도덕적 의미" "보다 풍부한 공적 삶" "공적 행복과 사적 행복에 대한 보다 깊은 이해"를 보여줄 것이다. 즉 좋은 사회는 "실질적 의미의 선택권을 제시할 자격 형식들과 공동체를 유지할 것"이다. 좋은 사회는 "당면 상황의 더 큰 의미"에 관심을 두고, "공동선을 모색"하는 데 헌신하는 "능동적 시민의식을 소생"시킬 것이다. 그것은 "정착과 양육이라는 삶의 유형"으로 나타날 것이다. 좋은 사회의 제도는 "상호부조와 공민적 책임성" 그리고 "선의지라는 실천덕목"을 장려할 것이다. 좋은 사회는 "공동선에 관해 사유하고 아담 스미스의 불편부당한 관객이라는 관점을 취하는 것이 가능한 논변 공동체인 것이다.

하지만 서로 공명하는 이 모든 구절들은 민주주의 사회에서 실행 가능한 합의를 보는 데는 한계가 있다는 어려운 문제를 회피하고 있다. 민주 시민들이 동의하길 기대해야만 하는 것은 무엇일까? 현재의 상황이 잘 보여주듯, '우리'는 이미 '무엇이 중요한가'에 관한 것뿐만 아니라, '깊이'와 '풍부함'을 가지려면 어디까지 가야 하는가에 관해서도 서로 다른 견해를 갖고 있다. 우리는 확실히 "어떤 사물이 더 큰 의미를 가졌다"든지 "공동선이 무엇이다"라는 데 동의하지 않는다. (아담 스미스의 불편부당한 관객과는 달리) 롤스의 '무지의 장막'은 다른 무엇보다도 바로 그런 차이들을 추상화시키려는 의도를 갖고 있었다. 민주주의는 그런 차이들을 극복할 수 있을까? 벨라 교수와 그의 동료들은 "도덕적 비동의(非同意)의 기저에 놓인 문화적 정합성"에 관해 말한다. 아마도 미국은 이 점에선 여러모로 예외적일 것이다. 그러나 나는 베버처럼 궁극적인 도덕적 불일치들이란 대체로 서로 화해할 수 없으며, 또 롤스와 마찬가지로, '좋은 사회'에서의 '중첩된 합의'는 그러한 불일치들을 당연시하고, 그 때문에 '중첩된 합의'는 이 책의† 수사학이 함축하는 것보다 더 얇으면서도 덜 실체적인 것이라야 한다고 생각하는 쪽으로 기운다.

---

† 여기에서 말하는 "이 책"이란 벨라의 *The Good Society*를 가리키는데, 벨라의 논점을 롤스와 대비시키면서 비판하고 있는 구절이다.

1) 이 잡지는 1990년에 창간된 계간지다.

2) 위의 잡지, 1994, 4, 2.

3) 위의 잡지, 40쪽.

4) 위의 잡지, 42쪽.

5) 위의 잡지.

6) 위의 잡지, 3, 1, 4쪽.

7) 위의 잡지, 4, 2, 78쪽.

8) 위의 잡지, 1995, 5, 3쪽.

9) 위의 책, 1996~97, 7, 1, 90~93쪽.

10) R. N. Bellah et al, *The Good Society* (New York: Arnold A. Knopf, 1991).

12

인권에 관한 다섯 우화

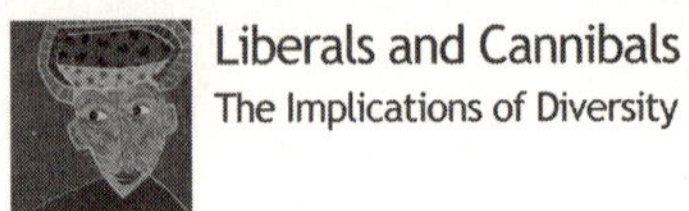

이 장에서 나는 우리 시대를 지배하는 다섯 가지 신조 또는 견해에 입각해 인권이라는 주제를 논하자고 제안한다. 나는 이들 사고태도에 대해 '공정하자고' 제안하지는 않는다. 오히려 나는 이 견해들을 베버식의 '이상형' 이나 희화의 형태로 다룰 것이다. 희화란, 그것이 성공적이라면, 재현 대상에서 본질적인 것을 과장하거나 단순화시켜 재현하는 것을 말한다.

인권이 수호되어야 한다는 원칙은 우리 시대의 상투어 중 하나가 되었다. 하지만 때때로 인권의 보편성은 도전받아왔다. 역사적 인권 선언은 유럽 중심적이라고 얘기되거나 다른 문화들과 다른 상황에서는 부적절하든지 아니면 부분적으로만 적절하다고 얘기되었다.[1] 그래서 대안적이거나 혹은 부분적으로 대안적인 인권 조항들이 제출되었다. 때로는 역사적인 인권 조항들이 너무 간략하게 씌어졌다고 얘기되거나 2세대에서 3,4세대 뒤에나 해당하는 너무 먼 인권이 제출되었다고 얘기된다.[2] 때때로 인권에 대한 호소나 그것을 표현한 말이 도움이 되지 않는다고 얘기되거나 혹은 특정한 사회운동들이나 투쟁들에는 역효과를 낸다는 얘기까지 있었다. 예컨대 여성의 조건이나 지위를 향상시키려는 운동들[3] 및 제3세계의 개발을 촉진시키려는 운동들에서[4] 그렇다는 것이다. 그러나 실질적으로는 어느 누구도 인권을 수호하자는 원칙을 정말 '거부하지는' 않는다.

그래서 어떤 의미에서 인권은 실질적으로 어디에서나 받아들여진다. 또 비록 다른 곳보다는 어떤 몇몇 장소에서 더 많이 침해되긴 하지만 인권은 어디에서나 침해되는 것이기도 하다. 그래서 절박한 사람은 국제 사절단이나 헬싱키 감시단† 같은 기구들을 필요로 한다. 그러나 실질적으로 인권의 보편적 수용은, 심지어 그것이 위선적일지라도, 매우 중요하다. 왜냐하면 바로 이 인권의 보편적 수용이야말로 다른 식으로는 그 지위를 약속받지 못하는 그런 기구들에게 정치적 수단을 제공하기 때문이다.

여기에서 나는 다음과 같이 물음으로써 그러한 인권 수용의 중요성에 초점을 맞추고자 한다. 즉 인권 수호의 원칙을 받아들이는 것을 부정하는 사유방식은 무엇이며, 그 원칙이 수반하는 사고방식은 무엇인가? 또 나는 다음과 같이 물음으로써 두 가지 단계를 나아가고자 한다. 첫째, 그 원칙을 수용하지 '않으면' 무엇이 나아지는가? 둘째 그것을 진지하게 다루면 무엇이 나아지는가?

그렇다면 먼저 다음과 같이 물어보자. 인권 원칙이 없는 세계는 무슨 세계처럼 보일까? 나는 당신을 내가 진행하는 일종의 사고실험에 초대하고 싶다. 그런 원칙이 알려지지 않은 일련의 가정된 장소들을 상상해보자. 그 장소들은 유토피아나 디스토피아가 아니다. 다만 그 곳들은 다른 점에서는 매력적이지만, 우리가 그 두드러진 성격을 더 잘 이해하기를 희망하는 이 특수한 면모만 결여하고 있을 따름이다.

---

† 헬싱키 감시단은 1975년 헬싱키 정상회의 개최결과 창설된 유럽안보협력회의(CSCE)의 유럽국가간 안보협력 활동을 통칭한다. 주로 옛 유고 지역과 트리키잔, 몰도바, 에스토니아 등지를 활동영역으로, 선거 및 인권 상황 감시, 소수민족보호, 신뢰구축, 분쟁예방 및 중재 등을 수행한다. 우리나라를 포함한 일본, 태국, 이스라엘 등을 동반국으로 하며 유럽의 총 55개국이 이 기구에 속해 있다.

하나, 유틸리타리아

　첫째, 유틸리타리아(공리주의 나라)라고 불리는 사회를 상상해보자. 공리주의자들은 강한 의미의 집단적 목적을 드러내는 공적 영혼을 가진 사람들이다. 즉 다른 모든 것보다 우선시되는 그들의 단 하나의 유일한 목표는 그들 모두의 효용성(效用性) 전체를 최대화하는 것이다. 이 목표는 전통적으로는 (전 국민적 모토로서) '최대다수의 최대행복'을 의미했지만, 보다 최근에는 '효용성'이란 무엇인가가 문제시되고 있다. 어떤 사람은 효용성이 소득, 의료시설에의 접근성, 사는 집 등의 객관적 지표들로 측정되는 '복지'와 같은 것이라고 말한다. 어떤 이들은 보다 신비적인 마음의 경향인 것처럼 효용성을 일종의 정신적 만족감으로, 즉 모든 사람이 지향하는 규정할 수 없는 주관적인 상태로 간주한다. 다른 이들은 효용성이 어떤 사람에게 나타난 욕구가 무엇이든 그에 대한 만족감일 뿐이라고 말한다. 다른 이들은 효용성이 사람이라면 누구나 마땅히 갖고 있는 욕구들 혹은 그것이 충분히 알려졌고 감지될 수 있다면 가지게 될 욕구들의 만족감이라고 말한다. 그러나 또 비관적 기질을 가진 이들은 효용성이란 고통의 회피에 불과하다고 말한다. 즉 그들에게 '최대한의 행복'은 '최소한의 불행'을 의미할 뿐이다. 공리주의자들은 높은 문화 수준에서 효용성을 이해하는 것을 내키지 않아하는 속물적인 사람들과는 구분된다. 또한 비록 삶에서 상상력을 보다 더 발휘하는 측면을 포함시킴으로써 '효용성'의 관념을 풍부하게 하려는 소수의 전통이 있긴 하지만, "제도용 핀은 시 구절보다 좋다"는 격언의 인용을 결코 싫증내지 않는 사람들이다. 그러나 이 모든 차이점들에도 불구하고 모든 공리주의자들은 한 가지 원칙, 즉 "값어치 있는 것은 계산될 수 있는 것이다"(what counts is what can be counted)라는 원칙에는 동의하는 것처럼 보인다. 모든 공리주의자들이 소중히 여기는 소지품은 휴대용 계산기다. '무엇을 할 것인가? 라는 질문에 직면했을 때, 그(녀)는 항상 그 질문을 '어떤 선택이 효용성의 총합을 가장 크게 산출할까? 로 바꾼다. 계산은 전국민적 강박관념이다.

기술자, 관료 그리고 판사들은 유틸리타리아에서 가장 힘 있는 사람들이며, 또 가장 많은 존경을 받는 사람들이다. 그들은 특히 매일같이 갱신되는 최첨단 컴퓨터를 사용하는 계산의 달인들이다. 여기에 권력을 다투는 두 개의 정당, 즉 행위당과 규칙당이 있다. 그 둘을 구분짓는 것은 행위당(행위자들)이라면 모든 사람들이 가능한 모든 상황에서 그 달인들의 계산기를 사용할 것을 권장하는 반면, 규칙당(규칙적용자들)은 보통 사람들이 매일의 삶에서 그 계산기를 사용하는 것을 단념시키려 한다는 점이다. 규칙공리주의자들에 따르면 사람들은 기술자, 관료, 판사들이 갖고 있는 최상의 계산방법들로 고안되고 또 그 방법들로 해석된 관습이나 실용적 방법들에 따라 살아야만 한다.

유틸리타리아에서의 삶은 위험요소를 갖고 있다. 또 다른 전국민적 속담은 "백성의 이익이 최고의 법률이다"(Utilitas populi suprema lex est)라는 것이다. 문제는 바로 어느 누구도 모두의 최대 이익을 위해 그(녀)에게 어떤 희생이 요청될 것인가를 미리 확실하게 알 수 없다는 점이다. 규칙당의 대충대충규칙은† 어떤 점에선 방지책이다. 왜냐하면 그 규칙들은 사

---

† 대충대충규칙(rules of thumb): 엄지손가락으로 재듯이 편한 대로 쉽게 넘어가는 것이 용인되는 것인데 그 결과에 대해서는 무자각적이든가, 자의적이든가, 편의적인 태도를 취하게 된다. 이 글의 맥락에서는 자의성에 의한 권력의 횡포를 뜻한다.

람들로 하여금 서로 하는 일을 억제시키는 경향이 있기 때문이다. 하지만 물론 그 규칙들은 어떤 기술자나 관료 혹은 판사가 그것들을 넘어서는 계산을 한다면 언제나 넘어설 수는 있다. 유틸리타리아 사회의 모든 구성원들은 19세기 전환기 때 멸시받던 소수자 집단 출신의 한 대위가 반역죄로 기소되어 적군에게 기밀문서를 넘긴 일로 유죄 판결을 받은 유명한 사건을 기억한다.[†] 그 대위는 무고했지만 판사들과 군 수뇌부 모두는 '백성의 이익' 이라는 교조가 통해야 한다는 데 동의했다. 몇몇 지식인들이 그것을 문제 삼으려 시도했지만, 결국 아무런 성과도 남기지 못했다. 그리고 최근에는 이웃 섬에서 온 광신적 테러리스트들이 유틸리타리아에 여러 가지 말썽을 일으켰는데 바로 이때 여섯 사람이 폭탄을 하나 터트린 혐의로 유죄 선고를 받았다. 이 여섯 명은 결백하다는 것이 판명되었지만, '백성의 이익' 이 우선시되어 그들은 현재 '감옥' 에 머무는 중이다.

이런 위험요소들이 아웃사이더에게는 고통을 안기지만 공리주의자들은 그것을 참아낸다. 왜냐하면 그들의 공적 정신자세는 아주 고도로 발달해서 계산 결과 희생이 필요하다고 나타나면 이들은 스스로를, 그리고 진짜로 서로를 희생시킬 태세가 되어 있기 때문이다.

둘, 커뮤니타리아

이제 매우 다른 종류의 나라, 즉 커뮤니타리아(공동체주의 나라)라는 나라를 방문해보자. 공동체주의자들은 적어도 서로에 대해서는 공리주의

[†] 19세기 말 프랑스에서 있었던 드레퓌스 사건을 가리킨다.

자들보다 훨씬 더 친근한 사람들이다. 하지만 공동체주의자들은 공리주의자들이 매우 높은 수준의 공적 영혼과 집단적 목적을 갖고 있다는 점에서는 그들을 좋아한다. 현실적으로 '친근함' 이라는 말로 그들이 서로 관계 맺는 방식을 묘사하기에는 너무 피상적이다. 그들의 상호 유대가 그들의 존재 그 자체를 구성하기 때문이다. 공동체주의자들은 다른 사람들에게 방해도 받지 않으면서 떨어져 사는 그들 자신을 상상할 수 없다. 즉 그들은 그런 끔찍한 생각을 '원자론' 이라고 부르며, 그 생각 때문에 생기는 공포를 거부한다. 그들 말에 따르면, 그들의 자아들은 '어디엔가 뿌리박혀'(embedded) 있거나 '어떤 상황에 놓여'(situated) 있다. 그들은 서로의 정체를 확인하고 그렇게 정체를 확인해주면서 자신들 스스로의 정체성을 확인한다. 실로 공동체주의자들의 전국민적 강박관념은 '정체성' 이라고 말할 수 있을 것이다.

커뮤니타리아는 여러 차례 농경사회적 비유로 제시된 것처럼 매우 '정에 넘치는'(gemütlich) 장소로 언급되었다. 그러한 비유로 공동체주의자들은 '토양' 을 들었다. 그들은 자신들의 '뿌리' 를 경작했으며, 서로에 대해 진정한 '유기적' 연관성을 느낀다. 공동체주의자들은 공리주의자들의 계산적인 삶의 방식을 특히 경멸하며, 그 대신 "공유된 이해들"에 의존하면서 자신들 서로의 정체성을 확인하고 또 확인받는 천천히 진화하는 전통과 관습에 따라 살고 있다.

그 뒤로 커뮤니타리아는 엄청난 변화를 겪었다. 이주의 물결, 사회운동들, 현대적 의사소통 방식 등은 낡은 '정겨운' 방식을 동요시켰으며, 훨씬 더 이질적이고 '다원적인' 사회를 창출했다. 새로운 공동체주의는 진정한 '공동체들의 공동체' 이다. 그것은 마치 토대가 되는 공동체들을 누더기처럼 오려붙인 형세를 띠는데, 각 공동체는 각기 나름의 독특한 생활 방식이 가진 독특한 가치에 대한 인정을 요구한다. 새로운 공동체주의자들은 '다문화주의'를 믿으며, 그 나라의 제도들 안에 있는 주도면밀한 공정성을 갖고 각 하위공동체의 정체성을 인정하는 '인정의 정치'라는 것을 실행한다. 불이익을 받고 있거나 소멸 위기에 있는 공동체들을 격려하기 위해 긍정적 차별이라는 것이 사용되기도 한다. 즉, 대의기관이나 전문직에서 모든 공동체가 공정하게 대변되기 위해 할당제를 보장해주는 것이다. 초·중·고등학교와 대학들은 저 공동체 문화들의 가치를 정확히 평등하게 반영하는 교육과정을 가르치며, (정에 넘치던 그 옛날의 공동체는 그렇지 않았지만) 어떤 공동체도 다른 공동체보다 우위에 서는 것이 허용되지 않는다.

새로운 공동체주의자들은 자신들의 하위공동체들에서 '집에 있는 것 같은 편안함'을 느끼지만, 자신들이 서로가 속한 하위공동체의 정체성을 인정하는 그런 공동체주의자들이라는 점에 보다 큰 자부심을 갖는다. 그러나 여기에는 몇 가지 문제가 있다. 하나는 '포함-배제의 문제'이다. 즉 전체의 틀 속에 포함되는 하위공동체와 그렇지 않은 하위공동체를 어떻게 결정할 것인가? 어떤 집단들은 그들을 인정하는 하위공동체들 속에 그들이 인정하지 않는 공동체들이 포함되는 것에 화를 낸다. 다른 이들은 자기들을 하위공동체라고 자처하지만 다른 이들은 그렇게 인정하기 않기 때문에 화를 낸다. 예를 들어 최근 한 하위공동체가 주민 대다수를 형성하고 그 공동체의 상업 및 무역을 대부분 주도하고 있는 커뮤니타리아의 한 지방에서는 그 공동체 구성원들 및 전체 이주민들 모두에 대해 나머지 지역의 지배적 언어를 가르치는 학교에 등교하는 것을 금지시키는 법안을 통과시켰다. 특히 이주민들 중 어느 누구도 유쾌한 사람은 없었다. 그와 관련된 문제가 '기득권 이해관계의 문제'이다. 즉 일단 구성원들의 공식 명단이 확정되면, 그 하위공동체들은 늘 있던 상태 그대로 머물려고 하며, 다른 이들을 들어오지 못하게 한다. 더욱이 그 명단에 들기 위해 당신은 토착민이거나 식민정책의 희생자여야만 하거나, 아니면 자신이 그런 사람이라고 주장해야만 한다. 그리고 이왕이면 둘 다에 해당해야 한다.

그 다음에는 '상대주의 문제'가 있다. 모든 토대 공동체들이 인정하는 신념들이나 관습들이 똑같이 타당하다고 간주하는 것이 커뮤니타리아의 의무이다. 아니 더 정확히 말해, 어떤 신념이나 관습도 다른 것보다 더 타당하거나 덜 타당하다고 간주되지 않는다. 그러나 상이한 하위공동체들은 양립 불가능한 신념들을 가지며, 어떤 공동체는 매우 불쾌한 관습들, 즉 자기 공동체의 구성원들을 포함한 집단들 및 개인들을 학대하고, 평가절하하고, 또 박해하는 관습들에 따라야 한다. 대표적으로 하위공동체주의의 정체성을 결정짓는 사람들은 남성들이어서 그 공동체의 여성들은 때때로 억압받고, 주변화되고, 몹시 학대받는다. 어떤 공동체는 자기 공동체 여성들에게 검은 두건으로 그들의 정체성을 숨기도록 요구한다. 어떤 공동체는 여성 할례를 실시한다. 불행하게도 커뮤니타리아의 공식적인 상대주의는 그러한 관습들이 계속해서 방해받지 않도록 허용해야만 한다. 근래 어떤 하위공동체 출신의 한 유명 작가는 다른 하위공동체의 신성한 종교 예언자이자 창시자의 삶을 일정 부분 풍자한 소설을 썼다.[†]

[†] 1989년 『악마의 시』에서 이슬람교의 창시자인 모하메드를 풍자한 루시디에게 이란의 호메이니가 살해명령을 내린 사건을 빗댄 것이다.

이 예언자를 숭상하는 하위공동체 출신의 성질 급한 사람들은 자신들의 신념이 모독당한 것에 몹시 흥분해서 문제를 일으킨 서적을 공개적으로 태워버렸다. 그러는 동안 광적이며 다혈질인 그 공동체 지도자는 고향 공동체 출신의 사람들에게 그 유명 작가를 죽이라는 명령을 내렸다. 세계 곳곳의 다른 하위공동체 출신 작가들은 그 유명 작가를 보호하기 위해 탄원서를 내고 성명서에 서명했다. 커뮤니타리아 정부는 풍자 소설을 쓰는 관습이 모독으로부터 어떤 신념을 보호하는 관습보다 더 타당한 것도 덜 타당한 것도 아니라고 선언함으로써 다루기 힘든 이 상황을 적당한 상대주의적 방식으로 처리했다.

그리고 마지막으로 '탈선자 문제' 가 있다. 모든 공동체주의자들이 하위공동체주의적 범주들에 꼭 들어맞는 것은 아니다. 완강하게 저항하는 개인들은 자기들의 정체성을 규정해주는 범주를 거부한다거나 자기들은 그 범주에 속하지 않는다고 자처하는 것으로 알려졌다. 어떤 이들은 정체성을 규정짓는 경계선을 가로지르거나 인정하기를 거부하고, 심지어 어떤 이들은 그런 경계선을 둔다는 생각 자체를 거부한다. 정체성 없는 자, 정체성 버린 자, 정체성을 넘어선 자, 그리고 정체성에 반대하는 자들이라면 커뮤니타리아에서 가장 행복한 사람이 되기란 틀린 일이다. 그런 사람들은 자신들이 '진정한 공동체주의자가 아닌 사람' 으로, 즉 '불충한 자' 로, 심지어는 '뿌리 없는 세계시민' 으로 간주되는 경향 때문에 불편스러움을 느낀다. 하지만 다행스러운 것은, 그런 이들이 몇 없으며 조직화되지 않았다는 점이다. 그들이 별도의 다른 하위공동체를 형성하는 일은 거의 있을 것 같지 않다.

셋, 프롤레타리아

이제 나는 당신을 이른바 프롤레타리아(공산주의 나라)라는 또 다른 장소로 안내할 것이다. 이곳이 그렇게 불리게 된 것은 향수를 불러일으키는 일인데, 그 사회를 만들긴 했지만 이미 오래전에 다른 모든 사회계급들과 더불어 같이 쇠멸해버린 바로 그 사회계급의 이름을 땄기 때문이다. 프롤레타리아에는 어떤 국가도 없다. 국가 또한 쇠멸했다. 실제로 그것은 어떤 특정 국가 하나가 아니라 전 세계를 포함한다. 인권과 그 밖의 권리들은 역사 이전 시대에는 존재했지만 이들 또한 소멸했다. 프롤레타리아 사람들은 자신들의 투쟁에서 때때로 전술적인 이유로 인권에 호소하곤 했지만, 인권은 '참된 인간적' 공산주의 사회 속에서는 이제 더 이상 필요하지 않다.

프롤레타리아인들은 매우 다양하고 충족된 삶을 산다. 그들은 아침에는 사냥하고, 오후에는 낚시하며, 저녁 식사 후에는 비평하면서 지낸다. 그들은 숙련의 범위를 엄청나게 발달시키며, 어느 누구도 일면적이고 불구적인 발달을 경험해서는 안 되며, 우리가 벗어날 수 없는 주어진 직업이나 역할 혹은 유일한 활동 영역에 끼워 맞춰져서도 안 된다. 노동 분업 또한 소멸했다. 즉 인간들은 더 이상 자기들의 노동이나 자기들이 수행하는 기능으로 그 정체성이 규정되지 않는다. 어느 누구도 '이러저러한 사람'이 아니다. 예언자인 그람시에 따르면 어느 누구도 '지식인'이 아니다. 왜냐하면 모든 사람이 지식인이기 때문이고, 그 무엇보다도 '그'(남성)나 '그녀'(여성)가 아니기 때문이다. 그들은 자신의 공장을 오케스트라처럼 조직하며, 자동화된 기계류를 관장한다. 그들은 연합된 생산자들로 생산을 조직하는데, 그러한 조직은 자연과의 상호교환을 합리적으로 규제하며 생산을 인간 본성과 가장 알맞게 조화하는 조건 아래서 자신들의 공동 통제 하에 둔다. 그들은 매년 자치 공동체들인 코뮌의 대표를 선출한다. 예언자 엥겔스가 예상한 대로, 인민의 정부는 사물들의 관리자나 생산과정의 지휘자로 대체되었다. 노동과 여가의 차이점은 소멸했으며, 그래서 공적 생활 영역과 사적 생활 영역의 차이점 역시 소멸했다. 예언자 마르크스에 따르면, 화폐는 "모든 신을 인간으로 전락시켜, 그것을 상품들로 바꾸며," "전 세계, 즉 인간과 자연 세계에서 그 자체의 고유한 가치를 박탈"했다.[5] 하지만 이제 모든 "현금 거래 관계" 또한 소멸되었다. 마르크스가 예언했듯이, 이제 드디어 "사랑은 사랑으로만, 신용은 신용으로만 교환될 수 있다." 격려와 장려를 통해서만 영향력이 행사될 수 있으며, 인간 및 자연과의 모든 관계들은 우리의 "실질적인 개별적 삶"을 표현한다.[6] 목가적 풍요는 모든 사람들이 각자 능력에 따라 생산하고, 각자의 필요에 따라 획득하는 가운데 존재한다. 사람들은 서로서로의 정체성을 규정하지만, 공동체주의자들처럼 그들이 이러저러한 공동체에 속하거나 하위공동체에 속해서가 아니라 오히려 그들 서로를 동등하면서도 완전한 인간이라고 정체성을 규정한다. 성적 관계들은 완전히 호혜적이며 매춘은 알려지지 않는다. 프롤레타리아에서 단 하나의 지배적인 강박관념이나 삶의 방식은 없다. 즉 모든 사람들은 외적 방해물이 없는 상태에서 소비에서와 마찬가지로 생산에서도 전면적으로 전개되는 자신들의 풍부한 개성을 발달시킨다. 여기에는 별개의 개인이나 개별 가족의 이해관계와 서로 교류하는 모든 개인들의 이해관계 사이에 더 이상 어떤 모순도 존재하지 않는다.

프롤레타리아의 삶에서 유일한 문제는 아무런 문제도 없다는 것이다. 마르크스가 예언한 바에 따르면 그 이유는 다음과 같다.

공산주의가 오면서 우리는 인간과 자연, 그리고 인간과 인간 사이의 적대에 대한 최후의 결정적 해결책을 목격한다. 공산주의는 실존과 본질, 대상화와 자기긍정, 자유와 필연성, 개인과 인류 사이에 일어나는 갈등의 참된 해법이다. 공산주의는 역사의 수수께끼에 대한 해법이며, 스스로가 이런 해법이 있음을 알고 있다.[7]

그러나 다른 행성에서 프롤레타리아를 방문한 사람들은 때때로 그들이 경배했던 바에 대한 믿음을 잃게 된다. 왜냐하면 그들은 그런 완벽함이 획득될 수 있다거나, 나아가 아무런 마찰 없이 유지될 수 있다는 얘기를 신용하기 어렵다는 것을 깨닫기 때문이다. 그들은 가격을 통해 수요에 관한 정보를 제공하는 시장 없이도 생산계획이 어떻게 그처럼 부드럽게 운영될 수 있는지 의심한다. 자원 분배에 따르는 갈등이 어떻게 전혀 없단 말인가? 서로 다른 삶의 방식이 서로에게 방해되지 않게 하라? 예컨대 아버지와 아들 간에 혹은 연인들 간의 개인적 갈등이 전혀 없을까? 프롤레타리아 사람들은 내적인 분투를 겪지 않을까? 하지만 그런 문제들이 나타난다는 어떠한 징후도 없다. 즉 프롤레타리아 사람들은 모든 방향에서 자신의 재능을 발달시키면서 완전한 자치공동체적 사회관계들과 자신들의 풍부한 개성을 결합시킬 수 있을 것처럼 보인다. 때때로 자신의 길을 잃고 지구에 착륙한, 그리고 어쨌든 우리와 같은 인간은 아닌 그런 외계인들에게만 그런 문제가 나타난다.

인권의 위상에 관한 중간 점검: 공리주의, 공동체주의, 공산주의와의 비교에서

우리가 방문했던 세 나라 모두에 인권이란 것은 도무지 알려져 있지 않다. 하지만 그 이유는 각각 다르다. 공리주의자들에게는 인권이라는 것이 도무지 소용없다. 왜냐하면 인권을 믿는 사람들은 그 정의상 공리주의적 계산이 모든 상황에 적용되어야 한다는 것을 의문시하는 경향이 있기 때문이다. 공리주의 나라의 창시자 제레미 벤담의 저 유명한 진술에 따르면, 인권이라는 것은 생각 그 자체가 헛소리일 뿐만 아니라 그것도 "헛소리에 과장을 보탠 것"이다. 왜냐하면 "인권의 폐지가 사회에 이익을 가져다 줄 때 인권을 폐지하지 말아야 할 어떤 정당성도 없기" 때문이다.[8]

그와는 달리 공동체주의자들은 인권이 실질적이며, 생동하고, 구체적이며, 국지적인 삶의 방식을 추상화시켜 버리기 때문에 항상 그것을 거부해왔다. 오래전 달변의 공동체주의 연설가 에드먼드 버크가 지적했듯이, 인권의 "추상적 완전성"이 그것의 "실천적 결함"이다. 왜냐하면 "자유로운 인간이냐 구속 받는 인간이냐 하는 것은 시대와 상황에 따라 제각각이며, 어떤 추상적 규칙도 고정되지 않는 무제한의 변경을 허용하기" 때문이다.[9] 버크 못지않은 달변가인 새로운 공동체주의자 매킨타이어는 그러한 공격을 확장한다. 그의 말에 따르면, "자연권 혹은 인권은 허구이다. 마치 공리가 그런 것처럼." 인권은 "마녀나 유니콘" 같은 어떤 것인데, 왜냐하면 "그런 권리가 존재한다는 믿음에 그럴 듯한 근거를 제시하려던 모든 시도가 실패했기" 때문이다. 매킨타이어에 따르면, 인권을 전제하는 행위 형태들은 "언제나 고도로 특수하고 사회적으로 국지적인 성격을 가지며, (…) 인간이 무언가를 실행한다고 알아볼 수 있는 그런 유형의 권리를 소유하겠다고 요구하려면 특정 유형의 사회적 제도나 관습이 실제로 존재하는 것이 필수 조건이다.”[10]

공산주의자들이 인권을 거부하는 것은 그들의 혁명 예언가 마르크스로 거슬러 올라간다. 그는 인권을 다룬 글을 “이데올로기적 헛소리”나 “말 그대로 쓸데없는 폐기물”로[11] 묘사했는데, 그 이유는 두 가지였다. 첫째, 인권은 계급투쟁으로 뜨거워진 마음을 나약하게 하는 경향이 있다. 즉 요점은 계급의 적들에게 동정심을 느끼지 않고 승리하자는 것이다. 그것은 트로츠키가 말하곤 했던 “우리의 도덕” 대 “적의 도덕”의[12] 문제였으며, 또 레닌이 다음과 같이 주목했던 문제였다. 즉, “우리의 도덕성은 전적으로 프롤레타리아 계급투쟁의 이익에 따른다. (…) 모든 공산주의자에게 도덕성은 이러한 일치된 규율 속에, 그리고 착취자들에 맞선 목적의식적인 대중 투쟁 속에 놓여 있다. 우리는 영구적인 도덕성을 믿지 않으며, 또한 우리는 도덕성에 관한 모든 허구적 우화들의 허위성을 폭로한다.”[13] 둘째, 마르크스는 인권을 시대착오적인 것으로 간주했다. 인권은 오로지 역사 이전 시대에서나 필요했는데, 그 시대는 불완전하고 갈등이 만연하며 계급지배의 고통스런 세계에서 야기되는 위해나 위험들로부터 개인을 보호할 필요가 있었기 때문이다. 그 세계가 변형되고 새로운 세계가 등장하자마자 해방된 인간 존재들은 인권에 대한 요구 없이도 번영 속에서 자치적 관계를 맺고 자신들의 다양한 인간적 힘들을 발달시키는 실질적 자유를 누릴 것이다.

그렇다면 우리가 인권 수호의 원칙을 받아들일 때 우리의 사고실험이 우리가 받아들이고 있다고 제시하는 것은 무엇일까? 첫째, 인권은 아무리 그런 추구가 계몽된 것이든 아니면 혜택을 주는 것이든, ‘사회에 이익’이 된다고 여겨지는 것을 추구하는 것에 대한 제약이라는 점이다. 둘째, 인권은 '특수하면서도 사회적으로 국지적인' 관습들을 어떤 식으로든 추상시킨 것에 호소한다는 점이다. 즉 인권은 낙인찍힌 정체성의 이면에 있는 사람들, 심지어는 자기 스스로 멋대로 정체성을 규정지은 사람들을 위해, 그 사람들이 자기가 살고 있는 보호 공간 내부에서 그들의 공동체가 요구하거나 부과하려는 삶에 일치된 삶을 살든 일탈된 삶을 살든, 그들을 지켜주자고 호소한다. 셋째, 인권은 다음과 같이 인간 조건에 관한 일련의 영속적인 실존적 사실들, 즉 인간 존재들은 항상 타자들의 악의적이고 잔인한 행위와 대면할 것이라는 점, 항상 자원의 결핍이 있을 것이라는 점, 인간 존재들은 항상 그들 스스로와 그들과 밀접한 이들의 이익에 우선권을 둔다는 점, 개인적·집단적 목표들을 추구할 때 불완전한 합리성이 있을 것이라는 점, 그리고 삶을 가치있게 만드는 삶의 방식 및 그에 대한 구상에 결코 자발적으로 수렴하지 않을 것이라는 점 등을 전제한다는 점이다. 이런 사실들을 앞에 둔 상태에서 모든 개인들이 똑같이 존중받아야 한다면 그 개인들은 위해와 평가절하로부터 공적인 보호를 필요로 할 것이며, 또 필수 자원들의 분배에서, 그리고 사회적 삶에 관한 법률 및 규칙들의 시행에서 발생할 불공정과 전횡으로부터 공적 보호를 필요로 할 것이다. 당신은 타자들의 이타주의나 자비심 또는 온정주의에 의존할 수는 없을 것이다. 설혹 타자들의 가치가 당신 자신의 가치일지라도, 그들은 무수히 많은 방식으로 당신을 단지 오산·오인·오판할 수 있다. 유한한 합리성은 악의적인 사람이나 이기적인 사람 못지않게 선의적인 사람에게서 비롯되는 위험에 당신을 빠뜨릴 것이다.

하지만 흔히 타자의 가치는 당신 자신의 가치가 아닐 것이다. 즉 당신은 당신에게 부과된 삶보다는 가치있는 것이 무엇인가에 관한 당신 자신의 구상을 추구하기 위해 내부로부터 자기 삶에 대한 보호를 필요로 할 것이다. 그렇게 하기 위해서는 사회적·문화적 선결 조건들이 존재해야만 한다. 즉 터키에서 쿠르드족은 '터키의 산악인'으로 간주되는 것이 아니라, 그들 자신의 제도·교육·언어를 가진 종족으로 간주되어야만 한다. 우리는 이제 인권이 개인적이라고 얘기될 때의 의미와 그렇지 않다고 할 때의 의미를 알게 되었다. 인권을 수호하는 것은 개인들을 공리주의적 희생, 공동체주의적 부과, 그리고 위해(危害), 평가절하 및 전횡으로부터 보호하는 것이다. 하지만 그렇게 하는 것은 경제적·법률적·정치적·문화적 조건들로부터 독립된 것으로 간주될 수 없으며, 또한 쿠르드족의 언어나 문화처럼 집단적 자산을 보호하고 심지어는 촉진하자고 호소하는 것일지 모르겠다. 왜냐하면 인권을 수호하는 것은 단지 개인들을 보호하는 것만은 아니기 때문이다. 그것은 또한 그들의 삶을 보다 가치있게 만드는 활동들과 관계들, 그리고 단지 개인적 자산으로 환원시켜 생각될 수 없는 활동들과 관계들을 보호하는 것이다. 따라서 자유로운 표현과 소통에 대한 권리는 예술적 표현과 정보의 소통을 보호하며, 공정한 재판에의 권리는 제대로 기능하는 법체계를 보호하며, 자유로운 결사에의 권리는 민주적 노동조합과 사회운동 그리고 정치적 시위 등을 보호한다.

넷, 리버타리아

나는 이제 내 탐구의 두번째 단계로 향할 것이다. 인권을 고려하고, 그에 따라 그것을 진지하게 이해한다면 무엇이 좋아질까? 이 의문에 접근하기 위해, 나는 더 진전된 사고실험을 제안한다. 이제는 인권을 가진 세계들, 즉 인권이 광범위하게 인정되고 관습에 체계적으로 인권을 집어넣은 세계들을 상상해보자.

몇몇 사람들이 인권이 번영한다고 생각한 장소는 리버타리아(자유주의 나라)이다. 자유주의자의 삶은 유일하면서도 전적으로 시장 원칙에 따라 돌아간다. 여기에서 모든 것은 사고팔 수 있다. 즉 모든 가치는 어떤 가격을 가지며, 자유주의자들의 전 국민적 강박관념은 비용/편익 분석이다. 이 사회 모든 사람들의 가장 기본적이면서 가장 존중되는 권리는 소유권으로, 그것은 각자가 가진 그(녀) 자신의 몸에서 출발해 더 확장해서는 (자유주의자들의 즐겨 말하듯) 그들이 '자기 노동력을 뒤섞은' 것이면 무엇이든 그것을 소유할 수 있는 권리이다. 자유주의자들은 자신들의 재능과 능력을 소유하며, 이것을 발달시키고 펼침에 따라 시장이 가져올 보상이 무엇이든 그것에 대한 권리를 요구한다. 그들은 수천 명의 사람들이 그의 경기를 보는 데 기꺼이 돈을 지불할 정도로 유명한 농구선수 월트 체임벌린을 이야기하는 것을 사랑한다. 그들은 자유롭게 자기가 획득한 이런 보상들을 타자의 이익을 위해 자기에게서 빼앗아가는 것이 공정한 일인가를 묻는다.

그들은 또한 자신들이 정당하게 소유한 것을 자발적으로 양도할 권리 (사람들이 사적인 교육 및 부의 상속을 통해 자기 가족의 이익을 위해 이용하는 증여, 수여, 그리고 교환 등의 계약)에 엄청난 중요성을 부여한다. 여기에는 리버타리아의 자유로운 교환체제(즉 자유 계약을 집행하기 위한 경제 기반, 군대, 경찰 및 사법체제 등)를 유지하는 데만 사용되는 매우 낮은 수준의 역진세(逆進稅)가 있다. 강제적 재분배는 무엇이든 벌어들일 수 있는 무제한의 권리를 침해하기 때문에 금지된다. 불평등은 엄청나며, 이는 차별적인 재능 및 노력, 나아가 사회계급 때문에 점점 확대된다. 어떤 공공 교육도, 어떤 공공 보건 체계도, 예술 활동 및 여가에 대한 어떠한 공공 지원도, 어떤 공공 도서관도, 어떤 공공의 교통수단도, 도로도, 공원도, 해변도 없다. 물, 가스, 전기, 원자력, 쓰레기 처리, 우편, 전기통신, 이 모든 것이 마치 감옥처럼 개인의 손아귀에 있다. 가난한 사람, 병든 사람, 장애인, 불행한 사람, 재능 없는 사람들은 약간의 동정과 자비의 수단을 제공받지만, 자유주의자들은 그들의 곤궁함이 악화된다는 것을 어떠한 종류의 부정의로도 간주하지 않는다. 왜냐하면 약자들이 곤궁하다고 해서 그것이 누구인가 약자들의 권리를 침해한 것은 아니기 때문이다.

리버타리아에서는 어느 누구도 고문당하지 않는다. 모든 사람은 투표할 권리를 가지며, 그에 대한 법 규범이 우선시된다. 이곳에는 (비록 언론이 부자에 의해 통제당하긴 하지만) 표현의 자유와 (비록 노동조합은 다른 사람들의 권리를 침해할 수 있기 때문에 자기들이 나서서 직장을 폐쇄시키거나 파업할 수는 없지만)† 결사의 자유가 있다. 이곳에서는 개인들과 집단들에 대한 적극적 차별이 금지된다는 점에서 기회는 평등하지만 직업과 소득에 대한 경쟁의 출발선은 불평등하다. 즉 사회적으로 특권을 가진 사람은 그들의 사회적 배경으로부터 생기는 상당한 이익을 얻는다. 모든 사람이 경쟁에 나설 수 있지만 패자들은 경쟁에서 밀려난다. 성공한 사람들은 다음과 같은 전 국민적 모토를 즐겨 인용한다. '귀신은 가장 뒤처진 자를 잡아간다.' 그러나 다리 밑에서 잠자는 집 없는 사람들과 실업

---

† 이 구절은 상당히 냉소적인 표현이다. 여기서 노동조합이 침해할 수 있다고 한 "다른 사람들의 권리"란 사업주들이 돈을 벌 권리이다. 이 권리를 침해하기 때문에 노동조합이 파업을 할 수 없다고 하는 것은 노동조합의 단체행동권이 제대로 된 권리로 인정받지 못할 수 있는 자유주의 경제관 또는 노동관의 폐해를 암시한 것이다.

자들은 그들이 다른 모든 자유주의자들과 똑같은 권리를 갖고 있다는 생각으로 위안을 삼는다.

리버타리아에서 인권은 충분히 진지하게 간주되고 있을까? 나는 두 가지 이유에서 그렇지 않다고 믿는다. 첫째, 앞에서 얘기한 것처럼, 이곳에서는 시민의 기본권이 존중받고는 있다. 즉 이곳에서는 어떠한 고문도 없으며, 보편적 선거권, 표현과 결사의 자유, 형식적인 기회의 평등에 관한 법 규범 등이 있다. 하지만 이 권리의 소유자들이 평등하게 존중받는 것은 아니다. 즉 모든 자유주의 나라의 시민들이 동등한 인간으로 대우받는 것은 아니다. 아나톨 프랑스의 구절을 적용하면, 다리 밑에서 자는 사람들은 그렇지 않은 사람과 똑같은 권리를 갖는다. 모든 자유주의자들이 투표권을 갖는다 할지라도 최악의 상황에 처한 사람, 주변화된 사람, 배제된 사람들은 정치적 의사결정을 조직하고 영향을 미침에 있어 동등한 권력을 갖지 못하며, 또는 합법적 절차에의 동등한 접근, 자신의 관점을 표현하고 소통할 동등한 기회, 자유주의적인 공공적·제도적 삶에서의 동등한 대의(代議), 그리고 자격·지위·소득에 대한 경쟁에서의 동등한 기회 등을 갖지 못한다.

리버타리아가 인권을 충분히 진지하게 간주하지 못한다고 생각하는 두 번째 이유는 차별적인 자유주의적 권리와 관련이 있다. 자유주의자들은 그들이 자신의 능력과 노력으로 시장에서 얻을 수 있는 보상이 무엇이든 그에 대한 무제한의 권리를 가지며, 또 자기 자신과 자신의 가족에게 이익을 주는 자발적 선택들에 대해 무제한의 권리를 갖는다고 믿는다. 어떠한 자유주의자도 그 자신이나 기껏해야 그의 가족의 이해관계를 증진시키는 자기 이해의 좁은 관점을 벗어나 밖으로 한 걸음도 내딛은 적이 없다. 그는 다른 사람들이 재화에 대해 보다 절박한 요구들을 가질지 모른다거나, 그 자신과 그의 가족이 얻은 이익의 일부가 다른 사람의 불이익의 대가로 얻어질 수도 있으며, 자유주의적 삶의 구조가 부정의의 구조라는 생각을 하는 데 둔감하다.

더 나은 인권은 다른 어느 곳에서 형성될까? 어디에서 인권수호의 원칙은 보다 확실하게 수호될까? 바꿔 말해, 어디에서 모든 인간 존재는 동등한 인간으로 보다 확실하게 대우받을까? 어디에서 인권은 다음과 같은 것들에 대항해서 보호받을까? 즉 사회의 이익에 바쳐지는 공리주의적 희생, 특정한 삶의 방식을 강제하는 공동체주의적 강제, 권리를 넘어선 세계가 이루어질 수 있다는 공산주의적 망상, 전적으로 시장원칙에 기초해서 운영되는 세계가 인권을 충분히 인정하는 세계라는 자유주의적 환상에 대항해서 말이다.

다섯, 이갈리타리아

이갈리타리아(평등주의 나라)가 그런 장소일까? 이갈리타리아는 모든 평등주의자들이 평등한 값어치를 지닌 존재로 대우받는다는 점에서 만인이 같은 지위를 누리는 사회이다. 즉 한 사람의 복지와 자유는 다른 어떤 사람의 가치만큼이나 정당하다고 간주된다. 기본적인 자유권, 관용과 기회의 평등에 관한 법규범 등은 모두 헌법으로 보장된다. 그러나 그러한 법 규범들은 또한, 모든 사람의 삶의 조건을 이러한 평등한 권리가 그 권리의 소유자들에게 똑같이 가치있다는 식으로 만드는 평등주의자들의 헌신적인 참여로 실현된다. 그들이 이러한 삶의 조건을 어떻게 실현할 것인가에 대해서는 각자 다르다. 하지만 현재 영향력을 행사하는 한 가지 관점은 최악의 상황에 처한 사람의 조건을 더 좋게 만드는 데 최우선권을 두면서도 모든 사람을 더 잘 살게 만들 수 있는 경제와 정치의 기본구조가 창출될 수 있다는 것이다. 즉 이 관점에 따르면, 불평등한 상태가 아니었을 경우 최악의 사람들의 형편이 더 나아졌을 수 있는데, 불평등하더라도 최악의 사람들이 불평등하지 않았을 때보다 형편이 더 좋아지는 결과가 나올 수 있다. 바로 그런 경우가 아니라면 불평등은 어떤 일이 있어도 정당화되지 않는 것이다. 모든 사람들은 누진세와 광범위한 복지규정이 만인에게 그런 대로 격을 갖춘 최소한의 생활기준을 보장해야 한다는 것에 동의한다. 하지만 또한 이갈리타리아의 문화 안에는 의도하지 않은 불이익을 점차 제거하는 정책들을 통해 그러한 최소기준을 끌어올리는 운동력이 있다. 그러한 운동력의 연료는 종교든, 계급이든, 종족이든, 성별이든, 그 출처를 어디로 해서 나오든, 정당치 못한 불평등이나 의도하지 않은 불이익이 있을 경우 그것들에 영원히 따라붙는 불의의 감정에서 조달된다. 그리고 평등주의 나라의 이런 운동력이야말로 평등주의 나라 사람들의 생활 조건을 보다 평등하게 만들 정책들을 모색한다.

이갈리타리아와 같은 장소는 가능할까? 더 정확히 말해, 이갈리타리아는 실행 가능할까? 즉 그곳은 현 세계 어느 곳에서 달성될 수 있을까? 그리고 그곳은 생명력이 있을까? 즉 그곳은 이후에도 안정적으로 유지될 수 있을까? 어떤 이는 이갈리타리아가 실행 가능하다는 것을 의심한다. 어떤 이는 비록 그곳이 실행은 가능해도, 생명력은 없을 것이라고 말한다. 어떤 이는 그곳이 실행되기만 한다면 생명력은 있겠지만, 그렇게 쉽사리 실행되지는 않을 것이라고 말한다. 다른 이들은 그곳이 실행 가능하지도 않고 생명력도 없다고 말한다. 나는 이 모든 의심들에 각기 좋은 근거들이 있다는 점을 두려워한다. 나는 이갈리타리아의 달성 가능성과 유지 가능성을 의심케 하는 두 가지 주된 근거들을 제시할 것이며, 우리가 인권수호의 원칙을 어떻게 바라보아야 하는가에 관해 이런 의심들이 함축하는 바를 제시하는 것으로 결론 맺을 것이다.

이갈리타리아는 결국 신기루일 것이라고 생각하는 첫번째 근거는 우리가 이른바 '자유주의적 강제'라고 부르는 것이다. 이는 특히 경제적인 영역에서 발견된다. 평등주의자들은 최대한의 경제적 성장을 성취하는 데 아주 높은 관심을 둔다(혹은 둬야만 한다). 그들의 입장에서 '평등' 때문에 '효율성'을 거래에서 넘겨버리면 안 된다. 오히려 그들은 최고의 실행 가능한 경제 수준에서 최고 수준의 조건 평등을 달성할 경제를 가장 효율적으로 성취하고자 한다. 그들은 보다 평등한 체제 하에서 최악의 상황에 처한 사람(및 그 밖의 모든 사람들)이 적어도 보다 불평등한 체제 하에서 최악의 상황에 처한 사람(및 그 밖의 모든 사람들)보다는 더 잘 살아야 한다는 것을 희망한다. 만약 더 많은 평등의 비용이 모든 사람 또는 대부분의 사람들에게 번영의 전망을 더 적게 갖게 한다면, 적어도 자유의 조건 아래서 이갈리타리아를 유지하기는커녕 달성하려는 희망조차도 어두워질 것이다.

요즘 평등주의 나라 사람들은 자유주의 경제학의 열성적인 학생들이거나 학생들이어야 한다. 일례로 그들은 시장이 할 수 있는 일과 할 수 없는 일을 안다.[14] 한편으로 그들은 언제, 그리고 어떻게, 시장이 실패할 수 있는지를 알고 있다. 시장은 타고난 재능, 물자, 권력의 불평등을 재생산하며, 자신들이 다룰 수 없는 오염과 같은 외부 비용의 증대를 낳을 수 있다. 또한 시장은 억제되지 않을 때에는 독과점을 야기할 수 있으며, 삼림 개척과 그 밖의 방법들을 통해 환경을 파괴할 수 있다. 시장은 불안정한 신용위기들을 양산하여 그 효과를 사방에 거미줄처럼 확산시킬 수도 있다. 게다가 시장은 탐욕, 소비주의, 상업주의, 편의주의, 정치적 순응, 정치적 무관심, 정치적 익명성, 소외된 낯선 사람들의 세계 등을 낳을 수 있다. 시장은 공공재를 공정하게 분배할 수 없거나, 재화의 사용에 대한 사회적 책임이나 작업장에서의 민주주의를 길러낼 수 없거나, 구매력의 형태로 표현될 수 없는 사회 및 개인적 욕구를 충족시킬 수 없거나, 현재 세대와 미래 세대의 욕구의 균형을 이뤄낼 수 없다. 다른 한편으로 보면, 시장은 필수불가결한 것이지만 그것을 대상으로 모의실험(시뮬레이션)을 할 수 없다. 시장은 탈중심화된 분산된 과정 안에서 취향, 생산기술, 재화 등에 관한 정보를 발송해주는 신호장치이며, 개인들이 기업가적 이윤을 추구하는 가운데 욕구 등을 충족시킬 새로운 방식들을 쉼 없이 모색하는 발견절차이기도 하며, 심지어 마르크스 자신도 인정했듯이 자유와 선택의 투기장이기도 한데, 바로 이런 기능을 하는 시장에 대해서 대안이 되는 것은 전혀 없는 실정이다. 이갈리타리아 사람들은 시장경제와 비교했을 때 명령경제란 실패할 수밖에 없으며, 비록 시장이 다양한 방식으로 사회화될 수는 있을지는 몰라도, '시장사회주의'라는 것은 아직 제대로 정의조차 되지 않은 희망에 불과하다는 것도 알고 있다.

이갈리타리아 사람들은 어떤 경제도 이타주의와 도덕적 유인책으로만 기능할 수 없다는 것을 알고 있으며, 물질적 인센티브, 그 가운데서도 특히 이윤동기가 잘 기능하는 경제에 필수적이라는 것을 알고 있다. 이뤄질 필요가 있는 대부분의 일, 특히 그 가운데서도 기업가적 기능들은 개인들이 자기 자신과 자기 가족을 위해 물질적 이익을 추구하는 과정에서 유래하는 동기들에 의거할 수밖에 없다. 간단히 말해 이갈리타리아 사람들은 그 어떤 실행 가능하고 생동하는 경제라도, 사회적 책무를 더 잘 이행할 수 있도록 통제나 보완을 가하여 그로 인해 자기네들이 그토록 진지하게 감소시키려는 불평등을 도리어 창출하고 강화시킬 수는 있겠지만,[15] 결국에는 시장과정과 물질적 인센티브에 기초할 수밖에 없다는 것을 알고 있다.

이갈리타리아가 달성될 수 있고, 또 만일 달성된다 해도 유지될 수 있다는 것을 회의적으로 보는 두번째 주된 이유는 우리가 이른바 '공동체주의적 억제'라고 부르는 것일지 모르겠다. 이것은 주로 문화적 영역에서 발견된다. 평등주의자들은 모든 사람이 최소한 공공적이고 정치적인 쟁점들을 고려할 때에는 (각기 천차만별일 수밖에 없는 – 옮긴이) 자기들 자신의 관점이나 배경들은 어떤 식으로든 추상화(抽象化)시켜버리기를 희망한다. 평등주의자들은 모든 사람의 삶이 동등한 값어치가 있으며 또 모든 사람의 복지와 자유가 동등한 가치를 갖는 것으로 간주함으로써 그들 자신을 포함한 모든 사람을 편견 없이 볼 수 있기를 희망한다. 롤스 교수는 개인들이 "무지의 장막" 하에서 "원초적 입장"에 입각하여 생각할 수 있다는 이미지를 제시함으로써[†] 자유주의가 바람직하게 여기는 관점을 이론적으로 정당화하려고 시도했고, 다른 이들도 다른 방식으로 그러고자 했다.

하지만 평등주의자들은 이런 추상화가 우리가 사는 세계에서는 자연스런 태도가 아니며, 또 그것이 보다 많은 장소에서 점점 더 줄어드는 것처럼 보인다는 것을 인정해야 한다. 유고슬라비아인들은 대체로 하룻밤 사

이에 세르비아인들과 크로아티아인들로 변한다. 그것은 슬로바키아 출
신의 일부 체코슬로바키아인들에게, 그리고 퀘벡 출신의 일부 캐나다인
들에게는 절박한 문제이다. 심지어 흑인 혹은 스페인계, 아시아계 미국인
들은 그들 자신을 집단상대적으로 봐달라고 주장한다. 자기인정의 문화
들을 가지고 어떤 식의 "포괄적 집단들"에 속하고, 또 그런 집단에 속하
는 것으로 정체성을 규정하거나 규정짓는 것이 많은 사람들의 복지에 점
차 더 본질적인 것처럼 보인다.[16] 그러나 사태가 이렇게 되는 한, 특정 집
단의 소속여부와 상관없이 각 개인을 평등하게 대우할 "평등한 존엄의
정치학"은 위기에 봉착한다.[17]

'형제애'라는 관념을 생각해보라. 성취되어야 할 조건들인 '자유'나
'평등'과는 달리 당신의 형제들인 사람은 과거에 의해 결정된다. 당신과
당신의 형제들은 인류의 나머지에 대한 역차별 속에서 집단을 형성한다.
그리고 특히 당신과 당신의 형제들은 그들 중 일부를 위험의 원천들로 혹

† 무지의 베일/원초적 입장(veil of ignorance/original position): 롤스가 『정의론』에서 사고실험을 위해 고안한
가설적 상황으로서 20세기 사상연구에 가장 큰 영향을 미친 아이디어 가운데 하나였다. 사고실험으로서 원초
적 입장은 자유에 대한 존중과 상호성에 대한 관심을 포함하여 시민들 사이의 자유롭고도 공정한 협력이 전
제된 사회에서 정의의 원칙으로 분명하게 드러나는 것은 무엇일까를 정확하게 반성하기 위해 고안된 가설적
상황이다. 사회계약론에서 자연상태의 각 개인들은 시민사회 시민들의 기본적 권리와 의무를 규정하는 계약
의 조항들에 동의한다. 롤스의 정의이론에서 원초적 입장이라는 것은 토머스 홉스, 장-자크 루소, 그리고 존
로크 등의 고전적 사회계약론 전통에서 나오는 '자연상태'와 유사한 역할을 한다. 자연상태에서는 완력과 재
능이 더 많은 특정 개인들이, 그들이야말로 자연상태에서 더 잘 나아가리라는 바로 그 사실에 의거해, 약하고
능력 없는 이들에 비해 이득이 많다고 논증될 것이다. 원초적 상황에서 시민의 대표자들은 자기들이 대표하
는 시민들에 관한 정보 가운데 도덕적으로 아무 상관없는 그런 정보들은 모두 박탈당하게 되는 "무지의 베
일" 뒤에 놓이게 된다고 상정된다. 따라서 시민을 대표하는 당파들은 자기들이 대변하는 시민들의 재능, 능
력, 종족, 성별, 종교 및 신념체계 등에 관해 전혀 의식하지 못하는 상태에 놓이게 된다고 가정된다. 롤스에 따
르면 이렇게 원초적 입장에 놓이게 되는 당파들이 신경을 쓰게 되는 것은 경제적, 사회적 이해관계뿐만 아니
라 기본권까지 포함한 일차적 사회재화(primary social goods)를 둘러싼 시민들의 몫이다. 이렇게 되면 원초
적 상태에 놓인 대표자들은 자기 앞에 놓은 선택들을 평가하는 원칙으로 최대원칙을 받아들이게 되는데, 이
때의 최대원칙이란 "최악의 산출에 최고의 이익분배가 돌아가는 그런 선택을 하는 것", 즉 최소치의 최대화
를 도모한다는 것이다. 마치 자연상태에서 시민들이 자기들을 규제하는 정부의 설립에 찬성함으로써 시민사
회의 상태를 만들 듯이, 롤스는 원초적 입장의 대표자들도 결국 기본적인 사회구조를 통어할 정의의 원칙들
에 합의할 수 있으리라고 기대하면서, 그 경우 체결될 2개의 정의 원칙의 내용을 다음과 같이 예시한다.

은 시기나 원한의 대상들로 간주한다. 프랑스 혁명 시기 동안의 '형제애'의 역사는 교훈적이다.[18] 그것은 보편적인 형제애의 약속으로 시작했지만, 이내 애국심을 의미하게 되었으며, 결국 그 관념은 외부의 적들에 대항하는 호전성을 정당화하고 또 내부의 적들을 제거하는 데 사용되었다. 그래서 혁명적 슬로건 "형제애인가 죽음인가"(la fraternité ou la mort)라는 슬로건은 새롭고 불길한 의미, 즉 우선 형제가 아닌 사람들에 대해, 그리고 잘못된 형제들에 대해 폭력을 행사한다는 의미를 획득했다. 그들의 말에 따르면, 집단적이거나 공동체적인 정체성은 항상 '타자'를 필요로 했기 때문에 소속된 사람들에 대한 모든 '긍정'은 은밀하면서도 공공연하게 '배제'의 조항을 포함한다. 그러한 배제들을 해롭지 않은 것으로 간주한다는 것이 이갈리타리아 사람들의 문제다.

문제는 충돌하지 않는 다수의 정체성들을 일반적으로 받아들일 수 있는가이다. 그러나 현재의 세계에서 얼마나 많은 상황들이 그러한 결과에 호의적일 수 있을까? 경제발전의 수준은 각기 다른데다가 역사적인 원수들을 서로 대면하고 있는 인민들이 사방에 널려 있는 옛 공산주의 연방국가들의 사정이야말로 가망성이라고는 거의 없으면서도 폭발성은 가장 높은 상황에 놓인 것처럼 보인다. 그래도 가망성이 거의 없지는 않은 경우는 지배적 문화의 경제제도와 정치제도 안에서 자기들의 특수성을 자유롭게 표현할 권리를 요구하는 다양한 이민집단들로 주로 구성된 다종족(多種族) 사회들이다. 하지만 그런 곳에서도 그런 권리가 평등한 인정에 대한 집단권으로 해석되는 곳이라면 어디나 평등주의적 결과를 위협할 가능성은 높아진다. 왜냐하면 각 개인을 오직 또는 주로 자기가 속한 집단적 정체성의 담지자로만 취급하게 되면,[19] 평등주의 나라가 아니라 공동체주의 나라가 건설될 위험이 다분하기 때문이다.

그래서 여기에 이갈리타리아가 (전 세계는 그만 두더라도) 이 세계의 어떤 곳에서도 실현될 수 있는지를 의심하게 만드는 두 근거가 있게 된다. 그 근거들은 반평등주의적 정치 입장에 감명받은 사람들을 매우 자연스럽게 끌어온다. 실제로 그 근거들은 오늘날 우파 사상의 두 가지 주된 원천인 자유지상주의와[†] 공동체주의를 구성한다. 두 입장들은 모두 앞에서 제시했던 그런 추상화를 달성하는 인간 존재의 능력이나, 인간 존재의 모든 삶이 평등한 가치를 갖는다는 관점으로 이끌 수 있는 편견 없는 관심 등에 엄격한 제한을 두는 경향이 있다.[20] 또한 두 입장 모두 이성적인 사람들로 하여금 평등주의 정치학을 거부하게 확신시킬 수 있을 정도로 충분히 강력하고도 설득력이 있다.

이 마지막 사실을 염두에 두면서 우리는 인권을 어떻게 봐야 할까? 나는 이런 문제가 인권 목록을 온당할 정도로 짧으면서도 역시 온당할 정도로 추상적인 상태로 유지해야 한다는 데서 따라 나온다고 생각한다. 인권 목록에는 기본적인 시민적 권리와 정치적 권리, 즉 법치주의, 표현과 결사의 자유, 기회의 평등, 몇 가지 기본적인 물질적 안녕상태 수준에 대한 권리 등을 포함해야 하지만 아마도 그 이상은 아니다. 왜냐하면 당신이 이런 추상적 권리가 어떻게 구체화되어야 하는가, 다시 말해 형식적인 것

[†] 자유지상주의(libertarianism): 타자에게 물리적 폭력, 위협 및 비행을 통해 자신이 하는 것과 같은 일을 못하도록 방해하지 않는 한 자기 '개인'의 인격과 소유물을 갖고 무슨 일을 하든지 간에 허용되어야 한다는 정치철학의 한 입장. 이 때 개인이 마음껏 실현해도 좋은 것의 핵심을 무엇으로 보느냐에 따라 좌우파가 갈리는데, 로버트 노직과 같은 우파적 자유지상주의는 주로 재산권의 행사를 강조하며, 인간이 천성적으로 보유하고 태어난 소유분의 평등성을 강조하면서 그것의 복원을 부각시키면 좌파적 자유지상주의로 간다. 국가와 사회 같이 개인 범위를 넘어가는 생활영역에 대한 사고와 그것을 기반으로 한 모든 사고 결과를 근본적으로 무의미하다고 보면서 개인 위주로 철저하게 재편성한다는 점에서 전통적인 '자유주의'와 그 기조를 약간 달리하고, '화폐'와 '기업이윤'보다는 '개인 인격'에 치중한다는 점에서 이른바 신자유주의와 강조점이 다르다고 할 수 있다.

이 어떻게 현실적인 것이 되어야 하는가라고 묻는 그 순간 의견불일치가 터져 나올지라도, 이런 규정들 정도면 동시대 정치생활의 폭넓은 스펙트럼을 가로지르는 동의 확보의 전망을 갖기 때문이다.

시민적 권리와 정치적 권리의 소유자들은 누구인가? 민족들인가? 시민들인가? 이주노동자들인가? 난민들인가? 아니면 주어진 영토 안에 거주하는 모든 사람들인가? 법규범은 정확히 무엇을 요구하고 있는가? 그것은 법적 조언 및 대표들에 대한 평등한 접근권을 포함하는가? 공공의 옹호자들? 배심원 체제? 법정에서의 동등한 소수자들의 대의(代議)? 대의명분이 없는 배심원들에 도전할 권리? 표현과 결사의 자유는 언제 진정 자유로운가? 전자, 즉 표현의 자유는 대중매체 소유자들의 분배 및 형성에, 그리고 자신들의 공공적인 규칙 형태와 원칙에 영향을 미칠까? 후자, 즉 결사의 자유는 현재 통용되는 바를 넘어선 산업 민주주의의 어떤 형식을 수반할까? 무엇이 기회의 평등을 평등하게끔 할까? 경제적·사회적·문화적 불평등의 현존하는 배경에 대항하는 차별철폐는 쟁점일 수 있을까? 아니면 그러한 배경 자체가 그 안에서 기회들이 보다 평등하게 만들어질 수 있는 현장일까? 무엇이 기본적 최소치일까? 그 최소치는 부정적인 인센티브 효과를 피할 정도로 낮게 설정되어야 할까? 그렇다면 얼마나 낮게 설정되어야 할까? 혹은 모든 사람에게 기초소득이라는 것이 있어야 할까? 만약 그렇다면 일할 수 있는데도 일하지 않는 사람들이나 제공된 일을 받아들이지 않는 사람들까지 기초소득 수급자에 포함되어야 할까? 그리고 물질적 안녕상태의 기초적인 최소 수준이란 어떻게 파악되고 측정되어야 하는가? 복지에 의해? 소득에 따라? 자원, 아니면 생활수준, 혹은 기본능력, 아니면 다른 어떤 방식이 있을까?

이러한 인권들을 수호한다는 것은 정치적 갈등들과 논증들이 발생할 수 있는 일종의 '평등주의의 대지'을 수호한다는 것이다.[21] 그 대지 위에서, 비록 인권을 방어하고 보호하는 것과 관련하여 넓고 깊은 불일치점들이 존재함에도 불구하고, 인권은 모든 측면에서 진지하게 고려되는 것이다. 나는 내가 당신에게, 우리가 방문했던 앞의 네 나라들 중 어떤 나라에 대해서도 이 평등주의의 대지를 포기하는 데 맞서는 강력한 근거들이 있다는 것을 확신시켰기를 희망한다.

하지만 그 대지는 그 나라들의 군대로 포위공격을 받고 있다. 그 군대들 중 하나는 공동체주의의 깃발을 펄럭이면서 '인종 청소'를 자행하고 있다. 그것은 이미 모스타르와† 다른 수많은 장소들을 파괴했으며 현재는 코소보와 마케도니아를 위협하고 있다. 지금 현재 사라예보를 포위공격하고 있는 중인데, 단지 잘못된 집단적 정체성을 가지고 있다는 이유로 남성·여성·아이들이 대량 학살되고 기아로 죽어가며, 여성들은 성폭력에 시달리고 있다. 우리는 바로 그 현대적이고 문명화된 유럽의 벽 안에서 이런 일이 계속 진행되도록 허용한 공범들이다. 사실 야만인들은 유럽의 문 밖이 아니라 그 문 안쪽에 있다.

나는 인권수호의 원칙이 우리들의 공모(共謀)나 유화책에 종지부를 찍을 것을 요구한다고 믿는다. 다시 말해 우리는 사라예보 포위를 풀고 무력으로 공격자들을 패퇴시켜야 하는 것이다. 오직 그때에만 우리는 이갈리타리아로 가는 여행을 재개할 수 있는데, 바로 그곳에 진짜로 도착할 수 있으려면 인권이라는 대지에서 출발하는 길밖에 없는 것이다.

---

† 모스타르(Mostar)는 보스니아-헤르체고비나의 서부 지방에 있는 도시이다. '모스타르'는 세르보-크로아티아어로 '오래된 다리'라는 뜻이다. 유고내전 중 '인종청소'가 자행되었던 도시이다.

원주(原註)

1) 1989년 3월 15일자 『르몽드』지 2면에 실린 무하메드 아르쿤(Mohamed Arkoun)과의 인터뷰 「인권에 관한 동양적 관점 La Conception occidentale des droits de l'homme reforce le malentendu avec l' Islam」과 아다만틴 폴리스(Adamantine Pollis)와 피터 슈왑(Peter Schwab) 등이 편집한 에세이집 *Human Rights: Cultural and Ideological Perspectives* (New York: Praeger, 1979), 1장 14쪽 이하를 참조.

2) 이에 대해서는 D. D. Raphael ed., *Political Theory and Rights of Man* (London: Macmillan, 1967)을 참조.

3) 이에 대해서는 Elizabeth Kingdom, *What's Wrong with Rights? Problems for Feminist Politics of Law* (Edinburgh: Edinburgh University Press, 1991)을 참조.

4) Reginald Herbold Green, *Human Rights, Human Conditions and Law - Some Explorations towards Interaction* (Brighton: IDS, 1989), Discussion Paper no. 267.

5) Karl Marx, 'Bruno Bauer, Die Fähigkeit der Heutigen Juden und Christen, frei zu werden', trans. in T. B. Bottomore ed., *Karl Marx: Early Writings* (London: Watts, 1963), 37쪽.

6) Karl Marx, 'Money', 위의 책, 193~194쪽.

7) Karl Marx, 'Private Property and Communism', 위의 책, 155쪽.

8) J. Bentham, *Anarchical Fallacies*, Jeremy Waldron ed., *Nonsense on Stilts: Bendam, Burke and Marx on the Rights of Man* (London and New York: Methuen, 1987), 53쪽에 재수록.

9) Edmund Burke, *Reflections on the Revolution in France*, 위의 책, 105~106쪽에 재수록.

10) Alasdair MacIntyre, *After Virtue: A Study in Moral Theory* (London: Duckworth, 1981), 65~67쪽.

11) Karl Marx, *Critique of the Gotha Programme* in: Karl Marx and Friedrich Engels, *Selected Works*, 2 Vols, (Moscow: Foreign Languages Publishing House, 1962), Vol. 2, 25쪽.

12) Leon Trotsky, "Their Morals and Ours", *The New International*, 1938년 6월. (*Their Morals and Ours: Marxist versus Liberal Views on Morality, Four essays by Leon*

Trotsky, John Dewey and George Novack, 4th. edn, (New York: Pathfinder Press, 1969)에 재수록)

13) V. I. Lenin, "Speech at Third Komsomol Congress, 2 October 1920", in: V. I. Lenin, *Collected Works*, 45 vols, (Moscow: Foreign Languages Publishing House), vol. 31, 291~294쪽.

14) 이에 대해서는 Samuel Bowles, "What markets can - and cannot - do", *Challenge: The Magazine of Economy Affairs* (July-August 1991), 11~16쪽을 참조.

15) 이에 대해서는 Diane Elson, "The Economics of a Socialized Market" in: Robin Blackburn, ed., *After the fall: The Failure of Communism and the Future of Socialism* (London: Verso, 1991)을 참조.

16) 이에 대해서는 Avishai Margalit/Joseph Raz, "National Self-determination", *Journal of Philosophy*, 87;9,(1990년 9월호), 441~461쪽을 참조

17) 이에 대해서는 스티븐 로커펠러(Steven C, Rockerfeller), 마이클 월저, 수잔 울프 (Susan Wolf) 등이 편집을 맡고 애미 거트만(Amy Gutman)이 논평하고 찰스 테일러가 집필한 *Multiculturalism and 'The Politics of Recognition'* (Princeton: Princeton University Press, 1992)을 참조하라. 이 논문집은 앤서니 아피애(Anthony Appiah)와 위르겐 하버마스(Jürgen Habermas) 등의 논문을 더 실어 1994년에 중판되었다.

18) 이에 대해서는, "Fraternité" by Mona Ozouf, in: Francois Furet and Mona Ozouf, eds., *Dictionnaire critique de la Révolution fran?aise* (Paris: Flammarion, 1988), 731~740쪽. 의 도입부를 참조.

19) 이에 대해서는 Stephen L. Carter, *Reflections of an Afternative Action Baby* (New York: Basic Books, 1991)과 Will Kymlicka, "Liberalism and the Politicization of Ethnicity", *Canadian Journal of Law and Jurisprudence*, 4, 2, (July 1991), 239~256쪽을 참조. 킴릭카는 문화적 다원주의의 두 가지 형태, 즉 다민족 국가들과 연결된 다원주의와 다인종 이민자 사회들과 연결된 다원주의 사이의 흥미있는 구분점을 제시한다. 이에 대해서는 그의 책, *Multicultural Citizenship: A Liberal Theory of Minority Rights* (Oxford: Clarendon, 1995)을 참조.

20) 이에 대해서는 Tomas Nagle, *Equality and Partiality* (New York and London: Oxford University Press, 1991)을 참조.

21) 평등주의적 대지라는 아이디어는 도널드 드워킨(Donald Dworkin)의 것이다. 이에 대해서는 그의 글 "What is Equality? Part 1: Equality of Welfare, Part 2: Equality of

Resource", *Philosophy and Public Affairs* 10, 3-4, (1981), 185~246, 283~345쪽과 "What is Equality? Part 3:the Place of Liberty", *Iowa Law Review*, 73, 1, (1987), 1~54 쪽, 그리고 "What is Equality? Part 4: Political Equality", *University of San Francisco Law Review*, 22, 1, (1988), 1~30쪽 및 같은 필자의 *A Matter of Principle* (Cambridge, Mass. and London: Harvard University Press, 1985)를 참조. 또한 다음의 킴리카의 글, *Contemporary Political Philosophy: An Introduction* (Oxford: Clarendon, 1990)을 참조.

13

제3의 길에 관한 마지막 한마디

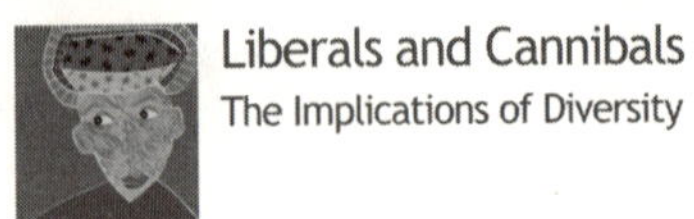

우리 모두는, '제3의 길'이라는 생각

이 시장자유주의의 실패라는 스킬라와 사회주의의 실패라는 카리브디스[†] 사이에서 안전한 통로를 발견해야 한다는 것을 알고 있다. 물론 '제3의 길'이 사회민주주의 그 자체를 포함하는가에 대해선 의견 일치가 이뤄지지 않았으며, 또 그 누구도 우리가 실제로 어디로 가고 있는지를 묻지는 않지만 그런 길이 필요하다는 것에 관해서는 대체로 공감하는 분위기이다. 그 어떤 것이라도 좀더 정확하게 얘기될 수 있는 것은 없을까? 이 질문에 대한 하나의 답변은, '제3의 길'은 누군가가 좋아할 만한 묘책이라는 꼬리표를 달고 떠돌아다니는 경구에 불과하다는 것이다. 또 다른 답변은 신노동당이 무슨 일을 하건 상관없이 제3의 길은 정의되어야 한다는 것이다. 세번째의 보다 흥미로운 답변은, 그것이 바람직하게도 시장자유주의와 사회민주주의의 전형적 부패들을 회피하거나 개정하려고 시도하던 중에 예기치 않게 등장한 정책 및 제도적 발명품에 붙여진 이름이라는 것이다.

새로운 발상들이 정치적 삶 속에서 제기되었을 때 보면 그것을 설명하는 데는 그 생각들의 고전적 해석가들과 주석가들에게 되돌아가는 것이 좋은 생각이다. 그래서 나는 스튜어트 화이트가 1998년에 쓴 논문「'제3

[†] 스킬라와 카리브디스는 그리스 신화에 나오는 바다괴물로 오디세우스의 항로를 방해했다고 알려져 있다.

의 길' 해석하기: 하나 아닌 여러 개의 길」을[1] 돌아보라고 제안한다. 이 논문에서 그는 우리가 지금까지 얘기해왔던 제3의 길을 정의하려고 처음 시도했었다. 그가 제시한 바에 따르면, 제3의 길은 "경쟁하는 여러 철학적 입장들(엘리트주의자와 평등주의자, 자유주의자와 공동체주의자)이 함께 머물 수 있는 영역"이다. 규범적 층위에서 이 영역의 거주민들은 실질적인 기회의 가치와 시민적 책임의 가치에 관한 (그리고 그로부터 비롯된 것으로, 이 두 가치들에 의거해서 이해된 공동체의 가치에 관한) 이중적 정치 참여 속에서 통합된다. 정책의 층위에서 그 거주민들은 국가를, 기회의 선을 필연적으로 제공하는 자가 아니라 그 보증인으로 보는 관점에 동의하는 경향이 있다. 그러한 관점은 '상호주의'의 형태를 수용하고, 국가 재정에 관한 새로운 생각을 선호하며, 또 고용 중심의 사회 정책 및 기술 중심의 고용 정책, 그리고 일반적으로는 국민들의 생산적 재능을 향상시키는 것을 지지한다.

나는 여기에서 사실상 '제3의 길'을, 그 안에 매우 상이한 기획들에 상응하는 분할들을 보유한 공간으로 잠재적으로 정의하는 화이트의 생각을 발전시키고자 한다. 문제의 공간 개념은 은유적으로 정의된 것이다. 그러한 정의는 그 자신이 동반하는 정책들을 가진 어찌해볼 도리 없이 실패한 두 가지 관점들이 존재하며, 또한 모든 사람들이 학수고대하는 하나의 대안적 노선이 유일하게 가능한 것처럼 보일 것이고 선언한다.

이러한 공간이 단지 은유적으로 정의되었기 때문에, 나는 그 지지자들의 말에 주의하는 것이 중요하다고 생각한다. 나는 그들의 어휘가 전형적으로 우리의 정치적 삶을 특징짓는 적어도 세 가지 근본적인 대립을 드러내는 것은 아닌가 의심하며, 그리고 여기에 더해 그것이 바로 제3의 길이라는 은유의 논점이라는 것 역시 의심한다.

그러한 첫번째 대립은 평등을 진지하게 다루는 데 헌신하는 사람들과 그렇지 않은 사람들, 즉 좌파와 우파 사이에 있다. ‘포용’이라는 새로운 대중적 용어는 관념적으로 이러한 대립을 흐리는 데 적합하다. 이전에 배제되었던 사람들을 포용하는 것은 그들(이주민들, 일자리나 집이 없는 사람들)을 어떤 경계선 너머로 끌어들인다는 것을 의미하지만, 정의(正義)의 문제나 혹은 그와는 다른 방식으로 그들을 내부로 포용한 사회에 대한 문제를 전적으로 응답이 불가능한 상태로 남겨놓는다. 우리는 포용의 중요성에 동의할 수 있지만 그와 같은 쟁점들은 응답이 불가능한 상태로 남아 있다.

두번째 대립은 이른바 공동체주의자들과 자유주의자들 사이에 있다. 국가는 어떤 행위방식 및 삶의 방식을 시민적 책임 그리고 심지어는 시민의 의무라는 이름으로 조장 및 규제하며 또 강요해야 할까? 국가는 말하자면 가족에 대한 혹은 실제로는 민족에 대한 이상을 증진시켜야만 할까? 혹은 국가는 그러한 문제들을 가능한 한 법의 테두리 안에서 개인의 선택으로 남겨두어야만 할까? 여기에서 ‘시민의식’이라는 말은 규범을 모호하게 흐리는 역할을 한다. 그것은 선량한 시민에게 도움이 되는 것은 무엇이며, 더 나아가 이러한 영역에서 조절 국가의 한계들이 놓여 있는 곳은 어디인가라는 문제를 전적으로 열어둔 채 남겨놓는다.

세번째 대립은 엘리트주의와 민주주의 사이에 있다. 즉 이 대립은 정치적으로든 관료적으로든 아니면 기술적으로든 특정 자격을 갖춘 사람에게 권력을 집중시키려는 이들과, 피통치자들이 공공의 협의와 의사결정에 최대한 참여할 수 있게 권한을 부여하고, 또 정부가 그들에게 설명하게끔 함으로써 권력을 피통치자들의 수중으로 폭넓게 분산시키기를 선호하는 이들 사이의 대립이다. 여기에는 단일하게 동일하면서도 모호한 어떠한 어휘도 없으며, 오히려 언어들 즉 전문가와 대중의 언어, 불가해한 언어와 생득어(生得語), 중앙의 언어와 지방의 언어의 절충주의적 혼합이 있다. 정치적 삶이 어떻게 조직되고, 지도되는가라는 식의 문제와 관련된 제3의 길이라는 은유적 표현은 엘리트적 통제와 협의 민주주의 사이에서는 전적으로 모호하다.

나는 제3의 길이라는 은유적 표현이 위에서 얘기한 구분들에 대해 모호한 태도를 취함에 따라 자신들의 기획을 추구하도록 조장하는 정치 지도자들에게는 힘을 실어주고, 이데올로기적으로 경도된 사람들의 지지자는 늘리고 있다고 주장하고자 한다. 그래서 제3의 길은 앤서니 기든스와(그에게 제3의 길은 사회민주주의의 갱신을 의미한다)[2] 존 그레이(그에게 사회민주주의는 기억의 희망 너머까지 뻗쳐 있는 역사적 영역 안에 속해 있다)를[3] 합칠 수 있다. 가족에 대한 고결한 충성들은 가치를 가지며, 영국은 탈근대의 세계 속에서 자신의 유연한 창작물을 떠벌인다. 그리고 미디어의 조작과 레닌주의적 정당은 조직의 탈집중화를 통제하며, 시민의 심판들을 지지한다.

나는 제3의 길의 선전자들이 학자들을 바쁘게 하기 위해서 그것에 호소했다고 주장한 것을 들은 적이 있다. 그러나 이러한 지적은 좋지 않아 보인다. 왜냐하면 내가 옳다면, 제3의 길의 논점은 차이점들을 끌어내는 것을 피하기 때문이다. 차이점들을 만들어내는 것은 학자들이 전형적으로 자신의 시간을 그 일을 하는데 바치는 것일 뿐이다. 만일 우리가 이러한 은유를 분석하고 의문에 붙이기 시작한다면, 또 상이한 제3의 길을 구별하기 시작한다면, 우리는 우리가 분석하려는 대상을 파괴하는 위험 속에 빠지는 것은 아닐까? 만일 제3의 길이 호감을 불러일으키는 어떤 것을 갖고 있다면, 그에 대해 논의하기를 멈추는 것이 학자들과 지식인들에게는 대체로 더 나은 것이 아닐까? 아마도 이 경우 우리는 비트겐슈타인이 『논리철학논고』 끝부분에 썼던 명언을 떠올려야 할 것이다. "우리가 말할 수 없는 것에 대해 우리는 침묵해야 한다."[4]

1) 이 글은 www.netnexus.org/libram/papers/white2/htm에서 볼 수 있다. 또한 Stuart White, "Interpreting the Third Way: Not one Road but Many", *Renewal* 6 (1), 1998, 17~30쪽을 참고하라.

2) 이에 대해서는 다음을 참고하라. Anthony Giddens, *The Third Way* (Cambridge: Polity, 1998. 한상진 · 박찬욱 옮김, 『제3의 길』, 생각의 나무, 1998). *The Third Way and its critics* (Cambridge: Polity, 2000. 박찬욱 옮김, 『제3의 길과 그 비판자들』, 생각의 나무, 2000).

3) John Gray, *After Social Democracy* (London: Demos, 1996).

4) Ludwig Wittgenstein, *Tractatus Logico-Philosophicus*, (London: Routledge and Kegan Paul, 1961), 151쪽.

찾아보기

307, 329, 337, 363
루소(Rousseau) 44, 62, 258
루시디(Salman Rushdie) 85, 112
리오타르(Jean-François Lyotard) 67, 75, 265
리프먼(Walter Lippman) 333

마갈리트(Avishai Margalit) 300, 302, 303,
  305, 306, 307, 308, 309, 315, 317, 319
—『버젓한 사회』 300, 309
마르(James Marre) 101
마르크스(Karl Marx) 55, 56, 197, 205, 220,
  240, 242, 253, 317, 350, 351, 353, 362
마키아벨리(Niccolo Machiavelli) 211, 262
만하임(Karl Mannheim) 56, 57
매킨타이어(Alasdair MacIntyre) 133, 134,
  207, 330, 352
메일셔브스(Chretien Malesherbes) 95
모미글리아노(Arnaldo Momigliano) 237,
  238, 239, 240, 245, 246
모스(Mauss, Marcel) 154, 155, 158
몽테뉴(Michel de Montaigne) 39, 40, 50, 73,
  95, 97, 98
문화관통적 이해(cross-cultural understan-
  ding) 245, 246
문화변용(acculturation) 69
문화의존적(culture-dependent) 75
문화적
— ~ 경계선들(cultural boundaries) 35, 48
— ~ 상대주의(cultural relativism) 48, 70, 71
— ~ 제국주의(cultural imperialism) 58, 299
— ~ 차이(cultural differences) 80, 88, 150,
  183, 244, 256, 257
미개인(savages) 43, 97, 101, 142, 149
미드(Margaret Mead) 71
미즐리(Mary Midgley) 37, 38, 78
민족주의(nationalism) 37, 69, 78, 178, 179,
  195, 196, 212, 236, 257, 318
민주주의(democracy) 85, 110, 111, 215,

318, 325, 329, 336, 337, 362, 376
믿음(belief) 41, 60, 75, 80, 84, 111, 119,
  121, 122, 134, 138, 147, 151, 152, 155,
  156, 158, 172, 203, 204, 205, 208, 209,
  210, 217, 218, 221, 223, 224, 230, 243,
  257, 259, 260, 261, 270, 274, 278, 280,
  281, 320, 332, 351, 352
— 종교적 ~ 270, 280
밀(John Stuart Mill) 46, 106, 107, 120, 174,
  199, 201, 203, 206, 226, 262
밀착(attachment) 83

바르트(Roland Barthes) 308
반동계몽주의(Counter-Enlightenment) 66,
  70, 218, 225
배리(Brian Barry) 105, 106, 111, 112, 113,
  116, 118, 119, 286
버젓한(decent) 300, 303, 307, 319, 320
버크(Edmund Burke) 64, 65, 226, 280, 352
벌린(Isaia Berlin) 66, 70, 78, 126, 6장 전체,
  7장 전체, 8장 전체, 332
—「18세기 유럽 사상에서 추정된 상대주
  의」 236
—「이상의 추구」 240
—『자유에 관한 네 개의 에세이』 200, 227
—「자유의 두 개념」 209, 226, 239, 240
베네딕트(Ruth Benedict) 71, 72, 73, 75, 99
베네트(William Bennet) 326
베버(Max Weber) 142, 187, 224, 333, 337,
  340
베이컨(Francis Bacon) 140, 153
벤담(Jeremy Bentham) 46
벤하비브(Seyla Benhabib) 78, 108
벨라(R. N. Bellah) 333, 334, 337
보베나귀(Vauvenargues) 95
보비오(Norbert Bobbio) 205, 206
보비트(Philip Bobbit) 180, 181, 183, 185,
  186